U0516536

中國古代地理總志叢刊

太平寰宇記

三

〔宋〕樂　史撰
王文楚等　點校

中華書局

太平寰宇記卷之五十二

河北道一

孟州

孟州，河陽郡。今理河陽縣。禹貢爲冀、豫二州之域。即武王伐紂，師會盟津。〔一〕在周爲畿内蘇忿生之邑，後爲晉邑，故左傳云：「文公大敗楚師，襄王自往勞之，書曰：『天王狩于河陽』」是也。後屬魏，魏哀王改爲河雍。至漢又爲河陽縣，魏、晉因之，屬河内郡。後入後漢劉聰、後秦姚泓，亦如之。後魏莊帝時，梁陳慶之來伐，克洛陽，渡河守北中府城，即今河陽城也。按城本太和中所築，至北齊得其地，天保七年省邑額賦，升入温、軹二縣，〔二〕以城即爲軍戍，故北齊書云：「神武使潘樂鎮北中城，〔三〕又使高永樂守南城，以備西魏。」其中潬城，即東魏所築，仍置河陽關。以是之後，將帥有河陽三城使。隋開皇十六年又置河陽縣，以屬懷州。唐武德初改爲大基縣，四年平王世充，隸盟州，八年省之。咸亨五年復置大基縣于今理，後以諱復爲河陽縣。開元初年以温、河陽、汜水、濟源、河清五縣爲東京畿邑，屬河南府，其税權隸三城使。至德中，李光弼禦史思明之寇也，光弼移牒留守、河南尹，令留司官、坊市居人，悉出避寇，〔四〕空其都城，乃出麾下士馬數萬，東守河陽三城。〔五〕賊初謂光弼自洛而西，及聞保河陽，出其意外，久之不敢犯宫闕。〔六〕光弼訓練招集，威聲大振。賊雖入城，憚光弼威兵，南不出百里，西不越畿内，陝州得修戎備，關内無虞，〔七〕皆光弼保河陽之力。會昌三年，中書門下奏：「河陽五縣自艱難以來，割屬河陽三城使，其租賦色役，盡歸河陽，河南尹但總管名額而已，使歸一統，便爲定制。既是雄鎮，足壯三城，其河陽望升爲孟州。」〔八〕尋有敕，割河陰隸孟州，河清還河南府。時河陽節度使以懷州爲理所。會昌四年又割澤州隸河陽節度使，仍移理所于孟州。皇朝爲河陽軍節度使。

領縣五：〔九〕河陽，温縣，汜水，河陰，濟源。

州境：東西二百九十四里。〔一〇〕南北五十里。

四至八到：東南至東京三百五十里。西南至西京七十里。西南至長安九百十里。東至滑州四百四十里。西至絳州五百六十里。南至汝州二百五十里。北至懷州七十里。東至鄭州二百里。東北至衛州三百二十里。西北至澤州二百里。

户：舊户載河南府。皇朝户主一萬四千二百三十五，客七千五百五十七。〔一一〕

風俗：河南覃懷之地，于周爲畿内。今所管縣本屬河内，故風俗與周地略同。漢書云：「子男之國，虢爲大，虢國即今汜水縣也。恃勢與險，崇侈貪冒。」

人物：無。

土産：古貢黄魚鮓，今貢粱米。石榴。

河陽縣，依舊三鄉。本周蘇忿生之邑，後爲晉邑。城西臨黄河，即古盟津之地。秦爲河雍縣。漢爲河陽縣，以在河之北爲名，屬河内郡。今縣西北三十五里有古城，即漢理。冀州圖云：「河陽在河内郡南六十四里，有宫有闕。」魏、晉如之。潘岳曾爲令。高齊省入温、軹二縣。隋開皇十六年分温、軹二縣重置，屬懷州。唐武德四年平王世充後割屬河南府。今屬孟州。

嶺山，在縣西北三十里。岡嶺横亘，故以爲名。

孟津，夏禹將興，神龜負圖出洛，并武王觀兵，皆此津也。蘇忿生十二邑，有盟，今平陰縣北孟津是也。或謂之富平津，或謂之小平津，或謂之陶河渚，即異名也。〔二〕今在縣南，即魏尚書僕射杜畿試船沈没之所，尋立爲河陽關是也。

南浮橋，在縣南一里。即泰始十年杜預南征造，〔三〕晉武帝勞預曰：「非卿不能造此橋。」預對曰：「非陛下聖明，臣不能施其功。」即此橋也。

北中府城，即郡城也。洛陽記云：「太和二十年造北中府城。」又有南城，與縣接，乃東魏元象二年所築，高齊于其中置行臺，周武帝平齊又改爲河陽鎮。隋煬帝又改置河陽宫，後入唐，宫廢。

古城，在縣西三十里。即天王所狩之地。

板城，在縣西北三十五里。左氏傳隱公十一年，「王以易鄭餘邑」，〔一四〕即此。

踐土城。冀州圖云：「在縣東七里，洛陽西北四十二里。」左傳「盟于踐土」〔一五〕是也。

向城，即春秋十二邑之一，〔一六〕在今縣西北三十五里。〔一七〕古向國，春秋謂「向姜不安莒而歸」。

闔坎。左傳：「周甘人與晉閻嘉争閻田。」一名闔坎，今解縣是也。

遮馬堤，在今縣西南十三里。即後魏尒朱榮殺朝士千三百人于此堤。

温縣，東北五十里。舊七鄉，今五鄉。本周畿内，司寇蘇公之邑，春秋僖公十年：「狄滅温，温子奔衛。」周襄王勞晉文公而賜之。漢以爲縣，屬河内郡。隋屬懷州，大業十三年自故温城移于今所。唐武德四年，隋温縣令周仲隱以縣歸，乃以縣置平州，以仲隱刺焉，因改邑城爲李城；其年廢州，復爲温縣，以屬孟州。〔一八〕後以建都河、洛，因以隸焉。自天寶之後，税賦輸河陽。會昌中于河陽置孟州，以縣隸焉。

馬場原。俗謂「原」爲「坎」，蓋後魏遷都洛，于此原牧馬，故有馬場之名。

沸水，在故城西，東南流注于河。按述征記云：「沸水經河内温縣注于河。」又九州記云：「濟水，一名沇水，出濟源山。」

李城，今縣城是也。本李侯國。史記：「秦圍邯鄲，傳舍吏子李同説平原君，得敢死之士三千人赴，秦軍爲卻三十里。亦會楚、魏救至，秦軍遂罷。李同戰死，封其父爲李侯。」徐廣曰：「河内平皋縣有李城。」

虢公臺，俗名賀酒臺。皇覽云：「河内温城南有虢公臺。」相傳云晉宣帝故邑，〔一九〕集温父老登此臺宴飲，父老奉觴慶賀，因謂之賀酒臺。

古温城，在縣西南三十里。周司寇蘇忿生邑，漢爲縣。東魏孝靜帝天平中移縣于故城東北七十里。隋大業十三年又移縣于今理。

汜水縣，東北九十里。舊三鄉，今四鄉。古東虢國，春秋鄭之制邑。漢爲成皋縣，屬河南郡。左傳謂：「制，巖邑也。」虢爲鄭所滅。穆天子傳云：「天子獵于鄭圃，〔二〇〕有虎在葭中，七萃之士擒之以獻，命畜之東虢，號曰虎牢。」今邑界有虎牢城存焉。戰國屬韓。秦屬三川。楚、漢相拒于滎陽、成皋，即此地，後爲縣，北臨黄河。後漢爲成皋關，〔二一〕魏又爲縣，復屬河南郡。晉隸滎陽郡。〔二二〕宋武帝北平關、洛，置司州。後魏明帝置北豫州，太和十九年罷州，置中郎將府。孝静帝天平元年罷府，又置北豫州并成皋郡，同理于此。高齊天保七年省北豫州。周宣帝宣政元年置滎州。隋開皇元年改爲鄭州，三年置成皋郡，〔三〕十六年分鄭州置管州，十八年改爲汜水縣。唐武德四年分置成皋縣。貞觀元年省入汜水縣，以屬鄭州。顯慶二年改屬河南府。垂拱四年改爲廣武縣。神龍元年復爲汜水縣。會昌中屬孟州。

黄河，自鞏縣界流入。

汜水，出縣東南四十二里。

三山，山有三峯，故以爲號。

鵲山，在縣北。竇建德軍敗于此。

方山，在縣東南四十二里。山海經云：「浮戲之山，汜水出焉。」水經注云：「浮戲山，俗謂之方山。經武牢城東，漢破曹咎于此。」

旋門坂，在縣西南十里。東京賦云：「東門于旋。」又東征賦云：〔四〕「望河、洛之交流，看成皋之旋門。」

汜水有二焉，並在鄭地。春秋：「天王出居于汜。」是南汜，在許州襄城縣界，非此也，今在成皋城東。按京邦要記云：「板渚、牛口渚，〔五〕在汜水縣東北。」郡國縣道記云：「汜水出縣南方山，經縣東，始合于河。」

厄井，在縣東北七十里。風俗通謂：「漢高祖與項羽戰敗于京、索，遁入蒲井，鳩止鳴其上，追者以爲無人，遂得脱，因名厄井。」又九州要記云「丁公抱石欲填之」，是此井。郡國志云：「堯井在縣東十五里，即厄井也。」未明孰是。

板城，城東北三十里。有津，亦謂板渚。

虎牢城，即共叔段之邑也。

成皋故關，在縣東南二里。南門名成皋，北門名王路。洛陽記云：「洛陽在四關之内，左成皋關。」隋大業九年移成皋關于虎牢城，西邊黄河，當汜水之上。按故關在縣東，今在縣西。

旋門關，在縣西南十里。即八關之一也。

牛口渚，在縣北，與板渚迤邐相接。唐初，竇建德率衆十萬，自板渚結陣，南屬鵲山，以臨汜水。太宗率輕騎擊之，大潰，建德竄入牛口渚，將軍白士讓生獲之。先是童謡云：「豆入牛口，勢不得久。」果敗于此。

等慈寺，在縣東七里。唐師既破建德，有詔于戰所起寺立碑以紀功焉

河侯神，在縣東北四十里。隋開皇七年，通渠之日，於大河分流之處立此祠，今商賈

禱祀不絶焉。〔二六〕

河陰縣，東北一百四十里。〔二七〕舊三鄉，今二鄉。其地即汜水、滎澤、武陟三縣之地也，開元二十二年，侍中裴耀卿奏以地當汴河口，便于漕運，宜析上三縣之地置縣以頓之，因在河之南，故于輸場東、渠口北二百五十步，立河陰縣焉，即今理所。

三皇山，亦曰敖鄗山，山上有三城，〔二八〕即是楚、漢相持于此。

汴渠，在縣南二百五十步。首受黄河，一名通濟渠，一名蒗蕩渠，漢書謂滎陽漕渠，如淳曰：「今礫溪口是也。」水經云：「河水又東過滎陽北，蒗蕩渠出焉。」酈道元注云：「大禹塞滎澤，開渠以通淮、泗。」又後漢書：「初，平帝時，河、汴決壞，未及得修。汴渠東侵，日月彌廣，水門故處，皆在河中。永平十二年，議修汴渠，乃引樂浪人王景，問治水形便。景陳其利害，應對敏給，帝善之，乃賜景山海經、河渠書、禹貢圖，及錢帛秘物。遂發卒數十萬，遣景與將作謁者王吴修渠築堤，起自滎陽，東至千乘海口千餘里。景乃商度地勢，鑿山截澗，防遏衝要，疏決壅積，十里立一水門，令更相洄注，無復潰漏之患。明年，渠成。帝親巡行，詔濱河郡國置河堤員吏，如西京舊制。」順帝陽嘉中，又自汴口以東，緣河積石爲堰，通淮，〔二九〕亦名金堤。靈帝建寧中又增修石門，以遏渠口。又坤元録云：「自宋武北征之後，復皆堙塞。隋大業元年更令開導，名爲通濟渠，西通河、洛，南達江、淮。煬帝遊江、淮，于此泛龍舟至江都，其交、廣、荆、揚、益、越等州運漕，即此渠也。」

梁王堰，在縣西二十里，又名梁公堰。本漢平帝時，汴河決壞，至明帝永平中，乃令王景理梁堤，其後通塞，各計朝代。隋開皇七年，使梁睿增修古堰，遏河入汴，故謂之梁公堰。

濟源縣，西北四十里。〔三〇〕依舊四鄉。即周畿内地，亦蘇忿生之邑。今古城尚存，在縣西北二里。左傳云：「襄王賜晉文公濟西之田。」後屬魏。漢爲軹縣之地。隋開皇十六年分軹地立濟源縣，屬懷州，以濟水發源于此爲名。隋末省軹入濟源。唐武德二年，王世充將丁伯德以邑歸順，〔三一〕遂于此置西濟州，以濟源、湨陽、蒸川、邵原四邑以隸焉，仍以伯德爲刺史；四年省縣入懷州。〔三二〕顯慶二年建都河、洛，以隸之。會昌中復隸孟州。

太行山，相傳謂皇母山也，或名女媧山。其上有祠，民祈福而歲禱焉。其山起于邑界。

陵山。爾雅云：「大阜爲陵。」俗以孤絶似陵，因謂之陵山。

孔山，在縣東北四十里。水經注云：「山上石穴洞開，穴内石上有車轍馬跡，〔三三〕自然成著，非人功所就。」

沁水，在今縣北二十八里。兼有故沁水城，是此。

濟水，在縣西北三里。平地而出，有二源：其東源周迴七百步，其深不測；西源周迴六百八十五步，深一丈，皆繚之以周墻，源出王屋山。山海經云：「王屋之山，瀡水出焉。」郭璞注云：「瀡，沇水之源。」尚書禹貢云：「導沇水，東流爲濟，入于河，溢爲滎。」孔安國注云：「濟水入河，並流十數里而南截河，〔三四〕又並流數里溢爲滎澤。」按漢書：〔三五〕「導沇水，東流爲泲，入于河，軼爲滎，〔三六〕東出于陶丘北，又東至于菏，又東北會于汶，又北東入于海。」顔師古云：「導沇水而爲濟，截河，又爲滎澤。陶丘，在今曹州定陶西南。〔三七〕過菏澤，又與汶水會，北折而東入海也。」按沇水出今王屋縣王屋山，東流至濟源縣而名濟水；滎澤，在今鄭州滎澤縣；定陶，今曹州濟陰縣是也；菏澤，在今兖州魚臺縣；汶水，在今兖州萊蕪縣。然濟水因王莽末旱，渠涸，但入河而已，不復截河南過，今東平、濟南、淄川、北海界中有水流入于海，謂之清河，實菏澤、汶水合流，亦曰濟河，蓋因舊名，非本濟水也。而水經是和帝以後所撰，乃言濟水南過滎澤至于乘氏等縣，一依禹貢舊道，斯不詳之甚也。酈道元又從而注之，其所纂序，尤爲紕繆矣。又九州記云：「濟源縣有慢流水、玉漿澗、木溝皆會于濟也。」〔三八〕

波城，〔三九〕在城東南三十八里。即春秋時陽樊邑。

忿生邑，有故城，在今縣西北二里。

軹縣故城。史記云：「秦昭王伐魏，取軹。」漢爲縣，故城在今縣東南十三里。〔四〇〕即漢文帝封舅薄昭爲軹侯，是此。高齊拒周，使斛律光築關于此，以屯戍卒。按郡國縣道記云：「後魏自此城移縣于今縣東南三十八里波城置。大業二年省之。」

濟源古城，在今縣西北九里。〔四一〕即史記謂「晉文公伐原」是也。

陵山，在城西北。

靈井。東魏以鎮西將軍平鑒爲懷州刺史，乃于軹關築城，以防西魏。新城少水，有一土井隨汲即竭，鑒乃具衣冠俯井而祝，俄而井泉涌出，合城不缺。此井今在故城中。

沁臺，在縣東北三十里。與古城相去五里。

故軹關，在今縣西十一里。

卷五十二校勘記

〔一〕師會盟津　「盟津」，萬本、庫本皆作「孟津」。按史記卷四周本紀：武王「東觀兵，至于盟津。……師畢渡盟津，諸侯咸會」。史記卷二夏本紀正義引括地志：「盟津，周武王伐紂，與八百諸侯會盟津。亦曰孟津。」

〔二〕升入温軹二縣　按元和郡縣圖志卷五河南府河陽縣：「高齊省入温、軹二縣。」本書卷河陽縣序同，此「升」蓋爲「省」字之誤；萬本、庫本作「輿」，亦誤。

〔三〕神武使潘樂鎮北中城　「北中城」，萬本同，庫本及太平御覽卷一六一引北齊書作「北城」。

〔四〕光弼移牒留守河南尹令留司官坊市居人悉出避寇　庫本同，惟脱「牒」字，萬本作「光弼移牒留守及河南尹并留司官、坊市居人，令悉出避寇」，同元和郡縣圖志河南府、舊唐書卷一一〇李光弼傳。

〔五〕東守河陽三城　庫本同，萬本作「東守河陽三城拒逆」，同元和郡縣圖志河南府。

〔六〕久之不敢犯宫闕　庫本同，萬本作「疑懼久之，不敢犯宫闕」，同元和郡縣圖志河南府。

〔七〕關内無虞　庫本同，「關内」，萬本作「關隘」，同元和郡縣圖志河南府。

〔八〕其河陽望升爲孟州　萬本此句下有「仍爲望郡」四字，同舊唐書卷三八地理志一、唐會要卷七〇州縣改置上。

〔九〕領縣五　「領」上，萬本、庫本皆有「元」字。

〔一〇〕東西二百九十四里　「二」，萬本、中大本、庫本皆作「一」。

〔一一〕客七千五百五十七　「五十七」，萬本、庫本同，中大本作「五十九」。

〔一二〕即異名也　萬本、庫本作「皆其名也」。

〔一三〕杜預南征造　「預」，底本脱，庫本同，據萬本及嘉慶重修一統志卷二〇三懷慶府引本書補。「南征」，底本作「征南」，庫本同，據萬本乙正。

〔一四〕板城至王以易鄭餘邑　原校：「按板城，莫知爲何邑，疑刊字而誤。」萬本據水經河水注改爲「治坂城」，校云：「按水經注引郭緣生述征記曰：『踐土，今冶坂城。是名異春秋焉，非也。今河北見者，河陽城故縣也，在冶坂西北，蓋晉之温地，故羣儒有温之論矣。魏土地記曰：冶坂城舊名漢祖渡，城險固，南臨孟津河。』則『坂城』即『冶坂城』，蓋傳寫脱，此云『莫知爲何邑』，當時或未之考也。」又「王以易鄭餘邑」，萬本作「王與鄭人争蘇忿生之田」。按左傳隱公十一年：「王取鄔、劉、蔿、邘之田于鄭，而與鄭人蘇忿生之田——温、原、絺、樊、隰郕、欑茅、向、盟、州、陘、隤、懷。」諸邑之中，無「板城」或「冶坂城」，此當有誤。

〔一五〕左傳　按春秋僖公二十八年，「公會晉侯、齊侯、宋公、蔡侯、鄭伯、衛子、莒子，盟于踐土」，此「左傳」宜作「春秋」。

〔一六〕即春秋十二邑之一　據左傳隱公十一年，周桓王以向、盟等十二邑易鄭地，此「春秋」宜作「左傳」。

〔一七〕在今縣西北三十五里　「三」，底本作「二」，據萬本、中大本、庫本、傅校改。

〔一八〕以屬孟州　據本書孟州總序，會昌三年升河陽縣爲孟州，此前無「孟州」。舊唐書地理志一：「武德四年於隋河陽宫置盟州，領河陽、集城、温三縣。」新唐書卷三九地理志三同，則此「孟州」

爲「盟州」之誤。

〔一九〕晉宣帝故邑　讀史方輿紀要卷四九：虢公臺，「司馬懿過故邑，集父老宴賀于此。」此「宣帝」下疑脱「過」字。

〔二〇〕天子獵于鄭圃　「圃」，底本作「國」，庫本同，據萬本及穆天子傳、水經河水注引改。

〔二一〕後漢爲成皋關　「關」，庫本同，萬本無。按續漢書郡國志一，河南尹領有成皋縣，通典卷一七七州郡七：「後漢置成皋關。」則後漢時於縣設關。

〔二二〕晉隸滎陽郡　按晉書卷一四地理志上，成皋縣仍隸河南郡。

〔二三〕三年置成皋郡　隋書卷三〇地理志中汜水縣：舊曰成皋，「後周置滎州，開皇初曰鄭州，十八年改成皋曰汜水。」不載「開皇三年置成皋郡」。按隋開皇三年罷郡，無郡之制，此誤。

〔二四〕東征賦　「東」，底本作「西」，萬本據文選改爲「東」，庫本同。按此引乃曹大家東征賦，據改。

〔二五〕板渚牛口渚　庫本同，萬本作「板渚與牛口渚相連」。

〔二六〕今商賈禱祀不絶焉　「今」，底本作「往來」，據萬本、庫本、傅校改。

〔二七〕東北一百四十里　「四」，底本作「二」，萬本、中大本、庫本皆作「四」。按元豐九域志卷一：孟州河陰縣，「州東北一百六十二里」。此載里距有誤，萬本、中大本、庫本是，據改。

〔二八〕山上有三城　通典州郡七、元和郡縣圖志河南府同。按續漢書郡國志一劉昭注引西征記曰：

「有三皇山，或謂三室山。山上有二城，東者曰東廣武，西者曰西廣武，各在山一頭，相去二百餘步，其間隔深澗，漢祖與項籍語處。」漢書卷一高帝紀顏師古注引孟康曰：「於滎陽築兩城而相對，名爲廣武城，在敖倉西三室山上。」水經濟水注亦載：有東、西廣武城，「夾城之間，有絶澗斷山，謂之廣武澗」。則三皇山上有二城，非「三城」。

〔二九〕通淮　同太平御覽卷六一，殿本水經注改作「通渠」，云「渠」訛作「淮」，王先謙合校水經注、楊守敬水經注疏皆從改。

〔三〇〕西北四十里　按唐宋孟州治河陽縣，在今河南孟縣之南，濟源縣即今濟源縣，元豐九域志卷一：孟州濟源縣，「州西北六十里」。與實際相符，此疑有誤。

〔三一〕丁伯德　「德」，底本作「得」，庫本同，據萬本及新唐書地理志三、唐會要州縣改置上改。下同。

〔三二〕四年省縣入懷州　萬本據新唐書地理志三改爲「四年州廢，縣入懷州」。按舊唐書地理志一：「武德四年廢西濟州及邵原、蒸川、溴陽入濟源，改隸懷州。」唐會要州縣改置上同，此「四年」下脱「廢州，省溴陽、蒸川、邵原入，改隸」十二字。

〔三三〕車轍馬跡　「馬」，萬本、庫本作「牛」，同水經沁水注。

〔三四〕並流十數里而南截河　「十數」，底本倒誤爲「數十」，庫本同，據萬本及尚書禹貢孔安國注乙正。

〔三五〕按漢書　「漢書」，底本作「禹貢」，萬本、庫本同。按本書以下引文及顏師古云，並載于漢書卷二八地理志上，元和郡縣圖志河南府引作「漢書」，此「禹貢」爲「漢書」之誤，據改。

〔三六〕東流爲泲入于河軼爲滎　「泲」、「軼」，底本作「濟」、「溢」，庫本同，中大本缺，據萬本及漢書地理志上改。

〔三七〕在今曹州定陶西南　「曹州」，庫本同，萬本、漢書地理志顏師古曰作「濟陰」，無「今」字。

〔三八〕慢流水玉漿澗木溝　「慢」、「玉」、「木」，萬本據水經濟水注改爲「漫」、「天」、「塗」，庫本作「漫」、「玉」、「木」。按「慢」、「漫」，音同；「木」、「塗」，音亦近；惟「玉」、「天」，則必有一誤。

〔三九〕波城　「波」，底本作「皮」，萬本、庫本同，嘉慶重修一統志卷二〇三懷慶府引本書作「波」。按漢書地理志上、續漢書郡國志一，河内郡領有波縣，水經濟水注：「溴水又東北，逕波縣故城北。」此「皮」爲「波」字之誤，據改。下文軹縣故城條改同。

〔四〇〕在今縣東南十三里　「十三」，底本倒誤爲「三十」，據萬本、中大本、庫本及史記卷五秦本紀、吕太后本紀正義引括地志乙正。又史記卷八六刺客列傳正義：軹，「在懷州濟源縣南三十里。」「三十」亦爲「十三」之倒誤。

〔四一〕在今縣西北九里　「今」，底本作「古」，庫本同，萬本無，據中大本及嘉慶重修一統志懷慶府引本書改。

太平寰宇記卷之五十三

河北道二

懷州

懷州，河内郡。今理河内縣。禹貢冀州之域。星分張宿九度。禹貢：「覃懷底績，至于衡漳。」太行山在焉。殷時爲畿内。周時爲三監邶、鄘、衛地，亦爲衛、邘、雍三國。及管、蔡廢黜，封康叔以爲懷侯于此地，即爲衛，衛遷河南。晉文公霸，始啟南陽，又爲晉地，故左傳：「襄王賜晉文公陽樊、温、原、欑茅之田，晉于是始啓南陽。」杜預注云：「在晉山之南，河之北，故曰南陽也。」又曰「武王克商，蘇忿生以温爲司寇」，其田有隤、懷。戰國時爲魏、衛二國之境。史記云：「秦襄王伐魏，取軹。」又竹書紀年云：「秦師伐鄭，至于懷、殷。」始皇併天下，以今州地屬三川、河東二郡。又按史記：始皇六年，「拔衛，其君徙居野王，阻其山以保之。」胡亥廢衛君角爲庶人，以其地屬三川、河南二郡之境，河東郡之東境。史記云：「項羽立司馬卬爲殷王，王河内。」漢高帝初，又爲殷國；至二年，卬降，以其地爲河内郡，治懷舊壤即覃懷故地。漢書地理志云「魏地東盡河内」，領懷等一十八縣，屬于司隸。後漢世祖南定河内，難其守，鄧禹舉寇恂，世祖謂恂曰：「河内完富，吾將因是而起。昔高祖留蕭何鎮關中，吾今委公以河内。」恂遂伐淇園之竹，治矢百餘萬，養馬二千匹，收租四百萬斛，以給軍事，由是東漢之業濟焉。晉爲河内、汲二郡地。後魏置懷州，兼置河内郡，治古野王城是也。隋開皇三年郡廢而州存，十三年改野王縣爲河内縣。〔一〕大業二年州廢，復爲河内郡。唐武德二年陷于王世充；其年于濟源西南柏崖城置懷州，領大基、河陽、集城、長泉四縣；其年于濟源立西濟州，武德縣立北義州，修武縣東北故濁鹿城立陟州，懷州置總管府，管懷、西濟、北義、陟四州。三年，懷州又置太行、紫陵、忠義、穀旦、〔二〕温五縣；四年移懷州于今野王城；其年又于温縣置平州，以温縣屬之，又省穀旦、太行、忠義、紫陵四縣。後省平州，仍于隋河陽宫置盟州，領河陽、集城、温三縣，又省西濟、北義、陟三州，又于獲嘉縣置殷州，其懷州總管管懷、殷、盟三州，懷州領河内、武德、軹、濟源四縣；八年廢盟州，省集城入河陽，以河陽、温二縣來屬。貞觀元年罷都督府，以廢殷州修武、獲嘉、武陟，廢邵州之王屋四縣來屬，仍省懷、軹二縣。顯慶二年割河陽、温、濟源、王屋四縣屬洛州。天寶元年改爲河内郡。乾元元年復爲懷州。

領縣五：〔三〕河内，武德，修武，武陟，獲嘉。

州境：東西二百一十七里。南北一百一十五里。

四至八到：東南至東京三百三十里。西南至西京一百四十里。西南至長安八百七十九里。東至衛州二百六十里。南渡河至鄭州一百九十里。西至河南府濟源縣七十三里。北至澤州一百四十里。東南至鄭州一百五十六里。西南至河南府一百四十里。西北至河南府界一百七十里。東北至衛州二百六十里。

户：唐開元户四萬三千一百七十。皇朝户主一萬一千三百五十六，客三千五百六十八。

風俗：河内，覃懷之地，于周爲畿内。今所管縣，本屬河南，故風俗與周地略同。漢書云：「子男之國，虢、會爲大。」〔四〕虢國，即今汜水縣也。

姓氏：河内郡八姓：梁、何、車、常、荀、淳于、司馬。〔五〕

人物：聶政，軹人。〔六〕　四皓，河内軹人。　張禹，字子文，河内軹人。代王商爲丞相。　郭解，字翁伯，軹人。〔七〕　丁蘭，河内人。　郭巨，河内人。　張奉，河内修武人。有孝行。子表，字公儀，遭奉喪，表後每彈琴，惻愴不能成聲。　司馬朗，温人。九歲，人道其父字，朗曰：「慢人者，不敬其親也。」　常林，年七歲，父黨造門，問林：「伯先在否？何不拜！」答曰：「臨子字父，何拜之有？」　王象，字義伯，河內人。少孤貧，牧羊而讀。官常侍，詔撰皇覽，秘書，世稱儒宗。〔八〕山濤，河內懷人。爲吏部尚書。山簡，字季倫，濤子。由吏部尚書領都督，出鎮荆楚。〔九〕向雄，河內人。爲郡主簿，太守王經被刑，雄哭之盡哀，後又葬之。藥崧，河內人。天性忠樸，爲尚書郎。向秀，河內懷人。向柳，字玄季，河內人。〔一〇〕唐李商隱，懷州河內人。司馬承禎，河內温人。隱天台，玄宗累徵至京，授道籙。穆寧，懷州河內人。有家法。張鎬。懷州人。〔一一〕起家二年拜相。

土產：絲，絹，綿，絁，入貢。朱膠。

河內縣，舊二十一鄉，今六鄉。春秋時野王邑，左傳：「晉人執晏弱于野王。」杜預云：「河內野王縣也。」七國時屬韓。漢爲野王縣，屬河內郡。隋開皇十三年改野王爲河內縣，因晉徙河內郡于此爲名。唐武德四年自柏崖城徙郡于此。

太行山，在縣北二十五里。禹貢曰：「太行、恒山至于碣石。」注云：「二山連延，東北接碣石。」〔一二〕左傳：「齊侯伐晉，爲二隊，入孟門，登太行。」穆天子傳曰：「天子命駕八駿之乘，赤驥之駟，〔一三〕南征翔行，逕絕翟道，升于太行，南濟于河。」淮南子曰：武王欲築宮于五行之山，周公曰：「五行險固，德能覆也。」高誘注云：「今野王太行山也。」今上有孔子廟石室。

太行陘，在縣西北三十五里。〔一四〕連山中斷曰陘。述征記云：「太行山首始于河內，北至幽州，凡百嶺，巖亘十二州之界。〔一五〕有八陘：第一軹關陘，今屬河南府濟源縣，在縣理西十一里；第二太行陘，第三白陘，此兩陘今在河内；第四滏口陘，在鄴西；第五井陘，第六飛狐陘，一名望都關，第七蒲陰陘，此三陘在中山；第八軍都陘，在幽州。太行陘闊三步，長四十里。

沁水，在縣北四里。北自濟源界流入。

丹水，北去縣七里。東北自澤州沁水縣界流入，分溝灌溉，百姓資其利焉。

濟水，經縣西南，去縣三十里。

大臺水，〔一六〕後漢光武遣王梁擊赤眉賊處。

新城壘，在縣東北九里。唐武德三年劉德威于此置營。

古軹城，在縣西北二十七里。今軹城，太行之南道出其中。

紫陵澗。唐武德三年置紫陵縣，縣近澗，因以爲名。

古野王城。冀州圖云：「野王城，即今懷州理也。」史記云：「衛元君爲秦所奪，自濮陽徙此。」

嵇康鍛竈。康即晉之七賢也，今有竹林尚存，并鍛竈之所宛在。〔一七〕

孔子廟。夫子欲北之趙，趙鞅殺大夫竇鳴犢，夫子至此聞之傷悼，遂不過河。今有夫子廟。

武德縣，東北四十七里。〔一八〕舊二十鄉，今五鄉。本周司寇蘇忿生之州邑。漢以爲縣，屬河內郡。東魏于此置武德郡。隋文帝十六年改爲邢丘縣，〔一九〕大業二年改邢丘爲安昌縣。唐武德二年改安昌爲武德縣。

太行山，在縣北五十里。

沁水，在縣北二里。東流。

平皋陂，在縣南二十三里。陂多菱蓮蒲葦，百姓資其利。周迴二十五里，陂南即黄河。

安昌故城，在縣東南十里。〔二〇〕漢成帝封丞相張禹爲安昌侯，即此地。

南北斗城。冀州圖云：「南斗城在今縣北三十里，北斗城在縣北五十一里。」又郡國縣道記云：「武德有故雍城，在縣西北三十五里。」疑此是也。

平皋城，在今縣西。〔二一〕左傳：「赤狄伐晉，圍懷及邢丘。」注云：「邢丘，今河內平皋縣」是也。漢置平皋縣，又高祖封劉它爲平皋侯。

故大斛關，在縣北一百六里。

修武縣，東北一百二十里。舊十五鄉，今五鄉。本殷之甯邑，韓詩外傳云：「武王伐紂，勒兵于甯，故曰修武。」〔二二〕左傳曰：「晉陽處父聘于衛，過甯。」注云：「汲郡修武縣是也。」漢以爲縣，屬河内郡。東魏置西修武縣，尋省。高齊天保七年自今獲嘉縣移修武縣于西修武故城。隋大業十年又移于永橋，即今武陟縣，其城又空，復移于今縣東北二十三里濁鹿故城置，即魏文帝受禪所也。〔二三〕唐武德二年于濁鹿城置陟州，領修武縣；四年州廢，屬殷州；六年又移修武于廢西修武故城，即今理也。貞觀元年省殷州，屬懷州。

太行山，在縣北三十二里。

天門山，今謂之百家巖，在縣西北三十七里。以巖下可容百家，因名。上有精舍，又有鍛竈處所，云即嵇康所居。圖經云：「巖有劉伶醒酒臺、孫登長嘯臺、阮氏竹林、嵇康淬劍池，並在寺之左右。」

山陽城北有狄山，〔二四〕即嵇康之園宅也。

五里泉：水經注，五里泉在修武鄉。〔二五〕

濁鹿城，在今縣西北三十里。〔二六〕魏志：「文帝受禪，封獻帝爲山陽公，居河内山陽之濁鹿城。」即此城，周迴一十五里，尚在。

禪陵，在縣北三十五里。獻帝陵也，以禪魏，故名焉。

武陵故城，在縣南二十五里。東魏置太寧郡，〔二七〕後周廢。

太寧城，在縣東南三十八里。〔二八〕舊名西邸閤城。

習鑿齒墓，在縣西南太平鄉。〔二九〕

武陟縣，東南一百里。舊十六鄉，今四鄉。本漢懷縣地，隋開皇十六年分修武縣置武陟縣，理故城，今縣東二十里武德故城是也，屬殷州。唐貞觀元年省殷州，屬懷州。

沁水，在縣東一里。

故殷城，在縣東南十里。楚、漢之際，司馬卬爲殷王，理此。

故懷縣城。春秋傳云：「赤狄伐晉，圍懷。」即此，在縣西十一里。兩漢河内郡並理之，晉移郡理于野王。

獲嘉縣，東北一百六十里。〔三〇〕舊二十鄉，今七鄉。春秋時甯邑地，漢爲獲嘉縣，按漢書曰：「武帝將幸緱氏，至汲縣之新中鄉，得南越相吕嘉首，因立爲獲嘉縣。」屬河内郡。此前獲嘉縣理在今衛州新鄉縣西南十里獲嘉故城是也。西晉曾立爲殷州。〔三一〕高齊又移獲嘉縣于衛州之共城縣。隋開皇四年自共城移于今理，十六年又立殷州。唐初州廢，復爲縣，還河内。

黄河，在縣南四十里。

清水。酈道元注水經云：「黑山在縣北，白鹿山東，清水所出也。上承諸陂散泉，積以成川，南流，西南屈，瀑布垂巖，〔三二〕懸河注壑二十餘丈。」又冀州圖云：「清水出共城西北界白鹿山，東南流入汲郡。」

吴澤陂，在縣西北一十五里。

七賢祠，在縣西北四十二里。阮籍等遊處。水經注云：「七賢祠左右筠篁列植，冬夏不變。向子期所謂山陽舊居。」即此祠之處也。

同盟山，在縣東北五里。武王伐紂，與諸侯同盟此山，因名焉。

卷五十三校勘記

〔一〕十三年改野王縣爲河内縣　「十三年」，隋書卷三〇地理志中作「十六年」。本書下文河内縣序同。

〔二〕穀旦　「旦」，新唐書卷三九地理志三同，舊唐書卷三九地理志二作「只」，下同。

〔三〕領縣五　萬本、庫本「領」上皆有「元」字。

〔四〕號會爲大　「會」，底本作「鄶」，庫本同，據萬本及漢書卷二八地理志下改。

〔五〕河内郡八姓梁何車常苟淳于司馬　按此處所載，實爲七姓，缺一姓，故萬本司馬下注：「下一姓缺。」中大本「司馬」下有「向」字，共爲八姓。

〔六〕聶政軹人　萬本、庫本皆無。

〔七〕郭解字翁伯軹人　萬本、庫本皆無郭解傳略。

〔八〕王象至世稱儒宗　萬本、庫本皆無王象傳略，而列有「鍾會」。

〔九〕山簡至出鎮荆楚　萬本、庫本皆無山簡傳略。

〔一〇〕向柳字玄季河内人　萬本、庫本皆無向柳傳略。

〔一一〕懷州人　按舊唐書卷一一一、新唐書卷一三九張鎬傳並云「博州人」，此蓋誤。

〔一二〕東北接碣石　「東北」，底本無，庫本同，據萬本及禹貢孔安國注補。

〔一三〕赤驥之駟　萬本此句下據穆天子傳補「造父爲御」。按藝文類聚卷七引穆天子傳亦同此。

〔一四〕在縣西北三十五里　「三十五」，萬本、中大本、庫本皆作「三十」。按史記卷二夏本紀正義引括地志云：「太行山在懷州河内縣北二十五里。」

〔一五〕巖亘十二州之界　「巖」，庫本同，萬本據元和郡縣圖志卷一六懷州改爲「連」。

〔一六〕大臺水　嘉慶重修一統志卷二〇三懷慶府引本書作「大臺」，無「水」字。

〔一七〕今有竹林尚存并鍜竈之所宛在　庫本同，萬本作「今有竹林并鍜竈之所尚存」。

〔一八〕東北四十七里　按唐宋懷州治河内縣，即今河南沁陽縣，武德縣即今温縣東北武德鎮，在懷州東南，元和郡縣圖志懷州武德縣：「西至州四十七里。」此「北」或爲「南」字之誤，或爲衍字。

〔一九〕隋文帝十六年改爲邢丘縣　按隋書地理志中作「開皇十八年改爲邢丘」。

〔二〇〕在縣東南十里　「十」，萬本作「十三」，蓋據元和郡縣圖志懷州「東十三里」而改。

〔二一〕在今縣西　萬本、庫本及嘉慶重修一統志懷慶府引本書同，中大本作「在今縣西五里」，疑誤。按史記卷五秦本紀正義引括地志云：「平皋故城本邢丘邑，漢置平皋縣，在懷州武德縣東南二十里。」同書卷七三白起王翦列傳正義：「邢丘，今懷州東南二十里平皋縣城是也。」疑此誤。

〔二二〕故曰修武　「故」，庫本同，萬本據韓詩外傳改爲「改」。按通典卷一七八州郡八引韓詩外傳作「故」，太平御覽卷一六一引韓詩外傳作「故改曰修武」。

〔二三〕即魏文帝受禪所也　「魏文帝」，底本作「魏帝」，中大本、庫本同，據萬本補「文」字。按三國志卷二魏書文帝紀：「延康元年十月，行至曲蠡，漢帝以衆望在魏，使兼御史大夫張音持節奉璽綬禪位，「乃爲壇於繁陽。庚午，王升壇即阼，百官陪位。」水經潁水注：「曲蠡之繁陽亭，「魏書國志曰：文帝以漢獻帝延康元年，行至曲蠡，登壇受禪于是地，改元黄初，其年以潁陰之繁陽亭爲繁昌縣。」又後漢書卷九孝獻帝紀：「建安二十五年，「皇帝遜位，魏王丕稱天子。奉帝爲山陽公，……都山陽之濁鹿城。」注：「濁鹿一名濁城，亦名清陽城，在今懷州修武縣東北。」本書下文濁鹿城：「文帝受禪，封獻帝爲山陽公，居河内山陽之濁鹿城，即此城。」則魏文帝受禪於曲蠡之繁陽亭，漢獻帝退居于濁鹿城，此以濁鹿城爲魏文帝受禪處，誤。

〔二四〕狄山　「狄」，底本作「秋」，庫本同，據萬本及嘉慶重修一統志懷慶府引本書改。

〔二五〕水經注五里泉在修武鄉　水經清水注：「覆釜堆南有三泉，相去四五里，參差合次，南注于陂泉。」楊守敬水經注疏：「今修武縣北有一泉，名五里泉，東南注靈泉，蓋後人因酈氏言堆南有三泉，相去四五里，按其地望正在此，故即以五里名泉。」則酈書無「五里泉」之名，後人以釋酈書以名之。

〔二六〕在今縣西北三十里　「三十」，底本作「三十七」，萬本、中大本、庫本皆作「三十」。按元和郡縣圖志懷州修武縣：「濁鹿故城，在縣界東北二十三里。」疑此「西北」爲「東北」之誤，「七」字衍，據删。

〔二七〕太寧郡　「太」，萬本、庫本皆作「大」，蓋是。

〔二八〕太寧城在縣東南三十八里　「太」，萬本、庫本皆作「大」。按嘉慶重修一統志懷慶府引本書作「大安故城，在修武縣東南二十八里」，又云：隋書地理志修武縣有東魏廣安郡，後周廢，「大安蓋即廣安，避隋諱而訛也」。所云未知是否。

〔二九〕在縣西南太平鄉　底本「鄉」下有「一作郡」三字，庫本無，萬本作「在縣西太平鄉」，注云：鄉「原本訛『郡』，據河南通志改正。」按嘉慶重修一統志懷慶府引本書作「在修武縣西太平鄉」，亦無「一作郡」，蓋此「南」字衍，「一作郡」，衍誤，據删。

〔三〇〕東北一百六十里　「東」，底本作「南」，萬本、庫本同，中大本作「西」。按唐宋懷州治河内縣，即今沁陽縣，獲嘉縣即今獲嘉縣，在懷州東北，元和郡縣圖志懷州獲嘉縣：「西南至州一百六十里。」此「南」爲「東」字之誤，據改。中大本誤。

〔三二〕西晉曾立爲殷州　按晉書卷一四地理志上汲郡獲嘉縣不載「曾立殷州」，它書亦無此記載，蓋誤。

〔三三〕瀑布垂巖「垂」，庫本同，萬本據水經清水注改爲「乘」。按太平御覽卷六四引水經注作「垂」，殿本水經注、楊守敬水經注疏皆作「乘」。

太平寰宇記卷之五十四

河北道三

魏州　博州

魏州

魏州，魏郡。今理大名、元城二縣。禹貢兗、冀二州之域。在夏即爲觀、扈之國。星分畢、昴。春秋爲晉地，戰國爲衛、魏二國之境。秦滅魏，置東郡，滅趙，置邯鄲郡。漢高祖使韓信定河北，以秦邯鄲郡之南部，并東郡之邊縣置魏郡，即今元城縣地是也。後漢封曹操爲魏王，理鄴。自漢至魏、晉，郡皆在鄴。前燕慕容暐都鄴，于今州理置貴鄉郡，尋省。周静帝大象二年又于貴鄉郡之東界置魏州。〔一〕隋大業三年罷州爲武陽郡。唐武德四年平竇建德，復爲魏州，又分置漳陰縣，領貴鄉、昌樂、元城、莘、武陽、臨黄、觀城、頓丘、繁水、魏、冠氏、館陶、漳陰十三縣；其年割頓丘、觀城二縣置澶州，又割莘、臨黄、武陽三縣置莘州，又割冠氏、館陶置毛州，魏州置總管府，管魏、黎、澶、莘、毛五州，魏州領貴鄉、昌樂、繁水、漳陰、元城、魏六縣。貞觀元年罷都督府，仍省漳陰縣；其年廢莘、毛、澶三州，盡以所領縣屬魏州；十七年省元城、武陽、觀城三縣；十八年省繁水縣。龍朔二年改爲冀州大都督府，以殷王爲都督，〔三〕督冀、貝、德、相、棣、滄、魏七州。咸亨三年依舊爲魏州，罷都督府。永昌元年置武聖縣。聖曆二年又置元城縣。天寶元年改爲魏郡。乾元元年復爲魏州。天祐三年割貝州之夏津、臨清、永濟、宗城、經城，相州之内黄、成安、洹水，博州之清平來屬，從魏府之所請。後唐同光元年升爲東京興唐府，三年改爲鄴都。晉天福初改爲廣晉府。漢乾祐元年改爲大名府。周顯德元年依舊爲天雄軍節度使，其大名府額仍列在京兆府之下。皇朝因之。

元領縣十。今十七：大名，元城，南樂，魏縣，館陶，冠氏，莘縣，朝城，夏津，臨清，永濟，宗城，經城，已上五縣，貝州割到。清平，博州割到。内黄，成安，洹水。已上三縣，相州割到。二縣割出：頓丘，臨黄。並入澶州。

州境：東西二百四十里。南北三百二十里。

四至八到：東至東京四百里。西南至西京七百五十里。西南至長安一千六百一十里。東至博州武水縣一百三十七里。正東微北至博州一百八十里。南至相州一百六十里。〔三〕西至相州一百一十里。〔四〕北至貝州二百一十里。東南渡河至濮州一百九十里。西北至洺州平恩縣界九十四里。東南渡河至鄆州二百三十里。西北至洺州一百六十里。

户：唐開元户一十一萬七千一百七十五。〔五〕皇朝户主五萬五千九百八十七，客二萬九百八十五。

風俗：毛詩云：「魏地狹隘，其人機巧。」史記云：「邯鄲亦漳、河之間一都會也。北通燕、涿，南有鄭、衛。鄭、衛俗與趙相類，然近梁、魯，微重而矜節。」漢書云：「邯鄲土廣俗雜，大率精急，高氣勢。」

姓氏：魏郡五姓：申、暴、柏、暢、一作「鴨」。〔六〕長。一作「萇」。〔七〕

人物：蓋寬饒，魏郡人。爲司隸校尉，剌舉無所迴避，公卿貴戚皆懼。欒巴，内黄人。官議郎，謫永昌太守。嘗有噀酒之異。〔八〕束晳，字廣微，元城人。官著作郎，撰晉書、七代紀、補亡詩。〔九〕唐郭震，字元振，魏州館陶人。累軍功，〔一〇〕封代國公。谷那律，魏州昌樂人。博洽羣書，褚遂良稱爲「九經庫」，官弘文館學士。〔一一〕劉祥道，魏州觀城人。爲高祖相。沈佺期，字雲卿，内黄人。與宋之問齊詩名，官太子詹事。〔一二〕李義琰，魏州昌樂人。爲相，高宗欲令武后預知國政，義琰固爭不可。張萬福，元城人。官左金吾衛。〔一三〕吴保安，魏州人。〔一四〕路巖。冠氏人。在相位八年。

土産：絹，貢。〔一五〕絲，綿，絁，紬，貢。枝頭乾。〔一六〕漢書云：「冀州其利松柏。」

大名縣，舊三十鄉，今六鄉。本漢元城縣地，後魏孝文帝太和二十一年分置貴鄉縣，〔一七〕因前燕慕容暐之貴鄉郡以名之，屬昌樂郡。按水經注云「沙丘堰有貴鄉」，謂此也。隋開皇三年罷郡，縣屬魏州。大業三年改屬武陽郡。唐武德初割屬魏州。後唐改爲廣晉縣。漢乾祐初改爲大名。

愜山，在縣西九里。古堰也，今名愜山。漢成帝時河決金堤，使者王延世于此運土以塞河，頗愜當時人心，故謂之愜山。

大河故瀆，在縣東三里。俗名王莽河。水經注云：「故瀆又東北經元城西北，至沙丘堰。〔一八〕昔禹治洪水，播爲九河，自此始也。」

屯氏河，俗名毛河。水經注云：「大河故瀆北出，爲屯氏河。」〔一九〕漢書溝洫志曰：「自塞宣房，河復北決于館陶，分爲屯氏河，廣深與大河等。」

西渠。開元二十八年九月，刺史盧暉移永濟渠自石灰窠引流注于城西，〔二〇〕夾水制樓百餘間，以貯江、淮之貨，故有西渠之名。

州城。前燕慕容暐所置也，周宣帝于此置州理焉。

元城縣，舊三十鄉，今六鄉。本漢舊縣，屬魏郡。應劭曰：「魏武侯公子元食邑于此，〔二一〕因氏焉。」又魏書：「吳質爲元城令，文帝枉鄴騎。」〔二二〕即謂此邑。高齊省元城縣入貴鄉。隋開皇六年復置。唐貞觀十三年又省入貴鄉。聖曆二年重置。開元十三年移于州東北三百步。後唐改爲興唐縣。晉復爲元城。

沙麓，在縣東十二里，亦名女姓丘。〔二三〕春秋經云：「沙麓崩。」〔二四〕注云：「晉地」也。漢書云：王翁孺既徙魏郡元城委粟里，元城建公曰：「昔春秋沙麓崩，晉史卜之，曰：『後六百四十五年，當有聖母興。其齊田氏乎！』」〔二五〕今翁孺徙居，正直其地，日月當之。元城郭東有五鹿之墟，即沙麓地也。後八十年有貴女興天下」云。其後平帝幼小，元后果臨朝稱制也。

五鹿墟，在縣東。〔二六〕左傳謂「晉公子重耳乞食于五鹿，野人與之塊」，即其處也。

馬陵，在縣東南十里。魏攻韓，韓告急于齊。齊使田忌將，而孫臏爲師，使齊軍入魏地爲十萬竈，明日爲五萬竈，又明日爲二萬竈。龐涓大喜，曰：「我固知齊卒怯，入吾地三日，士卒亡去者過半。」乃倍行逐之。孫臏度其暮至馬陵，乃斫大樹白書曰「龐涓死于此下」。于是令善射者萬弩，夾道而伏，期見火舉而俱發。〔二七〕龐涓夜至斫木下，見白書，乃鑽火燭之。齊軍萬弩俱發，魏軍大亂，涓自刎。

王翁孺墓，在縣東二百步。漢書：「王翁孺既免，居委粟里。」即元后之祖也。

束皙墓，在縣南二十五里。〔二八〕

南樂縣，南五十里。〔二九〕舊三十鄉，今七鄉。本漢舊縣，〔三〇〕屬東郡。後魏孝文帝于漢舊樂昌縣城置昌樂郡及昌樂縣。〔三一〕周武帝改屬魏郡。〔三二〕隋罷郡，改屬魏州。今改名南樂。

王莽河，西去縣十六里。

平邑。竹書紀年云：「晉烈公四年，趙城平邑。」按縣圖云：「在縣城東界。」

魏縣，西四十里。舊十六鄉，今四鄉。本漢舊縣，屬魏郡。後魏孝文帝分魏縣置昌樂縣，高齊省魏縣入昌樂縣。隋開皇六年又分昌樂置魏縣，依舊屬魏州。

漳河。舊漳河，在今縣西北十里，即史起所決以灌鄴旁者。新漳河，在今縣西北二十一里。

白溝水，北接館陶界，隋煬帝導爲永濟渠，亦名御河。南自相州洹水縣界流入，又北阿難河出焉，蓋魏將阿難所導，以利衡漳，故此瀆有阿難之稱矣。又唐史：「開元二十八年，魏州刺史盧暉開永濟渠，自石灰窠引流至州西都，〔三三〕注魏橋，夾州製樓百餘間，以貯江、淮之貨。」是此渠。

蓋寬饒墓，在縣東南八里。

狄仁傑祠，在縣東南四里。爲魏州刺史，百姓爲立祠。

館陶縣，北五十里。舊十五鄉，今五鄉。本春秋時晉冠氏邑也，陶丘在縣西北七里。爾雅曰：「再成爲陶丘。」趙時置館于其側，因爲縣名。漢時屬魏郡。魏文帝改屬陽平郡。石趙移陽平郡理此。〔三四〕周大象二年置毛州，以近河爲稱。隋大業二年廢毛州，〔三五〕以館陶縣屬魏州。

金堤。漢武時河決館陶及東郡金堤，謂此地也。

大河故瀆，俗名王莽河，東去縣四里。

屯氏河，俗名毛河，〔三六〕在縣西二里。

白溝水，煬帝導爲永濟渠，亦名御河，西去縣十里。

冠氏縣，東北六十里。舊二十五鄉，〔三七〕今四鄉。本漢館陶縣地，隋開皇六年分館陶東界置冠氏縣，因古冠氏邑爲名，屬毛州。〔三八〕煬帝大業二年廢毛州，冠氏縣屬魏州。

黄河。郡國志云：「俗名黄壘。」

王莽河，北去縣十八里。

冉仲弓墓，在縣北二十五里。

莘縣，東七十五里。舊二十一鄉，今五鄉。本衛地，漢爲陽平縣，屬東郡。周武帝建德七年于此置武陽郡，在武水之陽，因以爲名。隋開皇八年改陽平縣爲清邑縣，十六年于縣置莘州，十八年改樂平縣爲莘亭。大業二年廢莘州，縣屬魏州；其年改清邑爲莘縣，因縣北古莘亭爲名。唐武德初又置莘州。〔三九〕貞觀元年州廢來屬。伋、壽爭相爲死，即此地。

冰井。水經注云：「武陽大城西門有冰井門，門内有古冰井猶在。」〔四〇〕

莘亭，在縣北。即左傳云「使盜待諸莘」是也。

武陽臺。水經注云：「武陽城有一石臺，在大城門外，號曰武陽臺。」

武陽故城，在今縣之南，即後周置郡于此。

二子祠。顧野王輿地志云：「陽平之莘有衛宣公二子爭死處。」今有祠存。

頓城。郡國志云：「頓城在武陽東南十里，臧洪爲東郡守，理于此城。」

朝城縣，東南八十里。舊十八鄉，今四鄉。本漢東武陽郡，〔四一〕在武水之陽，故曰武陽，其後爲縣，屬魏郡。隋開皇十六年隸莘州，大業二年廢莘州，屬魏州。唐貞觀十七年縣廢，永昌元年又置，改名武聖。開元七年改爲朝城。

武河，在縣東十步。

黄河，在縣東二十九里。

武陽臺，在縣西南一里。

扁鵲墓，在縣羅城西北隅。

夏津縣，東北二百五十里。舊十三鄉，今三鄉。本漢靈縣地，漢初爲鄃縣，〔四二〕按漢書「高后封呂佗爲鄃侯，田蚡奉邑亦在鄃」，即此，地理志云鄃縣屬清河郡。〔四三〕故城在今德州西南五十里，〔四四〕是漢鄃縣理所。後魏省。〔四五〕隋開皇十六年復于此立鄃縣。唐天寶元年改爲夏津縣，今屬魏州。

大河故瀆，在縣東三十六里。

屯氏河，在縣北。

臨清縣，東北一百五十里。〔四六〕舊五鄉，今六鄉。本漢清淵縣地，後魏孝文帝太和二十一年于此置臨清縣，屬魏郡。高齊省。隋開皇六年復置臨清縣，屬毛州；十八年州廢，縣屬貝州。唐大曆七年于縣西南張橋店置永濟縣，同時以滄州景城縣隸瀛州。貞元已後復自瀛州隸貝州。

貝丘，在今縣東南十五里。〔四七〕有漢貝丘縣故城存，城中有貝丘，高五丈，周迴五十步，〔四八〕兼有後漢貝丘長博陵劉伯言、北海苑孟興二碑並文磨滅。〔四九〕後魏初移縣于故城東北十里。今縣東又有貝丘城，即後魏所治。

屯氏河，在縣西十五里。

永濟縣，北九十里。元四鄉。本漢貝丘縣地，隋已後爲臨清縣地，唐大曆七年，田承嗣奏于張橋店置此縣，以邑西臨永濟渠，故以爲名。今屬魏州。

永濟渠，在縣西南。自汲郡引清、淇二水東北入白溝，穿此縣入臨清。按漢武時，河決館陶，分爲屯氏河，東北經魏郡、清河、信都、渤海入海。此渠蓋屯氏古瀆，隋氏修之，因名永濟。

宗城縣，西北一百七十里。舊十五鄉，今五鄉。本後漢章帝分鉅鹿地立廣宗縣，屬鉅鹿郡。後魏于縣理置廣宗縣，屬清河郡。〔五〇〕隋開皇三年罷郡，仁壽元年改廣宗爲宗城縣。唐武德四年于此置宗州，領宗城縣；九年廢宗州，以縣屬貝州。今屬魏州。

枯漳河，在縣東二十七里。

袁公橋，在今縣東。即後漢袁紹破公孫瓚于此橋，故謂袁公橋。

張甲河，在縣南二十七里。

經城縣，西北二百三十里。舊二十鄉，今四鄉。本後漢之經縣地，分前漢堂陽縣，〔五一〕于今縣西北二十里置經縣。後魏初省併南宫縣，太和十年又于今理置經縣，續于縣理置廣宗郡。高齊天保七年省郡及縣，仍移武强縣于此。後周武帝建德七年復于此置廣宗郡。隋開皇三年罷郡；六年移武强縣于武强城南置，復于此置經城縣，屬貝州。今屬魏州。

張甲枯河，在縣東十里。

清平縣，東北一百八十里。舊十鄉，今四鄉。本漢清陽縣地，屬清河郡。隋開皇六年自今貝州清河縣界移貝丘縣于今理，屬貝州；十六年改貝丘爲清平縣，屬博州。大業二年省博州，改屬貝州。隋亂廢。唐武德四年重置，屬博州。今屬魏州。

王莽河，在縣南十八里。

内黄縣，西南一百二十四里。〔五二〕舊十八鄉，今四鄉。本漢舊縣，〔五三〕屬魏郡。以河北爲内，河南爲外，〔五四〕以陳留有外黄，此爲内黄。後魏省。隋開皇六年于故城東南十九里重置内黄，〔五五〕屬相州。唐武德二年于黎陽縣置黎州，縣屬焉。貞觀十七年廢州，縣還相州。今屬魏州。

黄澤，在縣西北五里。

博望岡，在縣東南十三里。接汲縣界。

蕩水。水經曰：「蕩水又東北至内黄縣，入于黄澤。」

兒渠。前漢兒寬遷内黄令，吏民大信服，開六輔渠，以大灌溉，民獲其利，因曰兒公渠。〔五六〕

牽城，在今縣西南十二里。左傳：〔五七〕「公會齊侯于牽。」即此。

繁陽故城。史記云「趙將廉頗伐魏，取繁陽」，是此地。漢爲縣，故城在今縣東二十六里。〔五八〕城因在繁水之陽，以爲名。

辟陽城，漢審食其封此，故城在今縣東北五里。

故殷城，在縣東南十三里。殷王河亶甲居相，因築此城。

永濟渠，北去縣二百步。

成安縣，西一百里。舊三鄉，今三鄉。本漢斥丘縣地，屬魏郡。春秋時乾侯邑也。土地斥鹵，故云斥丘。後其地屬鄴縣。高齊文宣帝分鄴縣置成安縣，屬清都尹。後周平齊，屬魏郡。隋開皇三年改屬相州。今屬魏州。

濁漳水，西自滏陽縣界流入。

斥丘故城，〔五九〕在縣東南三十里。本春秋時乾侯邑，〔六〇〕漢以爲斥丘縣。左傳曰：「公如晉，次于乾侯。」

蚩尤冢，在邑界。

洹水縣，西南九十三里。舊十鄉，今三鄉。本漢内黄縣地，晉于此置長樂縣，屬魏郡。後魏省，孝文帝復爲長樂縣。高齊省入臨漳縣。周武帝分臨漳置洹水縣，因水爲名，屬魏郡。隋開皇三年割屬相州。今屬魏州。

洹水，西自堯城縣界流入。

鸕鷀陂，在縣西南五里，周迴八十里。蒲魚之利，州境所資。

白溝，今名永濟渠。水經云：「白溝與洹水合。」〔六一〕

博州

博州，博平郡。今理聊城縣。禹貢兖州之域。春秋時齊之西界聊、攝地也。平原郡聊城縣東北有故攝城，即古聊攝城也。左氏傳引晏子云：「聊、攝以東，其爲人多矣。」戰國時亦爲衛、齊、趙國交境之地。〔六二〕秦兼天下，置三十六郡，今州即秦之東郡地也。〔六三〕在漢爲東郡之聊城縣。〔六四〕晉以聊城縣屬平原郡。宋分其地置魏郡。後魏明元帝于此置平原鎮，孝文帝罷鎮置平原郡。葛榮之據冀州也，又于今理置冀州，尋廢。孝武帝復置平原郡。隋開皇三年罷郡，十六年于今理置博州。大業三年省。隋亂，宇文化及弑逆，自江都舉兵至此。竇建德攻陷其城，殺化及，復自據之。唐武德四年，討平竇建德，置博州，領聊城、武水、堂邑、茌平，〔六五〕仍置莘亭、靈泉、清平、博平、高唐凡九縣；五年省莘亭、靈泉二縣。貞觀元年省茌平縣。天寶元年改爲博平郡。乾元元年復爲博州。

元領縣六。今四：聊城，堂邑，高唐，博平。一縣割出：清平。入魏州。〔六六〕一縣廢：武水。併入聊城縣。

州境：東西一百八十九里。南北二百里。

四至八到：西南至東京五百一十里。西南至西京九百三十里。西南至長安一千九百九十里。東渡河至濟州二百九十里。〔六七〕南至舊濟州七十里。正西微南至魏州一百八十里。西南至魏州冠氏縣八十六里。北至貝州一百三十里。東南至舊濟州五十四里。西北至貝州一百九十里。東北至德州二百六十里。

户：唐開元户三萬七千四百四十四。〔六八〕皇朝户主一萬六千二百七，客一萬三千三百三十一。

風俗：同魏州。

人物：賈琮，字孟堅，東郡聊城人。華歆，字子魚，高唐人。與邴原、管寧善，官太尉。〔六九〕劉寔，字子真，高唐人。累遷司空。卒年九十二。〔七〇〕劉智，字子房，寔弟。官潁川守。〔七一〕唐呂才，博州清平人。善陰陽書，又明音樂。爲太子率更大夫。〔七二〕馬周，字賓王，茌平人。〔七三〕爲中書令，拜侍御史。〔七四〕孫揆，聊城人。昭宗討李克用，揆以節度使會戰。克用伏兵執揆，厚禮之，揆大罵不屈，克用怒，命鋸死，鋸齒不行，揆曰：「死狗奴，鋸人須用木板。」〔七五〕梁載言，聊城人。歷鳳閣舍人，撰十道志。王志愔。聊城人。爲侍御史，以剛鷙爲治，人呼爲「皂鵰」。〔七六〕

土産：綿，絹，平紬。貢。

聊城縣，舊二十鄉，今三鄉。本春秋時聊攝地，魯仲連射箭喻燕將之所。漢以爲縣，屬東郡。晉屬平原郡。〔七七〕高齊改隸濟州。隋開皇三年改屬冀州，十六年置博州，縣改屬焉。

黄河，南去縣四十三里。

郭水。水經注云：「郭水出聊城縣東北，〔七八〕水泛則津注，水耗則輟流。」

微子城。紂之庶兄封邑于此，故有城存。

重丘，在縣東南。即左傳云：「諸侯同盟于重丘。」杜注云：「重丘，齊地。」蓋謂此也。

茌平故城，漢爲縣，廢城在今縣東五十三里。在茌山之平地，因山著名。石勒之賤也，賣在茌平人師歡家爲奴。

博固城。隋圖經云：「或謂之布鼓城，即石勒時築，在大河之曲。」

四口故關，在縣東八十里。一名四瀆口。酈道元注水經云：「河水又東北流，爲四瀆津。」〔七九〕蓋其處。隋初于此置四口關。

郭城。隋圖經云：「郭城，即亡國郭氏之墟。」

聶政冢。烈士刺韓相者。

華歆冢。仕魏爲司空，郡人也。

廢武水縣，在州西南六十里。舊八鄉，後一鄉。本漢陽平縣地，屬東郡。隋開皇八年改陽平縣爲清邑縣；十六年分清邑縣置武水縣，取邑界水以爲名，屬莘州，即今博州武水縣理是也，〔八〇〕在武水之南。隋大業二年廢莘州，〔八一〕改屬魏州。唐貞觀元年改隸博州。周廣順二年河決衝没，顯德二年割屬聊城縣。〔八二〕

黄河，在武水縣南二十里。

石柱，後魏孝文帝所立，爲鄴東之表。水經注云「武水東流從石柱北」是也。

堂邑縣，東六十里。〔八三〕舊十五鄉，今二鄉。〔八四〕本漢清縣、發干二縣地，屬東郡。隋開皇六年于此置堂邑縣，屬毛州，〔八五〕因縣西北有漢堂邑故城爲名。大業三年改屬魏州。唐武德四年又屬毛州。貞觀元年廢毛州，改屬博州。晉改爲河清縣，〔八六〕後復舊。

發干故城，漢爲縣，廢城在今縣西南。

王莽河，北去縣十里。

樂平故城，本漢清縣也，在縣東南三十里。後趙録曰：「東海王使征東將軍苟晞擊汲桑，石勒與晞相持戰于平原、陽平閒，爲晞所敗，桑奔馬牧，勒奔樂平。」

堂邑故城，在縣西北二十七里。高帝五年，陳嬰爲堂邑侯，嬰孫午繼封，尚館陶公主。

高唐縣，東一百十里。舊十五鄉，今二鄉。本齊邑，春秋：〔八七〕「夙沙衛奔高唐以叛。」史記：齊威王曰：「吾臣有朌子者，使守高唐，趙人不敢東漁于河。」至漢以爲縣，屬平原郡。後魏屬濟州。高齊又屬平原郡。隋開皇十六年改隸博州。唐長壽二年改爲崇武縣。神龍元年復舊名。梁開平二年改爲魚丘縣。〔八八〕後唐同光初復舊。晉改爲齊城縣。漢復舊。

黄河，在縣東四十五里。

大河故瀆，在縣東一十七里。

鳴犢河，今名鳴犢溝。漢書地理志：「河水自靈縣别出爲鳴犢河。」溝洫志：元帝永光五年，「河決清河靈鳴犢口，而屯氏河絶也。」

故靈城，漢爲縣，在今縣西二十里。高齊天保七年省。按今博平縣曾爲河所壞，權寄理此城，大河故瀆在其南。

爵堤。十三州志：「高唐縣有爵堤，以捍河水。」

博平縣，東北七十五里。舊九鄉，今二鄉。本齊之博陵邑也，史記曰：「齊威王伐晉，至博陵。」〔八九〕徐廣注云：「東郡之博平也。」漢以爲縣，屬東郡。晉屬平原國。隋開皇三年改隸毛州，十六年改屬博州。

王莽河，在縣北十八里。

故攝城，在縣西南二十里。〔九〇〕

卷五十四校勘記

〔一〕周靜帝大象二年又于貴鄉郡之東界置魏州　元和郡縣圖志卷一六魏州總序同，按舊唐書卷三九地理志二：魏州，「後魏天平二年分館陶西界，於今州西北三十里古趙城置貴鄉縣。後周建德七年，以趙城卑濕，東南移三十里，就孔思集寺爲貴鄉縣。大象二年於縣置魏州。」疑此「貴鄉郡」之「郡」爲「縣」字之誤。

〔二〕以殷王爲都督　「殷王」，萬本據舊唐書地理志二改爲「冀王」。按舊唐書卷四高宗紀：龍朔二年，改魏州爲冀州大都督府，「殷王旭輪遥領冀州大都督」。則舊唐書地理志誤，萬本改誤。

〔三〕南至相州一百六十里　「南」，萬本作「西南」，庫本作「西」。按宋大名府治大名、元城二縣，在今河北大名縣東北，相州治安陽縣，即今河南安陽市，在大名府西南，萬本作「西南」，庫本作「西」，皆是。

〔四〕西至相州一百一十里　萬本同，中大本無此九字。按元和郡縣圖志卷一六魏州：「西至相州二百一十里。」此「一百」蓋爲「二百」之誤。

〔五〕唐開元户一十一萬七千一百七十五　「一百」，元和郡縣圖志魏州作「五百」。

〔六〕暢一作鴨　萬本、庫本皆作「鴨」，無注文。

〔七〕長一作萇　萬本、庫本皆作「萇」，無注文。

〔八〕官議郎謫永昌太守嘗有噀酒之異　中大本同，萬本、庫本皆無此注文。

〔九〕束晳至補亡詩　萬本、庫本皆無束晳傳略。

〔一〇〕累軍功　萬本、庫本皆作「爲相」。

〔一一〕博洽羣書褚遂良稱爲九經庫官弘文館學士　萬本、庫本皆無此文。

〔一二〕沈佺期至太子詹事　萬本、庫本皆無沈佺期傳略。

〔一三〕張萬福元城人官左金吾衛　萬本、庫本皆無張萬福傳略。按舊唐書卷一五二、新唐書卷一七〇張萬福傳載，爲右金吾將軍，此「左」爲「右」字之誤。

〔一四〕吴保安魏州人　萬本、庫本皆無。

〔一五〕貢　萬本、庫本皆無此字。按新唐書卷三九地理志三，魏州土貢有絹，萬本、庫本誤。

〔一六〕枝頭乾　萬本、庫本皆無此三字，傳校删。按唐六典卷三、元和郡縣圖志卷一六、新唐書地理志三魏州及元豐九域志卷一、宋史卷八六地理志二大名府皆不載，大明一統志卷四大名府土産始列枝頭乾，云「南樂縣出」，嘉慶重修一統志卷三七大名府引明統志同，此非樂史原文，爲後人竄入。

〔一七〕後魏孝文帝太和二十一年分置貴鄉縣　按魏書卷一〇六地形志上：「魏尹貴鄉縣，「天平二年分館陶置。」隋書卷三〇地理志中：「貴鄉，東魏置。」舊唐書地理志二：「後魏天平二年分館陶西界，於今州西北三十里古趙城置貴鄉縣。」此云「孝文帝太和二十一年置」，疑誤。

〔一八〕至沙丘堰　萬本作「而至沙丘堰」，同水經河水注原文。

〔一九〕大河故瀆北出爲屯氏河　萬本作「一水分大河故瀆北出，爲屯氏河，逕館陶縣東，東北出」，同水經河水注原文。

〔二〇〕刺史盧暉移永濟渠自石灰窠引流注于城西　「永」，底本作「通」，庫本同，萬本據玉海改爲「永」，按新唐書地理志三亦作「永」，此「通」爲「永」字之誤，據改。「城西」，萬本據玉海「城西」下補「注魏橋」，按新唐書地理志亦有此三字。

〔二一〕魏武侯公子元食邑于此　底本「此」下衍「國」字，庫本同，據萬本及漢書卷二八地理志上顏師古注引應劭曰删。

〔二二〕文帝枉鄴騎　萬本作「文帝枉節過之」，庫本作「文帝枉節騎」。按三國志卷二一魏書吴質傳裴松之注引魏略曰：吴質遷元城令，太子南在孟津小城，與質書曰：「今遣騎到鄴，故使枉道相過。」此處當有脱誤，或爲「文帝遣騎到鄴，枉道過之」之脱誤。

〔二三〕女娃丘　「娃」，底本作「姓」，庫本同，據萬本及穆天子傳、水經河水注改。

〔二四〕沙麓　「麓」，春秋僖公十四年作「鹿」，水經河水注引同。

〔二五〕當有聖母興其齊田氏乎　「母」、「齊田氏」，庫本同，萬本作「女」、「齊田」，同漢書卷九八元后傳、水經河水注。

〔二六〕在縣東　庫本同，萬本據元和郡縣圖志魏州於「東」下補「十二里」。

〔二七〕士卒亡去者過半至火舉而俱發　庫本同，「斫大樹」，底本作「大斫樹」，據庫本及史記卷六五孫子吴起列傳乙正。萬本作「士卒亡者過半矣。乃棄其步軍，與其輕鋭倍日并行逐之。孫臏度其行，暮當至馬陵，乃大斫樹白而書之曰『龐涓死於此樹之下』。於是令善射者萬弩，夾道而伏，期曰『暮見火舉而俱發』。」實據史記孫子吴起列傳而改。

〔二八〕在縣南二十五里　「南」，元和郡縣圖志魏州作「東」。

〔二九〕南五十里　「五十」，底本作「十五」，萬本、庫本同。按元和郡縣圖志魏州昌樂縣：「北至州五十里」五代唐改昌樂爲南樂，此「十五」爲「五十」之倒誤，據以乙正。

〔三〇〕本漢舊縣　按漢書地理志上，縣名樂昌，此宜作「本漢樂昌縣」。

〔三一〕後魏孝文帝于漢舊樂昌縣城置昌樂郡及昌樂縣　按魏書地形志上：魏尹昌樂縣，「永安元年置郡，天平中罷郡。」與此載昌樂郡設置年代不同，此又脱載「天平中罷昌樂郡」。

〔三二〕周武帝改屬魏郡　按隋書地理志中：繁水，「舊曰昌樂，置昌樂郡。東魏郡廢，後周又置。」則北周復置昌樂郡，昌樂縣仍屬昌樂郡，此疑誤。

〔三三〕魏州刺史盧暉開永濟渠自石灰窠引流至州西都　「永」，底本作「通」，庫本同，據萬本及新唐書地理志三改。「州西都」，萬本作「城西」，同新唐書地理志及本書大名縣西渠條。

〔三四〕魏文帝改屬陽平郡石趙移陽平郡理此　元和郡縣圖志魏州同。魏書地形志上：「陽平郡，魏文帝黄初二年分魏置，治館陶城。」晉書卷一四地理志上載，陽平郡治元城縣。則魏文帝置陽平郡，治館陶縣，西晉移郡治元城縣，至石趙又移治館陶縣，此處蓋有脱誤。

〔三五〕周大象二年置毛州以近河爲稱隋大業二年廢毛州　原校：「按顔師古注云：『屯音大門反，而隋氏誤以爲毛氏河，乃置毛州。』故今記大名縣、館陶縣屯氏河皆云『俗名毛河』，又曰『置毛州，以近河爲稱』，本此。」「毛州」、「河」，庫本同，元和郡縣圖志魏州作「屯州」、「屯河」，萬本據改。按漢書卷二九溝洫志：「河復北決於館陶，分爲屯氏河。」師古注曰：「屯音大門反，而隋室分析州縣，誤以爲毛字河，乃置毛州，失之甚矣。」王仲犖北周地理志：「按毛州應是屯州之譌，屯州以屯氏河名州。隋唐人寫屯字作毛出頭如毛，後人不知當時俗體，乃誤以毛字讀之。近年出土隋唐人所書簿册及佛經，尚可取證也。」

〔三六〕毛河　庫本同，萬本作「屯河」，同元和郡縣圖志魏州。

〔三七〕舊二十五鄉　「二十」，萬本、庫本皆作「一十」。

〔三八〕毛州　庫本同，萬本作「屯州」，同元和郡縣圖志魏州。下同。

〔三九〕唐武德初又置莘州　按舊唐書地理志二、新唐書地理志三載，唐武德五年置莘州。

〔四〇〕門内有古冰井猶在　庫本同，萬本據水經河水注改爲「門内曲中，冰井猶存」。

〔四一〕本漢東武陽郡　按漢置東武陽縣，以在武水之陽而名，屬東郡，東漢因之，載於漢書地理志上及顔師古注引應劭説、續漢書郡國志三。東漢末，曾爲東郡治。後漢書卷五八臧洪傳：「袁紹憚其能，徙爲東郡太守，都東武陽。」三國志卷一魏書武帝紀：初平二年，「袁紹因表太祖爲東郡太守，治東武陽。」魏晉屬陽平郡，北魏改名武陽，魏書地形志上：陽平郡武陽，「二漢、晉屬東郡，曰東武陽，後改屬。」北齊省，北周復置，載於隋書地理志中。則東武陽縣從無「東武陽郡」之設置，此「郡」蓋爲「縣」字之誤。

〔四二〕漢初爲鄃縣　庫本同，萬本「鄃」下注：「師古曰：音輸。」

〔四三〕地理志　「理」，底本脱，據萬本、庫本、傅校及漢書地理志上補。

〔四四〕故城在今德州西南五十里　史記卷九呂太后本紀正義引括地志：「故鄃城在德州平原縣西南三十里，本漢鄃縣，吕他邑也。」後漢書卷二二馬武傳李賢注：「鄃，縣名，屬平原郡，故城在今德州平原縣西南。」此「德州」下蓋脱「平原縣」三字，「五十」爲「三十」之誤。

〔四五〕後魏省　按隋書地理志中：平原縣，「後齊併鄃縣入焉。」則鄃縣廢於北齊。

〔四六〕東北一百五十里　「東北」，底本作「西南」，萬本同。按唐宋臨清縣即今河北臨西縣，在唐魏州、宋大名府東北，元豐九域志卷二北京大名府臨清縣：「京北一百五十里。」本書所記縣地里，多以某州方向而言。庫本及嘉慶重修一統志卷一八四臨清州引本書作「東北」，此「西南」爲「東北」之誤，據改。

〔四七〕東南十五里　「十五」，元和郡縣圖志卷一六貝州作「五十」。葉圭綬續山東考録卷一〇：「寰宇記作『十五』，字倒也。」

〔四八〕周迴五十步　「五十」，元和郡縣圖志貝州作「六十八」。

〔四九〕北海苑孟興二碑並文磨滅　「苑」，庫本同，萬本作「范」。「並文」，庫本同，萬本作「文並」。

〔五〇〕後魏于縣理置廣宗縣屬清河郡　按本書上文記東漢章帝置廣宗縣，此又記北魏置，有誤。魏書卷一〇六地形志上：「廣宗郡，太和十一年立，尋罷，孝昌中復。」廣宗縣，「後漢屬鉅鹿，晉屬安平。中興中立南、北廣宗，尋罷，後屬。」元和郡縣圖志貝州：「後魏改屬廣宗郡。」此「屬清河郡」應作「屬廣宗郡」。

〔五一〕本後漢之經縣地分前漢堂陽縣　庫本同，萬本作「本後漢分前漢堂陽縣」，嘉慶重修一統志卷三三廣平府引本書、元和郡縣圖志貝州同，疑此「之經縣地」四字衍。

〔五二〕西南一百二十四里　「二十四」，萬本、庫本皆作「四十」。

〔五三〕本漢舊縣　「本」，底本脱，據萬本、庫本及元和郡縣圖志相州補。

〔五四〕以河北爲内河南爲外　底本「以」上有「魏」字，萬本、庫本皆無「魏」字，同元和郡縣圖志卷一六相州。按史記卷四四魏世家正義：「古帝王之都多在河東、河北，故呼河北爲河内，河南爲河外。」則無「魏」字是，據删。

〔五五〕隋開皇六年于故城東南十九里重置内黄　「重」，底本脱，據萬本、中大本、庫本、嘉慶重修一統志卷一九六彰德府引本書、傅校及元和郡縣圖志相州補。

〔五六〕前漢兒寬遷内黄令至兒公渠　漢書卷二九溝洫志：「兒寬爲左内史，奏請穿鑿六輔渠，以益溉鄭國傍高卬之田。」同書卷五八兒寬傳：遷左内史，「表奏開六輔渠。」則兒寬官左内史，不曾「遷内黄令」，所開六輔渠在左内史轄區（漢武帝太初元年更名左馮翊）鄭國渠傍，亦不在内黄，此誤。

〔五七〕左傳　按本書下文所引「公會齊侯于牽」，載于春秋定公十四年，此「左傳」宜作「春秋」。

〔五八〕故城在今縣東二十六里　按史記卷四三趙世家正義引括地志云：「繁陽故城在相州内黄縣東北二十七里。」此「東」下當脱「北」字。

〔五九〕斥丘故城　「故」，底本無，據萬本、庫本、傅校及元和郡縣圖志相州補。

〔六〇〕本春秋時乾侯邑　「本」，底本脱，據萬本、庫本及元和郡縣圖志相州補。

〔六二〕白溝與洹水合　「合」，底本作「同」，庫本同。水經淇水篇：「東過内黄縣南爲白溝，屈從縣東北與洹水合。」此「同」乃「合」字之誤，據改。萬本參合水經淇水注、洹水注二文改爲「水經注曰：洹水枝津，謂之新河，東逕鸕鷀陂，北與台陂水合，注白溝河」，誤甚。

〔六三〕戰國時亦爲衛齊趙國交境之地　「衛」，萬本、庫本皆作「魏」，當是。

〔六四〕今州即秦之東郡地也　「地」，底本脱，庫本同，據萬本及元和郡縣圖志卷一六博州補。

〔六五〕在漢爲東郡之聊城縣　元和郡縣圖志博州，「在漢爲東郡聊城縣之地。」按漢聊城縣在唐聊城縣西，史記卷八高祖本紀正義引括地志云：「故聊城在博州聊城縣西二十里。」則漢唐非一地，此「聊城縣」下疑脱「之地」二字。

〔六六〕茌平　「茌」，萬本、庫本作「荏」，舊唐書地理志二、新唐書地理志三及元和郡縣圖志相州同。後同。

〔六七〕魏州　「州」，萬本、中大本、庫本皆作「府」。

〔六八〕東渡河至濟州二百九十里　「濟州」，元和郡縣圖志博州作「齊州」。本書卷一九齊州：「西渡河至博州二百九十六里。」與此相合，此「濟州」疑爲「齊州」之誤。

〔六九〕唐開元户三萬七千四百四十四　「四十四」，萬本作「七十」，同元和郡縣圖志博州。庫本作「四」，誤。

〔六九〕高唐人與郇原管寧善官太尉　萬本無「高唐人與郇原管寧善」九字，「官太尉」作「官至太尉」，庫本同，傅校同。華歆後，萬本、中大本、庫本皆列有華恒，注文云：「字敬則，高唐人。」傅校同。

〔七〇〕劉寔字子真高唐人累遷司空卒年九十二　「寔」，底本作「實」，據晉書卷四一劉寔傳改。下同。傳載卒年九十一，此「二」爲「一」字之誤。萬本、庫本皆無劉寔傳略。

〔七一〕劉智字子房寔弟官潁川守　萬本、庫本皆無劉智傳略。

〔七二〕爲太子率更大夫　庫本同，「率更」作「司更」，萬本作「太常博士」，下有「子方毅，爲右衛鎧曹參軍」十字。

〔七三〕茌平　「茌」，舊唐書卷七四、新唐書卷九八馬周傳皆作「荏」。

〔七四〕拜侍御史　萬本、庫本皆無此四字。

〔七五〕孫揆至須用木板　萬本、庫本皆無孫揆傳略。

〔七六〕王志愔至呼爲皂鵰　萬本、庫本皆無王志愔傳略。「鵰」，底本作「鷙」，據新唐書卷一二八王志愔傳改。

〔七七〕晉屬平原郡　按晉書卷一四地理志上爲平原國，本書下文博平縣：「晉屬平原國。」此「郡」宜作「國」。

〔七八〕郭水出聊城縣東北　按水經河水注：「黄溝承聊城郭水，水泛則津注，水耗則輟流，自城東北出。」則黄溝承聊城郭水東北出，非「郭水出聊城東北」，此蓋誤。

〔七九〕河水又東北流爲四瀆津　萬本據水經河水注改爲「河水又東北逕四瀆津」。

〔八〇〕即今博州武水縣理是也　庫本同，萬本作注文，同元和郡縣圖志博州。

〔八一〕大業二年　「二」，庫本同，萬本作「三」，同元和郡縣圖志博州。

〔八二〕顯德二年　「二」，萬本、庫本同，中大本作「三」。按舊五代史卷一五〇郡縣志：「博州武水縣，周顯德三年十月，併入聊城。」五代會要卷二〇州縣分道改置同，疑此「二」爲「三」字之誤。

〔八三〕東六十里　按唐、宋初堂邑縣在今山東聊城市堂邑之西，在博州在西，本書所記縣地里，多以在某州方向而言，此「東」蓋爲「西」字之誤，或「東」下脱「至」字。

〔八四〕今二鄉　「二」，庫本同，萬本作「三」。

〔八五〕毛州　元和郡縣圖志博州作「屯州」，下文及博平縣總序同，參見本卷校勘記〔三五〕。

〔八六〕晉改爲河清縣　「河清」，底本倒誤爲「清河」，據萬本、中大本、庫本及讀史方輿紀要卷三四乙正。

〔八七〕春秋　按本書下文所引「夙沙衛奔高唐以叛」，載於左傳襄公十九年，此「春秋」宜作「左傳」。

〔八八〕梁開平二年改爲魚丘縣　「魚丘」，底本作「重丘」，萬本、中大本、庫本同。按續通典卷一二〇州郡一：「五代梁改高唐爲魚丘。」注云：「按此據寰宇記。」則他本寰宇記作「魚丘」。讀史方輿紀要卷三四、嘉慶重修一統志卷一六八東昌府、葉圭綬續山東考古録東昌府皆云五代梁改高唐爲魚丘，此「重」爲「魚」字之誤，據改。

〔八九〕齊威王伐晉至博陵　按史記卷四六田敬仲完世家：「齊威王六年，「晉伐我，至博陵。」同書卷六九蘇秦列傳集解引徐廣曰：「齊威王六年，晉伐齊到博陵。」此云「齊威王伐晉」，誤。

〔九〇〕故攝城在縣西南二十里　元和郡縣圖志博州同，萬本、庫本皆無此十字，當係脱誤。

太平寰宇記卷之五十五

河北道四

相州

相州，鄴郡。今理安陽縣。禹貢冀州之域。尚書云：「殷王河亶甲居相。」即其地。春秋時屬晉。左傳曰：「齊侯伐晉，取朝歌，入孟門，登太行。趙勝帥東陽之師以追之。」即此也。又爲晉東陽之地，郡城即齊桓公所築。戰國時屬魏，故史記曰：「魏文侯出征，以西門豹守鄴。」即爲魏都也。後屬趙。秦併天下，爲上黨、邯鄲二郡之地。漢高祖置魏郡，理鄴。後漢末，冀州理之，〔一〕韓馥爲冀州牧，居鄴。其後袁紹、曹操因之。建安十七年，〔二〕册命操爲魏公，居鄴。黄初二年以廣平、陽平、魏三郡爲三魏，長安、譙、許、鄴、洛陽爲五都。〔三〕石季龍自襄國徙都之，仍改太守爲魏尹。慕容儁平冉閔，又自薊徙都之，仍置司隷校尉。苻堅平鄴，以王猛爲冀州牧，鎮鄴。後魏于此立相州。初，道武幸鄴，訪立州名，尚書崔光對曰：〔四〕「昔河亶甲居相，聖皇天命所相，宜曰相州。」道武從之。按後魏孝文帝太和十八年，卜遷都，經鄴都，登銅雀臺，御史崔光對曰：「鄴城平原千里，運漕四通，有西門、史起舊跡，可以饒富，在德不在險，請都之。」帝曰：「卿知其一，未知其二。鄴城非長久之地，石虎傾于前，慕容滅于後，國富主奢，暴成速敗。且西有枉人山，東有列人縣，北有柏人，君子不飲盗泉，〔五〕惡其名也。」遂止。〔六〕東魏孝靜帝遷都于此，改置魏尹及司州牧。北齊武帝又都焉，改魏尹爲清都尹。後周平齊，復改爲相州；大象二年自故鄴城移相州于安陽城，即今理也。隋初郡廢而州立，煬帝初州廢，復置魏郡。唐武德元年置相州總管府，相州領安陽、鄴、林慮、零泉、相、臨漳、洹水、堯城八縣；二年割林慮置巖州；四年廢總管府，仍省零泉縣；五年廢巖州，以林慮來屬，仍省相縣；六年割衛州之蕩源來屬；其年置都督府，管磁、洺、黎、衛、邢六州；〔七〕九年廢都督府。貞觀元年改蕩源爲湯陰，以廢磁州之滏陽、成安二縣來屬；十年復置都督府，管相、魏、黎、衛、洺、邢、貝七州；十六年罷都督府；十七年以廢黎州之内黄、臨河來屬。天寶元年改爲鄴郡。乾元元年復爲相州。梁貞明元年，魏博節度使楊師厚卒，〔八〕乃割相州建節爲昭德軍，尋軍亂，以地歸于後唐。〔九〕莊宗入魏，〔一〇〕遂卻爲屬郡，依舊隸魏州。晉天福三年復升爲彰德軍節度。皇朝因之。

元領縣十一。今六：安陽，鄴縣，湯陰，永定，臨漳，林慮。五縣割出：滏陽，入磁州。

內黃，成安，洹水，已上三縣入魏州。臨河。入澶州。

州境：東西二百一十五里。南北九十里。

四至八到：東南至東京三百五十里。西南至西京五百八十里。西南至長安一千四百四十里。東至魏州一百八十里。南至衛州一百十二里。〔一一〕西至潞州三百五十里。北至磁州五十里。東南至澶州一百四十五里。西南至衛州一百五十六里。東北至洺州二百一十五里。西北至遼州三百五十里。

户：唐開元户七萬八千。皇朝户主一萬一千七百八十九，客一萬一百二十六。

風俗：自北齊之滅，衣冠士人多遷關内，惟伎巧商販及樂户，以實郡郭，由是人情險詖，至今好爲訴訟。

姓氏：內黃郡三姓：扈、路、駱。

人物：〔一二〕牛牢，立志不與光武交。後漢杜喬，〔一三〕審配，魏郡人。少忠烈，〔一四〕有不可犯之節。申紹，字景祚，魏郡人。爲當時冠冕之宗。弟胤與兄聲望俱重。唐傅奕，鄴人。曉天文曆數，爲太史令。武德初，上疏請去佛。杜正倫。洹水人。隋時與兄正玄俱以秀才擢第，相高宗，至中書令。〔一五〕

土產：胡粉，貢。鳳翮席，貢。花口胡盧，紗，貢。絹。貢。

安陽縣，舊二十七鄉，今三鄉。地即紂之都。戰國策：「紂將甲百萬，左飲于淇谷，右飲于洹水，淇水竭而洹水不流。」按邑地在淇、洹二水之間，本殷墟，所謂北蒙，〔一六〕即此地。七國時爲魏寧新中邑。史記曰：「秦昭襄王拔魏寧新中，更名安陽。」漢初廢，以其地屬蕩陰。晉于今理西南置安陽縣，〔一七〕屬魏郡。後魏併入蕩陰。隋開皇十年重置安陽縣，屬相州。

韓陵山，在縣東北十七里。劉公幹詩云：「朝發白馬，暮宿韓陵。」東魏丞相高歡破爾朱兆兄弟于此山下，仍立碑，即温子昇之詞。陳尚書徐陵嘗北使鄴，讀韓陵碑，愛其才麗，手自録之，歸陳，士人問陵：「北朝人物何如？」曰：「唯韓陵片石耳。」

銅雀臺。魏武帝所造，遺令：令施繐帳，〔一八〕朝晡宫人歌吹，望吾西陵。謝玄暉詩云：「繐帳飄井幹，罇酒若平生；鬱鬱西陵樹，詎聞歌吹聲。」云云。

魏徵宅。徵，鉅鹿人，有宅存。後爲唐睿宗潛龍之第，景龍四年六月二十四日，龍飛于此宅。

南臺。後魏書云：「東魏遷鄴，高丞相以南臺爲定國寺，作塼浮圖極高，〔一九〕其銘即温子昇文。」

鄴宫。十六國春秋云：「石勒大破鄴宫，焚之，火旬有五日方滅。石虎建武元年自襄國徙都之，至鄴，道里相去二百里，每一舍輒立一宫，宫有一夫人，侍婢數十。季龍所起内外臺觀行宫，凡四十四所。」

曹洪宅。隋圖經云：「曹洪宅南有景穆寺，西有石竇橋。」

西河。按隋圖經云：「卜商、子夏、田子方、段干木所遊之地，以魏、趙多儒學，齊、魯及鄒皆謂此爲西河，非龍門之西河也。」

愁思岡。隋文帝改爲崇義岡。

洹水。水經注云：「西南自林慮縣界流入，東經殷墟北。」

魏郡城，即漢以來爲郡之所，故城在今縣東北。

鯀堤。堯臣禹之父所築，以捍孟門，〔二〇〕今謂三刃城是也。

涼馬臺。鄴城記云：「安陽涼馬臺，即石季龍造，以涼馬名之。」

高亭。搜神記云：「相州安陽縣南有亭，宿者輒死。後有書生宿，夜半有人着皂衣，來呼亭主，『此有宿客耶？』曰：『然。』喑嗟而去。又有一人衣赤衣，來問如前。移時無復來，生乃呼亭主，問之：『向黑衣者誰？』曰：『北舍猪母。』『赤幘者誰？』曰：『西舍老雄雞。』『汝是誰？』曰：『我老蝎也。』明旦，掘之得蝎，大如琵琶，毒長四尺，并及猪、雞，亭遂安靜。」

鄴縣，北四十里。舊十五鄉，今四鄉。本魏國之鄴邑，漢爲縣，屬魏郡。後漢桓、靈之間，冀州刺史嘗寄理于此。晉書云：建興二年，〔二一〕「避懷帝諱，改鄴爲臨漳縣。」又曰：「石勒諸將佐議欲都于鄴，將攻三臺，張賓進曰：『三臺險固，攻守未可卒下。』于是進據襄國。」歷東魏、北齊皆都于此。後周置相州，後徙相州于安陽，此復爲鄴縣。

故鄴城，在縣東五十步。本春秋時齊桓公所築也，自漢至高齊，魏郡並理鄴縣。今按魏武帝受封于此，至文帝受禪，呼爲北都。〔二〕

黄蓌谷。九州要記云：「谷中有冢，俗謂佛母冢，今牛馬不敢近。」

濁漳水，在縣東北。有永樂浦，浦西五里，俗謂紫陌河，此即俗巫爲河伯娶婦處。

黄衣水。隋圖經云：「黄衣水經野馬岡，東南注萬金渠，入鸕鷀陂。」即此水。

紫陌橋。地理志云：「漳水出上黨鄴中。」〔三〕趙武帝于漳水造浮橋，接紫陌，故號曰紫陌橋。橋之下有天井堰，二十里内作十二墱，墱相去三百步，令相灌注，即魏都賦云：「墱流十二，同源異口。」

西門橋。按鄴城故事云：「西門豹爲令，造十二渠，決漳水以溉民田，因是户口豐饒。今渠一名安澤陂，齊天保五年，僕射魏收爲碑存焉。」

西門豹祠。隋圖經云：「豹祠在縣東南七里，北臨太平渠。」〔四〕

佛圖澄冢。澄死，葬于此，經冉閔開視，了無骸骨。又鄴中記云：「澄死後，有人于隴上見之，石虎令開視，唯有一石虎，曰：『石者，朕也，葬我而去，吾其死矣！』果然。」

鳳陽門，即鄴城門也。按記云：「魏太祖都之，城内諸街有赤闕，南面西頭曰鳳陽門，上有鳳二枚，其一飛入漳水，其一仍以鎖絆其足。鄴人舊歌曰：『鳳陽門南天一半，上有金鳳相飛喚，欲去不去著鎖絆。』」

梁期城，漢梁期縣，故城尚存。

玄武苑，又有新河水所經，亦魏武帝新築，有釣臺、曲池在焉。

長明溝。水經注云：「魏武引漳水入銅雀臺下，伏流入城，〔二五〕謂之長明溝。」

三臺。銅雀，中臺也；金虎、冰井，南臺、北臺也。石虎于上藏冰，三伏之月，以賜大臣。鄴中記：「魏武于銅雀西立三臺。」魏都賦云：「三臺列峙而峥嶸。」

石虎故城。虎于冬月〔二六〕施流蘇斗帳，用大小明光、博山文錦，係以房子綿，施屈膝屏風，燒百和名香。又于魏武故臺立大武殿，窗户宛轉，畫作雲氣，擬秦之阿房，魯之靈光，流蘇染鳥羽爲之，以五色線編蒲心薦席。又選揀宫人皆才藝者爲女尚書，八座侍中、納言皆貂璫直侍。又作戲馬書，令人立于馬上屈一脚，馬上立書，而字皆正好。又衣伎兒作獮猴形，走馬或在頭尾，卧側縱横，名爲猿騎。又作金龍吐酒于殿前，金罇可容五十斛，供正會。又金華殿後作皇后浴室，九龍銜水之象。又種雙長生樹，根生于屋下，枝葉交于棟上，是先種樹後立屋，安玉盤容十斛，于二樹之間。又皇后出，從女騎千人爲鹵簿，脚著五文織成靴，手握雌黄婉轉弓，又作雲母、五明、金簿、黄雉等扇。〔二七〕又虎每獵，著金線織成合歡袴。

天樂寺。石虎因佛圖澄造。寺内有文石香爐，即澄所執供養者。又有鳴鶴、飛龍等舟。

三陵，即魏武帝、文帝、甄皇后三陵。

華林苑。石季龍發萬人築，苑垣周旋數十里，天暴雪三尺，〔二八〕凍死者數千人。太史奏非時降雪，此變異，乃誅尚書朱軌，以塞災。高齊時名遊豫園。鄴中記：「季龍于華林苑植衆果，人間名果悉有之。季龍作蝦蟆車四，搏掘根去一尺，〔二九〕深一丈，合土載車中，植之無不生焉。」

淩雲城，金花洲，光碧堂，飛雲殿，御宿堂，五迴路，蘗蕪島，〔三〇〕杜若洲，貧人村。〔三一〕

已上皆華林苑中。

湯陰縣，〔三二〕南四十里。舊一十七鄉，今三鄉。古羑里之地，在七國時魏之湯陰地。〔三三〕漢以爲蕩陰縣，屬河内郡，因蕩水爲名。晉屬魏郡，後魏省。隋開皇六年復于今縣東十七里再置湯陰縣，十年廢入安陽縣。唐武德四年分安陽置蕩源縣，屬衛州，六年改屬相州。貞觀元年復爲湯陰，從漢舊名。

蕩水，在縣治北。源出縣西牟山，去縣三十五里。

羑里，一名牖城，在縣北九里。即紂拘文王之所，城北臨羑水。夏曰夏臺，商曰羑里，周曰囹圄，皆圜土也。

浣衣里，晉侍中嵇紹葬所。按鄴中記：「惠帝師敗湯陰，千官皆走，獨紹端冕帝側，以身捍主，遂至見害，血濺御衣。及事寧，左右欲浣之，帝曰：『此嵇侍中血，勿去也。』詔葬縣南，因名此地爲浣衣里。」

羑水，源出縣西北山下。水經注云：「羑水經羑城北，故羑里也。」亦爲牖里，「牖」與「羑」同。

防城。隋圖經云：「湯陰縣有防城，即紂囚文王于羑里，築此城以防之，後因曰防城。」

長沙溝，一名宜師溝，在縣南二十里。

永定縣，東四十里。舊一十四鄉，今三鄉。本漢内黄縣地，晉置長樂縣，高齊省入臨漳縣。隋開皇十年分臨漳、洹水二縣于此置長樂縣，十八年改爲堯城縣，因堯所居此城爲名。唐末改爲永定縣。朱梁開平中改爲長平。後唐同光初復爲永定。

洹水，在縣北四里。

丹朱墓，在縣東一里。堯之子也。〔三四〕

羛音蟻。〔三五〕陽聚故城，在今縣東。左氏傳：「晉荀盈如齊逆女，卒于戲陽。」注云：「内黄縣戲陽城。」〔三六〕「羛」與「戲」通。

臨漳縣，州北六十里。舊十二鄉，今二鄉。本漢鄴縣地，東魏孝靜帝分鄴縣，于鄴城中置臨漳縣。周武帝平齊，建德六年自鄴城移臨漳于今所，屬魏郡。隋開皇三年改隸相州。

東山，在縣西南十五里。東魏高澄于此積土爲山，引萬金渠水爲池，作遊賞之處。周平齊，湮池毁山。

鸕鷀陂，在縣東南三十里。與洹水縣同利。

袁紹墓，在縣西北十六里。

平陽故城。竹書紀年云：「梁惠成王敗邯鄲之師于平陽。」

林慮縣，西一百十里。舊十三鄉，今一鄉。本漢隆慮縣，屬河内郡，應劭注云：「以隆慮山在北，後漢避殤帝諱，改爲林慮。」魏屬朝歌郡。晉屬汲郡。後魏太武帝省入鄴縣，文帝復立，又于此置林慮郡。〔三七〕高齊郡廢，後周平齊復置林慮郡。隋開皇三年罷郡，十六年于此置巖州。大業二年廢巖州，又爲縣。唐武德二年復置巖州，五年廢，以縣屬相州。按縣城東魏天平元年築。又漢志云「隆慮有鐵官」，今縣側近山並多鐵鉚，可以鼓鑄。

隆慮山，一名林慮，蓋隨縣改也，在縣西二十里。山有三峯：南第一峯名仙人樓，高五十丈，下有黃花谷，北巖出瀑布，水下注成池，黃花谷西北有洞穴，去地千仞，下有小山孤竦，謂之玉女樓；其南第二峯名玉女臺，高九百丈；其山北第三峯名魯般門。水經注云：「倉谷溪東北逕魯般門，其門立闕昂藏，〔三八〕石壁霞舉。其北有偏橋，即林慮之嶠嶺抱犢固也。」南接太行，北連恒岳，又有馬鞍山、棲霞谷。又按顏修內傳曰：「橋順，字仲產，有二子，曰璋，曰琮，師事仙人盧子基于隆慮山棲霞谷，〔三九〕教二子清虛之術，服飛龍藥一丸，千年不饑。」故魏文帝詩曰：「西山有雙童，不飲亦不食。」謂此也。

黃花水，在縣西北黃花谷北崖上。高十七里，〔四〇〕去地七里，懸水東南注壑，直瀉巖下，狀若雞翹，〔四一〕故謂之雞翹洪，蓋天台、赤城之流也。其水東流至谷口，潛入地下，十里復出，〔四二〕名曰柳渚，是黃花谷水重源再發也。東流注于洹水。」其谷號曰黃花谷，內有仙母冢，顏修內傳云：「仙母即仙人王津母也，〔四三〕墓前有大樹九株存焉。」又水經云：〔四四〕「黃花谷西北有洞穴，謂之聖水窟。」

洹水，出縣西北。俗謂安陽河，即聲伯夢涉之所，源出林慮山東平地。

王母祠。隋圖經云：「王津母有廟，每春三月桃花盛發，籠冠于廟宇。」

卷五十五校勘記

〔一〕冀州理之　「理之」，底本倒誤爲「之理」，庫本同，據萬本及元和郡縣圖志卷一六相州乙正。

〔二〕建安十七年　按三國志卷一魏書武帝紀載，漢獻帝策命曹操爲魏公，是在建安十八年。

〔三〕長安譙許鄴洛陽爲五都　按三國志卷二魏書文帝紀：黄初二年正月，「改許縣爲許昌縣」。裴松之注引魏略曰：「改長安、譙、許昌、鄴、洛陽爲五都。」此「許」宜作「許昌」。

〔四〕崔光　太平御覽卷一六一引後魏書同，按魏書卷六七崔光傳，光於孝文帝、宣武帝、孝明帝爲官，不在道武帝。魏書卷二四崔玄伯傳：「太祖幸鄴，歷問故事於玄伯，應對若流，太祖善之。」遷吏部尚書。北史卷二一崔宏傳：「崔宏字玄伯。」正值太祖道武帝，此「崔光」疑爲「崔宏」之誤。

〔五〕君子不飲盗泉　「泉」下底本衍「水」字，據萬本、庫本、傅校及太平御覽卷一五六、一六一引後魏書删。

〔六〕按後魏孝文帝太和十八年至遂止　庫本同，萬本爲注文，傅校同。

〔七〕磁洺黎衛邢六州　「磁」，底本作「慈」，萬本、中大本、庫本同。按本書卷五六磁州：「武德六年置磁州總管府，領磁、邢、洺、黎、相、衛六州，其年廢總管府，以臨洺、武安、肥鄉三縣屬洺州，磁州領滏陽、成安、邯鄲三縣。」此「慈」乃「磁」字之誤，據改。下同。又此云「六州」，實數爲五州，缺一州，據上引文，當脱一「相」字。

〔八〕魏博節度使楊師厚卒　「卒」，底本作「平」，庫本同，萬本作「卒」。按舊五代史卷八末帝紀：「魏博節度使楊師厚薨，租庸使趙巖、租庸判官邵贊獻議於帝曰：「若分割相、魏爲兩鎮，則朝廷無北顧之患矣。」即以平盧軍節度使賀德倫爲天雄軍節度使，「相州宜建節度爲昭德軍，以澶、衛兩州爲屬郡，以張筠爲相州節度使。」新五代史卷二三楊師厚傳：師厚瘍發卒，「由是始分相、魏爲兩鎮。」此「平」爲「卒」字之誤，據改。

〔九〕以地歸于後唐　按其時李存勗爲晉王，不稱唐，新五代史卷二三楊師厚傳：「魏軍亂，以魏博降晉。」同書卷六〇職方考：相州，「梁末帝分置昭德軍，而天雄軍亂，遂入于晉。」此「後唐」宜作「晉」。

〔一〇〕莊宗入魏　「入魏」，庫本同，萬本作「滅梁」。按新五代史卷六〇職方考：相州，「莊宗滅梁，復屬天雄。」與萬本同。又資治通鑑卷二六九後梁紀四：貞明二年，「晉王自將攻邢州，昭德節度使張筠棄相州走；晉人復以相州隸天雄軍，以李嗣源爲刺史。」舊五代史卷二八唐書莊宗紀：天祐十三年（即梁貞明二年），「相州節度使張筠棄城遁去，以袁建豐爲相州刺史，依舊隸魏州。」則晉得魏博後不久，除相州昭德軍額，依舊隸魏州，正合底本。

〔一〕南至衛州一百十二里　按通典卷一七八州郡八：鄴郡相州，「南至汲郡一百九十里。」汲郡衛州，「北至鄴郡一百九十里。」元豐九域志卷二：相州，「南至本州界五十五里，自界首至衛州九十里。」此「十二」疑誤。

〔二〕人物　萬本此下首列「前漢蓋寬饒」，庫本同。按漢書卷七七蓋寬饒傳，蓋氏，魏郡人。唐魏州，郡名魏郡，故諸本魏州人物皆列蓋寬饒，萬本以漢魏郡治鄴縣，即唐宋初相州鄴縣，又重列蓋寬饒於相州人物，而底本已列於卷五四魏州，故不再重出。

〔三〕後漢杜喬　「後漢」，底本脱，據萬本、庫本、傅校及後漢書卷六三杜喬傳補。

〔四〕少忠烈　庫本同，萬本作「少忠烈慷慨」，同三國志卷六魏書袁紹傳裴松之注引先賢行狀。

〔五〕至中書令　萬本、庫本此下列有「源乾曜，臨漳人，爲相」，傅校同。

〔六〕所謂北蒙　底本爲三空格，萬本、庫本皆缺脱，傅校改爲四空格。按史記卷三殷本紀正義引括地志云：「相州安陽本盤庚所都，即北蒙殷墟，南去朝歌城百四十六里。竹書紀年云『盤庚自奄遷于北蒙，曰殷墟，南去鄴四十里』，是舊鄴城西南三十里有洹水，南岸三里有安陽城，西有城名殷墟，所謂北蒙者也。」同書卷七項羽本紀索隱引汲冢古文云：「盤庚自奄遷于北蒙，曰殷虚。」太平御覽卷一六一引圖經曰：「安陽，紂都也，在淇、洹二水之間，本殷墟，所謂北蒙（原作「冢」，當爲「蒙」之訛），是也。」此當爲「所謂北蒙」之四缺字，據補。

〔一七〕晉于今理西南置安陽縣　庫本同，萬本據元和郡縣圖志相州于「西南」下補「三里」二字。

〔一八〕令施繐帳　庫本同，萬本作「六尺床繐帳」。按文選卷二三謝玄暉同謝諮議銅雀臺詩序作「施六尺床繐帳」。

〔一九〕作鏄浮圖極高　「鏄」，萬本無此字，疑衍。庫本作「博」，誤。

〔二〇〕以捍孟門　嘉慶重修一統志卷一九七彰德府引本書「孟門」下有「水」字，是，此蓋脱。

〔二一〕建興二年　按晉書卷五孝愍帝紀：建興元年八月，「改鄴爲臨漳。」此「二」蓋爲「元」字之誤。

〔二二〕呼爲北都　按魏文帝受禪後，建都洛陽，以長安、譙、許昌、鄴、洛陽爲五都，鄴稱鄴都，無「北都」之稱，三國志卷二四魏書韓暨傳：「時新都洛陽，制度未備，而宗廟主祏皆在鄴都。」元和郡縣圖志相州：故鄴城，「文帝受禪，呼此爲鄴都。」此「北」蓋爲「鄴」字之誤。

〔二三〕漳水出上黨鄴中　「中」，萬本、庫本皆作「口」。按漢書卷二八地理志上：上黨郡長子，「鹿谷山，濁漳水所出，東至鄴入清漳。」此處當有脱誤。

〔二四〕北臨太平渠　按魏書卷一〇六地形志上：鄴，「天平中，決漳水爲萬金渠，今世號天平渠。」新唐書卷三九地理志三：鄴，「南五里有金鳳渠，引天平渠下流溉田。」臨漳：「南有菊花渠，自鄴引天平渠水溉田。」此「太」蓋爲「天」字之誤。

〔二五〕伏流入城　庫本同，萬本「城」下有「東注」二字，同水經濁漳水注。

〔二六〕虎于冬月　萬本、庫本「于」下皆有「正殿」二字。

〔二七〕黄雉　庫本同，萬本作「莫難」，同鄴中記，此「黄雉」蓋爲「莫難」之誤。

〔二八〕天暴雪三尺　按鄴中記作「天暴雪，深三尺」，此疑脱「深」字。

〔二九〕搏掘根去一尺　萬本作「搏掘根去一丈」，庫本「尺」作「丈」。按鄴中記作「搏掘根面去一丈」，此「根」下疑脱「面」字，「尺」爲「丈」字之誤。

〔三〇〕蘼蕪島　「蘼」，嘉慶重修一統志卷一九七彰德府引本書作「蘼」，顧炎武歷代宅京記卷一二作「靡」，此「蘼」蓋爲「蘼」或「靡」字之誤。

〔三一〕貧人村　「人」，歷代宅京記卷一二作「兒」。

〔三二〕湯陰縣　「湯」，萬本、庫本皆作「蕩」。按隋書卷三〇地理志中、舊唐書卷三九地理志二、新唐書卷三九地理志三、通典卷一七八州郡八、元和郡縣圖志卷一六、元豐九域志卷二皆作「湯」，漢書卷二八地理志上、續漢書郡國志一、晉書卷一四地理志上、魏書卷一〇六地形志上、水經蕩水注作「蕩」。

〔三三〕在七國時魏之湯陰地　「在」，中大本、庫本同，萬本無。按元和郡縣圖志：湯陰縣，「本七國時魏湯陰邑也。」此「在」宜作「本」，「地」疑爲「也」字之誤。

〔三四〕堯之子也　庫本同，萬本無此四字，蓋誤。

〔三五〕音蟻　萬本無此二字，庫本同，傅校删，蓋非樂史原文。

〔三六〕内黄縣戲陽城　按左傳昭公九年杜注：「魏郡内黄縣北有戲陽城。」此疑脱「北有」或「北」字。

〔三七〕文帝復立又于此置林慮郡　按魏書地形志上載，孝莊帝永安元年置林慮郡，不在孝文帝。

〔三八〕倉谷溪東北逕魯般門其門立闕昂藏　萬本據水經濁漳水注改爲「倉谷溪東北逕魯般門西，雙闕昂藏」。按「魯般門」之「般」，水經濁漳水注作「班」。

〔三九〕盧子基　「盧」，底本作「慮」，據萬本、庫本及太平御覽卷四五引顏修内傳改。

〔四〇〕在縣西北黄花谷北崖上高十七里　萬本「在」作「出」，庫本同。按水經洹水注：「黄水出于神囷之山黄華谷北崖上。」此「在」宜作「出」。萬本據水經洹水注「里」下補「水出木門帶，帶即山之第三級也」。

〔四一〕狀若雞翹　「狀」，底本作「伏」，據萬本、中大本、庫本及水經洹水注改。

〔四二〕十里復出　庫本同，萬本作「東北十里復出」，同水經洹水注。

〔四三〕仙人　萬本、庫本皆作「仙子」。

〔四四〕水經　北堂書鈔卷一五八引水經酈道元注云：「黄（華）谷内，西洪邊，有一洞，深數丈，去里（地）千餘仞，俗謂之聖人窟。」則爲水經注，非水經。

太平寰宇記卷之五十六

河北道五

衛州　磁州

衛州

衛州，汲郡。今理汲縣。禹貢冀州之域。後爲殷都，在今州東北七十三里衛縣界朝歌故城是。〔一〕今州理即殷牧野之地。周武王滅殷，分其畿内爲三國，〔二〕邶封紂子武庚，鄘管叔尹之，衛蔡叔尹之，以監殷人，謂之三監。武王崩，三監及淮夷叛，成王既伐管叔、蔡叔，以殷餘民封康叔爲衛侯，今郡及魏郡之黎陽，〔三〕河内之野王、朝歌，皆衛之分。其後十五葉，懿公爲狄所滅，齊桓公更封于楚丘，今滑州衛南縣是也。其河内殷墟，更屬于晉，後又屬齊。戰國時屬魏。秦屬河東郡。漢爲汲縣地，屬河内郡。魏黄初中置朝歌郡，屬冀州。

晉武帝改朝歌爲汲郡，仍屬冀州。後魏孝靜帝移汲郡理枋頭城，按枋頭城今在衛縣界，又于汲縣置義州，以處歸附之人。周武帝改義州爲衛州。隋大業三年改爲汲郡。唐武德元年改爲衛州；二年陷竇建德；四年賊平，仍舊領衛、清淇、湯陰三縣；〔四〕其年廢義州，〔五〕以汲縣來屬；六年以湯陰屬相州。貞觀元年，州移治于汲縣，又廢殷州，以共城、新鄉、博望三縣來屬，六年廢博望縣，十七年廢清淇縣，其年又以廢黎州之黎陽縣來屬。天寶元年改爲汲郡。乾元元年復爲衛州。

領縣四：〔六〕汲縣，新鄉，衛縣，共城。

州境：東西二百三十六里。南北一百四十四里。

四至八到：東南至東京一百三十五里。西至西京三百九十里。西至長安。缺。〔七〕東至。缺。〔八〕西至懷州三百五十里。南至。缺。東北至澶州二百五十里。北至。缺。〔九〕東南至滑州一百三十三里。〔一〇〕西北逾山至澤州陵川縣二百四十里。正南渡河至鄭州一百三十里。

户：唐開元户三萬六百。〔一一〕皇朝户主八千五百一十四，客一千九百六十八。

風俗：十三州志云：「朝歌，紂都，其俗歌謡，男女淫縱，猶有紂之餘風存焉。」

姓氏：黎陽郡四姓：蘧、桑、衛、柘。

人物：〔一二〕杜詩，河内汲人。爲南陽太守，方之召信臣，號杜母也。向長，字子平，朝歌人。隱居不仕，讀易至損、益卦，喟然歎曰：「吾已知富不如貧，貴不如賤，但未知死何如生耳。」〔一三〕孫登，汲郡共人。〔一四〕張彌。字巨泰。城武德城，〔一五〕石勒攻得之，彌曰：「當活健兒，何以殺也。」勒拔爲牙門將。

土産：絲，布，絹。

汲縣，舊一十六鄉，今三鄉。本紂之都，近郊十三里，乃武王戰于牧野，即其地。漢爲縣，屬河内郡。魏立郡于此。後魏于此置義州及伍城郡伍城縣。周改義州爲衛州，廢伍城郡，其伍城縣屬衛州。隋開皇六年改伍城縣爲汲縣，大業三年改屬汲郡。唐武德元年重置義州，汲縣屬焉；四年廢義州，縣屬衛州。貞觀元年，衛州自衛縣徙治所于汲縣。

蒼山，在縣北十五里。酈道元注水經云：「山西蒼谷有蒼玉、珉石，〔一六〕故爲名焉。」

博望岡，在縣東北五十里，接内黄西界。上有石墳，云是張騫冢，非也。有二石柱，俗云故原武典農高府君之神道，呼爲「石柱國」。

鐵丘。春秋「衛太子登鐵丘」是也。〔一七〕

清水，在縣北三里。入于河。

黄河，西自新鄉縣界流入，經縣南，去縣七里，謂之棘津，亦謂之石濟津，故南津也。

春秋僖公二十八年：「晉伐曹，曹在衛東，假道于衛，衛人不許。還，自南河濟。」〔一八〕宋元嘉中，遣宣威將軍垣護之以水軍守石濟，即此也。

老子祠。後魏書云：「鎮西將軍廉侯事道于汲縣置，立堂宇，鐫石爲老子像而祠祀之。」

太公廟，在縣西南二十五里。水經注云：「汲城東門北側有太公廟，廟前碑云：『太公望者，河內汲人。』又有太公泉。」

鳳臺，因鳳所集爲名。

襄王陵，魏襄王之陵也。漢初有人于冢中盜金，得竹簡書十餘萬言，〔一九〕今號爲汲縣冢書，是此陵所得。

比干墓，在縣北十里餘。〔二〇〕有石銘題云「殷大夫比干之墓」。魏太和中，孝文帝南巡，親幸其墳弔焉，〔二一〕刊石于墓。

鄘城，三監之鄘城，在今縣東北十三里。

霖落泉，在縣界。

新鄉縣，西四十八里。舊十九鄉，今四鄉。本漢汲縣、獲嘉二縣之地，漢書：「武帝將幸緱氏，至汲縣之新中鄉。」即此處也。隋開皇六年于兩縣地古新樂城中置新鄉縣，屬衛州，取新中鄉以爲名。新樂城，本十六國時燕樂安王臧所築。唐武德四年屬殷州。貞觀元年廢殷州，〔二二〕縣屬衛州。

清水，去縣北一里。〔二三〕西自懷州獲嘉縣界流入，與淇水合，東入白溝。酈道元水經注云：「黑山在縣北白鹿山東，清水所出。」

大河，西從絳郡界入懷州東，又入當縣界，南入洛陽，即龍門也。

清淇，西自魏郡朝歌縣界入，分爲二派，一在郡東，一在郡西，俱南流入河。酈道元水經注云：「淇水南與清水合而入白溝，右會宿胥，皆故瀆之名。」

古汲城，在縣東北四十八里。

鄘城，在縣西南三十二里。即鄘國也。

故獲嘉城。冀州圖云：「漢武元鼎六年，上幸汲郡新中鄉，至此聞得呂嘉首，因以『獲嘉』名縣。」即此處。在今縣西南十里，古城存。高齊天保七年移獲嘉于今共城西，此城遂廢。

臨清關，在縣東北四十八里。〔二四〕自河內入汲郡大驛路。

延津關，在縣東南三十五里。東南過河入滑州大路。

延津城。左傳：「鄭伯弟叔段侵鄭，至于廩延。」杜預注云：「汲郡城南有延津。」〔二五〕魏志：「太祖使于禁將，守延津以拒袁紹。」即此城也。

萬戈城，在縣界。

衛縣，東北六十八里。舊十九鄉，今四鄉。本古朝歌地，即紂之都也。有故城在今縣西二十二里。史記謂之殷墟，淮南子云「墨子不入朝歌」是也。漢爲朝歌縣，屬河内郡。魏黄初中，朝歌縣又屬朝歌郡。晉武帝改爲汲郡。隋開皇三年罷郡，縣屬衛州。大業二年改朝歌縣爲衛縣，〔二六〕仍置汲郡于縣治。

延津，在縣西二十六里。魏志「曹操遣于禁渡河守延津」，即此地也。

黑山，一云墨山，在縣西北五十里。九州要記云：「墨子昔居此山，採茯苓餌，五百歲，〔二七〕或老或少。」又魏志：漢靈帝中平二年，〔二八〕「黑山賊于毒、白繞、眭固等十萬餘衆以掠魏郡，號黑山賊。」

方山。水經注云：「方山，在衛縣西，以山四方，故曰方山。」

蘇門山，在縣西八十一里。蘇門山，一曰蘇嶺，俗名五巖山。魏氏春秋云：「阮籍見孫登長嘯，有鳳凰集登所隱之處，故號登爲蘇門先生。」

朝陽山，在縣西南四十里。〔二九〕

同山，在縣東一十九里。〔三〇〕

倉山，在縣西五十里。西與倉泉水相接。〔三一〕

錫盆水，一名盆水，一名錫水，〔三二〕源出縣西北四十里石坎下。灣屈似盆，其味如醴，故名錫盆。其水流可百餘步，北岸有盤石架空，南枕盆水，歷盤石之下東流，其盤北連高阜，雖亢陽，石常潤激，〔三三〕每時雨開霽，輕津散垂滴盆水，泠泠可聽，經旬方絶，俗呼此石爲「漏天桶」。自此東流五十餘步，〔三四〕有飛泉出于南岸，懸注盆水，又謂小瀑布，俗謂之北流泉焉。

卷水。水經注云：「卷水出衛郡朝歌。」

白溝。冀州圖云：「白溝起在衛縣，南出大河，北入魏郡。」

淇口水，出共山，東至今縣西里許過，〔三五〕又南流二十三里，與清水合入河，謂之淇水口。又北征道里記：「枋頭城，故虞國之險，淇水經其後，清水經其前。」是。

枋頭城。冀州圖云：「枋頭城在縣南，去河八里，南對酸棗棘津是也。〔三六〕即漢建安中，曹操于淇水口下大枋木以成堰，遏淇水東入白溝，以通漕運，故時人號其處爲枋頭。晉太和四年，大將軍桓温北伐慕容暐，時天旱，〔三七〕水道不通，乃鑿鉅野三百餘里，以通舟運，自清水入河。暐將慕容垂率衆八萬來拒，温大破之，遂至枋頭。會軍糧竭盡，焚舟步退，垂以八千騎追之，温戰敗于襄邑，亦謂此也。後苻氏克鄴，改枋頭爲永昌縣。」十六國春秋云：「晉劉牢之救苻丕，慕容垂帥師至枋頭以拒之，知晉軍盛，乃退。」後魏嘗移汲郡理此。

鹿臺，在縣西二十里。帝王世紀云：「紂造，飾以美玉，七年乃成。大三里，高千仞。」餘址宛然在城内，即紂自投火處。紀年曰「武王擒紂于南單之臺」，蓋鹿臺之異名耳。

菀城，在縣北四十里。有沙丘臺，俗稱妲己臺。又東二里，南臨淇水有上宮臺，詩云「要我乎上宮」，即此也。

頓丘縣，在今縣西北二里。即古頓丘，今置通靈觀。

永昌故城，隋初置永昌縣，大業中廢，故城在今縣之西。

朝歌故城，在今縣西二十二里。紂之所都，漢以爲縣。後魏移朝歌于今衛縣東之一里，此城因廢。

糟丘、酒池。冀州圖云：「在朝歌南一里，土人依約識之。」

陽河水，在縣西北平地。即紂斮朝涉之脛處也。

共城縣，西北六十二里。〔三八〕舊十二鄉。本共伯國也，故城在縣東一里十步，〔三九〕尚存。魯連子云：「共伯名和，好行仁義，諸侯賢之。周厲王無道，國人作難，流王于彘，諸侯請奉和以行天子事，至十四年，厲王崩于彘，共伯使諸侯奉王子靖爲宣王，而共伯復歸于國。」漢以爲縣,屬河内郡。晉屬汲郡。後魏屬林慮郡。高齊天保七年省共縣,仍移就獲嘉縣古城以處之,復爲獲嘉縣焉。隋開皇四年移獲嘉縣于修武故城,〔四〇〕于此又置共城縣,因此添「城」字,以屬衛州。

白鹿山,在縣西北五十三里。西與太行連接,上有天門谷、百家巖。盧思道西征記云:「孤巖秀出,上有石自然爲鹿形,遠視皎然獨立,厥狀明浄,有類人工,故此山以白鹿爲稱。」又水經注云:「長泉水源出白鹿山。」

共山,在縣北十里。闞駰十三州記云:「昔共伯復歸于國,逍遥得意于共山之首。」〔四一〕

尖山。向長,字子平,得仙之處。長嘗讀易至損、益卦,曰:「吾已知貴不如賤,富不如貧,但未知死何如生耳。」

老子山,在縣東南二十里。

天門山,在縣西五十里。酈道元水經注云:「天門山石自空,狀若門焉。」又九州要記云:「天門山有三水。嵇康採藥,逢孫登彈一絃琴。」即此山。

百門陂,在縣西北五里。方五百步許,百姓引之以溉稻田,此米明白香潔,〔四二〕異于他稻,魏齊以來,常以薦饗。〔四三〕陂南通漳水。

五穴水。水經注云：「菀水上承淇水，東南流歷土軍東北，〔四〕得舊石𥕆，故五水分流，世號五穴口。」

故凡城，古周公子凡伯國也。左傳曰：「凡、蔣、邢、茅、胙、祭，周公之胤。」在今縣西南二十二里。

羅門。按郡國縣道記云：「共城縣理西北六十里大山之中有羅門，即山峽陘東之所也。內有南羅、中羅、北羅三城，各相去六七里。其山南北約二十里，東西約十五里，四面皆高山，可爲棲遁之地也。」

隤城。蘇忿生十二邑，此其一也。

王莽城，後漢王莽築之，在今縣西北八十五里。凡有三城，如鼎足，今尚存焉。

沮洳山，在縣西，淇水出于此山。

共叔段墓、九龍泉，並在邑界。

磁　州

磁州，滏陽郡。今理滏陽縣。本漢魏郡武安縣地，周武帝於此別置滏陽縣及成安郡。隋開皇十年廢郡，于縣置磁州，〔四五〕以昭義縣界有磁山，出磁石，因取爲名。大業二年廢州，以縣屬相州，唐武德元年復置磁州，領滏陽、臨水、成安三縣；四年割洛州之臨洺、武安、邯鄲、肥鄉來屬；六年置磁州總管府，領磁、邢、洺、黎、相、衛六州；其年廢總管府，以臨洺、武安、肥鄉三縣屬洺州，磁州領滏陽、成安、邯鄲三縣。貞觀元年廢磁州，以滏陽、成安屬相州，以邯鄲入洺州。永泰元年六月，昭義節度使薛嵩請于滏陽復置磁州，領滏陽、武安、昭義、邯鄲四縣。天祐三年敕，以與西慈州同名，改爲惠州。天祐十三年卻復爲舊「磁」字。

元領縣四：滏陽，武安，邯鄲，昭義。

州境：東西一百七十里。南北一百一十五里。

四至八到：南至東京四百里。西南至西京七百里。西南至長安一千五百里。〔四六〕東至魏府一百八十里。西至潞州三百八十里。南至相州六十里。北至洺州一百一十里。東南至相州鄴縣七十五里。一作「二十五里」。〔四七〕西南至相州鄴縣界七十五里。西北至遼州四百三十三里。東北至洺州一百一十里。

户：舊無户籍。皇朝户主一萬三百，客八千三百二。

風俗：同洺州。

土產：磁石，磁毛。

滏陽縣，舊六鄉，今五鄉。本漢武安縣地，屬魏郡。魏黄初三年分武安立臨水縣，屬廣平郡，以城臨滏水，故曰臨水，又以城在滏水之陽，亦曰滏陽。周武帝于此別置滏陽縣，屬成安郡。隋開皇三年廢郡，縣屬相州；十年于此置磁州，滏陽屬焉。大業二年廢磁州，縣屬相州。唐武德元年重立磁州，縣又屬焉。

鼓山，亦名滏山。宋永初古今山川記云：「鼓山有石鼓形二所，南北相當，俗語云南鼓、北鼓，相去十五。」〔四八〕冀州圖云：「鄴城西有石鼓，鼓自鳴，即有兵。」魏都賦云「神鉦迢遞于高巒」是也。〔四九〕高齊末，此鼓鳴未幾，云鄴城有兵而齊滅。隋文季年，又鳴聞數百里也。隋圖經云：「滏口山出磁石。」本草云：「磁石，鐵之雄，〔五〇〕今有石鼓山出者。」又魏地記云：「滏口山，即魏帝邀擊袁尚于此。」八陘第四曰滏口陘，山嶺高深，實爲險阨。

漳水，自林慮縣流入，有石漳渠焉。

滏水，源出縣西北鼓山南巖下，泉源奮湧，若釜之揚湯，故以滏口名之。其水冬溫夏冷。山海經云：「滏水出神菌之山也。」

九侯城，亦名鬼侯城，在縣西南五十里。蓋紂時，鬼侯爲紂所殺也。禮記曰「脯鬼侯」，謂此也。按隋圖經云：「臨水縣九侯城也。」司馬彪注云：「鄴西有九侯城，蓋鬼侯國。」是「九」一作「鬼」。

東魏二陵，即大司馬孝靜帝父亶并靜帝二陵也。隋圖經云：「在縣東，即武城西北大岡。〔五一〕高齊天保末，誅諸元子孫，欲平元氏二陵，壓殺數十人，遂止。」

高齊神武陵，在東魏二陵之側，去縣三里。今有天鹿石闕尚存。〔五二〕

岐安冢。隋圖經云：「岐安冢，在魏武陵東三里。安死後，每鬼語其子逸云：『吾家近武帝陵，見攻伐，爲吾辭謝。』逸等即以碑碣勒石謝，乃止。」

石季龍墓，在縣西南十四里。

佛圖澄墓，在縣西南十七里。

廢安州城，在縣東北六里。周建德六年置州，〔五三〕隋開皇三年廢。〔五四〕

武安縣，西北九十五里。元二鄉。〔五五〕本漢縣地，七國時趙地，〔五六〕趙將李牧封武安君，即今縣也。漢屬魏郡。魏屬廣平郡。隋開皇三年屬相州，十年割屬磁州。大業二年廢磁州，屬洺州。唐隸磁州。

武安故城，在縣西南五里。六國時趙邑也。史記：「趙奢之救閼與，秦軍鼓譟，武安屋瓦皆震。」即此也。

錫山。山海經云：「錫山，其上多玉，牛首之水出焉。」

三門山，在縣西北八十里。山有三足，峻峙如門。

百尖山，在縣西四十里。

四見山，在縣西二十里。

赭山，在縣東南十八里。出赭土。

紫山，在縣東三十里。唐天寶六年改爲朱衣山。山下有水北流，中有鮒魚名朱衣鮒，鱗色若金，腸似朱。

洺水，本名漳水，源出縣西北三門山，山下去縣八十三里。水經云：〔五七〕「洺水出易陽縣西山。」按隋圖經云：「晉惠帝敗于湯陰之歲，烏桓、鮮卑掠鄴城婦女悉沈于洺水。」即此河也。

白鴻水，在縣西北八十五里。

邯鄲縣，東北七十里。元三鄉。本衛地，後屬晉，七國時爲趙都，趙敬侯章自晉陽始都邯鄲，至幽王遷降，秦遂滅趙以爲邯鄲郡。邯，山名；單，盡也，邯山至此而盡。城郭從邑，故「單」字加「邑」。魏以爲縣，〔五八〕屬廣平郡。隋開皇十年置磁州，邯鄲屬焉。大業二年廢磁州，縣入洺州。唐重置磁州，縣還來屬。

邯山，在縣東南五里。

靈山。隋圖經云：「趙武靈王登靈山，因以石鑿人馬之形。其下有井，以石覆之，俗呼靈井。」

牛首水，在縣西北三十里。又名曲河，源出縣西南平地。漢書地理志云：「堵山，牛首水所出。」

温明殿，漢趙王如意所造。其處即世祖晝卧此殿，〔五九〕耿弇入造牀下，勸帝即位于此。

叢臺，在縣内東北隅。冢墓記云：「在小城内。」

洪波臺，〔六〇〕在縣西三里。亦漢縣名也。〔六一〕韓詩外傳云：「周舍死後，簡子與諸大夫飲于洪波臺，酒酣泣曰：『吾聞千羊之皮，不如一狐之腋；衆人之唯唯，不如周舍之諤諤。』」阮籍詩云：「朝登洪波臺，日夕望西山。」

石子岡。隋圖經云：「歷陵城西十里有石子岡，實山也而高大，有冢如硯子，世謂之研子冢，是趙簡子冢。石虎令人發之，初得炭，深一丈，得連木板，厚一丈，高八尺，次得泉水，水清冷非常，合牛皮爲囊，作絞車以汲之一月，而水無極，乃止。築城遶之，氣成樓閣。」

厨宰城。隋圖經曰：「叢臺在内。」

干將城，在縣東二十二里。洛州記云：「城南門外有干將劒鑪及淬劒池。」

趙簡子臺，在縣西十二里。

公孫杵臼、程嬰墓，在縣西十五里。

趙奢墓，在縣西北七里。

樂毅墓，在縣西南十八里。

藺相如墓，在縣西南二十五里。〔六二〕

昭義縣，西三十五里。元二鄉。〔六三〕魏黄初三年于今滏陽縣置臨水縣，北齊天保元年移理松谷，〔六四〕周武帝建德六年移理故涉城，即今涉縣是也。隋開皇七年移于西戍，十年移于今理。唐武德六年廢。永泰元年再置，仍改名昭義。

滏口泉，在縣西一里半。出鼓山南脚流至。

漳河，在縣西南四十里。從潞州涉縣界至。

卷五十六校勘記

〔一〕在今州東北七十三里衛縣界朝歌故城是　庫本同，萬本據元和郡縣圖志卷一六衛州於「衛縣」下補「北」字。按元和郡縣圖志：衛縣，「朝歌故城，在縣西二十一里。殷之故都也。」本書衛縣載：「朝歌故城，在今縣西二十二里。紂之所都。」唐宋衛縣即今河南浚縣西南衛賢，殷都朝歌即今淇縣(朝歌鎮),在衛縣西,正合記載,則朝歌故城不在「衛縣界」,本書所載是也,萬本誤。

〔二〕分其畿内爲三國　萬本「三國」下據元和郡縣圖志衛州補「詩國風邶、鄘、衛是也」。

〔三〕今郡及魏郡之黎陽　「郡及」,底本無,萬本有。按史記卷四周本紀:「周公奉成王,誅武庚、管叔,放蔡叔,「頗收殷餘民,以封武王少弟封爲衛康叔。」正義:「封康叔爲衛侯,即今衛州是也。」同書卷三七衛康叔世家:「以武庚殷餘民封康叔爲衛君,居河、淇間故商墟。」衛州即在河水、淇水之間。元和郡縣圖志:衛州,「今郡及魏郡之黎陽,河内之野王、朝歌,皆衛之分。」此脱「郡及」二字,據補。又「今郡」,庫本作「今東郡」,傅校改同。按漢書卷二八地理志下:衛地,「今之東郡及魏郡黎陽,河内之野王、朝歌,皆衛分也。」李書及本書之文皆録于漢書,此「今郡」宜作「今東郡」。

〔四〕仍舊領衛清淇湯陰三縣　「湯陰」,庫本同,萬本作「蕩源」。按本書卷五五載:隋開皇十年廢湯陰縣入安陽縣,唐武德四年分安陽置蕩源縣,屬衛州,六年改屬相州,貞觀元年改爲湯陰,以從漢舊名。舊唐書卷三九地理志二、元和郡縣圖志卷一六相州所記略同,則此「湯陰」亦爲「蕩源」之訛。下文「六年以湯陰屬相州」,「湯陰」亦爲「蕩源」之訛,萬本皆作「蕩源」,是也。

〔五〕其年廢義州　原校:「按新唐書地理志:『武德元年以汲、新鄉置義州,四年州廢,以汲來屬。』今記不書置義州,但書其廢,故與上文周武帝改義州爲衛州文,似相牴牾。」

〔六〕領縣四　萬本、庫本「領」上皆有「元」字。

〔七〕西至長安缺　「西」，底本空格，萬本缺，庫本作「西」，中大本無此文。按元和郡縣圖志衛州：「西南至上都一千二百五十里。」唐上都即長安，此空缺爲「西」字，據補。

〔八〕東至缺　按通典卷一七八州郡八：汲郡衛州，「東至靈昌郡（滑州）一百十里。」本書卷九滑州：「西至衛州一百一十六里。」此「東至」下當缺滑州里數。

〔九〕北至缺　按通典州郡八汲郡衛州，「北至鄴郡（相州）一百九十里。」元豐九域志卷二衛州：「北至本州界九十五里，自界首至相州五十五里。」此「北至」下當缺相州里數。

〔一〇〕東南至滑州一百三十三里　「三十三」，萬本、中大本、庫本皆作「三十二」。

〔一一〕唐開元户三萬六百　庫本同，萬本據元和郡縣圖志衛州「六百」下補「六十六」。

〔一二〕人物　萬本、庫本此下皆首列「卜商，衛人」。

〔一三〕但未知死何如生耳　「但」，底本脱，據萬本、庫本及後漢書卷八三逸民列傳向長補。

〔一四〕汲郡共人　「汲郡」，底本脱，據萬本、庫本、傅校及晉書卷九四孫登傳補。

〔一五〕城武德城　萬本同，庫本作「汲人，聚衆據武德城」。按太平御覽卷三八六引後趙録：張彌，「汲郡人。晉永嘉中，與梁臣戍武德城，石勒攻之。」此宜有「汲郡人」三字，前「城」字宜作「戍」。

〔一六〕山西蒼谷有蒼玉珉石　按水經清水注：「倉水出西北方山，山西有倉谷，谷有倉玉、珉石。」新定九域志卷二：相州，「蒼山，水經云：『方山西有蒼谷。』」此「山」上疑脱「方」字。

〔一七〕春秋衛太子登鐵丘　按左傳哀公二年，「鄭無恤御簡子，衛太子爲右，登鐵上。」杜注：「鐵，丘名。」此「春秋」宜作「左傳」，「鐵丘」宜作「鐵」。

〔一八〕春秋至自南河濟　按此引文載于左傳，非春秋，「曹在衛東」，爲杜預注，故元和郡縣圖志作注文，從改。

〔一九〕得竹簡書十餘萬言　「十餘萬」，萬本、庫本皆作「十萬餘」。

〔二〇〕在縣北十里餘　「十里餘」，底本作「十餘里」，萬本作「十里」，庫本作「十里餘」。按史記卷四周本紀正義引括地志云：「比干墓在衛州汲縣北十里二百五十步。」則此「餘里」爲「里餘」之倒文，傅校改爲「里餘」，據以乙正。

〔二一〕親幸其墳弔焉　「墳」，底本作「墓」，據萬本、庫本及水經清水注改。

〔二二〕貞觀元年廢殷州　原校：「按新唐書地理志，于獲嘉縣置殷州在武德四年，今記不書。」按武德四年于獲嘉縣置殷州，乃獲嘉縣沿革，故本書已叙于懷州及獲嘉縣總序，此處可不書。

〔二三〕去縣北一里　「一」，底本作「十」，據萬本、庫本及元和郡縣圖志衛州改。

〔二四〕在縣東北四十八里　按嘉慶重修一統志卷二〇〇衛輝府引本書作「在縣東北十八里」，此「四」字蓋衍。

〔二五〕汲郡城南有延津　原校：「按杜注本文云『陳留酸棗縣北有延津』，今乃云汲郡城南，以意更之耳。酸棗在河南，故北有延津，汲在河北，故南有延津，今記新鄉縣、酸棗皆載延津，以隔河兩言之也。」按左傳隱公元年：「至于廩延。」杜預注：「陳留酸棗縣北有延津。」乃注左傳文。又史記卷四四魏世家正義引括地志：「杜預云『汲郡城南有延津』是也。」則此引杜預注乃出自括地志，非左傳。

〔二六〕大業二年　「二」，元和郡縣圖志衛州作「三」。按隋書卷三煬帝紀載，大業三年改州爲郡，此「二」爲「三」字之誤。

〔二七〕採茯苓餌五百歲　太平御覽卷四五引九州要記同，萬本作「採茯苓餌之，壽五百歲」。

〔二八〕漢靈帝中平二年　萬本同，中大本「靈」作「獻」，「中」作「初」。按魏書卷一武帝紀：初平二年，「黑山賊于毒、白繞、眭固等十餘萬衆略魏郡、東郡。」此「靈帝」爲「獻帝」之誤，「中平」爲「初平」之誤。

〔二九〕在縣西南四十里　「四十」，萬本作「十五」，蓋誤。

〔三〇〕在縣東一十九里　「一十九」，萬本作「九十」，嘉慶重修一統志卷一九九衛輝府引本書同，此「一十九」蓋爲「九十」之誤。

〔三一〕倉山在縣西五十里西與倉泉水相接　二「倉」字，萬本皆作「蒼」。按「倉」、「蒼」同，當即本書上文在汲縣北十五里之蒼山。

〔三二〕錫盆水一名盆水一名錫水　二「錫」字，萬本皆作「鍚」，下文「錫盆」同。按初學記卷八：「錫盆，十道志曰：『錫盆水，一名盆泉，源出縣西北三十里，彎屈似盆，其味如醴，因以爲名。』」萬本誤，此「錫」疑爲「鍚」字之誤。

〔三三〕石常潤激　「激」，萬本作「徹」。

〔三四〕自此東流五十餘步　「餘」，萬本作「許」。

〔三五〕東至今縣西里許過　「里許過」，中大本同，萬本作「一里」。

〔三六〕南對酸棗棘津是也　「南」，底本脱，萬本、中大本同，據通鑑地理通釋卷一三晉重鎮、嘉慶重修一統志卷二〇〇衛輝府二引本書補。

〔三七〕時天旱　「天」，資治通鑑卷一〇二晉紀二四同，萬本作「亢」，同晉書卷九八桓温傳、元和郡縣圖志衛州。

〔三八〕西北六十二里　「西」，底本作「東」，萬本、庫本同。元和郡縣圖志衛州共城縣：「東南至州六十二里。」元豐九域志卷二衛州共城縣：「州西北五十五里。」按唐宋衛州治汲縣，即今河南汲縣，共城縣即今輝縣，在衛州西北，此「東」爲「西」字之誤，據改。

〔三九〕故城在縣東一里十步　「一里」，萬本、庫本皆作「一百」。

〔四〇〕隋開皇四年　按隋書卷三〇地理志中作「開皇六年」。

〔四一〕逍遥得意于共山之首　「于」，萬本及嘉慶重修一統志卷一九九衛輝府引本書皆作「遊」，此「于」蓋爲「遊」字之誤。

〔四二〕此米明白香潔　「此」，底本作「出」，據萬本、庫本及元和郡縣圖志衛州改。

〔四三〕常以薦饗　「饗」，萬本、庫本皆作「御」，同元和郡縣圖志衛州。

〔四四〕東南流歷土軍東北　「南」，底本脱；「土」，底本誤作「五」，庫本同，皆據萬本及水經淇水注補改。

〔四五〕隋開皇十年廢郡于縣置磁州　按隋書卷一高祖紀載：開皇三年，「罷天下諸郡」。同書地理志中：滏陽，「開皇十年置慈州」。「慈」爲「磁」字之誤。則此宜作「隋開皇三年廢郡，十年于縣置磁州」。

〔四六〕西南至長安一千五百里　「五百」，庫本同，萬本作「五百四十」，同元和郡縣圖志卷一五磁州。

〔四七〕東南至相州鄴縣七十五里一作二十五里　「七十五里」，萬本、中大本、庫本皆作「二十七里」，皆無「一作二十五里」六字。按唐宋初磁州治滏陽縣，即今河北磁縣，鄴縣即今臨漳西南鄴鎮，滏陽南距鄴鎮二十餘里，此「七十五里」當誤，萬本、中大本、庫本是。

〔四八〕相去十五　「五」，嘉慶重修一統志卷一九六彰德府引本書同，萬本、庫本皆作「十五里」。按太平御覽卷四五引宋永初古今山川記作「相去十里」，疑此「五」爲「里」字之誤。

〔四九〕神鉦迢遞于高巒　「遞」，底本作「遰」，據萬本、庫本及太平御覽卷四五引魏都賦改。

〔五〇〕鐵之雄　「雄」，萬本作「雌」。

〔五一〕即武城西北大岡　「城」，底本作「安」，據中大本、庫本及嘉慶重修一統志卷三三廣平府引本書改。萬本作「成」缺「土」旁。

〔五二〕今有天鹿石闕尚存　「闕」，底本作「關」，庫本同，據萬本及嘉慶重修一統志廣平府引本書改。

〔五三〕周建德六年置州　「德」，底本作「武」，萬本、庫本同。按北周無「建武」年號，嘉慶重修一統志廣平府引本書作「德」，是，據改。

〔五四〕開皇三年　按嘉慶重修一統志廣平府引本書作「開皇二年」，傅校改同。

〔五五〕二鄉　「二」，庫本同，萬本作「三」。

〔五六〕本漢縣地七國時趙地　庫本同，萬本作「本七國時趙地」，無「漢縣地」三字，同元和郡縣圖志磁州。此「漢縣地」三字疑衍。

〔五七〕水經　庫本同，萬本作「水經注」。按趙一清據本書補水經洺水注作「水經注」，見王先謙合校水經注。

〔五八〕魏以爲縣　按漢已爲縣，屬趙國，見漢書卷二八地理志下，此誤。

〔五九〕即世祖晝卧此殿 「世祖」，庫本同，萬本作「後漢世祖」。

〔六〇〕洪波臺 「波」，底本作「陂」，據萬本、庫本、傅校及太平御覽卷一七七引韓詩外傳、續漢書郡國志一劉昭注、元和郡縣圖志磁州改。下同。

〔六一〕亦漢縣名也 按二漢縣無「洪波」者，蓋誤。

〔六二〕在縣西南二十五里 「五」，萬本、中大本、庫本皆作「二」。按元和郡縣圖志磁州作「二十三里」。

〔六三〕元二鄉 萬本、庫本皆無「元」字。

〔六四〕北齊天保元年移理松谷 「松谷」，元和郡縣圖志磁州作「松釜」。底本「松谷」下空三格，萬本、庫本皆無，同元和郡縣圖志，據删。

太平寰宇記卷之五十七

河北道六

澶州　德清軍　通利軍

澶州

澶州，今理頓丘縣。本漢頓丘縣地，在魏州之南，當兩河之驛路，今縣北古陰安城是也。唐武德四年分魏州之頓丘、觀城二縣，于今理置澶州，取古澶淵爲名，又分置澶水縣。至貞觀元年廢澶州，以澶水縣依舊屬黎州，頓丘、觀城還魏州。大曆七年，魏州節度使田承嗣又奏置澶州，領頓丘、清豐、觀城、臨黄四縣。梁及後唐皆以刺史理之。晉天福三年升爲防禦州，仍自舊州移于此，夾河造舟爲梁；至九年升爲鎮寧軍節度。漢乾祐元年移就德勝寨故基。至周世宗又移于今理。皇朝因之。

元領縣四。今六：頓丘，觀城，清豐，臨河，相州割到。濮陽，濮州割到。衛南。滑州割到。

一縣廢：臨黄。入觀城。

州境：東西一百八十里。南北一百六十里。

四至八到：東南至東京二百五十里。西南至西京六百七十里。南至長安一千五百里。東渡河至濮州范縣一百一十里。南渡河至滑州韋城縣一百三十里。西至相州内黄縣七十里。北至魏府一百一十里。東南至曹州一百八十里。西南至衛州二百五十里。北至相州臨河縣八十里。東北至魏府朝城縣九十四里。

户：唐開元户七千三百。皇朝户主一萬九千三百一十七，客四千二百二十三。

風俗：左傳：吴季子過衛，見蘧伯玉曰：「衛多君子。」

人物：漢京房。頓丘人。

土産：角弓，貢。鳳翮席，桑白皮，香附子，茅香，胡粉。貢。

頓丘縣，舊三十鄉，今五鄉。本漢舊縣也，因縣東北頓丘爲名，屬東郡。故詩云：「送子涉淇，至于頓丘。」即此也。舊城在今縣北，謂之陰安故城。晉爲頓丘郡。隋屬魏郡。〔一〕唐武德初割屬澶州，州廢還魏州。大曆七年正月敕，魏州之頓丘縣又置澶州，即今郡理。晉天福三年隨州移于今理所。

秋山〔二〕，在縣西北三十五里。山海經云：「帝嚳葬于秋山陰。」今陵現存。

鮒鰅山，在縣西北三十里。今名廣陽山。山海經云：「顓頊葬其陽，九嬪葬其陰，四蛇衛之。」鮒鰅山者，蓋今廣陽山之别名也。按郡國志云：「顓頊所葬，俗云青冢山焉。」

干城。郡國志云：「衛縣有干城。〔三〕衛詩所謂『出宿于干』。」

五孝城。孫盛雜語云：「五郡孝子，中山、魏郡、鉅鹿、趙國人也，並少去鄉里，孤無父母所託，相遇于衛國，因結爲兄弟，朝夕相事，財積數萬，乃於空城見一老母以掃糞爲事，兄弟並拜爲母。」

衛大夫祠，在縣北十里戚城東。即仲由也。左氏傳杜預注：「子路爲孔悝邑宰。」今廟在此。

泉源祠，在縣東北三十五里。故衛詩云：「泉源在左，淇水在右。」衛女思歸處也。

鐵丘，在縣西北五里。按春秋：「晉趙鞅納衛太子蒯聵於戚，與鄭戰，蒯聵登鐵上而望之，蒯聵懼，自投于車下。」杜注云：「鐵，丘名也。」今縣北十里有蒯聵臺。

孔悝墓，在縣北三里。春秋云：「孔悝爲衛卿。」

顓頊陵，在縣西北三十里。〔四〕

帝嚳陵，在縣西北三十里。

王莽河，在縣北十里。上接清豐縣界，下入南樂縣界。

淇河，在縣北五里。上接清豐縣，〔五〕下入觀城界。

金堤，在縣北十里。上接清豐，〔六〕下入南樂縣界。

觀城縣，東北七十里。舊二十鄉，今八鄉。漢觀縣，古之觀國。左傳云：「虞有三苗，夏有觀、扈。」國語注云：「觀國，夏啟子太康之弟所封，在衛縣，夏衰，滅之。」漢以爲縣，屬東郡。後漢改觀爲衛國縣，〔七〕屬東郡。隋開皇六年改衛國縣爲觀城縣，屬魏州。唐武德四年以觀城屬澶州，州廢，還魏州。大曆初復隸澶州。〔八〕

敦丘，在縣南二十里。爾雅云：「丘一成爲敦丘。」

放鶴池，在縣西南五十六里。古老相傳衛靈公養鶴之地。

委粟城，在縣東南六十七里。漢書云：「王翁孺免歸，爲委粟里之老。」即此地也。

衛靈公墓，在縣東南四十二里。

廢臨黄縣，在縣東七十二里。本漢觀縣地，後漢改觀縣爲衛國縣。後魏孝文帝分衛縣置臨黄縣，以北臨黄溝爲名，屬頓丘郡。隋屬魏郡。唐武德初割屬澶州，州廢，還魏州。大曆初又割入澶州。

黄河，南去縣三十里。

盧津關，今名高陵津，在縣東南三十五里。

新臺。毛詩序云：「新臺，刺衛宣公也。納伋之妻，作新臺于河上而要之。」即此也。

黄溝，西自觀城縣界流入，東有山支出焉，〔九〕亦名爲黄溝，東南入虎掌溝。

魏長賢墓，在縣南十五里。唐貞觀七年追贈定州刺史，即魏徵父也。

清豐縣，西北五十五里。舊一十一鄉，〔一〇〕今四鄉。本内黄縣地，唐大曆七年割頓丘、昌樂之四鄉，于清豐店置，因以爲名。

黄河，在縣南五十里。

古頓丘縣，在縣東南十五里。後移入澶州，此城廢。

金堤上源，在縣南四十五里。故老傳云金堤頭上有秦女樓，下入頓丘縣界。

臨河縣，東六十五里。〔一一〕舊十二鄉，今三鄉。古東黎縣也，魏孝昌年中分汲郡置黎陽郡，領縣三，黎陽、東黎、頓丘，此即東黎也。齊屬司州。周建德六年改司州爲相州。〔一二〕隋開皇五年郡罷，置臨河縣，〔一三〕南臨黄河爲名。唐武德二年重置黎州，縣屬焉。貞觀十七年州廢，縣隸相州。天祐三年屬魏州。晉天福九年隸澶州。

澶淵，在縣東南十七里，在黎州東北八十里。左傳：「公會諸侯于澶淵。」

淇河，一名王莽河。冀州圖云：「河水西從河内郡界入，至黎陽而東北，至臨河西十四里，王莽河出焉。〔一四〕又東經澶淵，東入武陽。河南即東郡界。」

黄河，南去縣五里。

繁泉。土地十三州志云：「澶水在頓丘西南三十里，伏流至繁城西南。」

顓頊廟，在縣東九里。太和四年立，在顓頊城，至皇朝乾德六年重修。

旄丘，在縣西南四十步。衛詩旄丘，責衛伯也：「旄丘之葛兮，何誕之節兮。」

永濟渠，在縣西北三十三里。自黎陽入界，東北入魏州内黄界。隋大業六年增修，今名御河。

廢澶淵縣，在縣東四十里。隋開皇十六年割臨河、内黄、頓丘三縣置澶淵縣，南臨澶淵。春秋：「諸侯之卿會于澶淵。」杜注云：「澶，衛地，頓丘南，今名繁汙。〔一五〕」唐武德四年以國諱改名澶水，貞觀十七年廢入臨河縣。

顓頊城，在縣東北三里。歷代帝王紀云：〔一六〕「顓頊居高陽，故曰高陽氏。」皇甫謐帝王世紀云：「相土徙商丘，本顓頊之墟，陶唐氏火正閼伯之所居。」左傳云：「閼伯居商丘，祀大火，相土因之，商主大火，故辰爲商星。」于周爲衛，「遷于帝丘。」〔一七〕杜注云：「帝丘，顓頊之墟，故曰帝丘。」

古淇水，在縣東南五里，黄河北岸。東經縣界三十五里，入清豐縣。詩云：「籊籊竹竿，〔一八〕以釣于淇。」又云：「瞻彼淇澳，緑竹猗猗。」即此也。按山海經云：「沮洳之山，淇水出焉。」

復關堤，在縣南三百步，黄河岸北。衛詩云：「乘彼垝垣，以望復關。」即此也。

鯀堤，在縣西一十五里。自黎陽入界。堯命鯀治水，築堤無功。其堤即所築也。

五女墓，高五十尺，在縣西北三十里。淳于公有五女而無子，公卒，五女葬之于此。漢書刑法志：文帝十三年，「齊太倉令淳于公犯罪當刑，公乃歎曰：『生女不生男，緩急非有益！』其女緹縈隨父至長安，上書求入爲官婢，贖父刑。帝感之，除肉刑，赦淳于之罪。」後卒，五女共葬之于此。

濮陽縣，城東門外。舊三鄉，今五鄉。本漢縣地，屬濟陰。〔一九〕古之昆吾國，即帝丘，顓頊之墟。左傳又曰：「衛侯夢于北宫，見人登昆吾之墟。」即此邑之地。亦衛侯自楚丘遷于此城。後魏天平三年移濮陽縣于此。隋開皇十六年又于顓頊城内置昆吾縣，至大業二年改昆吾縣爲濮陽縣。〔二〇〕晉天福四年詔移于澶州之南郭爲理所。

上宫。詩云「期我乎上宫」，〔二一〕即此也。

瓠子口。漢武帝塞瓠子河口，沈白馬玉璧，將軍已下皆負薪。在縣西南十七里河津是也。

重華臺。王孫子曰：「衛靈公坐重華之臺，侍御數百，隨珠照日，羅衣從風。仲叔圉諫曰：『昔桀、紂行此而亡，今君寵妾無乃盛歟！』靈公乃出宫女，百姓大悦焉。」

衛陽山，在縣東南二十里。居衛之陽。

瑕丘，在縣東南三十里，高三丈。禮記檀弓云：「公叔文子升瑕丘，蘧伯玉從，文子曰：『樂哉，斯丘也！死則我欲葬焉。』伯玉曰：『吾子樂之，則瑗請前。』」注云：「二子皆衛大夫。」

延丘，在縣東南四十里。左傳襄公二十九年，延陵季子適衛，悦蘧伯玉等曰：「衛多君子，未有患焉。」蓋季子憩于此丘。

龍淵宫，在縣東十里。坤元録曰：「濮陽縣有故龍淵宫，俗名瓠子宫。漢書云河決瓠子，漢武起宫于決河之傍。」又云：「濮陽縣西南八里有赤龍渦，有決口故道，〔三〕蓋古之龍淵宫也，非築宫之所。」

五鹿城，在縣南三十里。左氏：「晉伐衛，取五鹿。」即衛地也。

汲黯墳，在縣西南六十里。黯，濮陽人也。自淮陽太守歸葬于此。

昆吾臺，在顓頊城内，高二丈。按舊圖經云：「左傳云『五伯之霸』，夏伯昆吾，商伯大彭、豕韋，周伯齊桓、晉文是也。」

衛南縣，南六十里。舊十四鄉，今五鄉。衛文公自曹邑遷楚丘，即此地也。漢爲濮陽縣地，隋開皇十六年于此置楚丘縣，屬滑州，後以曹州有楚縣，改名衛南縣，此在衛之南垂，故以名縣。今屬澶州。

九里溝，在縣北五里。源從白馬縣東内界入當縣，〔三〕隋開皇六年通。

古白馬城，在縣西二十里。建安五年，曹操東征，先主奔袁紹，操擒關公，拜爲偏將軍。紹遣顏良攻劉延于白馬，操使關公擊之，公刺死顏良于萬衆之中，遂解白馬之圍。

故鉏城，在縣東十五里。左傳「后羿自鉏遷于窮石」，即此也。

須城，在縣東南二十八里。詩云：「思須與漕。」〔四〕注：「須，衛邑也。」

楚丘城，在縣西北四里。詩云：「定之方中，作于楚宫。」城冢記云「齊桓公作楚丘之城」，即此也。

成公綏城，在縣西南二十里，高三丈。晉書：「成公綏，晉中書令，其先漢東郡人。」

德清軍

德清軍，理陸家店地。本舊澶州，晉天福三年移澶州于德勝寨，〔五〕乃于舊澶州置頓丘鎮，取縣爲名；至四年，晉幸天雄軍，改鎮爲德清軍。開運二年十一月又移德清軍於陸家店置，〔二六〕在新澶州之北七十里。

王莽河，在城西南五里。

堯堤，在城東南五十里。

金堤，在城東南五里。

潛龍院。後唐明宗潛龍宅在舊澶州，其僧院隨軍移至此。

軍境：東西。闕。南北。闕。

四至八到：南至舊澶州二十五里，至澶州七十里。北至南樂縣二十五里，至魏府七十里。東至金堤四里。西至沙河十里。東南至觀城縣三十五里。西南至清豐縣三十里。〔二七〕東北至水北鎮五十里。西北至庫固鎮十五里。

户：皇朝管户主八十八，〔二八〕客三百三十八。

土産：並在澶州述。

通利軍

通利軍，理黎陽縣。本黎陽縣，唐屬衛州。晉天福中割隸滑州。皇朝雍熙四年割屬澶州，端拱元年建爲通利軍，縣仍屬焉。

軍境：東西四十里。南北四十八里。

四至八到：南至東京二百三十五里。西至西京六十五里。一作「六百五十里」。〔二九〕東至白馬縣隔黄河二十五里。〔三〇〕西至衛州衛縣五十七里。南至白馬縣隔黄河二十七里。北至澶州臨河縣四十三里。東南至白馬縣黄河中心十五里。西南至衛州衛縣界二十里。東北至澶州臨河縣界二十里。西北至相州湯陰縣界四十五里。

户：皇朝管主客户一千三百六十。

土産：絲，絹，外無藥物。

黎陽縣，舊八鄉，今三鄉。〔三一〕本古黎侯之國，漢爲黎陽縣，在黎陽山北，其地夾河爲分，有冀、兖二州之域，屬魏郡。後魏置黎州及黎陽郡。隋開皇三年州郡俱廢爲縣，屬衛州。唐武德二年重置黎州，縣屬焉。貞觀十七年州廢，縣歸衛州。晉天福中割隸滑州。〔三二〕皇朝雍熙四年割屬澶州，端拱元年屬通利軍。

大伾山，在縣南七里。尚書云：「至于大伾。」又名青檀山，今黎陽東山。劉澄山川記云：「古黎國也。詩云：『黎侯寓于衛。』衛以中露、泥中二邑處之，以國名也。〔三三〕」

枉人山，在縣西北三十里。俗名上陽三山。或云紂殺比干于此山，因得名。

倉城。冀州圖云：「在縣西南隅，袁紹聚粟之所。」

黎陽鎮故城，在縣東南一里。古翟遼城，翟遼于此僭號。唐朝改爲白馬鎮。

袁譚故城，在縣西南一百步。

曹公故城，〔三四〕在縣西南一里。是曹公攻譚時築。

黎陽津，在縣東一里五步。〔三五〕一名白馬津。史記：酈食其説沛公：「守白馬之津，以示諸侯形勝之勢，則天下知所歸矣。」又十六國春秋：「慕容德率户四萬三千，自鄴將徙滑臺，至黎陽津，燕魯王遣船迎德，會風飄船没，魏軍垂至，三軍危懼，欲保黎陽。昏而冰合，是夜濟訖，旦而魏軍至，冰亦消泮，若有神助焉。德大悦，改黎陽津爲天橋津。」高齊文襄征潁城，仍移石濟關于此，即造橋焉，〔三六〕改名白馬關。周又名黎陽關。

桑弘羊墓，在今縣西北隅。

東黎故城，〔三七〕本黎侯之居處，一名東離狐城。隋開皇中置廩丘縣，在鄆城縣東四十五里故廩丘城是也，側近卑濕，城居水阜。詩云：「胡爲乎泥中？」蓋黎侯寓居之處。

卷五十七校勘記

〔一〕隋屬魏郡　萬本據元和郡縣圖志卷一六澶州改爲「隋廢郡，屬魏州」。

〔二〕秋山　元和郡縣圖志澶州同。按山海經海外南經：「狄山，帝堯葬于陽，帝嚳葬于陰。」郭璞

注：「嚳，堯父，號高辛，今冢在頓丘縣城南臺陰野中也。」此「秋」疑爲「狄」字之誤。下同。

〔三〕衛縣有干城　按續漢書郡國志三：衛公國，「有竿城」。水經河水注亦作「竿城」。

〔四〕在縣西北三十里　「三十」，元和郡縣圖志澶州作「三十五」。

〔五〕上接清豐縣　「縣」，庫本同，萬本作「界」，當是。

〔六〕上接清豐　萬本作「清豐縣南四十五里，德清軍城東南」，同嘉慶重修一統志卷三六大名府引本書。

〔七〕後漢改觀爲衛國縣　按漢書卷二八地理志上：觀，顔師古注引應劭曰：「世祖更名衛國，以封周後。」續漢書郡國志三：「衛公國，本觀故國，姚姓，光武更名。」三國志卷一魏書武帝紀：建安十七年，割東郡之衛國以益魏郡。同書卷一七魏書樂進傳：「陽平衛國人。」同書卷二三裴潛傳裴松之注引文章敍録曰：裴秀，「遷衛國相」。則東漢改爲衛國，「縣」字疑衍。下文廢臨黄縣同。李書作「衛縣」，疑誤。

〔八〕大曆初復隸澶州　按舊唐書卷三九地理志二、新唐書卷三九地理志三及本書澶州並載，大曆七年置澶州，以觀城、臨黄等來隸，此云「大曆初」，誤，下文廢臨黄縣同。

〔九〕東有山支出焉　嘉慶重修一統志卷一八一曹州府引本書作「東有山，支水出焉」，則此「支」下脱「水」字。

〔一〇〕舊一十一鄉　後「一」字，庫本同，萬本作「四」。

〔一一〕東六十五里　據大明一統志卷四、讀史方輿紀要卷一六記載，廢臨河縣在開州（今河南濮陽市）西六十里，即在宋初澶州（今濮陽市南）西，此「東」蓋爲「西」字之誤，或「東」下脱「至」字。

〔一二〕建德六年　「六」，底本作「十」，萬本、庫本同。按元和郡縣圖志卷一六相州：「周武帝平齊，復改爲相州。」周武帝平齊，是建德六年，且建德只六年，無「十年」，此「十」爲「六」字之誤，據改。

〔一三〕隋開皇五年郡罷置臨河縣　隋書卷三〇地理志中：「黎陽，後魏置黎陽郡，後置黎州，開皇初州郡並廢。」「臨河，開皇六年置。」元和郡縣圖志相州亦載：「隋開皇六年分置臨河縣。」此宜作「隋開皇初郡罷，六年置臨河縣」。

〔一四〕河水西從河内郡界入至黎陽而東北至臨河西十四里王莽河出焉　「界入」，庫本同，萬本作「界流入」。「十四里」，萬本、庫本皆作「十里」。「王莽河」上底本有「至」字，中大本、庫本同，據萬本删。

〔一五〕頓丘南今名繁汙　「南」，底本作「西」，萬本、庫本同，據春秋襄公二十年杜預注及水經河水注引杜預注改。「汙」，底本作「源」，庫本同，據春秋杜預注改。萬本作「淵」，同水經河水注引杜注。

〔一六〕歷代帝王紀　萬本、庫本皆作「歷代帝紀」，傅校改同，此「王」蓋衍字。

〔一七〕于周爲衛遷于帝丘　底本「衛」下衍「地」字，「遷」上衍「北」字，並據萬本、庫本删。春秋僖公三十一年：「衛遷于帝丘。」左傳僖公三十一年同。

〔一八〕籊籊竹竿　「籊籊」，底本作「翟翟」，萬本同，據庫本及詩經衛風氓改。

〔一九〕屬濟陰　按漢書地理志上，濮陽縣爲東郡治。元和郡縣圖志卷一一濮州濮陽縣：「秦置東郡理此，漢仍爲東郡及濮陽縣也。」此云屬濟陰郡，誤。

〔二〇〕大業二年改昆吾縣爲濮陽縣　按隋書地理志中：濮陽，「開皇十六年分置昆吾縣，大業初入焉。」與此異。

〔二一〕詩云期我乎上宫　按詩鄘風桑中：「期我乎桑中，要我乎上宫。」此「期」應作「要」，才合。

〔二二〕決口故道　按嘉慶重修一統志卷三五大名府引本書作「決河故道」，此「口」爲「河」之誤。

〔二三〕在縣北五里源從白馬縣東内界入當縣　「北」，嘉慶重修一統志卷一九九衛輝府引本書作「東北」。「東内界」，萬本、庫本皆作「東界」，無「内」字，傅校改爲「内東界」，蓋萬本、庫本是。

〔二四〕思須與漕　「漕」，底本作「曹」，萬本同，據庫本及詩邶風泉水改。

〔二五〕晉天福三年移澶州于德勝寨　「寨」，底本作「塞」，庫本同，萬本作「寨」。按本書澶州總序作「德勝寨」，資治通鑑卷二八三後晉紀四胡注引宋白曰：「德清軍本舊澶州地，晉天福三年移澶州於德勝寨，乃於舊澶州置頓丘鎮，取縣爲名。」此「塞」乃「寨」之誤，據改。

〔二六〕開運二年十一月又移德清軍於陸家店置　「二年十一月」，資治通鑑卷二八三後晉紀四胡注引宋白作「元年」，無「十一月」。

〔二七〕西南至清豐縣三十里　「三」，萬本、庫本皆作「二」。

〔二八〕皇朝管户主八十八　「管」，底本無，據萬本、庫本及傅校補。「十」，庫本作「千」，恐非。

〔二九〕西至西京六十五里一作六百五十里　萬本作「西至西京六百五十里」，庫本同，中大本作「西至西京六十五里」，無注文「一作六百五十里」。按宋通利軍治黎陽縣，即今河南浚縣，西京河南府即今洛陽市，里距約爲六百里，萬本、庫本是，傅校從改。

〔三〇〕東至白馬縣隔黄河二十五里　「五」，萬本、庫本皆作「七」。

〔三一〕三鄉　「三」，萬本、庫本皆作「二」。

〔三二〕晉天福中割隸滑州　「天福中」，萬本同，庫本作「三年」，恐非。

〔三三〕以國名也　「以」，底本脱，萬本、庫本同，據太平御覽卷四五引劉澄山川記補。

〔三四〕曹公故城　「公」，底本作「操」，據萬本、庫本、傅校及元和郡縣圖志卷一六衛州改。下同。

〔三五〕在縣東一里五步　「里」，底本作「百」，據萬本、庫本、傅校及元和郡縣圖志衛州改。

〔三六〕即造橋焉　「即」，底本脱，據萬本、庫本及元和郡縣圖志衛州補。

〔三七〕東黎故城　「黎」，萬本、中大本、庫本皆作「離」，傅校改同。

太平寰宇記卷之五十八

河北道七

洺州　貝州

洺州

洺州，廣平郡。今理永年縣。禹貢冀州之域。星分昴宿一度。禹貢曰：「覃懷底績，至于衡漳。」衡漳在今州南肥鄉縣也。春秋時爲赤狄之地，後屬晉。左傳宣公十五年：「晉荀林父敗赤狄于曲梁。」今州理城也。七國時屬趙，趙敬侯始都邯鄲，至幽王遷爲秦所滅。秦兼天下，是爲邯鄲郡地。漢高帝分置廣平國。〔一〕自漢至晉，或爲國，或爲郡。永嘉末，石勒據有其地。石氏滅，又屬慕容儁，至子暐滅，又屬苻堅。後慕容垂得山東，其地復屬焉。周武帝建德六年于郡置洺州，以水爲名。隋大業三年罷州爲武安郡。唐武德元年又改爲洺州，領永年、洺水、平恩、清漳四縣；二年陷竇建德；四年，建德平，立山東道大行臺，又置曲周、雞澤二縣；五年罷行臺，置洺州大總管府，管洺、衛、巖、相、磁、邢、趙七州；六年罷總管，以磁州之武安、臨洺、肥鄉三縣來屬。貞觀元年又以廢磁州之邯鄲來屬。天寶元年改爲廣平郡。乾元元年復爲洺州。永泰之後，復以武安、邯鄲屬磁州。會昌元年省清漳、洺水二縣入肥鄉、平恩、曲周等縣。〔二〕

元領縣八。今六：永年，平恩，雞澤，曲周，臨洺，肥鄉。二縣割出：洺水，入曲周。清漳，入肥鄉。

州境：東西一百九十七里。南北一百一十二里。

四至八到：西南至東京五百五十里。西南至西京七百六十里。西南至長安一千六百二十里。東至天雄軍永濟縣界九十五里。〔三〕西至磁州武安縣界七十五里。南至相州一百八十五里。北至邢州沙河縣界四百五里。東南至天雄軍一百二十里。西南至磁州一百二十里。東北至貝州二百三十里。直北落西至邢州九十里。〔四〕

户：唐開元户七千七百五十。〔五〕皇朝管户主一萬五千一十三，客一萬二千八百九十三。〔六〕

風俗：燕、趙邯鄲風俗，丈夫悲歌慷慨，多弄物，爲倡優，女子多彈弦跕躧。隋圖經云：「今趙氏數百家，〔七〕每有祭祀，别設客位以祀。公孫杵臼及程嬰二士歷代相傳，號曰祀客。」

人物：趙勝，趙諸公子也，賓客數千。毛遂，趙勝之舍人也。以三寸舌説楚，同卻秦軍。廉頗，趙之良將也，勇氣聞于諸侯。藺相如，趙人也。送璧于秦，不屈節。李牧，趙之北邊良將也，匈奴不敢入邊，封爲武安君。趙奢，爲馬服君。石奮。趙人也。與四子皆二千石，號爲萬石君。〔八〕

土産：平紬，絁子，油衣，人參，絹。

永年縣，舊二十八鄉，今二鄉。本漢曲梁縣地，屬廣平國。後漢屬鉅鹿郡。北齊天保七年併曲梁縣入廣平縣。〔九〕隋仁壽元年改廣平爲永年縣，〔一〇〕避煬帝諱也，屬武安郡，即今縣。

趙奢救閼與，秦軍鼓譟，武安屋瓦皆動，即此地也。

馬服岡。史記「趙奢爲馬服君」，受封于此地。

靈山。風土記云：「靈山，趙武靈王葬其上，故曰靈山。」

鬱山，一名紫山。出紫石英、菖蒲，爲仙方所尚。

榆溪山。洛州記：「山有榆溪水，因以名之。」

王澤嶺。趙襄子奔晉陽，原過後至于王澤，〔一一〕見三人，自帶以上可見，即此嶺。

漳水。風土記云：「南易水，本名漳水，源出三門山，西自肥鄉縣界流入。」趙地記云：「六國時此水名易水，埤蒼及水經云洛水之目，不知誰改。俗謂山之下地名洛，因經之，故曰洛水。」按燕趙記云：「其分有三易，漳爲南易。」

洛水，在縣南三里。西自臨漳縣界流入。

雞澤，在縣西南十里。春秋：「同盟于雞澤。」今其澤魚鼈菱芡，州境所資。

廉頗臺，在州城南十里。十六國春秋云：「冉閔遇慕容恪于廉臺，十戰皆敗。」

平劉黑闥壘，在縣西南十里，洛水南。唐貞觀四年于壘東置昭福寺，寺碑岑文本詞。

廣平故城，漢平干國，〔一二〕廢城在今縣北。

干將城。洛州記云：「南有干將城，即干將鑄劍并鑪池俱存。俗語訛爲韓子城。」

樂毅、藺相如冢，並在此。〔一三〕

平恩縣，東北五十里。〔一四〕舊十四鄉，今三鄉。本漢舊縣，屬魏郡，宣帝以許廣漢爲平恩侯。魏屬廣平郡。高齊天保七年移于斥漳城，今洛水縣是也。隋開皇六年又自斥漳移在平恩川今理。〔一五〕

唐臺澤，一作康臺澤，〔一六〕在縣東五里。

雞澤縣，東北五十里。舊十四鄉，今三鄉。本漢廣平縣地，隋開皇十六年于廣平城置雞澤縣，〔一七〕大業二年省。唐武德四年重置。

洺、漳二水，在縣東南二十里合流，〔一八〕東北入平鄉界。

沙河，即渦水，經邑界。

曲周縣，東北八十里。舊十二鄉，今三鄉。本漢舊縣，屬廣平國，酈商爲曲周侯。後漢屬鉅鹿郡。魏屬魏郡。後魏宣武帝改置曲安縣，屬廣平郡，高齊省。〔一九〕隋開皇六年復置，屬洺州，大業二年省。唐武德四年于曲周故城重置。

漳水，在縣西二十九里。

阿難枯渠，在縣南十四里。

邸閣城。水經注云「衡漳水又北經邸閣西」，〔二〇〕即此城。

巨橋倉，紂所積倉。尚書「發巨橋之粟」是也。

廢洺水縣，在州西五十里。本漢斥漳縣，屬廣平國。漳水經其城，其地斥鹵，故曰斥漳。隋開皇六年以平恩移入舊地，又于此立洺水縣，即今縣也，以西濱洺水爲稱。唐會昌三年正月併入曲周縣。

衡漳故瀆，俗名阿難渠，在縣西二百步。蓋魏將李阿難所導，故名。

董塘陂，在縣西北十五里。晉龍驤將軍劉牢之北救苻丕，追大將軍慕容垂于董塘泉，即此陂也。

董仲舒祠。董仲舒，廣川人，祠在縣東五十九里。

嘯父，即冀州人也，在曲周縣市中補履數十年，人奇之不老。

臨洺縣，西北五十里。舊十二鄉，今三鄉。本漢易陽縣也，〔二〕屬趙國。魏屬魏郡。晉屬廣平郡。後魏省入邯鄲縣，孝文帝于北中府城復置易陽，屬廣平郡，今理是也。隋開皇六年改易陽爲邯鄲縣；十年移邯鄲縣理陟鄉城，在今邯鄲縣界，仍于北中府城別置臨洺縣，北濱洺水爲名，屬磁州。大業二年割隸洺州。

紫山。隋圖經云：「臨洺紫山春夏有紫氣蓊鬱，下有石，石上菖蒲一寸九節，巖閒有紫石英。」

狗山，在縣西十里。山頂石上有狗跡，因名。唐武德五年，太宗親總戎師討劉黑闥，因此立營。

鳴犢冢，在縣西南十三里。家語曰：「孔子自衛將至晉，至河聞趙簡子殺竇鳴犢、舜華，遂不去。」

肥鄉縣，東南四十里。舊十三鄉，今三鄉。春秋時晉地，七國時屬趙。今縣即漢列人及邯鄲、蒲縣三邑之地，〔三〕魏文帝黃初二年分邯鄲等縣立肥鄉縣，〔三〕屬廣平郡。後魏省入臨漳縣。隋開皇十年又置，屬磁州，十六年割隸洺州。

濁漳水上源，即清漳也，西自相州成安縣界流入。

列人故城，在今縣東北十五里。漢爲縣。按汲冢記：「梁惠成王八年，伐邯鄲，取列人。」即此也。漢屬廣平國。

邯溝故城，〔二四〕俗名桓公城，在縣西北十里。

肥鄉故城，在縣西南二十二里。

葛孽故城。〔二五〕隋圖經云：「葛孽城，俗呼葛鶇城，即趙武靈王夫人所築，一云夫人城。」

平原君墓，在縣東南七里。

毛遂墓，在縣南七里。

廢清漳縣，在州東南七十里。本漢列人縣地，故城在今肥鄉縣界。隋開皇十六年于此置清漳縣，以南濱清漳水爲名。唐會昌三年併入肥鄉縣。

列人堙，音魂。〔二六〕或曰列人堤，縣居其上，堙即堤類也。後魏孝昌年中，有人于此掘得破船，仍是杉材，尚堪用，莫測其由。蓋是漳水久積淤泥，〔二七〕遂成高岸也。

貝州

貝州，清河郡。今理清河縣。禹貢冀州之域。星分昴宿五度。春秋之時，其地屬晉，七國時屬趙。秦併天下，爲鉅鹿郡。漢高帝三年，韓信出井陘，定趙地，因分鉅鹿郡地置清河郡，以郡臨清水，故號清河，理清陽。景帝中改爲清河國。至後漢復爲郡。〔二八〕永嘉亂後，石趙移郡理平晉城，即今博州清平縣也。苻秦移理武城。後魏移清河郡及清河縣于漢厝城置。高齊自厝城移郡及武城縣于今貝州西北十里故州城，其城即漢信成縣理。後周建德六年平齊，於郡理置貝州，郡亦不廢。隋開皇三年廢郡，以郡所領縣屬州；六年移武城縣還于舊理，自厝城移清河縣于州郭。大業三年罷州爲清河郡。唐武德四年平竇建德，復置貝州，領清河、武城、漳南、歷亭、清陽、鄃、夏津七縣；六年移治所于歷亭；八年還于舊治；九年以廢宗州之宗城、經城來屬，又以廢毛州之臨清來屬。天寶元年改爲清河郡。乾元元年復改爲貝州。咸通元年，長史鄭仁凱以舊居湫隘，移于故州東南十里，即今理所。晉天福三年升爲永清軍節度。周顯德元年降爲防禦州。皇朝復爲永清軍節度。

元領縣十。今五：清河，清陽，武城，漳南，歷亭。五縣割出：夏津，臨清，永濟，宗城，經城。以上五縣入魏府。

州境：東西二百四十九里。南北一百九十里。

四至八到：東南至東京六百一十里。西南至西京九百六十里。西南至長安一千八百二十五里。東至博州一百三十里。西至邢州二百三十里。南至魏州二百十二里。北至冀州一百三十里。東南至博州一百九十里。西南至洺州曲周縣一百三十五里。西北至冀州九十里。正東微北至德州二百六十里。〔二九〕

户：唐開元户八萬一千四百。〔三〇〕皇朝户主一萬六千九百三十四，客三千四百七十三。

風俗：同魏州。

姓氏：清河郡六姓：崔、張、房、尚、傅、靳。

人物：崔林，字德孺，清河東武城人。晚成，仕魏至司空，封安陽侯。〔三一〕　王經，字彦緯，清河人。爲江夏太守，將軍曹爽附絹二十疋令市于吴，〔三二〕經不發書，棄官歸，養母。爽以經擅去兵馬，杖五十。〔三三〕　房曠，〔三四〕字思遠，清河人。少神氣英俊，苻堅問王猛曰：「關東多士，卿得幾人？」猛曰：「一人半。」堅曰：「必是申□、韓胤，一曰房曠。」〔三五〕曠曾爲流矢傷一目。　傅永，字修期，清河人。仕後魏爲安遠將軍、平南長史，帝曰：「上馬能擊賊，下馬作露布，惟修期耳。」年八十餘，尚堪騎射。〔三六〕　張正見，清河人。年十三獻頌梁，簡文深賞之。　竇建德，清河南漳人。代爲農夫。　唐崔龜從，清河人。相宣宗朝。　崔慎由，清河武城人。高祖融，弟安潛，子胤，俱爲相。　崔圓，清河武城人。　張文瓘，貝州武城人。相高宗，爲大理卿時，旬日決疑四百餘條。四子：潛魏州刺史，沛同州刺史，洽衛尉卿，涉殿中監。時人謂之「萬石張家」。　崔邠。貝州武城人。兄弟六人，官至三品。

土産：白氈，貢。鞾氈，貢。絲布，絁，絹。按隋圖經云：「清河絹爲天下第一。」

清河縣，舊二十二鄉，今四鄉。本周之甘泉市地，秦爲厝趨亦切。〔三七〕縣。漢爲信成縣，屬清河郡，後漢桓帝改爲甘陵縣，〔三八〕故城在今縣西北。續漢書州郡志：省信成縣，屬清河郡。〔三九〕按郡國記云：「隋清陽城内有漢清河王慶陵，在今郡東南三十里故厝城是也。」後漢安帝改名甘陵，仍爲甘陵國都，後國除復爲縣。晉省，于厝城西南七里置清河縣。魏又爲清河縣并清河郡于故厝城中。高齊天保七年又移清河縣于故信成。〔四〇〕隋開皇六年又移清河縣于州郭，即今縣是也。

末柸城，在縣東北五十里。隋圖經云：「末柸城即十六國時段疾六眷之從弟末柸自稱遼西公，與石勒相持，因築此城，號曰末柸城。」

信成故城，漢縣，後漢併入清河，在今理西北十二里故州城外是也，城東南去永濟渠十里。唐咸通已前郡理于漢信成，即此也。

故武强城，後魏太和二十一年于其城置武强縣，〔四一〕屬廣宗郡。隋廢。

永濟渠，東南去縣十里。南自汲縣引清、漳二水入界，近孤女冢，元號孤女渠，隋煬帝征遼，改爲永濟，俗呼御河。

枯上漳渠者，濁漳渠也，源自上黨。城冢記云：「鄴城北有漳水，今鄴郡臨漳是也。」枯下漳渠者，清漳渠也，自鄴縣界來，非濁漳也。隋大業中，制使姚暹疏決，從上漳渠水入此渠，亦名姚暹河。煬帝征遼回，泛舟于此，謂之回鑾河。大業十三年，竇建德于廣平郡又疏此水入柳溝，遂與永濟合流。

鯀堤，在縣西三十里。自宗城縣界來，是鯀治水時築。

廉頗冢，在縣界。

清陽縣，舊十二鄉，今四鄉。漢縣，屬清河郡，又爲貝丘縣，博昌亦有貝丘。古清陽之地，故城在今縣東南。後漢併入甘陵。西晉省甘陵，于此清河縣理置清陽縣，〔四二〕復漢名。至唐永昌元年，緣清陽地久積鹹鹵，遂西移于永濟渠之東孔橋置。開元二十二年又移清陽縣于今州城東，永濟渠之西，〔四三〕即今邑也。

古清陽縣城，在縣東南三十五里。漢桓帝改爲甘陵郡。後魏孝昌三年，葛榮賊亂，以城内有甘陵高大，因據陵爲堡，賊平，遂置清陽。永昌元年移縣于孔橋，此城遂廢。

故夏津縣城，在縣東南四十里。隋開皇六年以縣東有王莽河，又爲古夏津城相連，因以爲名。

故清河郡城，在縣東南二十五里。漢高祖封王吸爲清陽侯，食邑于此。又景帝三年封王子乘爲清河王，改爲清河國，並在此城。按後漢章帝建初七年廢皇太子慶爲清河王，令就國，亦此城。〔四四〕桓帝改爲甘陵郡。至高齊天保七年移縣于漢信成置，今州西北故貝州城是也。

故厝城，在縣東南三十里。按地理志云：「屬清河郡，王莽改爲厝治。」漢安帝改爲甘陵。其地先出甘草，土人號曰鵲城。

古邸閣城，在縣東三十七里。〔四五〕按地理志云：「趙平原君封東武城，爲别邑于此，築城以貯器械，因以名之。」

甘陵，在縣城内。漢清河王慶陵，即安帝之父也。

武城縣，東北四十里。舊十三鄉，〔四六〕今七鄉。七國時趙邑也，史記「趙平原君勝封東武城」，即此城。蓋以定襄有武城，同屬趙，故此加「東」也。漢書地理志東武城縣屬清河郡。晉太康年去「東」字。〔四七〕高齊天保七年移理漢信成。隋開皇六年復還舊理。唐調露元年移于今理。

弦歌臺，在御河北岸。

故武城，〔四八〕在縣北十里。隋區宇圖云：「夏禹七代孫芸封公子武于此建國。〔四九〕後漢光武封濟南安王德爲武城侯。〔五〇〕前秦苻堅封長子爲清河王，移居武城，即此城也。」唐調露元年移于永濟渠北義王橋西二里置，今縣外城基是也。

孫伏伽墓，在縣東北二十里，高三丈。唐刑部侍郎。

漳南縣，東北一百一十里。舊十八鄉，今三鄉。漢東陽縣之地，後漢省東陽，其地屬廣川。後魏太和十八年分廣川置索盧縣，〔五一〕其地又屬焉。高齊天保七年省索盧縣，其地又屬棗彊。隋開皇六年分棗彊，于今縣東北二十二里置東陽縣；十八年改東陽爲漳南縣，取地居漳水之南爲名。唐武德七年移于今理。

枯漳河，在縣北四十里。

永濟渠，在縣東五十里。

界碑，在縣西北八里。後魏孝文帝太和六年立，當鄴正東三百里。〔五二〕

歷亭縣，東北一百里。舊十七鄉，今三鄉。本漢東陽縣地，屬清河郡。後漢省東陽縣，其地屬鄃。音輸。自魏及高齊，其地屬鄃縣不改。按地理志歷縣屬信都國，在修縣界，王莽改爲歷寧。隋開皇十六年于今縣東永濟渠南置歷亭縣，屬貝州，遥取漢歷縣爲名，後以其地下濕鹹鹵，移就盤河置，在古歷城西七十里，今理是也。

東陽故城，在縣西十八里。漢高祖以張相如爲東陽侯。

鯀堤，在縣東三十五里。

卷五十八校勘記

〔一〕漢高帝分置廣平國　漢書卷二八地理志下：「廣平國，武帝征和二年置爲平干國，宣帝五鳳二年復故。」按漢武帝元朔、元狩間分巨鹿郡置廣平郡，征和二年以廣平郡置平干國，宣帝五鳳二年復爲廣平郡，哀帝建平三年又以廣平郡置廣平國，參見周振鶴西漢政區地理，此有脱誤，漢志亦有脱誤。

〔二〕會昌元年省清漳洺水二縣入肥鄉平恩曲周等縣　按舊唐書卷三九地理志二、新唐書卷三九地理志三皆載：會昌三年省清漳縣入肥鄉縣，洺水縣入曲周縣，本書曲周縣下列廢洺水縣、肥鄉縣下列廢清漳縣記載同，則此誤。

〔三〕永濟縣界　「界」，底本脱，據萬本、中大本、庫本及傅校補。

〔四〕直北落西至邢州九十里　「落」，庫本同，萬本作「微」。

〔五〕七千七百五十　庫本同，中大本作「七萬七千一百五十」，萬本據元和郡縣圖志卷一五洺州注云作「七萬七千一百五十」。

〔六〕皇朝管户主一萬五千一十三客一萬二千八百九十三　「管」，底本無，據萬本及傅校補。「二千」，萬本、庫本皆作「八千」。

〔七〕今趙氏數百家　「氏」，底本作「女」，萬本、庫本作「氏」。按史記卷四三趙世家正義：「今河東趙氏祠先人，猶别舒一座祭二士矣。」王謨漢唐地理書鈔輯郎蔚之隋州郡圖經正作「氏」，此誤，據改。

〔八〕號爲萬石君　萬本同，庫本此下有「仕孝文時」四字。

〔九〕北齊天保七年併曲粱縣入廣平縣　元和郡縣圖志洺州金陵書局刊本：「高齊文宣帝省曲粱置廣平縣。」它本「廣平」作「廣年」。楊守敬隋書地理志考證：「寰宇記『高齊天保七年併曲粱入廣平』，當作併入廣年。」

〔一〇〕隋仁壽元年改廣平爲永年縣　按嘉慶重修一統志卷三三廣平府引元和郡縣圖志：「隋仁壽元年改廣年爲永年。按『廣年』，諸志俱訛作『廣平』，惟元和志不訛，蓋隋避上『廣』字諱，不當並改下字。」楊守敬隋書地理志考證亦謂「改『廣平』，實改『廣年』之誤」，「通典、舊唐志、寰宇記、輿地廣記又皆作改『廣平』爲『永平』，則其誤已久。」

〔一一〕王澤　按史記卷四三趙世家：「原過從，後，至於王澤。」正義引括地志云：「王澤在絳州正平縣南七里也。」水經澮水篇：「西至王澤，注于汾水。」酈道元注：「襄子奔保晉陽，原過後至，遇三人于此澤。」則王澤爲汾水支流澮水流逕之湖澤，在唐絳州正平縣（即今山西新絳縣）南，不在此，此誤。

〔一二〕漢平干國　「干」，底本作「于」，庫本同，據萬本及漢書地理志下改。

〔一三〕並在此　萬本作「並在邑界」，庫本作「並在」。

〔一四〕東北五十里　按舊唐書地理志二：平恩，「隋自斥漳城移于平恩故城置。」本書下文亦云：「隋開皇六年又自斥漳移在平恩川今理。」自隋遷治平恩後，唐宋未移。元和郡縣圖志洺州平恩縣：「西至州八十三里。」元豐九域志卷二洺州平恩縣：「州東九十里。」疑此方向里距皆有誤。

〔一五〕自斥漳移在平恩川今理　萬本作「自斥漳移于平恩縣舊理」，恐非。

〔一六〕唐臺澤一作康臺澤　萬本、庫本皆作「康臺」，元和郡縣圖志洺州作「康臺澤」，皆無「唐臺澤一作」五字。

〔一七〕隋開皇十六年于廣平城置雞澤縣　「十六」，底本作「六」，據萬本及元和郡縣圖志洺州補「十」字。

〔一八〕在縣東南二十里合流　「二十」，萬本、庫本皆作「二十六」，引元和郡縣圖志作「二十五」。

〔一九〕高齊省　底本「省」下衍「郡」字，中大本、庫本同，據萬本及元和郡縣圖志洺州删。

〔二〇〕衡漳水又北經邸閣西　萬本據水經濁水注，「邸閣」上補「巨橋」二字。

〔二一〕本漢易陽縣也　「也」，庫本同，萬本作「地」，同元和郡縣圖志洺州。按本書下文云：「漢易陽縣，後魏省入邯鄲縣，孝文帝于北中府城復置易陽縣，『即今理是也』，隋開皇六年改易陽爲邯鄲縣，十年移邯鄲縣理陟鄉城，『仍于北中府城別置臨洺縣』」，則隋唐臨洺縣治，爲北魏易陽縣治，非漢易陽縣治，爲二地，萬本作「地」是也。

〔二二〕今縣即漢列人及邯鄲蒲縣三邑之地　按唐肥鄉縣地不聞漢有蒲縣之設置，本書下列屬肥鄉縣地之漢縣有列人、邯溝。舊唐書地理志二：「肥鄉，漢邯溝縣地，曹魏立肥鄉縣。」此「蒲縣」蓋爲「邯溝」之誤。

〔二三〕分邯鄲等縣立肥鄉縣　庫本同，萬本「邯鄲」下有「列人」二字，同元和郡縣圖志洺州。

〔二四〕邯溝故城　「溝」，底本作「鄲」，庫本同，據萬本及嘉慶重修一統志廣平府引本書改。

〔二五〕葛孽故城　「孽」，底本作「築」，萬本作「孽」，庫本作「渠」。按史記卷四三趙世家：「成侯與魏惠王遇葛孽。」嘉慶重修一統志廣平府引本書作「葛孽故城」，此「築」爲「孽」字之誤，據改。下同。

〔二六〕列人埤音魂　「埤」，庫本同，萬本據讀史方輿紀要改「埤」爲「埤」；無「音魂」二字，傅校删。

〔二七〕久積淤泥　「久」，底本作「又」，據萬本、庫本及嘉慶重修一統志廣平府改。

〔二八〕後漢復爲郡　庫本同，萬本作「後漢改爲清河國」。按後漢一代，清河多有改制，後漢書卷三孝章帝紀：建初七年六月，「廢皇太子慶爲清河王。」清河郡爲國。同書卷七孝桓帝紀：建和二年六月，「改清河爲甘陵，立安平王得子經侯理爲甘陵王。」續漢書郡國志二：清河國司馬彪自注：「桓帝建和二年改爲甘陵(國)。」後漢書卷九孝獻帝紀：建安十一年，甘陵等「八國皆除」，甘陵國除爲甘陵郡。

〔二九〕正東微北至德州二百六十里　庫本同，萬本於「六」下注：「元和郡縣志作三。」

〔三〇〕唐開元户八萬一千四百　「一」，元和郡縣圖志貝州作「四」。

〔三一〕封安陽侯　按三國志卷二四魏書崔林傳：「爲司空，封安陽亭侯，邑六百户。三公封列侯，自林始也。頃之，又進封安陽鄉侯。」此宜作「安陽亭侯」或「安陽鄉侯」。

〔三二〕將軍曹爽附絹二十疋令市于吴　「絹」，底本作「絳」，萬本、庫本同，據三國志卷九魏書諸夏侯曹傳裴松之注引世語改。「十」，底本作「千」，據萬本、庫本及三國志魏書諸夏侯曹傳裴注引世語改。

〔三三〕養母爽以經擅去兵馬杖五十　萬本、庫本皆作「母以經擅去兵馬，杖五十」。按三國志魏書諸夏侯曹傳裴注引世語曰：「母以經典兵馬而擅去，對送吏杖經五十。」則與萬本、庫本意合。

〔三四〕房曠　萬本、中大本、庫本此上皆列有「張華」，注文云：「字元宗，東武城人。父純奇之，以爲必起吾族。」傅校同。

〔三五〕堅曰必是申□韓胤一曰房曠　萬本無此注文，而作「房曠其一也」。庫本空缺者作「紹」，爲「申紹」。

〔三六〕字修期至尚堪騎射　所載同北史卷四五傅永傳，萬本、庫本皆無「字修期清河人」及「年八十餘尚堪騎射」十四字。

〔三七〕趨亦切　萬本作「師古曰音趨亦切」，乃引之漢書卷二八地理志上顔師古注。

〔三八〕後漢桓帝改爲甘陵縣　按漢書地理志上：清河郡厝，顔師古注引應劭曰：「安帝以孝德皇后葬於厝，改曰甘陵也。」續漢書郡國志二：清河國甘陵，「故厝，安帝更名」。水經河水注：甘陵縣故城，「地理志清河之厝也，王莽改曰厝治者也。漢安帝父孝德皇，以太子被廢爲王，薨于此，乃葬其地，尊陵曰甘陵，縣亦取名焉。」是安帝更名厝縣爲甘陵縣，非桓帝也。又續漢書郡國志：「清河國，高帝置。桓帝建和二年改爲甘陵。」後漢書卷五五清河孝王慶傳：建和元年，清河王蒜自殺，「梁冀惡清河名，明年，乃改爲甘陵。梁太后立安平孝王經侯理爲甘陵王。」是桓帝時改清河國爲甘陵國，此「甘陵縣」應作「甘陵國」，與史方合，此「縣」蓋爲「國」字之誤。

〔三九〕省信成縣屬清河郡　庫本同，萬本作「省信成縣置清河縣」。元和郡縣圖志貝州清河縣：「後漢省信成縣置清河縣。」是萬本乃據元和志改。按本書下文云晉「于厝城西南七里置清河縣」，與後漢置清河縣之説異。

〔四〇〕高齊天保七年又移清河縣于故信成　按本書貝州總序：「高齊自厝城移郡及武城縣于今貝州

西北十里故州城，其城即漢信成縣理。」又武城縣序云：「高齊天保七年移理漢信成。」則移治信成者，武城縣也，非清河縣，其時清河縣仍治厝城，此誤。

〔四一〕後魏太和二十一年　按魏書卷一〇六地形志上作「太和二十二年」。

〔四二〕于此清河縣理置清陽縣　庫本同，惟「此」下衍「置」字。萬本作「于此置清河國理清陽縣」。按晉書卷一四地理志上，清河國，治清河縣，本書清河縣總序云：「晉于厝城西南七里置清河縣。」是晉清河國治清河縣，在漢厝城西南七里，非此清陽縣也，萬本誤。漢置清河郡，理清陽縣，後漢併入甘陵，晉復于漢清河郡理清陽縣，屬清河國，則此「清河縣」之「縣」蓋爲「郡」字之誤。

〔四三〕永濟渠之西　「西」，萬本、庫本同；中大本作「曲」，嘉慶重修一統志廣平府引本書同，此「西」疑爲「曲」字之形訛。

〔四四〕按後漢章帝建初七年廢皇太子慶爲清河王令就國亦此城　萬本、庫本皆無此二十四字。「章帝」，底本作「和帝」。按後漢書卷五五清河孝王慶傳，章帝子，建初四年立爲皇太子，七年廢爲清河王，此「和帝」爲「章帝」之誤，據改。

〔四五〕在縣東三十七里　「三」，萬本、庫本皆作「二」。

〔四六〕舊十三鄉　「十三」，萬本、庫本皆作「三十」。

〔四七〕晉太康年去東字　晉書地理志上，清河國領東武城縣，按晉志爲記載晉太康初年行政區劃，是太康時仍名東武城。魏書地形志上：「武城，二漢、晉曰東武城，屬，後改。」則北魏去「東」字。萬本以晉志無「晉太康年去『東』字」之語而删去，疑誤。

〔四八〕故武城　萬本、庫本「城」下皆有「縣」字，續山東考古録卷一〇臨清州引本書無。

〔四九〕夏禹七代孫芸　按史記卷二夏本紀載，夏禹之子啓後七代孫芒，續山東考古録臨清州引本書作「芒」，云「今本訛作芸」。

〔五〇〕後漢光武封濟南安王德爲武城侯　按後漢書卷四二濟南安王康傳：「中元二年，封康子德爲東武城侯。」是此宜作「封濟南安王康子德爲東武城侯」。

〔五一〕後魏太和十八年分廣川置索盧縣　按魏書地形志上：長樂郡索盧縣，「晉屬廣川。神瑞二年併廣川，太和二十二年復屬。」與此異。

〔五二〕當鄴正東三百里　底本「當」上衍「于」字，據萬本、庫本及嘉慶重修一統志卷一六八東昌府引本書删。

太平寰宇記卷之五十九

河北道八

邢州

邢州，鉅鹿郡。今理龍岡縣。禹貢冀州之域。星分昴宿三度。禹貢曰：「大陸既作。」鄭玄云：「大陸，澤名，在鉅鹿北。」書云「古祖乙遷于邢」，即此地。漢地理志云：「故邢侯國也。」帝王世紀云：「邢侯爲紂三公，忠諫被誅。」史記云：「周成王封周公旦子爲邢侯。」後爲狄所滅。齊桓公遷邢于夷儀。按故邢國，今州城内西南隅小城是也；夷儀，今龍岡縣界夷儀城是也。春秋時屬晉東之地，〔一〕然則邢國爲衛所滅。之後其地便屬晉，申公巫臣奔晉，以爲邢大夫。後三家分晉，屬趙。秦兼天下，于此置信都縣，屬鉅鹿郡，項羽改爲襄國，蓋以趙襄子謚爲名也。趙歇爲趙王，張耳爲常山王，並理信都襄國，今州理龍岡城是也。前趙光初二年，石勒僭稱王，國號後趙。先是勒屯兵許昌，張賓説勒曰：「王彌有王青州之心，遲迴未發者，懼明公躡其後耳，明公獨無并州之思乎？」勒從之，長驅寇鄴，攻晉北中郎將劉演于三臺。張賓又進曰：「三臺險固，攻守未可卒下。王彭祖、劉越石大敵也，宜及其未有備，密規進據牢城，掃定并、薊，桓文之業可濟也。邯鄲、襄國，趙之舊都，依山憑險，形勝之國，可擇此二邑而都之，王業可圖也。」勒于是進據襄國。王浚遣督護王昌率遼西鮮卑等部落五萬餘衆來討，勒欲挑戰，張賓諫曰：「夫用兵，當以己所便，擊彼所不便，攻守形便，其力百倍。今段末杯强悍，且示之以弱，鑿北壘爲突門二十餘道，伏精卒步騎五百，候賊列守未定，出其不意，雷鼓奮矛，直衝末杯帳，卒既奔走，餘自分散，擒末杯之後，彭祖可指辰而定也。」〔二〕勒從其計，遂生擒末杯，乘勝追擊，枕屍三十餘里，至是勒僭即皇帝位，遂定都，改元建平。後石季龍改置襄國郡。石氏既滅，罷之。後魏復爲襄國縣。周武帝仍于縣立襄國郡。隋開皇三年以襄國縣屬洺州，九年改爲龍岡縣，十六年割洺州龍岡、南和、平鄉三縣，及置青山、沙河、任三縣置邢州，〔三〕取古邢國爲名。大業三年改爲襄國郡。唐武德元年改爲邢州總管府，管邢、温、和、封、蓬、東龍六州，邢州領龍岡、青山、内丘三縣；四年平竇建德，罷總管府，割内丘屬趙州，仍省和、温、封三州，以其所領南和、沙河、平鄉三縣來屬，又立任縣；五年割趙州之内丘、柏仁來屬。天寶元年改爲鉅鹿郡。乾元元年復爲邢州。按晉初童謡云：「古在左，讓去言，或入口。」果爲石勒所據。「古在左」，胡字也，「讓去言」爲「襄」，「或入口」爲「國」也。梁開平二年建爲保義軍節度。〔四〕後唐同光元年改爲安國軍。皇朝因之。

元領縣九。今八：龍岡，沙河，南和，任縣，平鄉，鉅鹿，堯山，内丘。一縣廢：青山。併入内丘。

州境：東西二百八十二里。南北一百三十六里。

四至八到：正南微東至東京西路六百里，東路六百五十里。〔五〕西南至西京八百四十里。西南至長安一千七百里。東至貝州二百三十里。南至洺州臨洺縣六十六里。西踰山至遼州二百二十六里。北至趙州一百七十九里。西北至太原府樂平縣五百里。東北至冀州二百六十里。

户：唐開元户五萬八千八百二十。皇朝户主一萬五千四百八，客一萬四千四百一十。〔六〕

風俗：同趙、定州。〔七〕

姓氏：鉅鹿郡五姓：莫、魏、時、劉、舒。

人物：路温舒，鉅鹿東里人。爲廷尉，上書云：「秦有十失，其一尚存，治獄之吏是也。」〔八〕張琦〔九〕鉅鹿人也。張掖郡賣石負圖，任令問琦，琦曰：「夫神以知來，不追已往，漢已久亡，魏已得之，何追興祥乎！此石，當今之變異，將來之福祥。」〔一〇〕養志不仕。　侯芭，鉅鹿人。從揚雄游，授太玄、法言，芭得其旨。〔一一〕　張賓，中丘人。自言智算鑒識不後子房，提劍軍門，請見石勒。　時苗，字德胄，鉅鹿人。爲壽春令，初乘黄牸車之任，歲餘生一犢。及去，謂父老曰：「是爾土所生，非我有也。」留之而去。〔一二〕　游明根，字志遠，任人。幼年遭難，爲櫟陽王氏奴，牧羊，以壺漿貨人書字路傍，畫地學之，于白渠坎爲窟讀書，仕至員外常侍。　魏收，鉅鹿人。與温子昇、邢子才齊譽，世號三才。魏文襄曰：「今有魏收，是國之光彩。」官中書令。　唐宋璟，字廣平，邢州南和人。中興賢相，璟爲首稱。〔一三〕　李元愷，邢州人。善天步律曆，性恭慎，博學，宋璟嘗師之，璟當國，將薦之朝，拒不答。卒年八十餘。〔一四〕　魏謩，鉅鹿人。爲相。　魏玄同，鉅鹿人。則天朝納言。

土産：白甆器，絲布，綿，鮮玉沙。〔一五〕西京雜記云：「霍光妻遺淳于衍散花綾，出鉅鹿郡陳寶光之家。」〔一六〕

龍岡縣，依舊五鄉。古邢國也，秦以爲信都縣。李公緒趙記云：「趙孝成王造檀臺，有宫，爲趙别都，以朝諸侯，故曰信都。」秦末，趙歇據之，項羽更名曰襄國，漢因不改。石勒僭號據之。周武帝改爲襄國郡。隋開皇三年罷郡，縣屬洺州；九年改爲龍岡縣，以縣西北龍岡爲名；十六年于此置邢州，縣屬焉。

大城。隋圖經云：「大城，本石勒所築，因徙洛陽銅馬、翁仲二，列于永豐門。後擒劉曜，盡得秦、隴，乃于此僭號爲建平。」

響地。郡國志云：「邢州尚書坊東井地，周百餘步，其所鳴響，人馬行上，轟作雷聲，掘之即火出。」

土山，在縣東百五十步。十六國春秋後趙録云：「冉閔永興二年，攻石祗于襄國，爲土山地道于此。」

石門山。十六國春秋云：「石勒遣石季龍進據石門也。」

風門山。洛州記云：「龍岡有風門山，冬夏多風。」

百巖山。洛州記云：「龍岡縣西北有百巖山，其山峻極，有百巖爲名。」

鵲山。水經注云：「鵲山有穴出雲母。」又云：「其南有龍騰溪、鶴渡嶺。」

百泉河，在州東南八里。水自平地而出，其泉無數，故曰百泉，是澧河之上源也。

石井岡，在縣西北七里。一名龍岡。酈道元注水經云：「蓼水出襄國石井岡，岡上有井，大如車輪。」隋區宇圖志云：「此井光武營軍所鑿，傍有叢荊棘生，皆蟠縈如人手結，云是光武繫馬處。又石勒時天旱，沙門佛圖澄于此岡掘得一死龍，長尺餘，漬之以水，良久乃蘇，呪而祭之，龍騰空而上，天雨即降，因名龍岡。」

夷儀嶺，在縣西一百五十七里。晉地道記云：「欒平東南有夷儀嶺，道通襄國，夷儀山在城北故塞。」

故夷儀城，在縣西一百四十里。今俗謂之隨宜城，蓋語訛也。

蓼水，一名達活水。水經云：「蓼水出襄國西石井岡。」

千步口，即洺水西北流至此，今俗名千步口。

湡水，一名澧水，一名鴛鴦水，俗謂之百泉，源出縣東南平地，以其道源總納衆泉，合成一川故也。亦謂之鴛鴦水，魏都賦所云「鴛鴦交谷」。

白雞城。隋區宇圖經云：「板築之初，望其上有白雞，捕之則無所見，因以爲名。今俗號白珪城也。」〔一七〕

邢侯夫人冢。北史云：「齊武平初，有掘古冢得銅鼎，受五六升，腹有銘，作蝌蚪書，字云邢侯夫人姜氏墓。」

石勒母王夫人冢，在縣之西南。

石勒冢，在縣西南十五里。僞號高平陵。按郡國志：「勒尸別在渠山，葬之夜，爲十餘棺，分道出埋，以惑百姓。」

沙河縣，南三十五里。〔一八〕舊四鄉，今三鄉。本漢襄國縣地，沙河即湡水也，水經注云：「湡水出趙郡襄國縣西山東。」〔一九〕後魏書地形志云：「襄國，後併在此。」〔二〇〕後改爲任縣地。隋文帝改襄國爲龍岡縣，十六年分龍岡縣南境，于此置沙河縣，以縣南五里沙河爲名。

罄口山，在縣西南九十八里。盧毓冀州論云：「淇湯、罄口，冶鑄利器。」即漢時舊鑄官也。

黑山，在縣西四十里。出鐵。

湯山，在縣西北七十一里。山海經云：「湯山，湯水出焉。」此湯能愈疾，爲天下最。又按隋圖經云：「湯後側巖上有石室一户，無塵穢，俗號曰聖人室，下經銅馬廟，有碑題云漳河神壇。」

渪水，在縣西北七十一里。俗名沙河水。又郡國志云：「牛缺遇盜于沙、渪之間。」

蘇秦亭。蘇秦西説秦人，請貨黄金百鎰，黑貂之裘，即此地也。今有亭存。

南和縣，東南四十里。舊五鄉，今三鄉。本漢舊縣也，屬廣平國。水經注云：「北有和成縣，〔三〕故此縣云南。」後魏地形志：「南和，後併于任。」李公緒趙記云：「孝昌三年割廣平郡之南和、襄國、任三縣，于此置北廣平郡，屬殷州。」後周又置南和郡，尋廢郡而爲縣。隋開皇三年以南和縣屬洺州，尋改屬邢州。

渪水，經邑界。

鴛鴦水，在縣北五里。郡國志云：「縣西有鴛鴦水，冬日常温和。」又水經注云：「南和西官冶東有便水，一名鴛鴦水。」又趙記云：「俗謂之百泉水是也。」

烈家水，在縣西南一十里，下至狼溝河。〔三〕

漳河，在縣東三十里。從平鄉縣界流來。

張賓墓，在縣西十二里。石勒軍師，號曰「右侯」。

任縣，東北三十八里。元三鄉。本漢張縣地，後漢省張縣，則爲鉅鹿郡之南䜌縣地。晉省南䜌，又爲廣平郡之任縣地。後趙石氏于此置苑鄉縣，季龍又改清苑縣，屬襄國郡。隋開皇十六年於此置任縣，屬邢州。大業三年省。唐武德四年重置。

張城，一名渚陽城，在縣西南二十七里。漢張縣也。晉將王浚遣段就六眷部衆討石勒，屯于渚陽，謂此也。

古苑鄉縣城，〔三〕在縣東北十八里。

漴水，在縣西一十五里。從龍岡縣界北來。

任水，在縣東南二十里。從南和縣界流入。

平鄉縣，東九十里。舊三鄉，今四鄉。本秦鉅鹿郡也。十三州志云：「鉅鹿，唐虞時大麓之地，尚書『堯試舜百揆，納于大麓』，麓則林之大者也。堯之禪舜，欲使天下皆見之，故置諸侯，合羣臣，與百姓，納之大麓之野，然後以天下授之，以明己禪公也。」始皇二十五年滅趙，以爲鉅鹿郡，鉅亦大稱也。史記曰「張耳與趙王歇走入鉅鹿城，王離圍之」，即此城也。續漢書鉅鹿郡之廮陶縣，後魏景明中移縣于舊城東三十里，後自平鄉故城移平鄉以理之，至今不改。隋開皇三年屬洺州，十六年改屬邢州。

沙丘臺，在縣東北二十里。〔二四〕皇甫謐帝王世紀：「紂自朝歌北築沙丘臺，多取飛禽野獸置其中。」衛靈公卒，卜葬于沙丘吉，穿冢得石槨，銘云：「不憑其子，靈公奪我里。」子韋曰：「靈公之爲靈也久矣。」又趙惠文王四年，李兑圍武靈王于沙丘宫，探雀鷇食之，三月而死。〔二五〕又十三州志：「秦王東巡回，死于沙丘。」

封爵觀。洺州記云：「封爵觀，今在平鄉縣。古老云項羽救趙敗秦師于此，〔二六〕策勳封爵。」

濁漳水，今俗名柳河，在縣西南十里。

落漠水，在縣西南十八里。古薄洛津也，語訛故爲落漠。

平臺，在縣東北三十里。地理志云平鄉有臺，即此也。

時苗冢，在縣東北二十里。魏畧云：「苗，鉅鹿人也，晉末移葬于此。」

廢南繺縣。左傳曰：「齊國夏伐晉，取繺。〔二七〕」其後南徙，故加「南」也。漢興，因而縣之。漢書王子侯表曰「武帝元朔二年封趙敬肅王子佗爲南繺侯」，即此地。唐初以其地併入平鄉縣。

鉅鹿縣，東一百十九里。元二鄉。〔二八〕本唐堯大麓之地，禹爲大陸之野，在漢爲南緣縣地。晉省南緣，則爲任縣地。後趙爲南緣，後至太平真君中省南緣，更爲柏仁縣地。隋圖經集記云：「開皇六年于此置鉅鹿縣，屬趙州，遥取漢縣鉅鹿以名也。」按漢鉅鹿縣，今平鄉郭是也，事具平鄉。唐武德元年于此建起州，又置白起縣；二年陷竇建德；四年討平，罷州，以縣屬趙州。貞觀元年改隸邢州。

廣阿澤，一名大陸，一名鉅鹿，一名大麓，一名沃川，〔二九〕在縣西北五里。尚書云：「恒、衛既從，大陸既作。」鄭康成注云：「大陸澤，在鉅鹿北。」按漢鉅鹿縣，今平鄉縣是也。爾雅云：「晉有大陸。」吕氏春秋云：「晉之大陸，趙之鉅鹿是也。」十三州志云：「淮南九藪，趙有鉅鹿，今其地即廣阿澤也。」按其澤東西二十里，南北三十里，葭蘆、菱蓮、魚蟹之類，充牣于中。澤畔又有鹹泉，煮而成鹽，百姓資之。

銅馬祠，在縣北七里。水經注云：「衡漳水經銅馬祠東，漢光武廟也。光武擊銅馬于館陶，大破，降之。賊降者不自安，光武令各歸營，乃輕騎行其壘，因相謂曰：『蕭王推赤心置人腹中，安得不投死乎？』由是皆服。悉將降人分配諸將，衆數十萬，關西號光武爲『銅馬帝』，故祠取名焉。」

堯山縣，東北八十里。舊四鄉，今三鄉。其地本名柏人，春秋時晉邑，戰國時屬趙。秦滅趙，則屬鉅鹿郡。漢屬趙國。張耳傳曰：漢王七年，「高祖從平城還過趙，趙王敖自上食，禮甚卑，有子婿禮。高祖箕踞駡詈。趙相貫高等謀殺高祖。八年，上從東垣過，貫高等乃壁人柏人，要之置厠。上過欲宿，心動，問曰：『縣名爲何？』曰：『柏人。』曰：『柏人者，迫于人也！』不宿去。」十六國春秋曰：石季龍建武六年，「分趙郡之柏人立南繺縣」，是。後魏柏人屬南趙郡，又改柏人爲柏仁。隋開皇三年罷鉅鹿郡，屬趙州。大業三年改屬邢州。〔三〇〕唐武德四年又屬趙州。貞觀初屬邢州。天寶元年改爲堯山縣，以唐大麓之地以名縣焉。

干言山，在縣西五里。李公緒趙記云：「柏仁有干言山，衛詩云：『出宿于干，飲餞于言』，是此山也。」

泜水，在縣西十二里。趙州敦與山，〔三一〕泜水出其陰，滦水出其陽。漢書：「韓信斬陳餘于泜水。」

南繺古城、柏人故城，在縣西十二里。〔三二〕皇甫謐帝王世紀云：「堯所都也。」

柏鄉故城，在縣東北二十二里。與趙郡柏鄉縣東西中分爲界。〔三三〕城冢記云「堯時所置」。

宣務山，一名虛無山，在縣西北四里，高一千五百五十丈。城冢記云：「堯登此山，東瞻洪水，務訪賢人。其山西三里出文石，五色錦章。山上有堯祠。」

張耳臺，在縣西北十二里。

内丘縣，北五十八里。元三鄉。李公緒趙記云：「古邢國地，在漢爲中丘縣，屬常山郡。」十三州志云：「山海經謂西北有蓬山，丘在其間，故曰中丘。」趙記云：「晉于此立中丘郡。」十六國春秋：「石季龍改爲趙安縣。」後魏省入柏人縣，太和十九年于舊城東十里復置中丘縣，即今縣理是也。隋踐祚，諱「中」字，改名内丘，開皇三年屬趙州，大業二年改屬邢州。

孤山，在縣西北一十七里。其山孤峙，天寶六年敕改爲内丘山。

蓬鵲山，亦名龍騰山，在縣西六十三里。地理志云：「中丘，逢山長谷，渚水所出。」〔三四〕水經注云：「中丘有蓬鵲之山。」郡縣志：「昔扁鵲同號太子遊此採藥，因以名之。」

礪水，在縣西北一十三里。源出攫山，其水可以礪刀劍。

龍騰水，在縣西七十五里。出龍騰山。

沙溝水，源出鵲山，東流經縣北五里。〔三五〕

廢青山縣，在州北五十里。本中丘縣地，屬常山郡，隋開皇十八年于此置青山縣，〔三六〕屬邢州，以縣界青山爲名。大業二年省縣爲龍騰府。〔三七〕唐武德元年析龍岡、内丘兩縣重置，屬邢州。貞觀八年徙于今所。至文宗開成四年，澤潞節度使劉從諫奏廢之。

黑山，一名青山，在舊縣西二十里。列仙傳云：「犢子，鄴人，常在黑山，會牽一黃犢子來過鄴城酤酒，〔三八〕陽都女見悅之，遂留相奉，乃隨犢子去，俱入山焉。都女生而連眉，即魏都賦云『犢妃眉連者也』。」土地十三州志云：「黑山之險，爲逋逃幽藪。」隋區宇圖志云：「避周太祖諱，因改黑山爲青山也。」

雷公山。耆老傳云：「魏時黑山羣盜張燕等，不立君長，直以名號爲稱，多髯者，謂之殺公，大聲者，謂之雷公。時賊保此山，以爲名也。」

卷五十九校勘記

〔一〕春秋時屬晉東之地　「晉東之地」，庫本作「晉東南之地」，萬本無「東之地」三字，同元和郡縣圖志卷一五邢州。

〔二〕卒既奔走至指辰而定也　萬本「卒」上有「柸」字，無「餘自分散擒末柸之後」九字，同元和郡縣圖志卷一五邢州。「辰」，底本作「日」，據萬本及晉書卷一〇四石勒載記、十六國春秋卷一一後趙録改。

〔三〕及置青山沙河任三縣置　「青山」，庫本同，萬本作「堯山」。本書下文記唐武德元年邢州領龍岡、青山、内丘三縣，「青山」，萬本亦作「堯山」。按隋書卷三〇地理志中：龍岡縣，「開皇十六年又置青山縣，大業初省入焉。」元和郡縣圖志邢州青山縣：隋開皇十六年於此置青山縣，屬邢州，「大業二年省，武德元年析龍岡、内丘兩縣重置，屬邢州。」而隋唐初柏仁縣，至唐天寶元年更名堯山，是萬本誤。

〔四〕梁開平二年　「二」，底本作「三」，據萬本、中大本、庫本、傅校及五代會要卷二四諸道節度使軍額改。

〔五〕正南微東至東京西路六百里東路六百五十里　萬本、庫本皆作「正南微東至東京西路六百五十里」，無東路里數。

〔六〕客一萬四千四百一十　「一十」，萬本、庫本皆作「二十」。

〔七〕同趙定州　萬本、庫本皆作「與趙州同」，無「定州」。

〔八〕治獄之吏是也　萬本此下列「張禹，趙國襄國人。父卒，以田宅推與伯父。爲揚州刺史，親録囚徒，理察枉訟」，中大本、庫本同，「親録囚徒，理察枉訟」作「志在理察枉訟」。

〔九〕張琊　「琊」，底本作「跡」，庫本同，據萬本及三國志卷一一魏書張琊傳改。下同。

〔一〇〕將來之福祥　「福祥」，庫本同，萬本作「符瑞」。按三國志魏書張琊傳作「禎瑞」。

〔一一〕侯芭至芭得其旨　萬本、庫本皆無侯芭傳略。

〔一二〕時苗至留之而去　萬本、庫本皆無時苗傳略。

〔一三〕中興賢相璟爲首稱　萬本、庫本皆無此注文，作「爲相」。

〔一四〕李元愷至卒年八十餘　萬本、庫本皆無李元愷傳略。

〔一五〕鮮玉沙　元豐九域志卷二邢州作「解玉沙」，宋史卷八六地理志二信德府（宣和二年升邢州爲信德府）作「解玉砂」，此「鮮」蓋爲「解」字之誤，「沙」、「砂」同。

〔一六〕霍光妻遺淳于衍散花綾出鉅鹿郡陳寶光之家　萬本作「霍光妻遺淳于衍散花綾二十五匹，綾出鉅鹿陳寶光家」，同太平御覽卷八一六引西京雜記。

〔一七〕白珪城　「珪」，庫本同，萬本作「圭」，嘉慶重修一統志卷三〇順德府引本書同。

〔一八〕南三十五里　「南」，底本作「一百」，萬本、庫本同。元和郡縣圖志邢州沙河縣：「北至州三十五里。」元豐九域志卷二邢州沙河縣：「州南二十五里。」按唐宋邢州治龍岡縣，即今河北邢臺市，沙河縣即今沙河縣北沙河城，其在邢州南里數正合二志所載，此「一百」爲「南」之誤，據改。

〔一九〕湡水出趙郡襄國縣西山東　「東」，庫本同，萬本無，嘉慶重修一統志順德府引本書同。

〔二〇〕襄國後併在此　按魏書卷一〇六地形志上：「襄國，「後併任。太和二十年復。」此「在」爲「任」字之形訛，「此」爲衍字。

〔二一〕和成縣　「成」，萬本、庫本皆作「城」。按史記卷一八高祖功臣侯者年表，禾成，公孫耳所封。漢書卷一六高惠高后文功臣表「公孫耳」作「公孫昔」。水經濁漳水注：和城，「漢高帝十一年，封郎中公孫耳爲侯國。」史記、漢書「和」字脱「口」，「成」、「城」則通。

〔二二〕下至狼溝河　「至」，嘉慶重修一統志順德府引本書作「注」，當是。

〔二三〕古苑鄉縣城　「縣」，底本脱，據萬本、庫本及嘉慶重修一統志順德府引本書補。

〔二四〕在縣東北二十里　「二十」，史記卷三殷本紀正義引括地志同，同書卷二八封禪書正義引括地志、同書卷七九范雎列傳正義皆作「三十」。

〔二五〕李兑圍武靈王于沙丘宮探雀鷇食之三月而死　按史記卷四三趙世家：公子成、李兑圍主父于沙丘宮，「主父欲出不得，又不得食，探爵鷇而食之，三月餘而餓死沙丘宮。」此云李兑圍武靈王于沙丘宮，武靈王餓死，誤。

〔二六〕古老云項羽救趙敗秦師于此　「古」，萬本、庫本皆作「長」，傅校改同。

〔二七〕取䜌　按左傳哀公四年：「國夏伐晉，取邢、任、欒、鄗、逆畤、陰人、盂、壺口。」後漢書卷一光武帝紀：「光武逆戰於南䜌。」章懷太子注：「縣名，屬鉅鹿郡，故城在今邢州柏人縣東北。左傳齊國夏伐晉取欒，即其地也。其後南徙，故加『南』。」此「䜌」蓋爲「欒」字之誤，傅校改爲「欒」。

〔二八〕元二鄉　「二」，萬本、庫本皆作「三」。

〔二九〕沃川　「川」，底本作「州」，庫本同，據萬本及嘉慶重修一統志順德府引本書改。

〔三〇〕大業三年　按隋大業三年改州爲郡，此「三」宜作「二」。

〔三一〕敦與山　「敦」，底本作「郭」，萬本、庫本同。按山海經北山經：「敦與之山，其上無草木，有金玉。溹水出于其陽，而東流注于泰陸之水；泜水出于其陰，而東流注于彭水。」此「郭」爲「敦」字之形訛，傅校改爲「敦」，是，據改。

〔三二〕南欒古城柏人故城在縣西十二里　萬本「在」上有「俱」字。按舊唐書卷三九地理志二：鉅鹿縣，「隋於漢南欒故城置鉅鹿縣。」本書鉅鹿縣總序：「在漢爲南欒縣地。」嘉慶重修一統志順德府載：「南欒故城，在鉅鹿縣北。」是也，此云「在堯山縣西十二里」，誤。又元和郡縣圖志邢州堯山縣：「柏人故城，在縣西北十二里。」此「西」下蓋脱「北」字。

〔三三〕與趙郡柏鄉縣東西中分爲界　底本「郡」下「柏」上衍「古」字，據萬本、中大本、庫本及嘉慶重修一統志順德府引本書删。

〔三四〕渚水　「渚」，底本作「諸」，萬本、庫本同，同漢書地理志。王先謙漢書補注：「説文：『渚水出常山中丘蓬山，東入湡。』諸家並以爲『諸』當作『渚』，……是也。」按元豐九域志卷二邢州内丘縣有渚水，即是，此「諸」爲「渚」字之誤，據改。

〔三五〕東流經縣北五里　「北」，底本脱，庫本同，據萬本及嘉慶重修一統志順德府引本書補。

〔三六〕隋開皇十八年于此置青山縣　「十八年」，隋書地理志中、元和郡縣圖志邢州皆作「十六年」。

〔三七〕大業二年省縣爲龍騰府　按元和郡縣圖志邢州作「大業二年省，縣屬龍騰府」。

〔三八〕會牽一黄犢子來過鄴城酤酒　「會」，底本作「曾」，據萬本、庫本及太平御覽卷九〇〇引列仙傳改。萬本無「子」字，同太平御覽引列仙傳。

太平寰宇記卷之六十

河北道九

趙州　祁州

趙州

趙州，趙郡。今理平棘縣。禹貢冀州之域。史記云：「酉爲大梁，趙之分。」自胃七度至畢十一度，即趙之分野。周穆王以造父善馭，遂封于此。按趙之分，川曰滹沱，鎮曰鎮山，左納滄海，右引并、汾，南絶邯鄲，北倚恒岳，井陘之險。春秋時屬晉，爲鄗邑之地，戰國時屬趙。秦兼天下，此郡即邯鄲、鉅鹿二郡地。漢高帝更立趙國，後又分爲鉅鹿、常山二郡。後漢又立常山國，以鉅鹿郡隸之，〔一〕兼于此置冀州，領郡國九，理于鄗，今郡西南高邑縣是也。西晉又爲趙國，亦置冀州，領郡國十三，理于今郡西南臨城縣，即古房子城也。後魏廢國爲趙郡，改屬殷州，至明帝二年于廣阿城置殷州。〔二〕至高齊又改殷州爲趙州。隋開皇三年罷郡，以廢趙郡之平棘、廮陶二縣，并廢鉅鹿郡之廣阿、安國、柏仁、内丘等四縣，改置欒州，取柏鄉縣漢故南欒故城以名州也。〔三〕仁壽初又改廣阿爲象城縣。大業二年廢欒州，復爲趙州，以其舊屬之邑並隸之，仍改象城縣爲大陸縣；五年又改爲趙郡于平棘縣置。〔四〕唐武德元年，張志昂以郡歸國，改爲趙州，領平棘、高邑、贊皇、元氏、廮陶、欒城、大陸、柏鄉、房子、稾城、鼓城十一縣；其年以稾城屬廉州，以鼓城屬深州；四年改大陸爲象城。天寶元年改爲趙郡。乾元元年復爲趙州。

元領縣九。今七：平棘，寧晉，高邑，柏鄉，臨城，贊皇，昭慶。二縣割出：欒城，元氏。已上二縣入鎮州。

州境：東西二百五十里。南北一百十七里。

四至八到：西南至東京八百三十里。西南至西京一千三十里。西南至長安一千八百九十里。正東微南至冀州一百六十五里。〔五〕西踰山至太原府五百六十里。南至邢州一百七十九里。〔六〕北至鎮州一百里。東南至冀州隔河相去一百里。〔七〕西南至邢州一百九十五里。東北至定州三百一十五里。西北至鎮州一百七十里。

户：唐開元户五萬一千四百三十。皇朝户缺。

風俗：趙記云：「女子盛飾冶容，習絲竹長袖，傾絶諸侯。」

姓氏：趙郡二姓：李、眭。

人物：荀況，即荀卿，趙人。仕楚爲蘭陵令，著荀子。　廉頗，趙人。與藺相如爲刎頸之交。　藺相如，趙人。持璧入秦，完璧歸趙。　李牧，趙人。爲趙將，守鴈門，大破匈奴兵十餘萬，封武安君。　趙勝，趙公子，號平原君。〔八〕　李左車，趙之廣武人。初仕趙，封廣武君，後説成安君，不從，卒及其難。韓信用其策，下燕、齊諸郡。〔九〕　毛萇，趙人。精詩學，世稱毛詩。〔一〇〕　吾丘壽王，字子貢，趙人。　耿純，字伯山，鉅鹿宋子人。率宗族賓客二千人迎漢光武，封耿鄉侯。　眭夸，一名昶，趙郡高邑人也。不拘小節，年三十喪父，鬢髮致白。與崔浩爲莫逆交，崔浩徵夸，每欲諷之拜官，夸絶不言及。〔一一〕　李元忠，平棘人。仕東魏，累官侍中。　李謐，趙人。　李守素，趙人。通姓氏學，世號「肉譜」。〔一二〕　蘇味道，趙州欒城人。〔一三〕拜相。　李嶠，字巨山，趙州贊皇人。〔一四〕與舅張錫相繼爲相。　李乂，趙郡房子人。　李華，趙郡人。　李栖筠，趙郡人。御史大夫，世推爲贊皇公。子吉甫、孫德裕，俱拜相。　李絳，贊皇人。嘗編次君臣成敗十五卷，奏之憲宗，上閲之嘆曰：「絳言骨鯁，真宰相也。」　李翱，字習之，趙州人。官修撰。卒謚曰文。〔一五〕　李珏。趙郡贊皇人。拜相。

土産：絲布，絁，帛，石榴。

平棘縣，舊二十鄉，今七鄉。春秋晉棘蒲邑也。左氏傳云：「師及齊師、衛孔圉、鮮虞人伐晉，〔一六〕取棘蒲。」杜注云：「晉地名也。」漢文帝三年，濟北王興居反，遣棘蒲侯柴武擊之。武帝時，又有平棘侯薛澤爲丞相。蓋漢初爲棘蒲，後改爲平棘也，屬常山郡。隋開皇三年改屬趙州，十六年改屬欒州。大業二年又屬趙州。〔一七〕

汶水。〔一八〕水經注云：「汶水又東經平棘縣南。」有石橋跨水，闊四十步，長五十步，橋東有兩碑。

槐水，在縣北二十五里。一名白溝河。水經注云：「槐水出黄石山。」

石柱。水經注云：「平棘城南門，夾道有兩石柱，翼路若闕焉。」

南平棘故城，漢縣，廢城在今縣南。

鄗城。史記云：「魏無忌救趙。」趙孝成王爲無忌築此城。至漢初，韓信敗陳餘于此。

故欒城，在縣西北十六里。春秋時欒武子邑。

宋子故城，漢宋子縣也。晉書：衛恒四體書勢云：「鉅鹿宋子有耿球碑，是袁術所立，師宜官書。」

馮唐宅。唐，此郡人，漢時皓首爲郎，一遇漢文，遂振大譽。

十方壘，〔一九〕在縣南一里。後漢安帝永初元年，以鄧騭、任尚討羌無功而還，後羌遂侵河内，趙、魏閒百姓相驚。北軍中候朱寵將五營兵屯孟津，詔魏郡、趙國、常山、中山繕作塢壘六百一十六處，此壘即其一也。

李左車墓，在縣西七里。

寧晉縣，東南三十五里。舊二十鄉，今五鄉。漢楊氏縣，屬鉅鹿郡。春秋時晉楊氏邑。後漢書云：「渤海王悝反，降爲癭陶侯。」晉省。後魏于此置癭遥縣，屬南鉅鹿郡。隋開皇六年改爲癭陶縣，復漢名。大業二年改屬趙州。唐天寶元年改爲寧晉縣。

楊駿墳，在縣北十里，高一丈。晉太尉、武帝后之父。晉亂，無碑，有石誌存。

癭陶故城，在縣南二十九里。

高邑縣，西南五十里。舊一十鄉，今五鄉。戰國時趙房子邑之地，史記云：「趙敬侯救燕，燕與中山公戰于房。」〔二〇〕惠文王四年城之是也。竹書紀年作「魴子」。〔二一〕漢以爲鄗縣，鄗，呼各切。漢書地理志房子縣屬常山郡。光武即位，更名高邑。〔二二〕至高齊天保七年移高邑于其城北五里，〔二三〕今縣是也。隋開皇三年改屬趙州。

恒山，北嶽，連亘邑界。

赤石岡。隋圖經云：「高邑縣房子城出白土，細滑膏潤，可以塗飾，兼用之濯錦，可致鮮潔，一名赤石岡是也。」

光武碑。水經注云：「漢章帝北巡至高邑，亦光武即位于此，有石壇，壇有珪頭碑，即帝所建。」

房子故城，在縣西南十五里。本漢房子縣也。

馮唐墓，在縣東北二十八里。趙人也。

柏鄉縣，南六十一里。舊二十鄉，今四鄉。本春秋晉鄗邑之地，齊國夏伐晉取鄗，杜注云：「鄗，趙國高邑縣也。」史記：趙武靈王三年城之。〔二四〕惠文王以爲魏公子無忌邑。漢于此置鄗，屬常山郡。後漢光武即位于鄗之南千秋亭五城陌，因改曰高邑縣。齊天保六年移高邑縣于漢房子縣東界，〔二五〕今高邑縣也。隋開皇十六年于漢鄗縣城南十八里置柏鄉縣，〔二六〕遥取漢柏鄉之名，屬欒州，大業二年改屬趙州。

高邑故城，在縣北二十一里。本漢鄗縣也。

漢光武廟，一名壇亭，即千秋亭，在縣北十四里。光武于此壇登位。亭下有趙萬安冢。

臨城縣，西南一百里。舊十八鄉，今四鄉。本趙房子邑也，史記云「趙敬侯救燕，與中山公戰于房子」是也。魏都賦云：「綿纊房子。」酈道元水經注云：「泜水東出房子城西。出白土，細滑如膏，可用濯綿，〔二七〕色奪霜雪，光彩鮮潔，異于常綿，俗以爲美談，言房子之纊也，抑亦似蜀錦之得濯江矣，歲貢其綿，以充御府。」漢于此置房子縣，屬常山郡。天寶元年改爲臨城縣，西南十里古臨城爲名。

泜水。山海經云：「敦與山，泜水出其陰，東流注于彭水。」

柏暢亭。水經注云：「泜水東經柏暢亭。」〔二八〕在今縣西。

古臨城，在縣西南十里。因此以爲縣名。

敦與山，在縣南七十里。泜水所出。

贊皇縣，西南七十里。三鄉。〔二九〕本漢鄗縣之地，屬常山郡。隋開皇六年于此置贊皇縣，〔三〇〕以縣南有贊皇山，因以爲名。

贊皇山，在縣東南二十六里。穆天子傳曰：「至房子，登贊皇山。」山上有廟及碑，每有灾旱，公私所請焉。

孔子嶺。隋圖經云：「贊皇縣孔子嶺有石室寬博，其下石相拒，狀若楹柱，時人謂之三梁九柱之室。室内石人象類執卷，故號曰孔子嶺。」

槐水。隋圖經云：「槐水出贊皇山，一曰渡水，亦曰濟水，去縣南十里。〔三一〕此自别是一濟，即詩云『出宿于濟』，非四瀆也。」其水西山半有玄石孤峙，亭亭若楹垣，故世謂之石莖。東北水流積成澤，澤側有石，上有牛跡，大小相兼十餘，非人工可致。

泜水，在縣西南四十五里。韓信斬陳餘處。故李左車曰「陳餘軍敗于鄗下，身死于泜水」，是此也。

昭慶縣，東南九十里。舊二十五鄉，〔三二〕今三鄉。本漢廣阿縣也，屬鉅鹿郡。後魏孝昌二年于廣阿縣置殷州。高齊天保二年又改殷州爲趙州；〔三三〕七年州廢，縣屬鉅鹿郡，自高邑縣移于廣阿城，即今縣也。隋仁壽元年改廣阿爲象城，縣西有古象城，因爲名。大業末改爲大陸縣，屬趙州。唐武德四年復改爲象城縣。天寶元年又改爲昭慶縣。

堯臺。隋圖經云：「大陸縣有堯臺，高與縣城等。今置樓其上，世謂堯禪位于舜處。」

大陸澤。爾雅云：「晉有大陸。」呂氏春秋云：「晉之大陸，趙之鉅鹿。」按隋圖經云：「大陸，大鹿，廣阿，即一澤而異名也。」漢書云「路温舒取蒲于此澤」，亦尚書云「納于大麓」是此也。

古象城，在縣西北三十里。故左氏傳云「舜弟所封之邑」。漢書地理志鉅鹿郡有象城縣。〔三四〕

任敖墓，一名七里丘，在縣西七里。高帝時爲御史大夫，封廣阿侯。

祁州

祁州，理無極縣。本無極縣地，唐景福二年二月于此置祁州，從定州節度使王處存之請也，仍割無極、深澤二縣以屬焉。

領縣二：無極，深澤。

州境：東西一百五十里。南北三十八里七十步。

四至八到：東至東京一千里。西南至西京一千四百里。西南至長安二千二百里。〔三五〕東至深州一百二十里。西至鎮州七十里。南至古鼓城縣三十五里。北至定州八十里。東南至深州束鹿縣九十八里。西南至稾城縣三十七里。東北至定州義豐縣一百里。西北至定州新樂縣六十里。

户：唐開元户一萬一百五十九。皇朝户主四千四百一十二，客一千二十三。

風俗：同定州。

土産：同定州。

無極縣，舊十三鄉，今七鄉。〔三六〕漢毋極縣，屬中山國，今縣西毋極縣故城是也。後魏太武省，高齊重置，〔三七〕屬中山郡。隋開皇三年改屬定州。唐武德四年屬廉州。今稾城縣是也。貞觀元年廉州廢，復入定州。萬歲通天元年改「毋」字作「無」字。

故安城，在州東南六里。水經注云：「安城，即魏昌之安鄉也。」魏志云：「明帝太和元年封外祖甄逸爲安鄉侯，嫡孫像襲爵。青龍二年追謚后兄儼爲安鄉侯，即此城。」

故新城，在州西二十八里。水經注云：「後魏太武帝南巡行營築，亦曰資城。」

故魏昌城，在州東北二十八里。水經注云：「李克書曰：『魏文侯時，克爲中山相，苦陘之吏上計而入多其前。克曰苦陘上無山源林麓之饒，下無谿谷牛馬之息，而入多其前，是苦吾百姓，遂執而免之。』漢光武封大將軍杜茂爲苦陘侯。漢章帝北巡改曰漢昌，至魏文帝改漢昌爲魏昌城。」

東門故城，在州西南三十里。後魏天平年中，東北道大將軍、扶風郡太守呂微一作「徵」。公所築，〔三八〕因而家焉。隋饒陽太守楊君綽又居焉。今城大琬是也。

滹沱河，南去縣三十里。從西南鎮州九門縣東界，便東流經南深澤縣南入州。山海經云：「泰戲山，〔三九〕無草木，多金玉，滹沱水出焉。」注云：「滹沱水出鴈門鹵城縣南武夫山。」〔四〇〕禮云：「晉人將有事于河，必先有事于惡池。」注云：「惡當爲滹聲誤也。」

資河，從鎮州九門縣東北界資河水入無極界，東南入滹沱河。兩岸高阜無堤。說文云：「牛飲山自陘谷立之。」〔四一〕

侯坊陵，在縣西十三里。〔四二〕耆老傳云：「中山靖王七代孫封資亭侯彌子征匈奴有功，薨，謚曰武侯，因葬此，號爲侯坊陵。」

前漢司空甄豐墳，前漢司徒甄邯墳，後漢車騎將軍甄韶墳，前魏武威將軍甄舉墳，新室光禄大夫甄阜墳，魏給事中甄逸墳，後漢司徒甄思伯墳，魏中書令甄備墳，魏特進駙馬甄像墳，魏驃騎大將軍甄陽墳，〔四三〕已上並在縣西南三十五里。

□□□，縣西南二十五里。唐馮翊郡太守缺。〔四四〕

深澤縣，東北四十里。舊一十鄉，今四鄉。蓋漢南深澤縣也，以涿郡有深澤縣，故此加「南」以別之，以界内水澤深廣名之，屬中山國。〔四五〕高齊省。隋開皇六年分安平縣于滹沱河北重置，屬定州。唐朝因之，至景福二年隸祁州。

危渡口，在縣東南三十里。范曄後漢書：〔四六〕「光武爲赤眉所追，南馳至滹沱，導吏還言『水深無船』，〔四七〕左右懼，上使王霸前瞻，霸恐驚官屬，乃曰『可渡』。〔四八〕比至冰合，軍渡既畢，其冰遂泮。」因名危渡口。

五鹿津口，在縣南一十五里。舊説昔有五鹿引軍渡過，遂名五鹿口，蓋滹沱河深不可測，有揭衣所濟處也。

盤蒲澤。河北記云：「深澤縣盤蒲澤生而縈委，傳云光武至此遇風雨，繫馬于此，後蒲生如之。」

南深澤城。郡國縣道記云：「在縣南二十五里有南深澤故城，〔四九〕以城名言之，即是涿郡之屬縣，以去國里數校近，即此是中山之屬縣。」

卷六十校勘記

〔一〕後漢又立常山國以鉅鹿郡隸之　按兩漢實行郡、國并置之制，焉能以鉅鹿郡隸屬于常山國？通典卷一七八州郡八：趙州，「後漢屬常山國、鉅鹿郡地。」是也。此誤。

〔二〕明帝二年于廣阿城置殷州　按魏書卷一〇六地形志上：「殷州，孝昌二年分定、相二州置，治廣阿。」此「明帝」下脱「孝昌」二字。

〔三〕取柏鄉縣漢故南欒故城以名州也　「南」，底本作「高」，萬本、庫本同。按兩漢無「高欒縣」，鉅鹿郡統有南䜌縣，晉省，北魏復置，「䜌」，作「欒」，魏書卷一〇六地形志上：「南欒，二漢屬鉅鹿，晉罷，後復。真君六年併柏人，太和二十一年復。有南欒城。」傅校改「高」爲「南」，是也，據改。

〔四〕五年又改爲趙郡于平棘縣置　按隋書卷三〇地理志中：「大業初置趙郡。」元和郡縣圖志卷一七趙州：「大業三年以趙州爲趙郡。」「大業三年改州爲郡，此「五年」爲「三年」之誤。

〔五〕正東微南至冀州一百六十五里　「五」，底本脱，據萬本、中大本、庫本、元和郡縣圖志趙州及傅校補。

〔六〕南至邢州一百七十九里　「九」，萬本、庫本皆作「五」。

〔七〕東南至冀州隔河相去二百里　按通典州郡八：「東南到信都隔河相去一百六十五里。」信都郡即冀州，疑此「一百」下脱「六十五」三字。

〔八〕荀況至號平原君　萬本、庫本皆無荀況、廉頗、藺相如、李牧、趙勝傳略。

〔九〕趙之廣武人至下燕齊諸郡　萬本、庫本皆作「趙之廣武君，説成安君，不從，卒及其難。韓信師之。」按史記卷九二淮陰侯列傳、漢書卷三四韓信傳並載，趙廣武君李左車，不載其爲「趙廣武人」。

〔一〇〕毛萇趙人精詩學世稱毛詩　萬本、庫本皆無毛萇傳略。

〔一一〕睦夸至夸絶不言及　萬本「睦」誤作「陸」，注文作「趙郡人，年三十喪父，鬢鬢致白。與崔浩爲莫逆交」。

〔一二〕李元忠至世號肉譜　萬本、庫本皆無李元忠、李守素傳略。

〔一三〕趙州　底本無，據萬本、庫本及舊唐書卷九四、新唐書卷一一四蘇味道傳補。

〔一四〕趙州　底本無，據萬本、庫本及舊唐書卷九四、新唐書卷一二三李嶠傳補。

〔一五〕李絳至卒謚曰文　萬本、庫本皆無李絳、李翺傳略，而另列有「李泌，趙郡人，相」。按舊唐書卷一三〇李泌傳：「字長源，其先遼東襄平人，西魏太保、八柱國司徒徒何弼之六代孫，今居京兆。」非「趙郡人」，萬本誤。

〔一六〕孔圍鮮虞　「孔圍」，底本作「人」；「鮮」，底本脱，並據萬本、庫本及左傳哀公元年改補。

〔一七〕大業二年又屬趙州　按隋書地理志中：「開皇十六年置欒州，大業三年改爲趙州。」此「二」宜作「三」。

〔一八〕洨水　按漢書卷二八地理志上：常山郡石邑，「井陘山在西，洨水所出，東南至廮陶入泜。」洨水東流逕平棘南。元豐九域志卷二趙州平棘縣有洨水，此「汶」爲「洨」字之誤，本條下引水經注「汶水」亦爲「洨水」之誤。

〔一九〕十方壘　萬本作「十萬壘」，誤。元和郡縣圖志趙州作「千萬壘」。

〔二〇〕趙敬侯救燕燕與中山公戰于房　按史記卷四三趙世家：敬侯九年，「齊伐燕，趙救燕。十年，與中山戰于房子。」是救燕與戰房子爲二事，此引史記疑誤，「房」下疑脱「子」字。「趙敬侯」，原作「趙敬肅侯」。據史記趙世家載，敬侯之後爲成侯，成侯之後爲肅侯，此乃敬侯事，本書臨城縣序引史記正作「趙敬侯」，此「肅」爲衍字，據删。

〔二一〕竹書紀年作魴子　「魴」，底本作「紡」，據萬本、中大本、庫本、傅校及太平御覽卷一六一引竹書紀年改。

〔二二〕光武即位更名高邑　按漢書地理志上：「常山郡鄗，「世祖即位，更名高邑。」續漢書郡國志二：「常山國高邑，「故鄗，光武更名。」則「光武即位更名高邑」八字應上承「漢以爲鄗縣」而言，此係錯簡。

〔二三〕高齊天保七年移高邑于其城北五里　按元和郡縣圖志趙州高邑縣，漢爲房子縣，「高齊天保七年移高邑縣於其縣城東北十五里，今縣是也。」此「北五」爲「東北十五」之脱誤。

〔二四〕趙武靈王二年　按史記卷四三趙世家：「趙武靈王三年，「城鄗」。此「二」爲「三」字之誤。

〔二五〕齊天保六年移高邑縣于漢房子縣東界　按本書及元和郡縣圖志趙州高邑縣總序皆云齊天保七年移高邑縣，此「六」宜作「七」。又元和郡縣圖志：柏鄉縣，「高齊天保七年移高邑縣于漢房子縣東北界，今高邑縣是也。」此「東」宜作「東北」，才合。

〔二六〕于漢鄗縣城南十八里置柏鄉縣　按本書下文高邑故城條：「高邑故城，在縣北二十一里，本漢鄗縣也。」是漢鄗縣在柏鄉縣北二十一里，與此有差異。

〔二七〕可用濯綿　「綿」，底本作「錦」，萬本、庫本同。太平御覽卷八一九引水經注作「綿」，按本條下文云「異于常綿」、「歲貢其綿」，傳校改爲「綿」，是，據改。

〔二八〕柏暢亭水經注云泜水東經柏暢亭　二「柏」字，底本作「百」，庫本同，據萬本、中大本、嘉慶重修一統志卷五一趙州引本書及傳校改。

〔二九〕三鄉　萬本、庫本「三」上皆有「今」字。

〔三〇〕隋開皇六年于此置贊皇縣　「六年」，隋書地理志中作「十六年」。

〔三一〕去縣南十里　「南」，底本脱，庫本同，據萬本及元和郡縣圖志趙州補。

〔三二〕舊二十五鄉　「二十五」，萬本、庫本皆作「一十三」。

〔三三〕高齊天保二年　「高齊」，底本脱，據萬本、庫本及本書趙州總序補。

〔三四〕漢書地理志鉅鹿郡有象城縣　按漢書地理志上，鉅鹿郡有象氏縣，無「象城縣」，此「城」蓋爲「氏」字之誤。

〔三五〕西南至長安二千二百里　「百」，萬本、庫本皆作「十」，中大本無此字。

〔三六〕今七鄉　「七」，萬本、庫本皆作「九」。

〔三七〕後魏太武省高齊重置　按魏書地形志上：毋極，「晉罷，太和十二年復。」與此不同。

〔三八〕吕徵一作徵公　萬本、庫本皆作「吕徵公」，無注文。按嘉慶重修一統志卷二八正定府引本書作「吕徵公」，則萬本、庫本是。

〔三九〕泰戲山　「泰」，底本作「秦」，庫本同，據萬本及山海經北山經改。

〔四〇〕滹沱水出鴈門鹵城縣南武夫山　「鹵」，底本作「岡」，萬本、庫本同。按續漢書郡國志五：鴈門郡鹵城，劉昭注：「山海經曰：『泰戲之山，無草木，多金玉，呼沱之水出焉。』郭璞曰：『今呼沱河出縣武夫山』。」此「岡」爲「鹵」字之誤，據改。

〔四一〕牛飲山自陘谷立之　「自陘谷立之」，萬本、庫本皆作「有陘谷」。按此文與本條資河無關，疑有舛誤。

〔四二〕在縣西十三里　「十三」，底本作「三十」，據萬本、中大本、庫本及嘉慶重修一統志卷二八正定府引本書乙正。

〔四三〕甄陽　「陽」，萬本及嘉慶重修一統志卷二八正定府引本書皆作「愓」。按三國志卷五魏書文昭甄皇后傳：中山無極人，漢太保甄邯後，父逸。逸適孫像，薨，追贈衛將軍，子暢嗣，「暢薨，追贈車騎將軍。」疑此「陽」或「愓」爲「暢」字之誤。

〔四四〕□□□縣西南二十五里唐馮翊郡太守　庫本「太守」下有「墓」字，萬本注云：「原本有縣西南二十五里唐馮翊太守云云不可考」，删除。

〔四五〕蓋漢南深澤縣也至屬中山國　按漢書地理志載，南深澤縣屬涿郡，深澤縣屬中山國。本書下文南深澤城條載，深澤縣東南二十五里有南深澤城，是涿郡屬縣，今縣是中山國屬縣，則此「涿郡有深澤縣」爲「涿郡有南深澤縣」之誤，「南深澤屬中山國」爲「深澤屬中山國」之誤。

〔四六〕范曄後漢書　「後」，底本無，庫本同；萬本無此文。按本書下文所載漢光武渡滹沱河事，載于後漢書卷二〇王霸傳，此脱「後」字，據補。

〔四七〕導吏還言水深無船　「導」，庫本同，萬本作「候」，同後漢書王霸傳。

〔四八〕乃曰可渡　「乃曰」，庫本作「乃言」，萬本作「詭言」，同後漢書王霸傳。

〔四九〕在縣南二十五里有南深澤故城　「南」，底本脱，庫本同，萬本空缺一字格。嘉慶重修一統志卷五五定州引本書作「南」，據補。楊守敬水經注疏易水注引本書作「東南」。按作「東南」是。

太平寰宇記卷之六十一

河北道十

鎮州

鎮州，常山郡。今理真定縣。禹貢冀州之域。星分昴宿五度。周之九州，蓋并州地也。春秋時鮮虞國，左傳曰：「晉荀吴假道於鮮虞。」杜預注云：「中山新市縣也。」戰國時屬趙，即東垣邑。又曰河北本殷之舊都也。秦併天下，即秦之鉅鹿郡地。漢高帝分鉅鹿置恒山郡，因山爲名也。吕后封惠帝子義爲恒山王，文帝廢義，封趙幽王子遂爲趙王，後改曰常山郡。張晏注云：「恒山在西，避文帝諱，改爲常山。」郡屬真定國。〔一〕後漢屬常山國，魏如之。晉爲常山郡，後魏因之。後周建德六年于此置恒州，領常山郡，因舊名也。隋初廢郡而州存，至大業初州廢，復立郡。唐高祖義旗初復置恒州，領真定、石邑、行唐、九門、滋陽五縣，州治石邑。武德元年陷竇建德；四年賊平，徙治所于真定，省滋陽，又割廉州之稾城來屬。天寶元年改爲常山郡。乾元元年復爲恒州。興元元年升爲都督府。元和十五年避穆宗諱，改爲鎮州。梁因唐制，爲成德軍節度使。〔二〕唐同光初升爲北都，其年復爲成德軍。〔三〕晉天福七年改爲恒州順德軍，〔四〕以安重榮叛命初平故也。漢天福十二年復爲成德軍。皇朝因之。

元領縣十。今十三：真定，稾城，石邑，獲鹿，井陘，平山，靈壽，行唐，九門，元氏，趙州割出。欒城趙州割出。束鹿，深州割出。鼓城。

州境：東西二百一十里。南北二百七十里。

四至八到：西南至東京九百五十里。西南至西京一千一百三十里。西南至長安一千九百九十里。東至定州一百二十四里。南至趙州一百里。西至太原府五百一十六里。北至蔚州四百九十里。東北至定州鼓城縣一百九十里。西至太原樂平縣屈曲三百二十四里。西北至代州五百四十里。東北至定州五百四十里。

户：唐開元户四萬二千六百九十四。皇朝户主三萬八千四百七，客一萬五百七十。

風俗：通典云：「山東之人，性緩尚儒，仗氣任俠。」漢書曰：「燕趙之人，敢于急難。」〔五〕是也。冀部天下上國，聖賢之藪澤，其人剛狠無賓序之禮，丈夫相聚游戲，悲歌慷慨，起則椎剽掘冢，作姦巧，多弄物，爲倡優。女子彈弦跕躧，游媚富貴。又云：「邯鄲北通燕、涿，土廣俗雜，大率精急，高氣勢，輕爲姦。嫁娶送死奢靡，不事農商，患其剽悍，故冀州之部，盜賊常爲他郡劇。」又語云「仕宦不偶值冀部」，言人剽悍。

姓氏：中山郡五姓：旻、〔六〕甄、焦、楊、藺。

人物：〔七〕田叔，井陘人。景帝時，拜魯王相。〔八〕 李康。字蕭遠，中山人。撰運命論，入文選。

土産：恒山：〔九〕瓜子羅，孔雀羅，春羅。隋圖經：「真定縣梨味爲天下最。」

真定縣，舊二十鄉，今一鄉。〔一〇〕本漢中山國之東垣邑也，十三州志云：「真定，本名東垣，河東有垣縣，故此加『東』。」高帝紀曰：「高帝十年，代相陳豨反；十一年，豨將趙利守東垣，高祖攻之不下，卒罵，上怒，城降，卒罵者斬。」因改曰真定，屬恒山郡。武帝以爲真定國。後漢復爲縣，屬常山郡。後燕慕容垂都之，後徙盧奴。隋開皇三年，縣屬恒州。唐朝改爲中山縣。〔一一〕今復爲真定。

大茂山。隋圖經云：「大茂山，恒山之異名也。山南俗謂之太白山。」是。

蒲澤。酈道元注水經云：「滹沱河水又東經常山城北，又東南爲蒲澤，濟水有梁焉，俗謂之蒲澤口。」

滋水，北去縣三十里。〔一二〕水經云：「滋水又東至新市縣，入滹沱河。」

新市故城，漢立新市縣，故城在今縣東北。

飛彭城。隋圖經云：「飛彭城，黄岸水經其内。」

常山大龜。晉長沙王封常山，至國，穿井四尺，〔一三〕得白玉璧，方四寸，玉下有石，石下有龜，長二尺餘。論者曰仲尼獲麟而卒，是亦有不終之象也，後果如讖。

安樂壘。魏道武出關，登常山，北望安樂壘，嘉其美名，遂移郡于壘，〔一四〕今郡是也。

三將宅。謂藺相如、廉頗、李牧，皆爲趙襄王將。今郡宅皆存。

故權城，即古之犍鄉也，在縣北二十里。後漢建武元年，賈復破青犢于射犬，又北與五校戰于真定，大破之，即此地也。

滹沱河，在縣北一里。

稾城縣，東南五十八里。元十五鄉。本漢舊縣，屬真定國。後漢改屬鉅鹿郡。晉省，〔一五〕後魏重置。高齊改爲高城縣。隋開皇十八年改爲稾城縣，兼立廉州。大業二年廢廉州，以所管稾城、鼓城二縣屬欒州，州廢，仍移稾城入廢州城，今縣是也。

廢舊縣城，在今縣西。

肥纍城，古之肥子國，白狄别種也，漢立肥纍縣，故城在今縣西南。

滹沱水，在縣東二十九里。

石邑縣，西南三十里。舊一十五鄉。本戰國時中山國之石邑也，史記：趙武靈王二十一年，〔一六〕「攻中山，取石邑。」有井陘山，甚險固，故李左車説陳餘曰「井陘車不得方軌，騎不得成列，請守之」，不從，即此。漢立石邑縣，屬常山郡。故城在今縣西北，謂之人文城。隋開皇三年移定州之石邑縣於萬夏村置，改屬恒州。

韓信山。隋圖經云：「山團，〔一七〕俗呼韓信臺，又呼爲土門口，西入井陘，即向太原路是也。」

洨水，一名童水。水經注云：「洨水出常山郡，即石邑縣也。」〔一八〕

韓信城。韓信破趙，駐軍于此。

鹿泉水，一名井陘水，南去縣十里。

趙佗墓，在縣北十三里。南越王趙佗，真定人，僭號南越，漢文帝爲其先人置守冢，昆弟在者存問之，佗遂釋黄屋左纛而稱臣。

獲鹿縣，西南九十五里。〔一九〕舊七鄉。本漢石邑縣地，屬常山郡。隋開皇十六年置鹿泉縣于此，有鹿泉水，屬并州。大業二年省。義寧初重置，還屬并州。至德元年改名獲鹿。〔二〇〕

飛龍山，在縣西南四十五里。一名封龍山。十六國春秋前趙録云：「王浚遣祁弘率鮮卑討石勒戰于飛龍山下，勒師大敗。」〔二一〕酈道元注水經云「洨水東經飛龍山北」，是井陘口，今又名土門。趙記云：「每歲有疾風雹雨，東南而行。俗傳此山神女爲東海神兒妻，故歲一往來。今祠林盡壞，而三石人猶存，衣冠具全。其北即張耳故墟。」

耳山，上有水，周迴四十步，俗呼爲龍泉。〔三〕

大翮山。隋圖經云：「鹿泉縣有大翮山，昔有二書生得道，化爲二鶴冲天，墮二翮于此山，故得名。」

革音蔽。〔三〕山，今名抱犢山。韓信伐趙，使輕騎二千人持赤幟，從閒道革山而望，後遂呼爲革山。後魏葛榮之亂，百姓抱犢而上，故以爲名。

井陘口，今名土門口，在縣西南十里。即太行八陘之第五陘也。四面高，中央下，似井，故名之。韓信擊趙，欲下井陘，成安君陳餘聚兵井陘口，號二十萬。李左車説餘曰：「臣聞千里餽糧，士有飢色。今井陘之道，車不得方軌，騎不得成列，師行數百里，其勢糧食必在後。願足下假臣奇兵三萬人，從閒道絶其輜重，足下深溝高壘勿與戰。彼前不得還，〔四〕吾奇兵絶其後，使野無所掠，不至十日，兩將之頭可致麾下。」成安君，儒者，不從，故敗。

鹿泉，出井陘口南山下。

井陘縣，西北九十里。舊五鄉。穆天子傳曰「天子獵于鈃山」，即此。注云：「燕、趙謂山脊爲陘。」本漢縣，屬常山郡。史記曰：秦始皇十八年，「大興兵攻趙，王翦將上地，下井陘。」

漢韓信、張耳東下井陘，擒成安君，即此地。陘山在縣東南八十里，四面高，中央下，如井，故曰井陘，漢屬常山郡。隋開皇三年罷郡，以縣屬恒州，十六年于縣置井州。大業二年廢州，復爲縣。唐武德初重立井州，貞觀十七年州廢，卻爲井陘縣，屬恒州。按今縣城當控扼之要也。

綿蔓水，在縣西南八十里。韓信擊趙，使萬人先行，背水爲陣，信曰「陷之死地而後生」，謂此水也。

平山縣，西北八十里。舊七鄉。本漢蒲吾縣地，屬常山郡。後漢于此立房山縣，魏、晉以來廢。〔三五〕隋開皇十六年又置房山縣，以縣西北房山爲名。〔三六〕其城内實外險，一名嘉陽城。義寧元年置房山郡。唐武德元年置嶽州，領房山一縣；〔三七〕四年州廢，縣屬恒州。至德元年改爲平山，仍以恒州爲平山郡。

房山。隋圖經云：「嶺上有王母祠，甚靈，俗號爲王母山。後漢章帝元和三年幸趙，祠房山，即謂此也。在縣西北五十里，滱水出焉。亦謂石臼水，又謂之鹿水，出行唐，東入博陵，謂之木刀溝，一謂袈裟水。又從此過石𡼏山，〔三八〕南流入滹沱河。」前燕慕容儁時，房山王母祠前大樹自拔，根下得玉圭璧八十三顆，〔三九〕光色精奇，儁以爲神嶽之命，遣尚書段勤以太牢祭之。每祀有一虎往來祠側，性頗馴狎，不害于物。

蒲吾故城，〔三○〕在縣東三十里。

靈壽縣，西北五十里。〔三一〕舊一十五鄉。本中山國。土地十三州志云：「靈壽，中山桓公新都。」系本又云：「中山武公居顧，桓公徙靈壽。」按中山武公本周之同姓，其後桓公不恤國政，晉太史餘見周王，王問之：「諸侯孰先亡？」對曰：「中山之俗，以晝爲夜，淫昏康樂，以臣觀之，中山之君其先亡乎！」其後魏樂羊爲文侯將，攻拔中山，封之靈壽。史記「趙武靈王以惠文王三年滅中山，遷其君尚于膚施」是也。漢于此置靈壽縣，屬常山郡。義寧元年置燕州。武德四年州廢，縣屬井州；七年州廢，屬恒州。

舊縣城，在今縣西北。即古邑城，晉移于此。今廢城尚存。

滹沱河，在縣西南二十里。

石疃山，小而峻，三面削絶。一謂五嶽山，又爲五臺之稱。〔三二〕

五峯，在縣西北。形類臺觀，學道者多居之。有精舍，即文殊行道之所也。又謂衺水出焉。又曰五臺峻峙，惟南面粗可躋陟。

衛水。禹貢曰：「恒、衛既從，大陸既作。」水經注云：「衛水出常山靈壽縣西，東北入于滹沱河。」

泒水。〔三三〕經白羊山，山之下有白石如羊，頭角身足，粲然逼真，從行唐縣東過温泉，入房山界也。

牛飲山。

菟臺岡，在邑界。

行唐縣，北七十里。舊八鄉。本趙南行唐邑，史記云：趙惠文王八年，「城南行唐」。秦爲真定地。漢初割真定地置爲縣，因舊名，後漢因之，屬常山郡。後魏去「南」字，爲行唐縣，太和初移置夫人城，孝昌四年復行唐縣于舊城，即今理是也。唐長壽二年改爲章武縣。神龍初仍舊爲行唐縣。至大曆三年于此置泜州，以界内泜水爲名，割恒州靈壽、定州恒陽二縣以隸焉；至九年廢泜州，縣復還舊。梁開平二年改爲彰武縣，〔三四〕後唐同光初復舊。晉改爲永昌縣，漢復舊名。

滋水，在縣南三十六里。〔三五〕隋圖經：「行唐縣滋水經其境。」

鹿水。隋圖經云：「行唐縣鹿水東入博陵，謂之木刀溝，經石疃山。」

仙人巖。晉太康地記云：「故行唐縣西北有仙人巖。」

滹沱水，出州西，流至忻口而東出房山縣界。其源自泒山下理所沿潗兩渠，〔三六〕至下博，非方舟不濟矣。

輪井。水經注云：「行唐城上西南隅有大井若輪，水深不測。」

王山祠。水經注云：「行唐城内北門東側，祠後有神女廟，前有碑，其文云：『王山將軍，故燕薊之神童，後爲城神。聖女者，此土華族石神夫人之元女。趙武靈王初營斯邑城，彌載不立，聖女發嘆，應與人俱，遂妃神童，潛刊真石，百堵皆興，不日而就。故此神後之靈應不泯焉』。」

夫人城。晉太康記曰：「行唐縣北二十里有夫人城，即王神女所築。」

九門縣，東三十里。舊八鄉。本戰國時趙邑，戰國策云「本有九室而居」，趙武靈王改爲九門縣。史記云：趙惠文王二十八年，「藺相如城九大城」是也。〔三七〕漢于此置九門縣，屬常山郡。高齊省。隋開皇六年重置。唐義旗初于此置九門郡，後廢，以縣屬恒州。

抱犢山。隋圖經云：「九門縣有抱犢山，在新市城西，通藺相如故宅，故曲而避之。」

望風臺。趙武靈王築，以望齊及中山，亦曰寒臺是也。

滹沱水，在縣北四十九里。

滋水，北去縣二十里。

元氏縣，□□□□□□。〔三八〕本趙公子元之封邑，史記云：趙孝成王十一年，「城元氏」。漢于此置元氏縣，漢書地理志元氏縣屬常山郡。後漢光武北征彭寵，陰后從行，生明帝于元氏傳舍。〔三九〕章帝幸元氏，祠光武、顯宗于始生堂，〔四〇〕皆奏樂，用新詩，復元氏租賦。晉書地道記：「改屬趙國。其常山郡移理于真定縣。」

常山故城，漢爲郡，其廢城在今縣西。

黄石山。水經注云：「槐水，出黄石山，山連邑界贊皇山別阜。」

飛龍山，在縣西北五十里。

欒城縣，南五十里。〔四一〕元十三鄉。本漢關縣，屬常山郡。後漢省，後魏太和十一年于漢關縣故城置欒城縣，取平棘縣舊欒城爲名，屬趙郡。隋屬欒州，又改屬趙州。唐大曆三年與定州鼓城同隸恒州。

斯洨水，在縣西北二十里。

束鹿縣，〔四二〕舊二十二鄉。本漢西梁縣地，〔四三〕屬鉅鹿郡，按今縣南六十里有西梁城尚存。又郡國縣道記：「西梁故城，一名五梁城，〔四四〕城有二重，後漢併入扶柳縣。隋開皇三年于此置安定縣，屬定州；十八年改爲鹿城縣，取縣東鹿城爲名，屬冀州。唐貞觀元年改隸深州。至德元年改爲束鹿。」〔四五〕今屬鎮州。

衡漳水，在縣南九十里。〔四六〕今名衡水，亦名苦水，西南自趙州寧晉縣界流入。

滹沱水，在縣西北四十五里。

大陸澤，在縣南十里。

貰時夜切。〔四七〕城，漢爲縣，廢城在今縣西南。

鄡苦堯切。〔四八〕城，漢邑名，廢城在縣東。

鼓城縣，東南九十五里。〔四九〕舊十二鄉。本春秋鼓子之國，蓋白狄别種也。漢下曲陽縣之地，春秋左傳曰：「晉荀吴圍鼓。」杜注云「鉅鹿下曲陽縣有鼓聚」是也。十三州志云：「中山有上曲陽，故此加下。」隋開皇六年分稾城地于下曲陽故城東五里置昔陽縣，屬定州，即今縣是也；十年改屬廉州；十八年改昔陽縣爲鼓城，蓋取古鼓國以爲名。唐貞觀元年廢廉州，改屬定州。大曆三年又與趙州欒城縣同割以隸恒州。

雷澤。〔五〇〕中山記：「雷河溝水源出鼓城縣。」

臨平故城，漢以爲縣，廢城在今縣東南。

下曲陽城，亦漢縣，廢城在今縣西。

滹沱水，在縣北十三里。

魏收墓，在縣北七里。

後漢京觀，在縣北七里。後漢皇甫嵩攻黄巾賊張角弟寶于下曲陽，獲首十餘萬人，築爲京觀。

卷六十一校勘記

〔一〕吕后封惠帝子義爲恒山王至郡屬真定國　原校：「按前漢地理志，常山郡十八縣，趙國、真定國各四縣，文帝封遂爲趙王，與常山各異地。又常山郡未嘗屬真定國，不知今記何以錯言之？兼義自爲周勃等所殺，非文帝所廢，若删去『文帝廢義，封趙幽王子遂爲趙王』及『屬真定國』凡十七字，方合正史。」按通典卷一七八州郡八：常山郡鎮州，「漢高帝置恒山郡，後避文帝諱，改曰常山郡，亦屬真定國。」此「郡屬真定國」之「郡」爲「亦」字之誤，原校未審。

〔二〕梁因唐制爲成德軍節度使　按新五代史卷六〇職方考：「鎮州，故曰成德軍。梁初以成音犯廟諱，改曰武順。唐復曰成德。」資治通鑑卷二六六後梁紀一：開平元年，「加武順節度使趙王王鎔守太師。」同書卷二六七後梁紀二：開平四年，趙王王鎔求援於晉，「自是鎮、定復稱唐天祐年號，復以武順爲成德軍。」胡注：「鎮、定臣梁，稱開平年號，避梁廟諱改成德軍爲武順軍；今既與梁猜阻，故年號、軍號皆復唐之舊。」此脱「梁初改成德軍爲武順軍」。

〔三〕唐同光初升爲北都其年復爲成德軍　按五代會要卷一九諸府：後唐長興三年四月，中書門下奏：「『中興初，升魏州爲興唐府，鎮州爲真定府，皆是創業興王之地。請升二府於五府之上，合爲七府，仍以興唐爲首，真定、鳳翔、成都、江陵、興元爲次。』從之。」資治通鑑卷二七二後唐紀一：同光元年四月，「以鎮州爲真定府，建北都。」同年十一月，「廢北都，復爲成德軍。」同書卷二七六後唐紀五天成三年胡注：「同光初，建北都於鎮州，以鎮州爲真定府，尋廢北都而真定府不廢。」此蓋爲「唐同光初以州爲真定府，升爲北都，其年廢北都，復爲成德軍」之脱誤。

〔四〕晉天福七年改爲恒州順德軍　按資治通鑑卷二八三後晉紀四：天福七年正月，「改鎮州爲恒州，成德軍爲順國軍。」舊五代史卷八〇高祖紀同。五代會要卷二四諸道節度使軍額亦云：鎮州，「晉天福七年正月改爲順國軍，……至漢天福十二年八月，卻並復爲成德軍。」新五代史卷六〇職方考：鎮州，「唐復曰成德，晉又改曰順德。」又與本書同。

〔五〕漢書曰燕趙之人敢于急難　原校：「按前漢地理志：『敢於急難，燕丹遺風也。』今併燕、趙言之，豈以其風聲相近耶？」

〔六〕昊　底本作「旻」，據萬本、庫本改。

〔七〕人物　萬本、中大本、庫本首列樂毅，云「其先樂羊，爲魏文侯將，封靈壽，子孫因家焉。毅使於燕，委質爲臣，以爲亞卿。後奔趙，爲望諸君」，傳校補。

〔八〕田叔井陘人景帝時拜魯王相　萬本、庫本皆無田叔傳略。

〔九〕恒山　「恒」，庫本同，萬本作「常」。

〔一〇〕舊二十鄉今一鄉　萬本、庫本皆作「舊二十一鄉」，無「今一鄉」，疑誤。

〔一一〕唐朝改爲中山縣　按舊唐書卷三九地理志二、新唐書卷三九地理志二真定皆載：載初元年改爲中山縣，神龍元年復爲真定縣。」此説未確。

〔一二〕北去縣三十里　「北」，底本脱，庫本同，據萬本及元和郡縣圖志卷一七恒州補。

〔一三〕穿井四尺　萬本「井」下有「深」字。

〔一四〕遂移郡于壘　「郡」，原作「都」。按元和郡縣圖志恒州：「後魏道武帝登恒山郡城，北望安樂壘，嘉其美名，遂移郡理之，即今州理是也。」舊唐書地理志二：鎮州，「後魏道武登常山郡，北望安樂壘美之，遂移郡治於安樂城，今州城是也。」此「都」爲「郡」字之誤，傅校改爲「郡」，據改。

〔一五〕後漢改屬鉅鹿郡晉省　按後漢書卷一光武帝紀、續漢書郡國志二皆載：建武十三年省真定國，併入常山郡，而漢書地理志所轄槀城縣，續漢書郡國志不載，當于東漢建武時省併。此云「後漢改屬鉅鹿郡，晉省」，皆誤。

〔一六〕趙武靈王　「趙」，庫本同，底本脱，據萬本、傅校及史記卷四三趙世家補。

〔一七〕山團　按太平御覽卷四五引隋圖經作「山圓峻」，此疑誤。

〔一八〕洨水出常山郡即石邑縣也　按今本水經注洨水已佚，漢書地理志：常山郡石邑，「井陘山在西，洨水所出，東南至廮陶入泜。」説文：「洨水出常山石邑井陘，東南入於泜。」王先謙漢書補注引本書作「洨水出常山郡石邑縣」，無「即」字，傅校删，蓋爲衍字。

〔一九〕西南九十五里 「西」，底本作「東」，萬本、庫本同。按唐恒州（鎮州）、宋真定府治真定縣，即今河北正定縣，獲鹿縣即今縣，在正定縣西南。元和郡縣圖志恒州獲鹿縣：「東北至州五十里。」元豐九域志卷二真定府獲鹿縣：「府西南九十九里。」二書所載方位並合，此「東」爲「西」字之誤，據改。又今自正定縣至獲鹿縣計六十里，元豐九域志金陵書局刊本作「九十九里」，而別本作「五十九里」，是，此「九十五」蓋爲「五十九」之倒誤。

〔二〇〕至德元年改名獲鹿 「至德元年」，舊唐書地理志二同，新唐書地理志三作「天寶十五載」，實爲同年，元和郡縣圖志恒州作「貞觀二年」，未知孰是。

〔二一〕前趙録云至勒師大敗 此文太平御覽卷四五也引自前趙録，按應爲後趙録，湯球十六國春秋輯補入於後趙録，是也。

〔二二〕耳山上有水周迴四十步俗呼爲龍泉 庫本同，萬本無耳山條，「上有水周迴四十步俗呼爲龍泉」直承上文飛龍山條「張耳故墟」下，未知孰是。

〔二三〕音蔽 萬本、庫本皆無此二字，傅校删，蓋非樂史原文。

〔二四〕彼前不得還 萬本作「彼前不得鬬，退不得還」，同史記卷九二淮陰侯列傳、漢書卷三四韓信傳。

〔二五〕後漢于此立房山縣魏晉以來廢 萬本、庫本皆無「晉」字。按漢置蒲吾縣，後漢、晉、魏及北朝因襲，至隋大業初廢，魏書卷一〇六地形志上：常山郡蒲吾，「二漢、晉屬。」隋書卷三〇地理志中：「恒山郡井陘，大業初，廢蒲吾縣入焉。」房山縣，始置于隋，隋書地理志：「房山，開皇十六年置。」此處所載並誤。

〔二六〕以縣西北房山爲名 「房」，底本脱，庫本同，據萬本及元和郡縣圖志恒州補。

〔二七〕領房山一縣 「一」，底本脱，據萬本、庫本及舊唐書地理志二補。

〔二八〕石幢山 「幢」，底本作「嶂」，庫本作「潼」，據萬本及嘉慶重修一統志卷二七正定府引本書改。又太平御覽卷四五作「童」。下文靈壽縣石幢山條及行唐縣鹿水條同。

〔二九〕根下得玉圭璧八十三顆 按太平御覽卷四五同，初學記卷五恒山引崔鴻前燕録曰：「常山寺大樹根下得璧七十、圭七十三。」太平御覽卷三九引崔鴻前燕録作「常山寺大樹根下得璧七十二、圭七十」，未知孰是。

〔三〇〕蒲吾故城 底本脱，萬本、庫本同。元和郡縣圖志恒州房山縣：「蒲吾故城，在縣東二十里。」傅校補「蒲吾故城」四字，是，據補。

〔三一〕西北五十里 「北」，底本作「南」，萬本、庫本同。按唐靈壽縣即今縣，在唐鎮州（即今正定縣）西北，此「南」當爲「北」字之誤，據改。

〔三二〕又爲五臺之稱 庫本同，萬本作「又名五臺山」，嘉慶重修一統志正定府引本書同，則萬本是。

〔三三〕泒水 「泒」，萬本作「派」，嘉慶重修一統志正定府引本書同。資治通鑑卷一〇九晉紀三一：「隆安元年，魏王珪遣長孫肥襲中山，趙王麟「追至泒水」。胡注：「泒水，在中山新市縣。」則「泒」字是。

〔三四〕彰武縣　「彰」，萬本、庫本皆作「章」，傅校改同。

〔三五〕在縣南三十六里　「南」，底本脱，據萬本及元和郡縣圖志恒州補。又「三」，萬本作「二」，同元和郡縣圖志，疑「三」爲「二」字之誤。

〔三六〕泒山　「泒」，萬本作「派」。按蓋「泒」字是。

〔三七〕藺相如城九大城　按史記卷四三趙世家：「趙惠文王二十八年，「罷城北九門大城。」此誤。

〔三八〕□□□□□□　萬本作「里及鄉數皆缺」。按唐宋元氏縣即今縣，在唐鎮州、宋真定府南，元豐九域志卷二真定府元氏縣：「府南九十八里。」此脱「南九十八里」。其鄉數無可考。

〔三九〕生明帝于元氏傳舍　「舍」，底本作「世」，庫本同，據萬本及元和郡縣圖志卷一七趙州改。

〔四〇〕章帝幸元氏祠光武顯宗于始生堂　庫本同，萬本據元和郡縣圖志趙州補改爲：「顯宗孝明皇帝永平五年冬十月，行幸鄴，與趙王栩會鄴，常山三老言於帝曰：『上生於元氏，願蒙優復。』詔曰：『豐、沛、濟陽，受命所由，加恩報德，適其宜也。其復元氏縣田租更賦六歲，賜縣掾吏及門闌走卒錢。』又肅宗孝章皇帝建初七年九月己酉，幸鄴，勞賜常山、趙國吏人，復元氏租賦三歲。元和三年二月戊辰，進幸中山，遣使者祠北嶽，出長城。癸酉，還幸元氏，祠光武、顯宗於縣舍正堂。明日，又祠顯宗於始正堂。」按萬本所補改實爲元和郡縣圖志文，非本書之文。

〔四一〕南五十里　「南」，底本作「西」，萬本、庫本同；「五十」，底本作「十五」，萬本、庫本同。按唐宋欒城縣在今欒城縣西，位于唐鎮州、宋真定府南，嘉慶重修一統志卷二八正定府引本書云欒城縣「在鎮州南五十里」，此「西」爲「南」字之誤，「十五」爲「五十」之倒誤，據改。又元豐九域志卷二真定府欒城縣：「府南六十三里。」今正定縣南至欒城縣計里六十，此「五」疑爲「六」字之誤。

〔四二〕束鹿縣　此下脱縣方位里數。按唐宋束鹿縣即今束鹿縣東北舊城，在鎮州東南，計里約一六〇。

〔四三〕本漢西梁縣地　元和郡縣圖志卷一七深州鹿城縣（應作束鹿縣）：「本漢安定縣地，屬鉅鹿郡。」按漢西梁屬信都國，在唐宋束鹿縣西南六十里，漢安定屬鉅鹿郡，在唐宋束鹿縣西七里，以屬郡、屬地而言，唐宋束鹿縣在漢爲安定地，元和志是也。

〔四四〕五梁城　「五」，底本作「伍」，據萬本、庫本改。按水經濁漳水注：「西梁城，故縣也。世以爲五梁城，蓋字狀致謬耳。」

〔四五〕至德元年改爲束鹿　「元」，萬本、中大本、庫本皆作「二」。按新唐書卷三九地理志三、輿地廣記卷一一皆作「天寶十五載」，即至德元年同年，疑萬本、中大本、庫本誤。

〔四六〕在縣南九十里　萬本作「在縣東十里」，同元和郡縣圖志深州。按嘉慶重修一統志卷一三保定府引本書同本刊，則衡漳水在北宋初在束鹿縣南九十里，與唐時在縣東十里，有遷徙也，萬本乃據元和志而改，致誤。

〔四七〕時夜切　萬本據漢書地理志顔師古注改爲「音式制反」。

〔四八〕苦堯切　萬本據漢書地理志顔師古注改爲「苦（原作「若」，當爲「苦」字刊誤）么反」。

〔四九〕東南九十五里　「南」，底本作「北」，萬本、庫本同。按唐宋鼓城縣即今晉縣，位于鎮州東南，元和郡縣圖志恒州鼓城縣：「西北至州九十五里。」此「北」爲「南」字之誤，據改。

〔五〇〕雷澤　「澤」，萬本、中大本皆作「源」，傅校從改。

太平寰宇記卷之六十二

河北道十一

定州

定州，博陵郡。今理安喜縣。禹貢冀州之域。虞舜肇十有二州，州蓋并州之域。周之九州，亦并州之域不改。帝堯始封唐之地。春秋爲白狄之地。戰國時爲中山國。後爲魏所併，亦屬晉，竟爲趙所併焉。戰國策云：常莊談謂趙襄子曰：「魏併中山，必無趙矣，君何不請公子傾，封之中山，是中山復立也。」俄而中山武公之後復立，與六國並稱王五葉，專行仁義，貴儒學，賤壯士，不教人戰，趙武靈王襲而滅之。中山之地，方五百里，卒爲趙併矣。秦併天下，爲趙郡、鉅鹿二郡之地，按張曜中山記云：「郡理中山城，城中有山，故曰中山。」漢靖王受封，始移郡出山，居盧奴。按隋圖經云：「中山城在今唐昌縣東北三十一里中山故城是也。」至景帝改爲中山國，後漢因之，魏、晉不改。後燕慕容垂都之，仍置尹焉。十六國春秋：「慕容垂燕元二年十二月，垂定都中山，以右司馬封衡爲中山尹。」至慕容寶，爲後魏所陷。魏于此置安州，至道武末改爲定州，以安定天下爲名。後周置總管府，領鮮虞郡。隋初廢郡爲州，大業三年改博陵郡，遥取漢博陵郡爲名，九年改爲高陽郡。唐武德四年平竇建德，移置定州，領安喜、義豐、北平、深澤、毋極、唐昌、新樂、恒陽、唐、望都等十縣；其年置總管府，領定、恒、井、滿、廉五州；六年升爲大總管府，管定、洺、相、慈、〔一〕黎、冀、深、蠡、滄、瀛、魏、貝、景、博、趙、宗、觀、廉、恒、井、邢、欒、德、衛、滿、幽、易、燕、檀、平、營等三十二州；七年改爲都督府，督定、恒、井、滿、趙、廉、欒、蠡等八州。貞觀元年以廢廉州之鼓城來屬，五年廢都督府，十七年以廢深州之安平來屬。先天二年以安平還深州。天寶元年改爲博陵郡。乾元元年復爲定州。大曆三年以鼓城隸恒州，曲陽隸泜州；〔二〕九年廢泜州，曲陽復來屬。貞元十三年復爲大都督府，十四年廢府，依舊爲上州。按北齊彭城王㵐爲定州刺史有善績，人吏送别，悲號滿路，有父老數百具饌餞㵐，㵐不能違其意，各食一口以領之。皇朝爲定武軍節度使。

元領縣十一。今八：安喜，蒲陰，唐縣，陘邑，北平，望都，新樂，曲陽。三縣割出：無極，入祁州。深澤，入祁州。博野。建寧邊軍。

州境：東西二百三十里。南北二百七十里。

四至八到：西南至東京一千一百二十里。西南至西京一千二百二十里。西南至長安二千八十五里。東至瀛州二百八里。南至趙州三百十七里。西南取稾城縣至趙州一百九十里。西至鎮州一百二十四里。北至蔚州四百九十里。東南至深州一百七十三里。西南至鎮州一百七十三里。西北至鎮州行唐縣七十三里。東北至莫州二百五十里。

户：唐開元户二萬五千四百六十。皇朝户主二萬二千七百五十九，〔三〕客一千八百九十四。

風俗：同鎮州。

人物：崔駰，字亭伯，安平人。以詞賦名世。子瑗，遷濟北相。孫實，舉孝廉。崔琦，字子瑋，駰之族。以文章著名。張載，字孟陽，安平人。入蜀省父，作劍閣銘。累官中書侍郎。〔四〕劉琨，字越名。爲太尉。甄彬，定州人。魏愷，曲陽人。北齊召爲青州長史，愷不就，顯祖怒，愷云：「能殺臣者，陛下也，不受長史者，臣愚也。」顯祖奇之。甄濟，字孟濟，無極人。〔五〕張忠，中山人。苻堅徵之，不仕。歿于西岳，謚曰安道先生。李百藥，字重規，定州安平人。〔六〕累官至宗正卿。〔七〕崔玄暐，安平人。誅張易之，封博陵郡王。崔湜，字澄瀾，定州人。年三十八，執朝政。嘗賦詩馬上，張説嘆其年不可及也。劉禹錫，字夢得，定州人。出守蘇州，以政最，賜金紫服。郎士元，字君胄，定州人。善詩，與錢起齊名。官刺史。〔八〕崔寧，安平人。檢校司空。郭正一，定州人。相武后。

土産：兩窠紋綾，樓梨，羅綺，貢。恒山人參，甆器。

安喜縣，舊十八鄉，今十鄉。古中山鮮虞地，史記云：「鮮虞，白狄之種最大國。」在漢爲盧奴縣，屬中山國。按縣界有黑水故池，深而不流，俗謂黑水曰盧，不流曰奴，因爲邑名。蜀志「先主嘗爲安喜尉」，即此邑也。後燕慕容垂都中山時，因改盧奴縣爲弗違縣，屬中山郡。後魏平燕，改弗違復爲盧奴縣。高齊文宣帝改盧奴復爲安喜縣。隋文帝改安喜爲鮮虞縣。唐武德四年復爲安喜縣。輿地志云：「盧奴城北臨滱水，南面泒河，杜預謂管仲城。」是也。

滱水，亦名唐河，在縣北八里。西北自唐縣界流入。水經注云：「滱水又東經京丘北，對君子岸，岸上有哀王子憲王陵，坎下有泉源積水，亦曰泉上岸。又東經白土北，南即靖王子康王陵。又東至樂羊城北。」〔九〕

長星川，在縣西八里。今名七里溝。水經注云：「長星川東南經虞奴城南。」

天井澤，在縣東南四十七里，周迴六十二里。水經注云：「泒水歷天井澤南，水流所播爲澤，俗名爲天井淀。」

中山故城。水經注：「黑水東北有漢中山王故宫，有釣臺、戲馬觀，尚存遺址。中山者，城内有小山，側而鋭上，〔一〇〕若委粟焉，城因號曰中山。」

前王陵。按隋圖經云：「中山有趙惠文王陵、漢中山懷王陵、簡王、哀王、頃王、〔一二〕夷王等數陵也。」

安喜故城，在縣東三十里。本漢安險縣，後漢改爲安喜。〔一三〕蜀漢先主嘗爲尉處。

太妃殿。漢成帝馮昭儀子爲中山王，就國，乃起此殿爲太妃殿。

蒲陰縣，東六十里。舊十鄉，今八鄉。本漢安國縣之地，屬中山國。魏志后妃傳曰：「明帝追封后父毛嘉爲安國侯。」隋開皇六年自鄚城移安國縣于鄭德堡，〔一三〕屬定州，今縣是也，其年仍改安國縣爲義豐縣。唐神功元年改爲立節縣。〔一四〕神龍初復爲義豐縣。至皇朝改爲蒲陰縣。

唐河，在縣北五里。隋圖經云：「唐河，即滱水是。苻秦建元元年，高岸崩頹，若城角下有大積木交横如梁柱，竟莫知所來。」

泒水，在縣西二十五里。

解瀆故城，在縣東北九里。本漢解瀆亭，靈帝襲爵解瀆亭侯，桓帝崩，〔一五〕無子，竇武定册迎立，即靈帝也。

長林溝，〔一六〕今名木刀溝，在縣南三十三里。

唐縣，西北五十里。舊十八鄉，今十鄉。本堯爲唐侯國于此，至春秋時爲鮮虞邑。漢爲唐邑地，應劭地理記云：「中人城西北四十里有左人亭，鮮虞故邑。」按左人亭，即今縣城是，漢地理志屬中山國。高齊省入安喜縣。隋開皇十六年重置，屬定州。又九州要記：「唐縣本白狄種最爲夷狄大國。」梁開平三年改爲中山縣。後唐同光初復舊。晉改爲博陵縣。漢初復舊。

孤山，在縣東北五十四里。蓋都山也。皇甫謐帝王世紀云：「望都山，堯母慶都之所居。」張晏云：「堯山在北，堯母慶都山在南，每登堯山見慶都山。」〔一七〕是此。

鹿靈巖、仙人巖，皆邑之山名也。

八度故關，在縣西北二十里。〔一八〕有水曲屈八度，流水之上置關，故名之，蓋漢戍也。

鴻山關，今名鴻城。酈道元注水經云：「滱水東流歷鴻山，俗謂其處爲鴻頭，即晉地道記所謂鴻上關是也。」按九州要記云：「中山有鴻山關者，昔項羽于此關見羣鴻，乃誓衆曰『我當南面而中其一』，引滿射之，莫有中者，乃折弓投地而去。時知項羽終不能濟。」

鴻郎城。九州要記云：「鴻城俗號爲鴻郎城，即帝堯時丹朱所居此城是也。」

靈井。隋圖經云：「唐縣中山城西北隅有一大井，俗名趙母井，昔云醇酎千日，即是此井所醞，後以石蓋之，人不敢開。齊刺史博陵王濟欲開之，即有雲霧隱蔽，懼不

開。〔一九〕

唐池。水經注云：「唐水所積，俗謂之唐池，蓮荷被水。」亦曰蓮堰。

寡婦故城，在縣北九里。後漢賈復追銅馬、五幡賊，于此築城，後人語訛轉呼爲「寡婦」。

倒馬故關，在縣西北一百二十里。滱水東經倒馬關，山路險峻，馬爲之倒，因名。漢置關戍于此。

陘邑縣，南五十里。舊一十一鄉，今六鄉。本七國時中山國之苦陘邑，漢苦陘縣也。史記：「李克爲中山相，苦陘之吏，上計入多于前。李克曰：『苦陘上無山林之饒，下無藪澤、牛馬之息，而入多于前，是擾亂吾人也。』于是免之。」漢屬中山國，後漢章帝改苦陘爲漢昌。魏文帝改曰魏昌。隋文帝仍于其城置隋昌縣，屬定州。唐武德四年改爲唐昌。天寶元年改爲陘邑縣焉。

靈沼、滋泊。皆邑之洿澤，民有蒲魚之利焉。

石臼河。

故關邑城。漢爲關邑縣，屬中山，〔二〇〕後廢。故城在今縣西南。

廉頗臺，在縣西南十九里。慕容恪與冉閔戰于魏昌廉頗臺，閔大敗，即此地。

木刀溝，在縣南一里。〔三〕

北平縣，東北八十里。舊十一鄉，今六鄉。本秦曲逆縣之地，屬中山國。〔三〕隋圖經云：「漢高祖北征還至此，大會酒酣，嘆曰：『吾周行天下多矣，唯見洛陽與是。』因封陳平于此。」十三州志云：「後漢章帝巡北岳，以曲逆名不善，改爲蒲陰縣。」後魏孝昌中于今縣東北二十里北平城置北平郡，割中山國之蒲陰、望都、北平三縣屬之。高齊省北平郡及蒲陰縣，以北平縣屬中山郡。隋開皇三年屬定州。唐萬歲通天二年，契丹攻圍，七旬不下，勑改爲徇忠縣。神龍元年復爲北平縣。後唐長興三年改爲燕平縣。今復爲北平。

蒲陽山。漢書地理志「曲逆縣有蒲陽山，蒲水所出」，謂此也。兼漢有蒲陰故城，在今縣西北四十里。

濡水，縣西五里。

安陽故關，縣西北二十五里。

望都縣，東北五十里。舊十三鄉，今四鄉。本漢舊縣，屬中山國。堯始受封於此，故張晏注云：「堯山在北，堯母慶都山在南，登堯山見都山，故以望都爲名。」今邑有堯祠并後漢光武祠，甚靈。高齊省。隋開皇六年又置。

唐水，縣西南四十二里。

都山，一名豆山。堯母望之，故有望都之號焉。

伊祁山。堯住此山，後因作姓。

倒馬關，在邑界。

中人亭，即今縣是也。

柳宿城，在縣東四十二里。漢宣帝母王夫人微時，與父母別處。本漢柳宿侯國，漢書王子侯表曰「元朔元年三月癸酉，封中山靖王子蓋爲柳宿侯」，是此。

張行成墳，唐左僕射；劉伯威墳，漢太尉，已上二墳在邑界。

陽城淀，在縣東南七里，周迴三十里。莞蒲菱芡，靡所不生。

堯祠，在縣南四十里。

新樂縣，西南五十里。舊八鄉，今五鄉。本春秋鮮虞國。漢爲新市縣之地。隋開皇十六年置新樂縣，屬定州，取新樂故城爲名也。新樂者，漢成帝時中山孝王母馮昭儀隨王就國，王爲建宮于樂里，在西鄉，呼爲西樂城，時人語訛，呼「西」爲「新」，故爲新樂。

義臺，在縣西南十三里。後燕録云：「慕容麟與道武戰于義臺，燕師敗績。」

黄山。隋圖經云：「新樂縣黄山，山有細耎白石，可爲器物，土人工之。」

長林溝，在縣東南二十四里。亦呼爲木刀溝。

廉頗墓，在縣界。

曲陽縣，西北六十里。〔二三〕舊十三鄉，今十鄉。〔二四〕本漢上曲陽縣也，屬常山郡。後漢屬中山國。高齊天保七年除「上」字，但爲曲陽縣，屬中山郡。隋開皇六年改曲陽爲石邑縣；其年移石邑于井陘縣，屬恒州；七年于此置恒陽縣，隸定州，在恒山之陽爲名。唐改爲曲陽縣，避廟諱。

北岳恒山，在縣西北一百四十里。禹貢：「太行、恒山，至于碣石，入于海。」孔安國注云：「二山連延，至碣石也。」爾雅：「恒山爲北岳。」郭璞注：「今常山也，避文帝諱，改爲常山。」周禮：「正北曰并州，其山鎮曰恒山。」鄭注：「恒山在上曲陽。」春秋元命苞曰：「昴、畢閒爲天街。散爲冀州，分爲趙國，立爲常山。」其下有祠曰「安天王」。〔二五〕按恒山記云：「高三千九百丈，上方三十里。周迴三千里。上有太玄之泉，神草一十九種，道者服之成仙。」太史公云：「北岳有五名山：一曰蘭臺府，二曰列女宮，三曰華陽臺，四曰紫微宮，五曰太乙宮。或云太茂山。山北四百餘里號曰飛狐之口，有率然蛇，〔二六〕孫吴以喻兵勢。」

鳴石溪。水側有石，若扣之極鳴。〔二七〕

卷六十二校勘記

〔一〕慈　舊唐書卷三九地理志二作「磁」。按隋書卷三〇地理志：滏陽縣，「開皇十年置慈州，大業初州廢。」元和郡縣圖志卷一五磁州：「皇朝永泰元年重置，以河東有慈州，故此加『石』也。」此「慈」宜作「磁」。

〔二〕泜州　「泜」，萬本同，中大本作「洹」。按舊唐書地理志二作「洹」，聞人詮本舊唐書亦作「洹」。下同。

〔三〕户主二萬二千七百五十九　「二千」，萬本、庫本皆作「七千」。

〔四〕崔駰至中書侍郎　萬本、庫本皆無崔駰、崔琦、張載傳略。

〔五〕甄彬至無極人　萬本、庫本皆無甄彬、魏愷、甄濟傳略。

〔六〕定州安平人　「安平」，底本脱，據萬本、中大本、庫本補。按舊唐書卷七二、新唐書卷一〇二李百藥傳並云：「定州安平人。」

〔七〕累官至宗正卿　萬本、庫本皆無此注文。按新唐書李百藥傳：「遷散騎常侍，進左庶子、宗正卿。」萬本、庫本誤。

〔八〕崔湜至官刺史　萬本、庫本皆無崔湜、劉禹錫、郎士元傳略。

〔九〕又東至樂羊城北　「北」，底本脱，庫本同，據萬本及水經滱水注補。

〔一〇〕城内有小山側而鋭上　「鋭」，底本作「欲」，據萬本及水經滱水注改。又「城内有小山」，庫本同，萬本據水經滱水注此句下補「在城西」三字。

〔一一〕頃王　「頃」，底本作「順」，萬本、庫本同。按漢書卷五三中山靖王勝傳：薨，「子哀王昌嗣，一年薨。子唐王昆侈嗣，二十一年薨。子頃王輔嗣。」水經滱水注記有漢中山頃王陵，此「順」爲「頃」字之誤，據改。

〔一二〕安喜　「喜」，庫本同，萬本作「熹」。按漢書卷二八地理志下：中山國安險，顔師古注引應劭曰：「章帝更名安憙。」續漢書郡國志二作「安憙」。晉書卷一四地理志、魏書卷一〇六地形志上並作「安喜」。

〔一三〕隋開皇六年自鄢城移安國縣于鄭德堡　「鄢城」，萬本據舊唐書地理志二改爲「鄡城」。原校：「按舊志『鄢城』作『鄡城』，當考。」按嘉慶重修一統志卷一四保定府引本書亦作「鄢城」。

〔一四〕神功元年　萬本據舊唐書地理志二改爲「萬歲通天二年」。按新唐書卷三九地理志三亦作「萬歲通天二年」。據舊唐書卷四則天皇后紀，萬歲通天二年九月，改元神功，唐會要卷七一州縣改置下：「定州北平縣，改爲徇忠縣，義豐縣改爲立節縣，二縣並神功元年十月改。」新唐書卷四則天皇后紀：萬歲通天二年九月，改元神功，「十月甲子，給復徇忠、立節二縣一年。」則本書作「神功元年」，是也。又本書下文北平縣叙改爲徇忠縣亦在萬歲通天二年，不合。

〔一五〕桓帝崩 「桓」，底本、萬本、中大本、庫本皆無。後漢書卷八孝靈帝紀：「祖淑，父萇，世封解瀆亭侯，帝襲侯爵。母董夫人。桓帝崩，無子，皇太后與父城門校尉竇武定策禁中，使守光禄大夫劉儵持節，將左右羽林至河間奉迎。」元和郡縣圖志卷一八定州亦作「桓帝」，此脱「桓」字，據補。

〔一六〕長林溝 「林」，元和郡縣圖志定州同，萬本、庫本皆作「淋」，嘉慶重修一統志卷二七正定府引本書同。本書下文新樂縣長林溝同。

〔一七〕每登堯山見慶都山 諸本同。按漢書地理志下顔師古注引張晏曰「登堯山見都山」，按本書上文云孤山，「都山也」，此乃指都山而言，本書下文望都縣序引張晏注亦作「登堯山見都山」，疑此「每」、「慶」二字衍。

〔一八〕八度故關在縣西北二十里 「度」，水經滱水注作「渡」。底本「二十」下衍「五」字，據萬本、中大本、庫本及元和郡縣圖志定州删。

〔一九〕懼不開 萬本、庫本皆作「懼不敢開」。

〔二〇〕漢爲關邑縣屬中山 按漢中山國無「關邑縣」，常山郡有關縣，見漢書卷二八地理志上，此疑誤。

〔二一〕在縣南一里 「一」，中大本、庫本同，萬本作「二」，同元和郡縣圖志定州。

〔二二〕屬中山國 按「屬」上脱「漢」字。

〔二三〕西北六十里　「六」，底本作「二」，萬本、庫本同。元和郡縣圖志定州恒陽縣：「東至州六十里。」按元和十五年改名曲陽縣。元豐九域志卷二：定州曲陽縣，「州西六十里。」唐宋定州治安喜縣，即今河北定縣，曲陽縣即今縣，在定縣西北六十里，此「二」爲「六」字之誤，據改。

〔二四〕今十鄉　「十」，萬本、庫本皆作「六」。

〔二五〕安天王　太平御覽卷三九作「晏天王」。

〔二六〕率然蛇　萬本作「常山蛇」，注云：「原本『常山』訛『卒然』，據孫子改正。」按孫子卷下地形：「善用兵者，譬如率然，率然者，常山之蛇也，擊其首則尾至，擊其尾則首至。」太平御覽卷三九亦引作「率然蛇」是也，萬本改誤。

〔二七〕若扣之極鳴　萬本、庫本作「扣之即鳴」。

太平寰宇記卷之六十三

河北道十二

冀州　深州

冀州

冀州，信都郡。今理信都縣。禹貢九州之一。畢、昴之間爲天街，昴星散爲冀州，分爲趙國，立爲常山，兩河之間爲冀州。夏禹導河自大坯山，〔一〕北過降水，至于大陸。按地志：「降水南自清河郡經東武城縣界，入當郡南宮縣界，又東北入信都縣界。」水經注云：「降水故瀆又東北經辟陽亭，北入信都城東，散入澤渚。」按辟陽亭在今郡理東南三十五里，今郡乃漢信都國城，則郡理東入兖州之域，西入冀州之域，此是明二州之地。春秋時爲晉東陽地，三家分晉國爲趙。〔二〕秦併天下，置三十六郡，屬鉅鹿。漢書：「高帝六年分趙鉅鹿立清河、信都、常山等郡。〔三〕尋改信都爲國，至景帝二年改爲廣川國，立皇子彭祖爲王，四年彭祖徙封趙。中二年封皇子越爲王，子齊有罪，〔四〕國除。數月，武帝立齊子去爲王，去有罪，徙上庸。宣帝地節四年立去兄文爲王，〔五〕文子海陽有罪，徙房陵。元帝建昭三年改爲信都國，〔六〕封皇子興爲王，後興徙中山王。哀帝二年徙定陶王景爲信都王。」領縣一十七，理信都。後漢初復爲郡，按後漢書云：「王郎僭號，河北悉應，光武自薊南行，有白頭翁曰：『努力，信都爲長安守。』光武至信都，太守任光開門出迎。」即今州也。光武遂改爲長安國。永平十五年更名樂成國，以封皇子黨爲王，傳國四世絶。延光元年又更名安平國，以封河閒孝王開子德爲王，以續祀。至中平元年，有罪，國除。漢末兼置冀州，領郡國而理于此。〔七〕魏黄初中，冀州刺史自鄴徙理信都。至晉泰始元年，封皇叔祖父孚爲安平王；〔八〕太康五年又改爲長樂國，立孚曾孫祐爲王；〔九〕十年割武遂、武邑、觀津三縣爲武邑國，以封南宫王承爲武邑王。惠帝時承薨，無後，省還長樂。西晉末，石趙自信都徙理襄國，至季龍，州徙于鄴。慕容儁平冉閔，冀州又徙理信都。苻堅克慕容暐，州又徙于鄴。後慕容垂據中山，復移冀州于信都，垂改都之。後魏平慕容氏，復爲長樂郡，兼置冀州，北齊、後周皆因之。隋開皇三年郡廢而冀州如故，煬帝初州廢，復爲信都郡。唐武德四年討平竇建德，復改置冀州，領信都、衡水、武邑、棗强、南宫、堂陽、下博、武强八縣；六年置總管府，移治所于下博，管冀、貝、深、宗四州。貞觀元年廢都督府，移州治于信都，又以下博、武强二縣屬深州；十七年以廢深州之下博、武强、鹿城，廢觀州之阜城來屬。龍朔二年改爲魏州都督府。咸亨三年復舊。先天二年割下博、武强、鹿城三縣屬深州。開元二年復以下博、武强還冀州。天寶元年改爲信都郡。乾元元年復爲冀州。後漢皇甫嵩字義貞，爲冀州牧，平黄巾賊有功，後嵩奏請冀州一年田租，〔一〇〕以賑饑人，帝從之。百姓歌之曰：「天下大亂兮市爲墟，母不保子兮妻失夫，賴得皇甫兮復安居。」

元領縣十。今八：信都，南宫，阜城，武邑，堂陽，棗强，衡水，蓨縣。德州割到。二縣割出：武强，下博。已上入深州。

州境：東西二百六十里。南北二百三十六里。

四至八到：西南取相州路至東京七百二十里。西南至西京一千四百里。西南取相州路至長安一千九百二十里。東至德州二百一十五里。南至貝州一百三十里。正西微北至趙州一百六十里。北至瀛州二百四十里。東至博州三百里。西南至邢州二百六十里。西北至深州一百三十里。東南至博州三百里。東北至滄州三百三十里。

户：唐開元户九萬四千一百二十。皇朝户主一萬八千六百三十五，客三千七百一十二。〔一一〕

風俗：虞植冀州風土記云：「黄帝以前，未可備聞，唐虞以來，冀州乃聖賢之泉藪，帝王之舊地。」又張彦貞記云：〔一三〕「前有唐虞之化，後有孔聖之風。」又十三州志：「冀州之地，蓋古京也，人患剽悍，故語曰『仕宦不偶值冀部。』其人剛狠，淺于恩義，無賓序之禮，懷居慳嗇。古語云『幽、冀之人鈍如椎』，亦履山之險，爲逋逃之藪。」又許慎説文云：「冀州北部以八月朝作飲食爲膢，〔一三〕臘祭也。」又山東之人，性緩尚儒，仗氣任俠是也。

姓氏：高陽郡五姓：許、紀、夏、伏、公孫。渤海郡三姓：吴、高、歐陽。

人物：竇嬰，董仲舒，後魏有馬八龍，〔一四〕唐孔穎達，冀州衡水人。爲散騎常侍。

孔巢父，字弱翁，冀州人。隱徂徠山，號「竹溪六逸」。〔一五〕高士廉。渤海蓨縣人。

土産：絹，貢。綿，貢。草履子。

信都縣，舊三十鄉，今三鄉。〔一六〕本漢舊縣地，〔一七〕屬信都國。又續漢書郡國志信都縣屬安平國。後魏又屬長樂郡。隋開皇六年又于州理置長樂縣。大業二年省信都縣併入長樂，十二年又改長樂爲信都縣。郡國縣道記云：「信都城内有曹魏冀州刺史陳留丁紹頌德碑，青龍三年立，又有後魏刺史崔藏、李平、封隆之，四碑文皆冠絶。」

胡蝗。晉陽秋曰：「司、冀、青、雍州蝗食茅草至盡，石勒與蝗競取民禾，河北百姓謂之胡蝗。」

歷山。舜耕于歷山，是此。

衡水，亦曰長蘆水，即濁漳之下流也。按信都記云：「衡水有袁譚渡，歷下博城北而迆邐東北注，謂之九爭曲，水味鹹苦，俗稱苦河，亦謂之黃漳河。」

濁漳水，在州西北六十里。亦謂之白溝。

降水。〔一八〕禹貢謂「導河北過降水」，即此。今謂之枯降渠，西南自南宮縣界流入。又云降水枯瀆在州東南二十里。

博水。源出中山望都縣，南入下博縣界，〔一九〕因爲名。

楊陓澤。爾雅謂「秦有楊陓」。

長蘆枯溝，在州西二里。

昌成故城，漢爲縣，在今郡西北五十里，屬信都。後漢省。〔二〇〕

扶柳故城，在今縣西三十里。按隋圖經云：「縣有扶澤，内多柳，因號曰扶柳城，即漢末劉植據此城以迎世祖于此。」〔二一〕

辟陽故城，在今縣東南三十五里。漢爲縣，後漢省。

故桃城，漢爲縣，在今縣西北四十五里。後漢省。今城存。

故澤城。西晉末，劉、石之亂，人相率共築此城于柳澤畔。

合陽城。漢縣，高帝時以代王喜棄國，降爲合陽侯。宣帝又封梁喜爲侯，王莽改曰宜鄉，後漢省併入扶柳。舊地理書並失所在，蓋在今郡東界。

三張宅。晉文士張協兄弟三人，俱善屬文，皆郡人也，語曰「二陸入洛，三張減價」。

竇冢。隋圖經云：「觀津東南三里青冢，高三十餘丈，周迴千步。漢文帝竇后父青少遭秦亂，隱身漁釣，墜泉死。景帝即位，太后于墜泉所起大墳，〔三〕號曰竇氏青山，在觀津城南。」

煮棗故城，在縣東北二十五里。漢侯國城，六國時于此煮棗油，後魏及齊以故事，〔三〕每煮棗油于此城。

南宮縣，西南六十二里。舊二十七鄉，今四鄉。本漢舊縣，漢書云：「高后元年封張敖子偃爲南宮侯」，〔四〕即此邑，地理志南宮屬信都國。隋圖經云：「光武自薊南馳至南宮界，遇大雨，引車入道傍客舍，馮異抱薪，鄧禹燃火，對竈燎衣而去，〔五〕即此地。」高齊天保七年省。隋開皇六年復置。

降水枯瀆，在縣東南六里。南自清河郡經城縣地流入邑界。

繚縣，漢爲縣，在今縣東南二十六里，故城存。後漢省。有降水枯瀆經此城北。

阜城縣，東北一百四十里。舊二十七鄉，今四鄉。本漢舊縣地，屬渤海郡，故城在今縣東二十二里阜城故城是也。後漢屬安平國。〔二六〕晉書地道記云：「改阜邑爲阜城。」高齊天保七年自故城移于今理。隋開皇九年改屬觀州，大業二年復屬冀州。唐武德四年又屬觀州，貞觀十七年廢觀州，又隸冀州。

弓高城，在縣南二十七里。隋圖經云：「弓高城，漢封韓頽當爲侯國。崔浩曰『韓增爲龍頟侯』今城中有龍頟村，即此。」晉省縣。隋開皇十六年復置，屬滄州。

故蒲領城，漢縣，在今縣北三里蒲領故城是。後漢省併蓨。按水經注云「今滄州魯城縣北六十里，漳河西岸，又有一蒲領人流寓于彼，遂立此城」，〔二七〕後漢既以蒲領併蓨，今阜城北蒲領故城與蓨相近，足明魯城西界蒲領非漢縣也。

苻融壘，在縣東北二十四里。

沙丘，即宅陽城，一名西宅。

華陽亭，即嵇康學琴于此。

武邑縣，東北九十里。舊十九鄉，今四鄉。本漢舊縣也，〔二八〕屬信都國。後漢屬安平國。晉太康十年于此置武邑郡。後魏皇始三年移郡治武强。高齊天保中省武邑。隋開皇六年復置。

降水。九州要記云：「武邑縣降水西南自衡水縣界而東經縣城西北過。」〔二九〕

衡漳河，在縣北三十二里。

觀津丘，在縣東南二十七里。

東昌故城，在縣東北二十八里。漢爲縣，後漢末省。

觀津城，在縣東南二十五里。古堤尚存，即六國趙邑也，趙孝成王封樂毅于觀津，號望諸君。又漢爲縣，景帝母竇太后，觀津人也。高齊天保七年廢。

武强湖，在縣北三十二里。

堂陽縣，西六十五里。舊十七鄉，今四鄉。本漢舊縣也，〔三〇〕漢書「漢高帝封孫赤爲堂陽侯」，即此地，屬鉅鹿郡。應劭曰：「縣在堂水之陽。」按長蘆水亦謂之堂水，縣名堂陽，蓋取此也。後漢屬安平國。高齊省。隋開皇十六年重置，屬冀州。晉改爲蒲澤，唐復舊名。〔三一〕

堯臺。郡國志云：「信都堂陽九門城有古臺二所，並號爲堯臺。」

長蘆水，在縣南二百步。

棗强縣，東南六十八里。舊二十鄉，今三鄉。〔三二〕本漢舊縣地，武帝封廣川王子晏爲侯，即此，漢書地理志屬清河郡。按縣道記云：「今棗强縣東北十八里有廣川王故城，慕容垂于此置廣川郡。後魏孝文太和十一年廢郡。高齊天保七年省廣川縣，因移棗强縣理此城，屬長樂郡。隋開皇二年又自故城移棗强于今理。」

縣外城，即羌酋姚弋仲之故壘也。

棘津故城，在縣東北二十七里。左傳曰：「晉荀吳帥師，涉自棘津。」史記云：「呂望，東海人也，老而無遇，賣食棘津。」今故城東北百步有後漢黃門譙敏碑，其文相傳云蔡伯喈撰也。

高堤廢縣，今縣東北三十六里有高堤故城，一名雍氏郭城。〔三〕漢爲縣，後漢省。平堤廢縣。漢宣帝封河閒獻王子招爲侯，後漢省。舊地理書並失其所在，蓋在今縣東北高堤城側近，以界内多古堤，因以爲名。

枯漳河，在今縣東南十里。〔四〕又東流入蓨縣界。

廣川故城，漢爲縣，故城在今縣東北。

古臺。隋圖經云：「城北一古臺，俗傳爲太公賣漿臺。」

故棗强城，漢爲邑理，故城在今縣西南十五里。後漢省，魏復置。高齊天保七年自故城移棗强縣于今縣東北十八里廣川城置。隋開皇二年移于今理。

復陽故城，漢縣，在今縣西南十八里故城是也。高帝封陳胥爲侯，即此。後漢省。

莎題，漢爲縣，後漢省。舊地理書並失所在，按郡國縣道記云「今在貝、冀、德三州之界」，即棗强地也。

衡水縣，西北四十里。〔三五〕舊十八鄉，今三鄉。本漢桃縣地，隋開皇十六年于今縣置衡水縣，在長蘆河西，則衡漳故瀆也，〔三六〕因以爲縣名。

長蘆水，在縣南二百步。〔三七〕

藺相如臺，在縣東北十二里。

蓨縣，東北七十里。〔三八〕舊二十鄉，今四鄉。本漢蓨縣，〔三九〕即條侯國也，文帝封周亞夫爲條侯。蓨縣屬信都國，後漢屬渤海郡。晉改蓨爲條。〔四〇〕隋開皇三年廢渤海郡，屬冀州；五年改條縣爲蓨縣，〔四一〕屬觀州。唐武德亦屬觀州。貞觀十七年州廢，改隸德州。今屬冀州。

九城，在縣西，有邸閣，城内有晉蓨縣令魯國孔翼清德碑存焉。〔四二〕

馬頰河，經邑界。

深州

深州，饒陽郡。今理陸澤縣。禹貢冀州之域。星分畢宿。戰國時屬魏，七國時爲趙地。秦併天下，爲鉅鹿郡地。〔四三〕漢爲饒陽縣地，屬涿郡。後漢屬安平國，桓帝以後爲博陵郡。晉爲博陵郡，北齊亦同。隋開皇十六年廢郡，于饒陽縣置深州，〔四四〕以州西故深城爲名。大業二年州廢，以其地分入博陵、河間二郡。唐武德四年平竇建德，于河間郡之饒陽縣置深州，領安平、饒陽、蕪蔞三縣，初治安平，其年移理饒陽。貞觀元年割故廉州之鹿城、冀州之武强、下博來屬，省蕪蔞縣；十七年廢深州，以饒陽屬瀛州，安平屬定州，鹿城、下博、武强屬冀州。先天二年復割饒陽、安平、鹿城置深州，仍分置陸澤縣。天寶元年改深州爲饒陽郡。乾元元年復爲深州。

元領縣五。今六：陸澤，饒陽，安平，武强，冀州割到。下博，冀州割到。樂壽。瀛州割到。二縣割出：鹿城，入鎮州。博野。入定州。

州境：東西一百九十里。南北二百六十里。

四至八到：東至東京九百里。西南至西京一千三百三十里。〔四五〕西南取趙州路至長安二千一百五里。〔四六〕東至滄州三百十五里。南至魏州五百里。西至鎮州一百八十五里。北至易州三百里。東南至冀州一百三十里。西北至定州一百七十三里。東北至瀛州一百五十里。西北至鎮州一百五十里。

户：唐開元户四萬二千二百一十五。皇朝户主一萬五千四百八十八，客五千八百七十三。〔四七〕

風俗：同冀州。

人物：蘇瓌，字珍之，武强人。〔四八〕　唐魏知古。深州陸澤人。爲相。

土産：布，絹，貢。石榴。

陸澤縣，舊十七鄉，今五鄉。〔四九〕本漢廣阿縣地，隋仁壽中象城縣地，唐開元中自象城析置，〔五〇〕以大陸澤爲名。貞元中以饒陽立深州，至長慶已後移深州理于是邑。

大陸澤。禹貢謂「大陸既作」是也。

饒陽縣，東北三十里。舊三十鄉。本漢舊縣地，屬涿郡，應劭注云：「在饒河之陽爲名。」今有古城，在今縣東北二十里饒陽故城是也，齊文宣天保五年移于今理。按饒陽縣，即後魏虜渠口，置虜口鎮于此，後爲縣，隸深州。隋開皇三年改屬定州，十六年屬深州。大業三年省深州，改屬瀛州。〔五一〕唐武德四年還屬深州。

枯白馬渠，在縣南，一名黄河，今名白馬溝。上承滹沱河，東流入下博界。故瀆，水經注云：〔五二〕「滹沱河又東，自白馬渠出。」李公緒趙記云：「此渠魏白馬王彪所鑿，俗謂黄河。」又通典州郡云：「滹沱河舊在縣南，即光武所渡處。魏武帝因饒河故瀆決令北注新溝，所以今在縣北。」後魏刺史楊貝改爲清寧河是也。

毛萇宅。註詩，爲河間王博士，是邑人，今有宅存。

博陵故城、饒陽故城，皆漢邑名，廢城在縣界。

虜口鎮城，今邑理也。自石趙、苻秦、後魏並爲博陵郡理于此。

州理城，晉魯口城也。公孫泉叛，〔五三〕司馬懿征之，〔五四〕鑿滹沱入泒水以運糧，因築此城。蓋滹沱有魯沱之名，因號魯口。後魏道武皇始二年，〔五五〕車駕幸魯口，即此城也。

蕪蔞亭，在縣東北四十五里。後漢光武自薊東南馳，晨夜至饒陽蕪蔞亭，〔五六〕飢甚，馮異進豆粥，光武曰：「得公孫豆粥，飢寒俱解矣。」公孫，異字。

蕪蔞故城，在縣東北四十五里。〔五七〕隋縣也，蓋因東北蕪蔞亭爲名。

安平縣，西北五十三里。舊一十六鄉，今五鄉。本漢舊縣，屬涿郡，漢書曰：「高帝六年封鄂千秋爲安平侯。」〔五八〕後屬博陵郡。今城北面有臺，俗謂之神女樓。自晉及高齊博陵郡並理此。隋開皇十六年又于此置深州，大業三年省州，以縣還涿郡。〔五九〕唐武德四年又置深州，以縣屬深州，州廢，割屬定州。至先天元年又置州，縣仍屬焉。

穀丘故城，在今縣西南十五里。漢爲縣，後漢省。

泒水，今名礓河，西自定州義豐縣界流入。

滹沱河，在縣南二十三里。

武强縣，東北一百三十里。〔六〇〕舊四十鄉，今六鄉。古武隧地，即六國時爲趙邑，故城在今縣東北三十里。前漢爲武隧縣，屬河間國。後漢屬安平國。晉屬長樂國。後魏屬武邑郡。高齊天保七年省。又按郡國縣道記云：「武强故縣，在今縣西南二十五里。漢爲侯國，今縣即西晉于其城置武强縣，因古城名之。高齊移于今理。有衡漳河，在今縣南五里。其城即後魏武邑郡城，〔六二〕道武皇始二年築。」

武隧故城，在縣東北三十一里。秦破趙將扈輒于武隧，斬首十萬，即此地也。

武强故城，在縣西南二十五里。漢書：「嚴不識以擊黥布功，〔六三〕封武强侯。」後漢王梁亦爲武强侯。

武强泉。即擔生蛇所陷之縣。

下博縣，北一百里。〔六三〕舊二十二鄉，今六鄉。本漢舊縣也，屬信都國，應劭注云：「泰山有博縣，此故言下也。」王莽改曰閏博，亦謂在博水之下，故名耳。後漢書云「光武曾迷于下博」，是。故縣在今縣南二十里，後魏移縣理于衡水北，即去今縣二十里，俗謂之故縣城，後周建德六年又移于今理。按縣道記云「下博今理，即後漢祭遵壘，北枕衡漳水」是也。

白馬故溝。隋圖經云：「魏白馬王彪鑿。」武强淵，邑人有遇一小蛇，疑其靈，持而養之，名曰擔生，長而吞噬人，里内患之，遂捕繫之獄。擔生負而奔，邑因淪爲湖，縣長及吏咸爲魚矣。今縣治東北半里許落水。淵水又東南結爲湖，縣淪之日，令之子東奔，又陷于此，故謂之郎君淵。

平澤河，在縣北界。即後漢王霸言光武冰合之所，今號曰危渡。

世祖廟。漢世祖自薊北行至此，見一白頭翁云信都爲長安守，是此處，今有廟存。

樂壽縣，東北□□□里。舊一十五鄉，〔六四〕今四鄉。本漢樂成縣地，屬河間國。故城在今縣東南十六里，〔六五〕是漢理所，城内有河間獻王殿，餘址尚存。續漢書郡國志云：「後漢桓帝改爲樂陵縣，〔六六〕帝追尊祖父河間王開爲孝穆皇帝，以此邑奉山陵，故加『陵』字。」曹魏又改爲樂城縣。後魏太和十一年自故郡移河間郡及縣西南一里樂壽亭故城，〔六七〕其年郡又移理武桓城，今河間縣是也。隋開皇三年罷郡，以縣屬瀛州，十八年改爲廣城縣。仁壽元年又改爲樂壽，又取其理城爲名。大業十三年自樂壽亭故城移于今理。

房淵。九州記云：「樂壽縣有房淵，方三百里。石勒之建平二年，〔六八〕水忽變爲赤，燕慕容儁二年，水忽生鹽如印形，其淵一日再長再減，不失其度，居近者時見龍狗之狀戲于旁，葉落于淵者，輒有羣鶩銜出。」

故阿武城，漢縣，廢城在今縣西北三十九里。後漢省。

故中水城，漢縣也，在今縣西北三十里。高祖封功臣吕馬童爲中水侯，即此地。居兩河之間，故曰中水。又郡國縣道記云：「其城南枕滹沱，北背高河。高齊天保七年省。」

卷六十三校勘記

〔一〕夏禹導河自大坯山　萬本、庫本皆作「夏書：禹導河自大伾山」。按爾雅釋山：「一成坯。」郭璞注：「書曰：『至于大伾。』是『坯』、『伾』字同。

〔二〕三家分晉國爲趙　中大本同，萬本、庫本皆作「三家分晉屬趙」，傅校改爲「三家分晉因屬趙」。按元和郡縣圖志卷一七冀州總序云「七國時屬趙」，此「爲」作「屬」爲是。

〔三〕高帝六年分趙鉅鹿立清河信都常山等郡　按漢書卷一高帝紀：三年冬十月，「置常山、代郡」。此云六年置常山郡，誤。

〔四〕子齊有罪　萬本作「十二年卒，子齊立，有罪」。按漢書卷五三廣川惠王越傳：「廣川惠王越以孝景中二年立，十三年薨，子繆王齊嗣。」則萬本是，唯「十二」爲「十三」之誤。

〔五〕宣帝地節四年　萬本此前有「四歲後」三字，庫本同。按漢書廣川惠王越傳：去徙上庸，道自殺，「國除，後四歲，宣帝地節四年復立去兄文。」萬本是。

〔六〕建昭三年改爲信都國　按漢書卷一四諸侯王表、卷八〇中山孝王興傳並載，建昭二年立中山孝王興爲信都王，此「三」蓋爲「二」字之誤。

〔七〕漢末兼置冀州領郡國而理于此　按元和郡縣圖志卷一六相州：「漢高帝置魏郡，理鄴，『後漢末，冀州理之，韓馥爲冀州牧，居鄴。其後袁紹、曹操因之。」本書卷五五相州載同，鄴縣：「後漢桓、靈之間，冀州刺史嘗寄理于此。」則後漢末冀州治鄴，此云理于信都，誤。

〔八〕封皇叔祖父孚爲安平王　「父」，底本脱，據萬本、庫本及晉書卷三武帝紀補。

〔九〕立孚曾孫祐爲王　「祐」，晉書卷三七安平獻王孚傳同，晉書卷三武帝紀作「玷」。

〔一〇〕嵩奏請冀州一年田租　「奏」，底本脱，據萬本、庫本及後漢書卷七一皇甫嵩傳補。

〔一一〕客三千七百一十二　「三千」，中大本作「二千」。

〔一二〕張彦貞　「貞」，萬本、庫本皆作「真」，傅校從改。

〔一三〕冀州北部以八月朔作飲食爲膢　「八」，底本脱，據萬本及後漢書卷一一劉玄傳李賢注引漢書音義補。按許慎説文無此文，乃段玉裁注引後漢書劉玄傳引漢書音義。

〔一四〕馬八龍　萬本、中大本、庫本此下並列有「張載，武邑人」，傅校從補。

〔一五〕孔巢父字弱翁冀州人隱徂徠山號竹溪六逸　萬本、庫本皆無孔巢父傳略。

〔一六〕今三鄉　「三」，萬本、中大本、庫本皆作「八」。

〔一七〕本漢舊縣地　萬本無「地」字，庫本作「也」。按漢信都縣，即唐縣，元和郡縣圖志冀州信都縣，「本漢舊縣。」是也。此「地」或爲衍字，或爲「也」字之誤。

〔一八〕降水　「降」，萬本、庫本皆作「絳」，後南宮縣作「淬」。史記卷六夏本紀、漢書地理志前文引禹貢作「降」，漢書地理志信都國引禹貢作「絳」，通典卷一七八州郡八引作「洚」，元和郡縣圖志冀州作「絳」，元豐九域志卷二冀州作「降」。下同。

〔一九〕南入下博縣界　按漢書卷二八地理志下：中山國望都，「博水東至高陽入河」。水經滱水注：博水出望都縣，東南流逕其縣故城南，又東逕陽城縣，散爲澤渚。又東逕廣望縣故城北，又東北，左則濡水注之。又東北，徐水注之，又東入滱。是博水不逕冀州信都縣，又「下博」，底本作「上博」，萬本同。按漢唐有下博縣，而無「上博」之縣。元和郡縣圖志冀州下博縣：「本漢舊縣。」本書深州載同，庫本作「下博」，是，此「上」爲「下」字之誤，據改。

〔二〇〕後漢省　萬本、中大本此下有「故城在焉」四字。按西漢昌成，東漢改名阜城，續漢書郡國志二：「阜城，故昌城。」此誤。

〔二一〕在今縣西三十里至迎世祖于此　萬本作「漢爲縣，後漢屬安平國，後魏省，故城在今縣西三十里。任光據此以迎世祖于此。」庫本同，惟「任光據此」作「後漢劉植」。按後漢書卷一光武帝紀：光武赴信都郡，信都太守任光開門出迎，「昌城人劉植、宋子人耿純，各率宗親子弟，據其縣邑，以奉光武。」水經濁漳水注：「昌城人劉植率宗親子弟，據邑以奉世祖。」此云劉植據扶柳城以迎世祖，不確，萬本以信都太守任光據扶柳城迎世祖，亦誤。

〔二二〕太后于墜泉所起大墳　底本「墜」下「泉」上有「井」字，庫本無，萬本作「太后遣使者于墜所起大墳」。按史記卷四九外戚世家索隱引摯虞注決録云：「太后遣使者填父所墜淵，起大墳於觀津城南。」此「井」衍字，傳校删，是，據删。

〔二三〕後魏及齊以故事「後魏」，底本作「後漢」，據萬本、庫本及元和郡縣圖志冀州改。

〔二四〕高后元年封張敖子偃爲南宫侯　按史記卷一九惠景間侯者年表，高后元年封張買爲南宫侯，八年，買坐吕氏事誅，國除。漢書卷三二張耳陳餘列傳：吕后六年，「宣平侯敖復薨，吕太后立敖子偃爲魯王，以母爲太后故也。……高后崩，大臣誅諸吕，廢魯王及二侯。孝文即位，復封故魯王偃爲南宫侯。」則高后元年封南宫侯爲張買，封張敖子偃爲南宫侯在孝文帝，此誤。

〔二五〕遇大雨至對竈燎衣而去　「大雨」，庫本同，萬本作「大風雨」。按後漢書卷一七馮岑列傳：「及至南宫，遇大風雨，光武引車入道傍空舍，異抱薪，鄧禹爇火，光武對竈燎衣。」此「大雨」宜作「大風雨」，「對竈燎衣」上宜有「光武」二字。

〔二六〕後漢屬安平國　按前漢阜城屬渤海郡，在唐阜城縣東二十二里；後漢阜城屬安平國，本前漢昌城，續漢書郡國志二：「阜城，故昌城。」在唐信都縣西北五十里，西晉省安平之阜城，復渤海之阜城，二縣非一，此混而爲一縣，誤也。

〔二七〕按水經注云至遂立此城　按今本水經濁漳水注無此文，趙一清水經注釋引作水經。水經注疏：「會貞按：魯城，隋縣，非酈氏所及。樂史此條不足爲據，故全氏（祖望）取西岸以下二十九字補入正文，失之。」

〔二八〕本漢舊縣也　「也」，底本作「地」，萬本無「地」字，庫本作「也」。按唐宋武邑縣即漢武邑縣，元和郡縣圖志冀州武邑縣：「本漢舊縣。」此「地」爲「也」字之誤，據改。

〔二九〕降水西南自衡水縣界而東經縣城西北過　「降」，萬本、庫本皆作「洚」；「西北」，萬本、庫本皆作「西」。嘉慶重修一統志卷四九冀州引本書作洚水自衡水縣界「經武邑縣城西」，則作「西」是。

〔三〇〕本漢舊縣也　「也」，底本作「地」，萬本無「地」字，庫本作「也」。按唐宋初堂陽縣即漢堂陽縣，元和郡縣圖志冀州堂陽縣：「本漢舊縣。」此「地」爲「也」字之誤，傅校改爲「也」，據改。

〔三一〕唐復舊名　按嘉慶重修一統志冀州：堂陽縣，「五代晉改曰蒲澤，漢復故名。」與此異。

〔三二〕今三鄉　「三」，萬本、庫本皆作「四」。

〔三三〕一名雍氏郭城　「雍氏郭城」，庫本同，萬本無「郭」字，嘉慶重修一統志卷四九冀州引本書同，疑此「郭」字衍。

〔三四〕在今縣東南十里　「十里」，萬本、庫本皆無此二字。

〔三五〕西北四十里　按唐宋冀州治信都縣，即今河北冀縣；衡水縣即今衡水縣西南十五里舊城，在今冀縣北偏東，元和郡縣圖志冀州衡水縣：「南至州四十里。」元豐九域志卷二冀州衡水縣：「州北三十八里。」此「西」當爲衍字。又萬本、庫本皆作「西北四十五里」，蓋誤。

〔三六〕則衡漳故瀆也　庫本同，萬本「則」上有「長蘆河」三字，元和郡縣圖志冀州同。此疑脱「長蘆河」三字。

〔三七〕在縣南二百步　「二百」，中大本及元和郡縣圖志同，萬本、庫本皆作「百」，無「二」字，疑誤。

〔三八〕東北七十里　元豐九域志冀州蓨縣：「州東北一百五十里。」按唐宋蓨縣即今景縣，西南至冀州里距正合九域志記載，此「七十」蓋爲「一百五十」之誤。

〔三九〕本漢蓨縣　「蓨」，萬本作「脩」，同漢書地理志下、續漢書郡國志二。按史記卷五七絳侯周勃世家正義引括地志云：「故蓨城俗名南條城，在德（應爲「觀」）州蓨縣南十二里，漢縣。」則漢脩縣在唐蓨縣南十二里，非一地。

〔四〇〕晉改蓨爲條　按晉書卷一四地理志上作「蓨」，此宜作「晉改條爲蓨」。又三國志卷一一魏書田疇傳：「建安十二年，「拜爲蓨令」。是後漢末已改爲「蓨」。

〔四一〕五年改條縣爲蓨縣　「條」，萬本作「脩」，同隋書卷三〇地理志中、元和郡縣圖志卷一七德州。按兩漢作「脩」，一作「條」，漢書卷四〇周亞夫傳：「封爲條侯。」東漢末改從艸作「蓨」。北魏仍作「脩」，見魏書卷一〇六地形志上。隋開皇五年又改爲「蓨」。「脩」、「蓨」、「條」實一字，漢書地理志顔師古注：「脩音條。」漢書周亞夫傳顔師古注：「條」，「地理志作『蓨』字，其音同耳。」

〔四二〕晉蓨縣令魯國孔翼清德碑　「翼」，萬本、中大本、庫本皆作「翊」。楊守敬水經注疏：「按韓勑碑有御史孔翊，後漢書皇甫規傳及魯國先賢傳並有孔翊。孔氏譜載，翊爲孔子十九世孫。孔氏望族，又同籍魯國，未必先後有同名者。寰宇記特因水經淇水注有晉蓨縣治之文，即以爲晉縣令，不知脩本漢縣，此邸閣城早有孔翊碑，不得因晉移縣治此，遂謂必爲晉時縣長也。惟先賢傳云，孔翊爲洛陽令，此作爲脩縣長，互有詳略耳。又寶刻叢編有漢御史孔翊碑，熹平元年立，在冢前，見闕里記。」此「孔翼」爲「孔翊」之誤。

〔四三〕爲鉅鹿郡地　底本「鉅鹿」上有「上谷」二字，下有「二」字，萬本、庫本同。按秦上谷郡遠處北邊，與此無涉，元和郡縣圖志卷一七深州：「秦爲鉅鹿郡地。」此「上谷」、「二」三字衍，據删。

〔四四〕隋開皇十六年廢郡于饒陽縣置深州　隋書地理志中：安平縣，「後齊置博陵郡，開皇初廢。」輿地廣記卷一一深州安平縣載同。按隋書卷一高祖紀上載：開皇三年，「罷天下諸郡。」博陵郡之廢當在開皇三年，此云「開皇十六年廢」，蓋誤。又本書下文安平縣序載「隋開皇十六年又于此置深州」，與此「開皇十六年于饒陽縣置深州」，自相牴牾。元和郡縣圖志深州總序：「隋開皇十六年於饒陽置深州。」與此同。然考之隋書地理志安平縣：「開皇十六年置深州，大業初州廢。」而於饒陽縣則不及此事，輿地廣記深州安平、饒陽二縣所載同，此云「於饒陽縣置深州」，乃沿襲元和郡縣圖志而誤。

〔四五〕西南至西京一千三百三十里　「三百」，底本作「二百」，據萬本、庫本及元和郡縣圖志深州改。

〔四六〕西南取趙州路至長安二千一百五里　「一百五」，萬本、庫本皆作「五百」，萬本注云：「元和郡縣志作五十」。按通典卷一七八州郡八亦作「二千五十」，同李書。

〔四七〕客五千八百七十三　「三」，萬本、中大本、庫本皆作「二」。

〔四八〕蘇瓊字珍之武强人　萬本、庫本皆無。

〔四九〕今五鄉　「五」，庫本同，萬本作「六」。

〔五〇〕本漢廣阿縣地至自象城析置　按漢廣阿縣，隋仁壽元年改名象城縣，在今河北隆堯縣東舊城，唐、宋初深州治陸澤縣，即今深縣西南舊州，二地相去甚遠而無涉，當誤。元和郡縣圖志深州、兩唐書地理志皆載，深澤縣本饒陽、鹿城二縣地，是也。

〔五一〕大業三年省深州改屬瀛州　萬本、庫本皆無此文。本書上文深州總序云「大業二年深州廢」，元和郡縣圖志深州饒陽縣序亦云「大業二年省深州，改屬瀛州」，此「三年」爲「二年」之誤。

〔五二〕故瀆水經注云　萬本、庫本皆無「瀆」字，作「故水經注云」。又趙一清補水經滹沱水注引此文作「水經」，參見王先謙合校水經注。

〔五三〕公孫泉　「泉」，本作「淵」，見三國志卷八魏書公孫淵傳，避唐高祖李淵改。

〔五四〕司馬懿　萬本、庫本皆作「司馬宣王」。按晉書卷一高祖宣帝紀：諱懿，姓司馬氏，「晉國初建，追尊曰宣王。」

〔五五〕皇始二年　按魏書卷二太祖道武帝紀："皇始元年十一月，「車駕幸魯口城。」此「二年」宜作「元年」。

〔五六〕晨夜至饒陽蕪蔞亭　「晨」，底本作「昏」，據萬本、庫本及後漢書卷一七馮異傳、元和郡縣圖志深州改。

〔五七〕在縣東北四十五里　按元和郡縣圖志深州作「在縣東北三十五里」。據本書下文云隋置蕪蔞縣，「因東北蕪蔞亭爲名」，則蕪蔞亭比蕪蔞城距縣遠，此「四十五」宜作「三十五」。

〔五八〕封鄂千秋爲安平侯　按漢書卷一六高惠高后文功臣表作「鄂秋」，無「千」字，史記卷一八高祖功臣侯者年表作「諤千秋」。

〔五九〕大業三年省州以縣還涿郡　按「三年」爲「二年」之誤，參見本卷校勘記〔五二〕。又隋書地理志中載，安平縣屬博陵郡，其云："「開皇十六年置深州，大業初州廢。」大業初廢州，縣應改屬博陵郡，此「涿郡」蓋爲「博陵郡」之誤。

〔六〇〕東北一百三十里　按唐、宋初深州治陸澤縣，即今深縣西南舊州，武强縣即今武强縣西南舊武强，在深州東約六十里，此載方位道里皆誤。元和郡縣圖志冀州武强縣："「西南至州一百三十里。」武强縣於五代改屬深州後，而方位道里仍從舊書抄録，以致此誤。

〔六一〕其城即後魏武邑郡城　底本「郡」上衍「縣」字，庫本同，據萬本删。嘉慶重修一統志卷五三深州引本書："「高齊移於今理，其城即後魏武邑郡治。」此「城」蓋爲「治」字之誤。

〔六二〕嚴不識　按史記卷一八高祖功臣表作「莊不識」，漢書卷一六高惠高后文功臣表作「嚴不職」，避後漢明帝「莊」改「嚴」，「識」、「職」，音同。

〔六三〕北一百里　按唐、宋初下博縣即今深縣東南下博，在深州東南約三十餘里，此載方位道里疑誤。元和郡縣圖志冀州下博縣，「南至州一百里。」北宋太平興國八年以下博縣隸靜安軍，雍熙二年軍廢，縣改隸深州，而方位道里仍從舊抄録，以致此誤。

〔六四〕舊一十五鄉　「一十五」，萬本、庫本皆作「五十」，疑誤。

〔六五〕故城在今縣東南十六里　「十六」，底本作「六十五」，據萬本、庫本、嘉慶重修一統志卷二二河間府引本書及舊唐書卷三九地理志改。

〔六六〕後漢桓帝改爲樂陵縣　按同馬彪續漢書郡國志無此文。水經濁漳水篇：「又東北至樂成陵縣。」酈道元注曰：「樂成縣，「桓帝追尊祖父孝王開爲孝穆皇，以其邑奉山陵，故加陵曰樂成陵也。」水經陰溝水注有漢故樂成陵令太尉掾許嬰碑，此「樂陵」宜作「樂成陵」。

〔六七〕自故郡移河間郡及縣西南一里樂壽亭故城　按嘉慶重修一統志卷二二河間府引本書作「移樂成縣於今樂壽縣西南樂壽亭」，與此有異，「及縣」下「西南」上蓋脱「於今樂壽縣」五字。

〔六八〕石勒之建平二年　「平」，底本作「安」，庫本同，萬本及嘉慶重修一統志卷二二河間府引本書皆作「平」，按石勒無「建安」年號，有「建平」年號，此「安」爲「平」字之誤，據改。

太平寰宇記卷之六十四

河北道十三

德州 棣州 濱州

德州

德州，平原郡。今理安德縣。禹貢兗州之域。星分危宿十一度。春秋及戰國並屬齊地。秦滅齊，置齊郡。漢高帝分齊郡置平原郡，〔一〕領縣十九，理平原。後漢又爲國，殤帝延平元年以封和帝子勝爲王，子德嗣，德無子，〔二〕安帝永寧元年立河間孝王子翼爲平原王，奉勝祀。順帝永建五年貶翼爲蠡吾侯，桓帝建和二年封弟顧爲平原王，〔三〕至獻帝時國除。曹魏黄初三年又爲國，封皇子叡爲平原王，七年叡入爲皇太子。晉武帝泰始元年亦爲國，封叔父幹爲平原王。後魏又改爲郡，仍自平原移理今聊城界畔城；文帝太和中于今州東南三十里安德故城置安德郡，平原縣屬焉。隋開皇三年罷郡，以平原屬冀州；九年于今安德復置德州，平原復屬焉。大業三年罷州，爲平原郡。唐武德四年平竇建德，復置德州，領安德、般、平原、長河、將陵、平昌六縣；其年置總管府，管博、德、棣、觀四州。貞觀元年廢都督府，割滄州之滴河、厭次來屬；十七年廢般縣，以滴河、厭次二縣屬棣州，又以廢觀州之蓨縣、安陵來屬。天寶元年改爲平原郡。乾元元年復爲德州。

元領縣八。今五：安德，平原，德平，將陵，安陵。一縣割出：蓨縣。入冀州。二縣廢：長河，併入將陵。歸化。爲鎮。

州境：東西一百九十五里。南北二百十九里。

四至八到：西南至東京九百五十里。西南至西京一千一百九十里。西南至長安二千五百里。東至棣州二百四十里。南至博州二百六十里。西至冀州二百十五里。正北微東至滄州二百四十里。正南微東渡河至齊州二百四十五里。西南至貝州二百三十里。西北至冀州三百三十里。

户：唐開元户六萬一千七百七十。皇朝户主一萬一千三百五十六，客三千五百六十八。

風俗：同冀州。

姓氏：平原郡六姓：師、雍、芮、義、華、東方。

人物：〔四〕管輅，字公明，平原人。精易學，通占相之術，言輒奇中。〔五〕劉峻，字孝標，平原人。著辨命論。王烈，平原人。〔六〕劉訏，字彦度，平原人。號玄貞處士。〔七〕高詡，平原人。明僧紹。字承烈，平原人。累辟不就，齊高帝賜竹根如意、筍籜冠。〔八〕

土産：貢綾，蛇牀子。賦：綿、絹。

安德縣，舊二十八鄉，今四鄉。本漢安德縣也，屬平原郡。後魏屬安德郡。隋開皇三年廢郡，屬冀州，九年改隸德州。

黄河，南去縣八十里。

滴水，在縣西南八十里。

鬲津枯河，在縣西南七十里。〔九〕禹貢兖州「九河既道」，鬲津即九河之一，自鬲津至徒駭二百餘里，今雖移，不離此城也。

馬頰河，在縣南五十里。

鹿角故關，在縣東七十五里。

故鬲城。郡國縣道記云：「古鬲國，鄎姓，咎陶之後。漢爲縣。高齊天保七年併入安德。廢城在今縣西北。」

東方朔祠，在縣東四十里。係祀典，唐大曆中，刺史顔真卿重鐫夏侯湛讚碑，見存。

平原縣，西南四十六里。舊十八鄉。本漢舊縣，屬平原郡，後屬平原國。〔一〇〕後魏屬安德郡。隋開皇三年罷郡，屬冀州，九年改隸德州。

王莽枯河，北流經漢平原故城。〔一一〕

黄河，在縣南五十里。

故鄃城，在縣西。後漢初分户又立靈縣，〔一二〕尋併靈爲鄃，封馬武爲侯，即此地。至後魏省鄃。今故城存。

繹幕故城，〔一三〕漢縣，在今縣西北二十里故城是也。高齊省入平原縣。按郡國志云：「殷至祖乙時，置驛于此。」

管輅祠，在縣西南一里。

德平縣，東北八十里。舊二十三鄉。本漢平昌縣，屬平原郡，故城在今縣西南三十里，即漢理所。後漢改爲西平昌。後魏永熙二年又除「西」字，移于今縣東南廢平昌縣城，高齊天保七年又移于今理。隋開皇三年改屬滄州，十六年屬德州。今爲德平縣。

馬頰河，在今縣南十里。唐久視元年開決，又名新河。

故般城，漢縣，廢城在今縣東北二十五里。高齊天保七年省。隋開皇十六年又置般縣于今平昌縣西南三十里漢平昌城内。貞觀十年被水漂毁，又移于漢平昌城東北十四里，今縣西南六十里築城，以置百姓，十七年廢。

重平故城，在縣西北三十里。漢爲縣，後漢省。今有故城存。後魏宣武帝景明三年復置，〔一四〕高齊天保七年省併入平昌縣。

將陵縣，北五十里。舊八鄉，今□鄉。本漢安德縣地，屬平原郡。隋開皇十六年于此置將陵縣，取安德縣界將陵故城爲名，屬德州。

鬲津枯河，在縣北二十里。

王莽枯河，在縣東十里。

廢長河縣，在州西北五十里，舊十五鄉。本漢廣川縣也，〔一五〕屬信都國。後漢屬清河國。魏封裴秀廣川侯。高齊省。隋開皇六年復置，屬冀州，九年改隸德州。仁壽元年改廣川縣爲長河縣。今併入將陵。

漳河水，自貝州漳南縣界流入，西去縣二十五里。

永濟渠，在縣西十里。

張公故關，在縣東南七十里。

安陵縣，西北一百里。舊二十鄉，今□鄉。〔一六〕本漢蓨縣地，屬渤海郡，〔一七〕漢立安縣，〔一八〕舊地理書但云蓨縣，並失安縣理所，今縣東七里晉所置東安陵縣城，即漢安縣舊理也。後魏省「東」字。今微有遺址。高齊天保七年省。隋開皇六年又分東光縣于今縣東二十二里新郭城再置，今安陵故縣是也。大業二年廢。唐武德四年復立，〔一九〕貞觀十七年廢觀州，與蓨縣同隸德州。永隆二年移于柏杜橋，〔二〇〕即今理。

福城。唐元和二年，〔二一〕横海軍節度使鄭權奏：「德州安德縣渡黄河，南鄰齊州臨邑縣，有灌家口草市，頃者，成德軍于市北十里築城，名福城。城緣隔黄河，與齊州臨邑縣對岸，又居安德、平原、平昌三縣界，疆境闊遠，易動難安，請于此置縣，以歸化爲名。」詔從之。今廢爲鎮。

棣州

棣州，樂安郡。今理厭次縣。禹貢兖州之域。郡國志云：「本青州界。」星分危宿四度。春秋時屬齊，賜太公履，北至于無棣是也。秦併天下，爲齊郡。漢爲平原、渤海、千乘三郡地。後漢爲平原郡、樂安國地。晉又爲樂安、樂陵二國之地。宋併樂安爲樂陵郡。後魏又分樂陵爲二郡。隋開皇中于郡理置厭次縣，屬渤海郡，又于陽信縣置棣州。大業二年州廢，縣隸滄州，仍自饒安縣移滄州于陽信縣爲理。唐武德四年置棣州，領陽信、樂陵、滴河、厭次四縣，治陽信；八年併入滄州。〔二二〕貞觀十七年復置棣州于樂陵縣，領厭次、滴河、陽信三縣，又割淄州之蒲臺隸焉，而樂陵屬滄州。天寶元年改爲樂安郡。乾元元年復爲棣州。

元領縣五。今三：厭次，滴河，陽信。二縣割出：蒲臺，渤海。已上二縣入濱州。

州境：東西三百四十九里。南北一百四十二里。

四至八到：西南至東京一千一百里。西南至西京一千四百三十里。西南至長安二千二百九十里。東至濱州八十里。西至德州二百里。南至淄州一百八十里。北至滄州二百七十里。東南至青州二百四十里。西南至齊州二百五十里。東北至濱州渤海縣界四十里。西北至滄州二百三十里。

户：唐開元户二萬五千五百四十五。皇朝户主一萬五千六百八十五，客四萬四百九十三。

風俗：同滄州。

人物：東方朔。平原厭次人。〔二三〕

土產：貢絹，地出絲蠶。

厭次縣，舊一十二鄉，〔二四〕今四鄉。本漢富平縣也，屬平原郡。後漢明帝更名厭次，則厭次前已廢矣。相傳秦皇東遊厭氣，至碣石，次舍于此，因爲名。曹魏屬樂陵國。晉樂陵理于此，〔二五〕泰始元年封石苞爲公。後魏又徙厭次理馬嶺城，即今陽信縣東馬嶺城是也。高齊天保七年省。隋開皇十七年于此復置，屬滄州。唐武德四年屬棣州。

邵城。郡國志云「後爲厭次城」是也。有東方朔冢存。即晉邵續屯兵此城，石虎擒之，因名邵平城，後即單呼邵城。

黄河，在縣南三里。

滴河，在縣四十里。〔二六〕

通海故關，在縣西南四十里。〔二七〕

滴河縣，西南六十里。〔二八〕舊十鄉，今三鄉。本漢枊縣也，屬平原郡。後漢省。隋開皇十六年于枊故城置滴河縣，以縣南滴河爲名，〔二九〕屬滄州，改屬棣州。唐貞觀元年改隸德州，十七年還棣州。

馬頰枯河，在縣北二十里。

滴河，在縣北十五里。漢成帝鴻嘉四年，河水泛溢爲害，河隄都尉許商鑿此河通海，〔三〇〕故以「商」字爲名，後人加「水」焉。按水經注：「滴河水從縣界流經富平故城北，分爲二，南水謂之長叢溝，北水謂之百薄瀆，東北俱注于海。」〔三一〕

黄河，在縣南十八里。

陽信縣，北六十里。舊十四鄉，今六鄉。本漢舊縣地，屬渤海郡，縣在河曲之中。魏屬樂陵國。晉東海王越斬汲桑于此。後魏屬樂陵郡。隋開皇三年罷郡，屬滄州，十七年于陽信置棣州。〔三一〕唐武德六年省州，以縣屬滄州。後唐同光三年割屬棣州。

瑗城，漢縣，故城在今縣東北五里。又名運城是，〔三二〕後漢省，廢城存。

富平故城，漢縣，廢城在今縣東三十里富平故城是也。〔三三〕今名邵城。按十六國春秋云：「内黄人邵續自號冀州刺史，屯富平城，尋爲石季龍所擒。」即此城。城中有鐵柱，兼有神祠。

千乘、博昌，皆漢之縣名，有廢城，俱在邑界。

鉤般河，在縣北四十里。即九河之一也。

濱州

濱州，今理渤海縣。本贍國軍，周顯德三年三月升爲州，〔三五〕仍割棣州之渤海、蒲臺兩縣屬焉。

領縣二：渤海，蒲臺。

州境：東西二百二十里。南北一百三十八里。

四至八到：西南至東京一千一百二十一里。西南至西京一千六百九十里。西南至長安二千三百八十里。東至海一百八十里。西至棣州界四十里。南至淄州一百九十七里。〔三六〕北至滄州界八十里。東南至青州界一百八十里。西南至棣州八十里。東北至滄州界七十里。西北至滄州界二百六十里。

户：舊户載棣州籍。皇朝户主九千一百八十五。

風俗：同棣州。

人物：無。

土産：同棣州。

渤海縣，舊十鄉，今五鄉。〔三七〕本隋蒲臺縣地，唐垂拱四年分置渤海縣，以在渤海之濱爲名。天寶五年以地土鹹鹵，自舊縣西移四十里，就李丘村置，即今理。

大海，在縣東一百六十里。

舊黄河，在縣西北六十里。景福二年後河水移道，今枯。

蒲臺縣，東南二十五里，一作五十里。〔三八〕舊一十二鄉，今四鄉。本漢濕沃縣，〔三九〕屬千乘郡。續漢書志無濕沃縣。宋復置濕沃縣，〔四〇〕屬樂陵郡。隋開皇三年改屬滄州，十六年改爲蒲臺縣，取縣北蒲臺爲名。隋末廢。唐武德三年重置，八年改屬淄州。貞觀十七年置棣州，割蒲臺屬焉。

古蒲臺，在縣北四十四里。〔四二〕秦始皇築之，以望海，祀蓬萊宮，乃于臺下縈蒲繫馬。蒲生盤如繫馬之狀，在縣北二十五里。〔四三〕此臺割入渤海縣界，縣因此臺以爲名。

黄河，西南去縣七十里。

大海，在縣東一百四十里。海畔有一沙阜，高一丈，周迴二里，俗呼爲鬬口淀，是濟水入海之處，海潮與淀相觸，〔四三〕故名。今淀上有井可食，〔四四〕海潮雖大，淀終不没，百姓于其下煮鹽。

卷六十四校勘記

〔一〕漢高帝分齊郡置平原郡　周振鶴西漢政區地理：「平原郡，漢志云高帝置，不可信，王國維已經指出。該郡只能置于景帝三年至武帝元朔二年間，因爲元朔三年起，平原郡已開始接納濟北王子侯國。而景帝四年後未聞濟北國有削地之事，故濟北分平原的最適當時間，只能在景帝三、四兩年。景帝三年六月，吴楚之亂才平，時距年底僅有三個月，大約未及重新疆理郡界，只能先收奪叛國之支郡，及就原有郡更徙諸侯王，翌年才能從容分置新郡，故頗疑平原郡置於景帝四年徙衡山王勃王濟北之前。」

〔二〕子德嗣德無子　按後漢書卷五五平原懷王勝傳：「平原王勝，延平元年封，立八年薨，無子，鄧太后立樂安夷王寵子得爲平原王，奉勝後。」同書卷河間孝王開傳：「永寧元年，封開「子德爲安平王，奉樂成王黨祀」。」此誤以平原王得爲安平王德。

〔三〕建和二年封弟顧爲平原王　「顧」，後漢書卷七桓帝紀同，爲「碩」字之誤；同書卷五五河間孝王開傳作「碩」，此「顧」爲「碩」字之誤。

〔四〕人物　萬本、中大本、庫本人物下首列有：「東方朔，平原厭次人。禰衡，平原人。」按厭次縣，唐宋爲棣州治，故底本東方朔列於棣州，萬本、中大本、庫本皆誤。

〔五〕字公明至言輒奇中　萬本、庫本只注「平原人」，無它注文。

〔六〕王烈平原人　「烈」，底本作「刊」，庫本同，萬本作「烈」。按三國志卷一一魏書管寧傳：「聞公孫度令行於海外，遂與邴原及平原王烈等至于遼東。」嘉慶重修一統志卷一六四濟南府：「三國魏王烈，平原人。」此「刊」爲「烈」字之誤，據改。

〔七〕劉訏字彦度平原人號玄貞處士　萬本、庫本皆無。

〔八〕明僧紹至筍籜冠　「明」，底本作「胡」，按南齊書卷五四、南史卷五〇明僧紹傳所載事蹟，與本書記載合，此「胡」乃「明」字之誤，據改。萬本、庫本皆無明僧紹傳略。

〔九〕在縣西南七十里　「西南」，萬本、庫本皆作「南」，同元和郡縣圖志卷一七德州。

〔一〇〕後屬平原國　元和郡縣圖志德州作「後漢屬平原國」。按後漢書卷四殤帝紀：延平元年，「封皇兄勝爲平原王。」是年以平原郡爲國。同書卷五安帝紀：建光元年，「貶平原王翼爲都鄉侯。」復改國爲郡。同書卷七桓帝紀：建和二年，「封帝弟碩爲平原王。」郡又復爲國。同書卷九獻帝紀：建安十一年，「齊、北海、阜陵、下邳、常山、甘陵、濟北、平原八國皆除。」並可證後漢延平至永寧，建和二年至建安十年時爲平原國，此「後」下蓋脱「漢」字。

〔一一〕北流經漢平原故城　「平原」，萬本、庫本皆作「平原郡」。按漢書卷二八地理志上，平原郡治平原縣，則二者皆是。

〔一二〕靈縣　「靈」，底本作「陽靈」，中大本同，萬本作「碭」，庫本作「靈」。續漢書郡國志二：清河國靈縣，「和帝永元九年復。」按靈縣，西漢置，漢書地理志上清河郡領有靈縣，是也，東漢初省，和帝永元九年復置，續漢書郡國志記載是也，庫本作「靈」是，底本衍「陽」字，據删，萬本誤。

〔一三〕繹幕故城　「繹」，底本作「驛」，庫本作「馹」，據萬本及漢書地理志上、續漢書郡國志二、晉書卷一四地理志上、魏書卷一〇六地形志上改。

〔一四〕後魏宣武帝景明三年　「景明」，底本作「大明」，萬本、庫本同。按北魏宣武帝無「大明」年號，而有「景明」年號，此「大」當爲「景」字之誤，據改。

〔一五〕本漢廣川縣也　按舊唐書卷三九地理志二：長河縣，「隋於舊廣川縣東八十里置新縣，今治是也。」則長河縣與漢廣川縣非一縣，此「也」蓋爲「地」字之誤。

〔一六〕舊二十鄉今□鄉　萬本、庫本皆作「舊二十三鄉」，傅校同。

〔一七〕本漢蓨縣地屬渤海郡　按漢書卷二八地理志下載，脩縣屬信都國，漢書卷四〇周亞夫傳顔師古注曰：「脩縣在勃海。」

〔一八〕安縣　萬本、庫本皆作「安陵縣」。按漢書地理志上，平原郡領「安，侯國」。水經河水注：大河故瀆「逕安陵縣西，本脩之安陵鄉也。地理風俗記曰：『脩縣東四十里有安陵鄉，故縣也。』」是安即安陵也。

〔一九〕武德四年復立　按舊唐書地理志二：安陵縣，「武德四年置安陵縣，屬觀州」。此「復立」下宜有「屬觀州」三字，才與下文「貞觀十七年廢觀州，與蓨縣同隸德州」相應。

〔二〇〕永隆二年移于柏杜橋　「永隆」，嘉慶重修一統志卷二二河間府引本書作「永徽」，按舊唐書地理志二亦作「永徽」，此「永隆」宜作「永徽」。又「柏」，舊唐書地理志作「白」。

〔二一〕元和二年　「二」，萬本作「三」。按舊唐書卷一六二鄭權傳：元和十三年，「遷德州刺史、德棣滄景節度使。時朝廷用兵討李師道，權以德、棣之兵臨境，奏于平原、安德二縣之間置歸化縣，以集降民。」則此「二」爲「十三」之脱誤。

〔二二〕八年併入滄州　「八年」，新唐書卷三八地理志三同，舊唐書卷三八地理志一作「六年」。

〔二三〕東方朔平原厭次人　萬本、中大本、庫本皆列於德州人物，參見本書本卷校勘記〔四〕。萬本、中大本、庫本皆列：「任昉，樂安人，與沈約同爲一代詞宗。」傅校同。

〔二四〕舊一十二鄉　「一十二」，萬本、庫本皆作「二十」，傅校同。

〔二五〕晉樂陵理于此　「樂陵」，萬本同，庫本作「樂陵郡」。晉書卷一四地理志上樂陵郡首縣厭次，爲樂陵國治，則應作「樂陵國」，才合。

〔二六〕在縣四十里　萬本作「在縣南四十里」，庫本作「在縣西十里」。按水經河水注：商河東北逕平昌故城（今山東商河西北）南，般縣故城（今樂陵市西南）南，又東逕樂陵縣故城（今樂陵市東南）南，又東逕朸鄉縣故城（今惠民西）南，又東北逕馬嶺城（今惠民東）西北。則商河流逕唐滴河縣（今商河縣）北、厭次縣（今惠民縣東南）西北和「北」，此「縣」下蓋脱「西北」或「北」字，萬本作「南」，同元和郡縣圖志卷一七棣州，疑誤。庫本作「西十里」，亦誤。

〔二七〕在縣西南四十里　「西南」，底本脱，據萬本、傅校及元和郡縣圖志棣州補。

〔二八〕西南六十里　元和郡縣圖志棣州滴河縣：「東北至州八十里。」按唐棣州治厭次縣，在今惠民縣東南，滴河縣即今商河縣，東北至棣州里距，元和志記載是。

〔二九〕以縣南滴河爲名　按本書下文云「滴河在滴河縣北十五里」，元和郡縣圖志同，按水經河水注記，滴河逕流，與本書及元和志記載合，參見本卷校勘記〔二六〕，此「南」蓋爲「北」字之誤。

〔三〇〕許商鑿此河通海　「此」，底本作「北」，萬本、庫本同，據傅校及元和郡縣圖志棣州改。

〔三一〕南水謂之長叢溝北水謂之百薄瀆東北俱注于海　「南」，底本作「東」，庫本同，據萬本及水經河水注改。「俱」，庫本同，萬本作「流」。按水經河水注：「商河分爲二水，「南水謂之長叢溝，東流傾注于海。……北水世又謂之百薄瀆，東北流注于海水矣。」此云「東北俱注于海」，不合。

〔三二〕十七年于陽信置棣州　按隋書卷三〇地理志中作「開皇六年置棣州」，本書棣州總序作「開皇中置」。

〔三三〕又名運城是　萬本、庫本「又」皆作「一」，無「是」字，嘉慶重修一統志卷一七六武定府引本書同。

〔三四〕廢城在今縣東三十里富平故城是也　「東」，萬本、庫本皆作「東南」。史記卷一二六滑稽列傳正義引括地志：「富平故城在滄州陽信縣東南四十里，漢縣也。」此「東」下蓋脱「南」字。

〔三五〕周顯德三年三月升爲州　「三月」，舊五代史卷一五〇郡縣志作「六月」。

〔三六〕南至淄州一百九十七里　「九十七」，萬本、庫本皆作「八十」。

〔三七〕今五鄉　「五」，萬本、庫本皆作「九」。

〔三八〕東南二十五里一作五十里　萬本、庫本皆作「東南五十里」。按續山東考古録卷九濱州：「蒲臺縣故城，在東南二十五里，今蒲臺鎮。寰宇記：『蒲臺縣，濱州東南二十五里』，又云『一作五十里』，非是。」

〔三九〕漢濕沃縣　「濕」，漢書地理志上作「溼」，魏書地形志上亦作「濕」，水經河水注作「漯」，按作「漯」是。

〔四〇〕宋復置濕沃縣　按宋書卷三六州郡志二：樂陵郡溼沃縣，「前漢屬千乘，後漢無。何云魏立，當是魏復立也。晉太康地志屬樂陵。」則三國魏復置，此云「宋復置」，蓋誤。

〔四一〕在縣北四十四里　「四十四」，萬本、中大本、庫本皆作「四十」。按元和郡縣圖志棣州作「三十」，此後一「四」字疑衍。

〔四二〕在縣北二十五里　萬本以此爲衍文而删，庫本作「東去海二十五里」，恐非。

〔四三〕海潮與淀相觸　「淀」，中大本同，萬本、庫本皆作「濟水」。按元和郡縣圖志棣州亦作「濟」，此「淀」蓋爲「濟」字之誤。

〔四四〕今淀上有井可食　「井」，庫本同，萬本作「甘井」，同元和郡縣圖志棣州。

太平寰宇記卷之六十五

河北道十四

滄州

滄州，景城郡。今理清池縣。禹貢冀、兖二州之域，禹貢曰：「濟、河惟兖州，九河既道。」孔注曰：「河水分爲九道，在此州界。」虞舜及周爲幽州之域。春秋時屬齊、晉。七國時屬燕、齊二國之境，又爲燕、趙、齊三國之域。秦併天下，以齊地置齊郡，以趙地置鉅鹿郡，以燕地置上谷郡，爲三郡之地。漢高帝五年又分三郡之地置渤海郡，〔一〕理浮陽，後漢移理南皮，曹魏不改。晉武泰始元年封安平王孚子輔爲渤海王。宋文帝元嘉中改置樂陵郡，孝武以其地廣，分其地又置渤海郡。後魏初改渤海郡爲滄水郡；太安四年郡移理今東光縣城，尋又省，復爲渤海郡。至熙平二年分瀛州、冀州置滄州，取滄海爲名，領浮陽、樂陵、安德三郡，理饒安，即今饒安縣東千童故城是也，其浮陽郡理今浮陽縣。高齊及後周，渤海郡猶理東光，浮陽郡猶理浮陽。隋初，三郡皆廢爲縣，以元渤海所領縣屬冀州，以浮陽所領縣屬滄州，又以廢樂陵郡之屬縣並屬滄州；十六年于長蘆縣置景州，于陽信縣置棣州。大業二年廢景、棣二州，以二州元屬縣屬滄州，仍自饒安移州理于陽信縣；三年罷州爲渤海郡，仍理陽信；十二年爲賊所逼，郡因徙理清池。唐武德元年改爲滄州，領清池、饒安、無棣三縣，治清池；其年移治饒安；四年平竇建德，分饒安置高津縣；五年以清池屬東鹽州；六年以觀州胡蘇縣來屬，州仍徙治之；其年又省棣州，以滳河、厭次、陽信、樂陵四縣來屬。貞觀元年以瀛州之景城，廢景州之長蘆、南皮、魯城三縣，廢東鹽州之鹽山、清池二縣，並來屬，又以滳河、厭次二縣屬德州，以胡蘇屬觀州，仍移州治于清池，又省高津入樂陵，省無棣縣入陽信；八年復置無棣縣；十七年以廢觀州之弓高、東光、胡蘇來屬，割陽信屬棣州。天寶元年改爲景城郡。乾元元年復爲滄州。舊爲横海軍節度，唐末改爲義昌軍。梁乾化二年改爲順化軍。後唐復爲横海軍。皇朝因之。

元領縣九。今七：清池，樂陵，南皮，景州割到。無棣，饒安，鹽山，臨津。景州割到。二縣廢：長蘆，併入清池。乾符。併入清池。〔三〕

州境：東西三百六十二里。南北三百一十二里。

四至八到：西南至東京一千二百里。西南至西京一千三百六十里。西南至長安二千二百二十里。東至大海一百八十里。正南微西至德州二百四十里。正西微北至瀛州二百里。北至乾寧軍九十里，至幽州五百七十五里。東南至棣州二百五十里。西南至冀州二百九十里。西北至莫州二百六十里。東北至海口二百五十里，又至平州五百里。

户：唐開元户十二萬四千二十四。〔三〕皇朝户主二萬二千三百七十五，客二萬七千三百一十五。

風俗：滄州，古渤海之地，屬趙分居多。漢書云：「渤海，趙之分野。趙地薄人衆，丈夫相聚遊戲，悲歌慷慨，起則椎剽掘冢，作姦巧，多弄物，爲倡優。」十三州志云：「渤海風俗鷙戾，高尚氣力，輕爲奸宄。」

人物：茅焦，齊人。説秦王迎母。〔四〕　雋不疑，字曼倩。〔五〕　鮑宣，字子都，高城人。〔六〕　王修，字叔治，南皮人。藏書數百卷。〔七〕　石苞，字仲容，南皮人。官大司馬，封樂陵郡公。〔八〕　石崇，字季倫。苞子。〔九〕　刁協，字景純，滄州人。官尚書左僕射。　刁雍，〔一〇〕　唐袁恕已，滄州東光人。誅張易之，封南陽郡王。　賈躭。南皮人。拜相。著郡縣十道記。〔一一〕

土産：鹽，綿，絹，綾，五色柳箱，莞蓆，水葱蓆，〔一二〕細文葦簟，糖蟹，鱧鮬，〔一三〕牡蠣，蜃蛤，兔毫。

清池縣，舊三十鄉，今十三鄉。本漢浮陽縣，屬渤海郡，以在浮水之陽，故名。隋開皇十八年改爲清池縣，因縣東南仵清池爲名。

浮水，源自東光縣南界永濟渠分出，東北流經州理南十里，又北經州城東一里，又東北入于海，故土地十三州志云：「浮水所出，東入海。」

徒駭河，九河之一，與清池相接。

永濟河，在縣西三十里。自南皮縣入乾寧軍，〔一四〕今亦呼爲御河。

迎河，在縣西南二十三里。從南皮來。輿地志云：「南皮北有迎河，分漳河入浮水。」

毛河，在縣西南五十七里。從南皮來。輿地志云：「毛河、漳水，各分從毛州來，又呼爲棣河。」

仵清池，在縣東南十九里。其水澄味鹹，未嘗枯涸。輿地志云：「浮陽城南有大連淀，〔一五〕魏延興二年水溢注，破仵清村，因以爲池。池内時有鯔魚，言與海潛通。」

滄州舊城。唐貞元十三年增築外城，東南隅先有古墓，高二丈，人莫知其名，因掘得銘，銘記云是六國時趙武靈王墓，遂置祠祭。

劉炫碑。後周人，居此。炫博通經史，後學之人爲立碑，見存。

廢長蘆縣，州西北四十四里。本漢參户縣，今縣西北四十六里有參户故城是，後漢省，俗亦謂之木門城。按本縣理即周宣帝大象二年於參户故城東南置長蘆縣，屬章武郡。隋初于今縣西北三里置漳河郡，以縣屬焉；三年罷郡，仍移縣于郡界，屬瀛州；十六年于縣置景州。大業三年廢。唐武德四年又于此置景州。貞觀初省，以縣屬滄州。縣元在永濟渠西，開元十四年，大雨，城邑漂沈；十六年移于永濟渠東一里，即今縣是也。皇朝乾德二年割入清池縣。

長蘆水，在舊縣西南五里。按水經注：〔一六〕「長蘆水，出洺州列人縣，以其水傍多蘆葦爲名。」

薩摩陂，在縣北。〔一七〕周迴五十里，民有蒲魚之利。

中邑，漢縣。高后封吕相朱進爲侯，王莽改曰檢陰。後漢省併浮陽。舊地理書並失其所在，即今縣地是也。

盟亭。郡國志云：「長蘆縣有盟亭，即爲燕、齊之界。」〔一八〕

五壘城，在縣西南二里。輿地志：「漢宣帝封河間獻王子雍爲景城侯，五子分居城中，俗呼爲五壘城。」

古木門城，在縣西北四十六里。春秋襄公二十七年：「衛侯之弟鱄出奔晉，託于木門。」蓋此城也。輿地志云：「中有大樹，因名木門。」

參户侯陵，在縣西北三十六里，高一丈。漢書：「河間獻王子免封參户侯。」

廢乾符縣，在州北一百里。本漢章武縣地，屬渤海郡，今縣東南鹽山縣西北章武故城是也。後魏于今縣理置西章武縣，高齊省。隋開皇十六年又于西章武故城置魯城縣，遥取長蘆縣北平虜城爲名，仍改「虜」爲「魯」者，蓋惡「胡」、「虜」之字也，屬景州。唐貞觀元年廢景州來屬。乾符元年，縣東北有野稻、水穀，連接二千餘頃，東西七十里，南北五十里，北至燕，南及魏，悉來掃拾，俗稱聖米，甚救濟民；〔一九〕至二年勅改爲乾符縣。周顯德二年併入清池縣。

城頭將軍祠，在此縣焉。

平虜渠，在縣南二百步。魏建安中于此穿平虜渠，以通軍漕，北伐匈奴，又築城在渠之左。

大海，在縣東十四里。

衡漳河，在縣西六十里。

故蒲領城。按郡國縣道記：「蒲領，漢縣，在冀州阜城縣北三里蒲領故城是也。後漢併入蓨縣。」又按水經注：「今縣西北六十里漳河西岸，又有北蒲領故城，蓋因漢末黄巾之亂，有蒲領人流寓于此，遂立此城。」後漢既以蒲領故城與蓨相近，足明今縣西北界有此城，非漢縣理所。

麻姑城。郡國志云：「即漢武東巡至此祀麻姑，故有此名。」

樂陵縣，南一百二十五里。舊一十八鄉，今五鄉。本漢縣，屬平原郡。曹魏封曲陽王茂爲樂陵王。後魏初又爲樂陵郡所理，至永平二年又徙縣于今縣東五十里樂陵故城。唐貞觀元年自樂陵故城移縣于今所。

鬲津枯河。爾雅云「九河之一」，在縣西三里。東北流入饒安界入海。

重合城，漢縣，故城在今縣東二百步。漢書有功臣，封重合侯，〔二〇〕即此地。高齊天保七年省。

振陂。〔二一〕後魏太武所築，在今縣西。

燕留城。郡國志云：「即齊桓公割地與燕處。」

馬頰河，在縣東六十里。從滴河縣北界來。輿地志云：「篤馬河，亦馬頰也，爾雅九河也，言馬頰上闊下狹如馬頰也。」

鉤盤河，在縣東南五十里。從德州平昌縣來，河勢曲如鉤盤。〔二二〕

東方朔廟。漢書東方朔：「平原厭次人也。」厭次分爲樂陵郡。

南皮縣，〔二三〕舊十三鄉，今三鄉。本漢縣，屬渤海郡，以章武有北皮亭，此故曰南皮。漢書

「項羽封陳餘爲南皮侯」，魏書云「文帝爲五官中郎將，射雉于南皮」，皆此地也。縣東有觀臺，即袁譚所築，魏武擒譚于此。唐武德元年置景州，以縣屬焉。〔二四〕貞觀十七年州廢，來屬滄州。〔二五〕長慶二年于弓高縣復立景州，以縣屬焉。周顯德二年州廢，縣歸滄州。

曹公固，即漢京兆尹雋不疑葬所。魏太祖因冢爲固，以攻袁氏，因爲曹公固焉。

高樂故城，漢縣，後漢省，故城在今縣東南三十里。今謂之思鄉城，亦謂之西鄉城。

古皮城，在縣北四里。史記「齊桓公北伐山戎」，至此繕修皮革，因築焉。

醮友臺，在縣東二十五里。魏志云：「文帝爲五官中郎將，與吴質重遊南皮，築此臺醮友，故名焉。」又名射雉臺。

雋不疑墓，在縣東南二里，高五丈。漢書：「雋不疑，渤海人也，以明春秋聞，〔二六〕爲青州刺史。」

石苞臺，在縣南一十三里，高二丈。苞，南皮人也。按城冢記云「南皮有石苞墓」，此是也。

尹吉甫墓，在縣西三十里，高三丈。又耆老傳云：「吉甫墓上有樹二根，〔二七〕有墓以來，即有此樹，柯條鬱茂，不覺其老，俗云年長樹。」

寒冰井，在縣西一里。魏志：文帝與元城令吴質書云：「憶昔南皮之遊，誠不可忘。

馳騁北場，旅食南館，浮甘瓜于清泉，沈朱李于寒冰。〔二八〕」即此井是。

無棣縣，東南一百二十里。〔二九〕舊二十三鄉，〔三〇〕今五鄉。古齊之北境，〔三一〕漢陽信縣地，今縣東南三十里陽信故城存，高齊天保七年自此城移于今陽信縣東馬嶺城置。隋開皇六年于今所置無棣縣，取縣南無棣溝爲名。唐貞觀元年併入陽信，八年復置。

馬谷山。與老烏山皆邑之名山。〔三二〕

月明沽，〔三三〕在縣東界。西接馬谷山，東濱海，煮鹽之所。

無棣溝。周禮：「川曰河、泲。」河在今無棣縣。按其溝東流經縣理南，又東流與高津枯溝合而入海。隋末，其溝廢。唐永徽元年，薛大鼎爲刺史奏開之，引魚鹽之利于海，百姓歌曰：「新河得通舟楫利，直達滄海魚鹽至。昔日徒行今跨駟，美哉薛公德滂被。」

黄河，在縣東南一百六十里。東北流經馬谷小山，〔三四〕東南注于海。

千童城。秦始皇遣徐福將童男女千人入海，求蓬萊不死之藥，置此城以居。漢曾爲縣。

蒲紥臺。郡國志云：「始皇東遊海上，於臺紥蒲繫馬，今猶有蒲，似水楊而勁，堪爲箭。」

赤河，在縣西南三百步。自饒安縣來，一百里入海，其水赤渾色。

饒安縣，南九十里。舊十五鄉，今六鄉。本漢千童縣，屬渤海郡。後漢改爲饒安縣，隋因之。唐武德元年移治故千童城，仍移州治于此；六年，州移胡蘇。貞觀十二年移縣治故浮水城，即今理。

鬲津河，在縣南三十里。自樂陵來。

無棣河，一名赤河，在縣北二十五里。〔三五〕

故定城，漢縣，後漢省，在今縣東南四十里廢城。

章鄉城。按郡國縣道記云：「章鄉，漢縣，後漢省併饒安。」又十三州志云：「饒安縣東南二十里有童鄉亭，即故縣，『童』即『章』字相類。章鄉蓋在饒安縣東南二十里童鄉亭。」

古胡蘇河，一名赤河，從胡蘇縣來。

鹽山縣，東六十里。舊二十四鄉，今六鄉。〔三六〕本春秋無棣邑也，漢置高城縣，故城在今縣南四十里。左傳：管仲曰：「昔召康公賜我先君太公履，北至于無棣。」伏琛齊地記：「無棣，今渤海高城縣也，屬渤海郡。」有平津鄉，即漢書「武帝封公孫弘爲侯」，亦此邑。高齊天保七年移于今理。隋開皇十八年改爲鹽山縣，以東南八十里鹽山爲名。

篋山，一名峽山，在縣東南四十里。

闊山，在縣東南九十里。按郡國縣道記云：「此山及鹽山二山並低小，無峯巒樹木。」

大海，在縣東北一百二十里。

屯氏河，在縣城南十步。東北流入海。

浮水。水經注云「浮水東北經高城縣之宛鄉城北」，〔三七〕即過今邑界。

故柳城，在今縣東七十里。漢爲縣，後漢省。一名柳亭城。

漢武臺，在邑界。

鹹土，在縣東七十里。東西南北一百五十里。地帶海濱，其土鹹鹵，海潮朝夕所及，百姓取而煎之爲鹽。

臨津縣，東南一百二十里。〔三八〕舊一十八鄉，今三鄉。本漢東光縣地，漢書地理志云：「東光有胡蘇亭。〔三九〕」隋開皇十六年于此置胡蘇縣，因胡蘇亭爲名。天寶元年改爲臨津縣，屬滄州。

小天台山，〔四〇〕其山在縣界。古傳台星殞而結此山也。

臨樂。〔四一〕漢書云：「武帝封中山靖王子光爲侯，後至玄孫，王莽簒，絶。〔四二〕」改爲樂亭，後漢省。舊地理書並失其所在，蓋今邑界，即其地也。

東莞，〔四三〕漢爲縣，隋省併入臨津縣。唐開元以前猶有此額，後復廢。

茅焦冢。郡國志云：「秦人，勸始皇與母相見者。」

胡蘇古亭，在縣西南二十三里，〔四四〕在古胡蘇河邊。漢書地理志云「東光有胡蘇亭」，即此也。

歐陽建墓，在縣東南二十七里。建，渤海重合人，石崇之甥，爲郡豪傑也。〔四五〕

卷六十五校勘記

〔一〕漢高帝五年又分三郡之地置渤海郡　西漢政區地理：「漢書地理志云勃海郡高帝置，不可信。文帝二年『取趙之河間立辟疆』（漢書高五王傳），時未聞有勃海之名。漢書地理志河間在鉅鹿東北，勃海更在河間之東，若高帝時趙國已析置勃海支郡，則文帝二年河間置國以後，勢必將勃海隔離于趙國之外，顯然不合情理，所以勃海不可能出現于文帝之前，它只能是文帝十五年河間王𦤎無後，國除以後所分置的新郡。」

〔二〕併入清池　底本作「同」，據萬本、庫本及傅校改補。

〔三〕十二萬四千二十四　萬本作「十一萬四千四十二」，庫本作「十二萬四千四十二」。按元和郡縣圖志卷一八滄州：「開元户九萬八千一百五十七。」此處所載户數同新舊唐書地理志，實爲天寶元年户數。

〔四〕説秦王迎母　庫本同，萬本作「説秦始皇迎母太后」，按事載史記卷六秦始皇本紀。

〔五〕儁不疑字曼倩　萬本、庫本「儁不疑」上皆有「漢」字，無「字曼倩」三字，傅校同。

〔六〕字子都高城人　萬本、庫本皆無此注文。

〔七〕王修字叔治南皮人藏書數百卷　萬本、庫本皆無王修傳略。

〔八〕石苞字仲容南皮人官大司馬封樂陵郡公　萬本、庫本「石苞」上皆有「晉」字，無此注文。

〔九〕石崇字季倫苞子　萬本、庫本皆無。

〔一〇〕刁協至刁雍　萬本作「刁協，曾孫雍」，庫本作「刁協，刁雍」，皆無此注文。

〔一一〕郡縣十道記　萬本同，庫本作「貞元十道録」。據舊唐書卷一三八、新唐書卷一六六賈耽傳，賈耽著有地理書多種，其一貞元十道録，無名「郡縣十道記」者，豈爲「貞元十道録」之别稱哉。

〔一二〕水葱蓆　「蓆」，底本作「布」，據萬本、庫本及嘉慶重修一統志卷二六天津府引本書改。

〔一三〕鱧鮬　「鱧」，底本作「鯉」，據萬本、庫本及元和郡縣圖志滄州、新唐書卷三九地理志二滄州改。

〔一四〕自南皮縣入乾寧軍　底本「縣」下衍「來」字，據萬本、庫本及嘉慶重修一統志卷二一四天津府引本書删。

〔一五〕大連淀　「連」，底本作「運」，庫本同，萬本作「連」。按嘉慶重修一統志卷二四天津府引輿地志（原訛爲「輿地廣記」）作「大蓮池」，讀史方輿紀要卷一三引作「大連淀」，今據改「運」爲「連」。

〔一六〕水經注　萬本、庫本皆作「水經」，中大本缺。按趙一清引作「水經」，見王先謙合校水經注，楊守敬水經注疏引作「水經注」。注下引文，不載於今本水經注。

〔一七〕薩摩陂在縣北　「薩」，底本作「薛」，據萬本、庫本及元和郡縣圖志滄州改。「在縣北」，庫本同，萬本作「在縣北十五里」，同元和志。

〔一八〕即爲燕齊之界　中大本缺，萬本此下有「二國嘗盟於此，故名」八字，嘉慶重修一統志卷二五天津府引本書同，此疑脱。

〔一九〕悉來掃拾俗稱聖米甚救濟民　萬本「悉來」上有「饑民」二字，嘉慶重修一統志卷二五天津府引本書同，此蓋脱。「甚救濟民」，庫本同，萬本作「救濟甚多」。中大本缺。

〔二〇〕漢書有功臣封重合侯　萬本據漢書景武昭宣元成功臣表改爲「漢書：武帝封莽通爲重合侯」。

〔二一〕振陂　「振」，萬本、中大本、庫本皆作「狼」，此「振」蓋爲「狼」字之誤。

〔二二〕河勢曲如鉤盤　庫本及嘉慶重修一統志卷一七六武定府引本書同，萬本作「河水曲如鈎流般桓也」。中大本缺。

〔二三〕南皮縣　此缺佚至滄州方向道里。元豐九域志卷二滄州南皮縣：「州西南六十里。」按唐宋滄州治清池縣，在今河北滄縣東南東關，南皮縣即今縣，此缺佚「西南六十里」五字。

〔二四〕武德元年置景州以縣屬焉　按舊唐書卷三九地理志二：長蘆縣，武德四年，「於此置景州」。南皮縣，「武德四年屬景州」。新唐書卷三九地理志三、本書上文廢長蘆縣皆載武德四年置景州，此疑誤。

〔二五〕貞觀十七州廢來屬滄州　按舊唐書地理志二長蘆、南皮二縣皆載：「貞觀元年廢景州，南皮縣改屬滄州。」此同唐會要卷七一州縣改置下。

〔二六〕以明春秋聞　「明」，萬本同，庫本作「治」。漢書卷七一雋不疑傳：「治春秋，爲郡文學。」則作「治」是。

〔二七〕有樹二根　「根」，萬本、庫本皆作「株」。

〔二八〕沈朱李于寒冰　「冰」，萬本及嘉慶重修一統志卷二五天津府引本書同，庫本作「水」，同三國志卷二一魏書吴質傳裴松之注引魏略。

〔二九〕東南一百二十里　「南」，底本作「北」，萬本、庫本同。按唐無棣縣在今河北鹽山東南慶雲東南五里，元和郡縣圖志滄州無棣縣：「西北至州一百二十里。」是也，此「東北」之「北」爲「南」字之誤，據改。

〔三〇〕舊二十三鄉　「三」字，底本作「二」，據萬本、中大本、庫本及傅校改。

〔三一〕古齊之北境　「古」，萬本、庫本皆作「本」，同元和郡縣圖志滄州，按作「本」是。

〔三二〕老烏山　「烏」，底本作「鳥」，據萬本、庫本、嘉慶重修一統志卷二四天津府引本書及元豐九域志卷二改。

〔三三〕月明沽　庫本同，萬本作「明月沽」。讀史方輿紀要卷一三作「月明沽」，嘉慶重修一統志卷二四天津府作「明月沽」。

〔三四〕東北流經馬谷小山　「馬谷小山」，萬本同，庫本作「馬谷山下」，蓋是。

〔三五〕在縣北二十五里　萬本作「東南四十里」，嘉慶重修一統志卷二四天津府引本書同，此誤。

〔三六〕今六鄉　「六」，中大本同，萬本、庫本皆作「四」。

〔三七〕浮水東北經高城縣之宛鄉城北　「北」，底本脱，據萬本、庫本及水經淇水注補。又「宛」，朱謀㙔水經注箋同，當爲「苑」字之訛，詳王先謙合校水經注、楊守敬水經注疏。

〔三八〕東南一百二十里　按唐、宋初臨津縣在今河北東光東南，位於滄州西南，此「東」蓋爲「西」字之誤。

〔三九〕東光有胡蘇亭　「光」，底本作「莞」，萬本同，庫本作「光」。按漢書卷二八地理志上：勃海郡東光，「有胡蘇亭」。水經淇水注：「清河又東，至東光縣西南，逕胡蘇亭。地理志，東光有胡蘇亭者也。」此「莞」爲「光」字之訛。據改。

〔四〇〕小天台山　「台」，庫本同，萬本及嘉慶重修一統志卷二一河間府引本書作「胎」。按讀史方輿紀要卷一三東光縣：天胎山，縣南十里，「一名天臺山」。

〔四一〕臨樂　庫本同，萬本作「臨樂故城」。

〔四二〕王莽篡絶　按漢書卷一五上王子侯表：臨樂敦侯光，「玄孫廣都嗣，王莽篡位，絶。」此「篡」下宜有「位」字。

〔四三〕東莞　庫本同。按漢書地理志上，東莞縣屬琅邪郡，故址即今山東沂水縣，疑此誤。萬本作「東光故城」，按本書卷六八定遠軍東光縣載有漢東光縣故城，萬本亦誤。中大本作「東苑」，按漢無此縣名。

〔四四〕在縣西南二十三里　「三」，嘉慶重修一統志卷二二河間府引本書作「二」。

〔四五〕爲郡豪傑也　「傑」，萬本、庫本皆作「族」。

太平寰宇記卷之六十六

河北道十五

瀛州　莫州

瀛州

瀛州，河間郡。今理河間縣。禹貢冀州之域。星分畢宿十度。〔一〕虞舜十二州，則爲并州之域。〔二〕在周爲唐叔所封之邑。春秋時屬晉，晉開太行之東，又爲晉東陽之地。七國時三家分晉，爲趙地，亦燕、趙二國之境。秦併天下，爲邯鄲郡地。漢爲河間國，後漢亦如之。魏文帝黄初二年封弟幹爲河間王，〔三〕尋改封樂城縣王。晉永嘉亂後，地没苻、石。後魏太和十一年分定州河間、高陽，冀州章武三郡置瀛州，〔四〕以瀛海爲名，其河間郡自樂城移理于今樂壽縣西一里樂壽亭城置，歷高齊及周，郡不改。隋開皇三年廢郡，置瀛州；煬帝初，州廢爲河間郡。唐武德四年平竇建德，改爲瀛州，領河間、樂壽、景城、文安、束城、豐利六縣，五年又置武垣、任丘二縣。貞觀元年省豐利入文安，省武垣入河間，割蒲州之高陽、鄚，故景州之平舒，故蠡州之博野、清苑五縣來屬，又以景城屬滄州。景雲二年割鄚、任丘、文安、清苑四縣屬鄚州。天寶元年改爲河間郡。乾元元年復爲瀛州。

元領縣六。今四：河間，束城，高陽，景城。景州割到。三縣割出：樂壽，入深州。〔五〕博野，入深州。平舒。入霸州。

州境：東西一百七十里。南北七十一里。〔六〕

四至八到：南至東京一千一百里。西南至西京一千五百五十五里。西南取深州路至長安二千一百九十五里。東至滄州一百八十里。南至冀州二百三十里。西至定州二百八里。〔七〕北至莫州一百八里。東南至德州三百七十里。西南至深州一百五十里。西北至易州三百里。東北至霸州一百九十里。

户：唐開元户九萬八千一十八。皇朝管户主一萬一千三百六十四，〔八〕客四千一百。〔九〕

風俗：同冀州。

姓氏：缺。

人物：漢河間獻王劉德，景帝子。許詢，字玄度，高陽人。有才藻。邢巒，河間莫縣人。邢邵，字子才，任丘人。〔一〇〕少遊洛陽，遇雨，乃杜門讀漢書，五日，悉强記無遺。官太常卿，攝國子祭酒。〔一一〕劉炫，河間人。與劉焯讀書十五年，〔一二〕炫眸子精明，視日不眩，强記默識。左畫圓，右畫方，口講，〔一三〕目數，耳聽，五事同舉，一無遺失。唐齊映，瀛州人。李綱，字文紀，景城人。官拜詹事。〔一四〕李義府，瀛州饒陽人。祖爲梓州射洪縣丞，因家于永泰。劉文房。字長卿，河間人。官隨州刺史。〔一五〕

土產：絲，布，絹，人參，蔓荆子。

河間縣，舊五十一鄉，今九鄉。本漢州鄉縣，屬涿郡，今縣東北四十一里有故州鄉城，〔一六〕即漢理也。漢書云：「武帝時，望氣者云西北有女極貴，遂訪之，得鉤弋夫人於是邑。」後漢省州鄉縣，爲武垣郡地。〔一七〕隋開皇三年罷郡，武垣縣屬瀛州；十六年移武垣縣居其舊城，乃于此置河間縣。

大浦淀，又名大廉陂，在縣西南四十一里。水經注云：「大浦下導陂溝競奔，咸注滹沱，是故人因决入之處，謂之百道口。」蓋有此浦。〔一八〕

滹沱河。輿地志云：「滹沱河在今縣西二十里。」按河經武垣北，後魏太和年中，〔一九〕刺史王質掘直之，楊真改爲清寧河。〔二〇〕此水常有蛟，入五月恒暴，遂變爲人，于岸上與人並行，至懸岸處推與俱下。〔二一〕

乞活城。郡國志云：「太安中，并州刺史、東瀛公司馬騰掠羯胡萬户于山東，賣爲生口，值歲儉難售，〔二二〕恐其有叛，不聽入州郡，築此城以居之，任自乞活。」晉書云「乞活帥陳仵歸晉」，即此地也。

馬領城。秦使蒙恬築以防河水，因地以名之。

故州鄉城，在今郡東北四十里古城是也。漢爲縣，理于此。後漢省併入武垣縣。

東武垣城。西武垣城在今郡西南三十八里有故城存，〔二三〕即秦所置；其故城東微北三十里又有一武垣故城，時人謂之東武垣城，即當今郡南二十五里，蓋因魏武鑿渠引滹沱水，遂移西武垣縣城于此置武垣縣。〔二四〕隋開皇三年又移武垣理州城，此城因廢；十六年改武垣爲河間縣，仍于東武垣故城再置武垣縣。大業二年省。按隋圖經云：「河間東武垣城，即武帝元封元年巡狩至此，望氣者言有異女，使訪之，得趙氏女，兩手拳，上自披之即舒，因築此城，以爲禁衛。今縣西南樓上有夫人神，即鉤弋遺像也。」

三女陵。隋圖經云：「後漢光禄大夫劉儵與竇武謀誅宦官，爲曹節等所害，三女營葬於此，〔二五〕故曰三女陵也。」

欻許勿切。〔二六〕起冢。隋圖經云：「欻起冢，闊百餘步，長六七里，深數丈，云晉永嘉四年十月晝昏，十日方解，冢忽然具成，左右方一里，牛咸疲汗，車皆有土而無轍。」

鮑叔牙冢，在齊桓公城。

毛萇宅。郡人，漢爲博士，今郡有宅冢俱存，今號其處爲毛精壘。

董永冢。漢景帝時孝子，卒葬于此。

傅咸冢。晉之文士，葬于此。

琴高冢。高，河間人也，入涿水三月，乘鯉而出，衣服不濡。

束城縣，東北六十五里。舊二十一鄉，今五鄉。本漢束州縣，屬渤海郡，續漢書屬河間國，今縣東北十四里有束州故城，即漢爲理所。西晉移束州于城南三十五里。魏明帝孝昌二年復理漢故城。高齊天保七年省併文安。隋開皇中置束城縣于今理，因束州爲名。按四夷縣道記云：「其束州故城今有三重，縣城周五六里，故州外城周迴約二十里，迄今宛然不改。」

高陽縣，西北七十里。舊二十一鄉，今三鄉。本漢舊縣，屬涿郡，應劭注云：「在高河之陽。」後魏高陽郡領高陽縣。隋開皇三年罷郡，十六年又于縣理置蒲州，大業中廢州。唐武德四年又置蒲州。貞觀初州廢，以縣隸瀛州。

滹沱河，在今縣東北十四里。

易水，今名南易水，又名雹水，西自易州遂城縣界流入。

王尊冢。隋圖經云：「冢元在武垣城東北隅，爲東郡太守而卒，其柩一夜自歸，今猶

祀之，呼爲東郡河翁神。」〔二七〕

蔡仲冢。九州要記云：「漢南陽太守高陽侯蔡仲冢在城北。仲曉厭勝之術，其冢至今無狐狸之穴。」

聖姑祠。邢子勵記云：「聖姑，姓郝，字女君。魏青龍二年四月下旬，與鄰女採樵于滱、徐二水合流之處，忽有數婦人從水出，皆着連腰裙，若今之青衣，至女君前曰：『東海公聘女君爲婦，故遣相迎。』因敷連茵褥于水中，置女君于茵上，青衣者侍側，順流而下，其家大小皆走往看，惟得涕泣遥望，莫能就。女君怡然曰：『今幸得爲水仙，願勿憂憶！』語訖，風起遂遥，因爲立祠。桓翊以大臣子爲尚書郎，試高陽長，主簿丁馥白縣有聖姑祠，前後守令皆謁而後入，翊曰『何浮言之甚』，遂立杖而教曰：『若祀者有罪。』未經月餘，在廳視事，〔二八〕忽見十餘婦人各持扇從門入，謂翊曰：『今古既殊，何相妨害而斷吾路！』翊性方直，教斷更甚，未經一旬，〔二九〕無病暴卒。今水岸上有郝女君招魂葬處，時人呼爲元姬冢，亦名聖母陵。」

景城縣，北七十二里。〔三〇〕舊十三鄉，〔三一〕今五鄉。漢舊縣，屬渤海郡，後漢省。後魏延昌二年自今縣南二十里徙成平縣來理之。隋開皇十八年改成平爲景城，復漢舊名也。唐大中之後，割屬瀛州。

建成故城，在今縣東南三十里。漢爲縣，後漢省，城尚存。

成平故城，漢縣，在今縣南二十里成平故城是也。後漢屬河間國。後魏徙理景城，因而荒廢。

莫州

莫州，文安郡。今理鄚縣。其地歷代所屬，與瀛州同。漢鄚縣，後魏孝昌三年移理阿陵城。周武帝宣政元年復還今理。唐景雲二年於縣置鄚州，割瀛州之鄚、任丘、文安、清苑，幽州之歸義等五縣屬焉；其年，歸義復還幽州。開元十三年以「鄚」字類「鄭」，改爲「莫」字。天寶元年改爲文安郡。乾元元年復爲莫州。

元領縣六。今三：鄚縣，任丘，長豐。二縣割出：文安，割入霸州。清苑。割入保州。

一縣廢：唐興。併入鄚縣。

州境：東西八十里。南北六十里。

四至八到：南至東京一千一百里。西南至西京一千四百四十五里。南取瀛州路至長安二千二百九十五里。東至大海二百八十里。西至易州界霧山一百七十里。南至瀛州一百八里。北至涿州一百六十里。又北至幽州二百八十里。東南至滄州二百六十里。西南至定州二百五十里。西北至易州一百九十里。東北至平州八百里。

户：唐開元户五萬三千四百。皇朝户主四千五百三十，客六百五十。〔三二〕

風俗：同幽州。

土産：菘蓉，人參。貢：絹。

鄚縣，舊十六鄉，今三鄉。本漢舊縣，屬涿郡。後漢屬河間國。唐于此立郡。史記云：「扁鵲，此地人也。」

滹沱水，東流經縣南二里，至莫州金口分界，東北流入文安縣界。

易水，在縣北二十里。〔三三〕東入文安縣界，合滹沱水。

掘鯉淀，在縣西二十里。俗名掘柳淀。左太冲魏都賦云：「掘鯉之淀，蓋節之淵。」

易京城。郡國志云：「城在鄚縣西北三十里。後漢末，公孫瓚築京以自固，圍塹十二里，以鐵爲門，諸將家家作樓，樓以千計，並高五六丈。尋爲袁紹所攻，其樓皆陷没。」

藺相如冢，在涿鹿山東，〔三四〕即屬郡界也，涿水出焉，東入海，昔黄帝戰蚩尤于此山。

韓嬰冢。輿地志云：「韓嬰，燕人，漢爲常山太傅，作詩内外傳。」

濡水，在縣西二十里。向東合易水。左傳「齊侯伐北燕，盟于濡上」，即此是也。蓋秋所出。〔三五〕

廢鄚縣城，在縣東北三里。邢子顒三郡記云：「顓頊所造。」

高郭故城，在縣西南二十六里。漢書「宣帝封河間獻王子蘁音藹。〔三六〕爲高郭侯」，此城是也。滹沱河經高郭城南面東流過後，稱裹角城，〔三七〕以水裹其角而過。

閭丘臺，在縣南十六里。漢書：「閭丘壽王，涿郡高陽人也。」耆老傳云：「此臺是閭丘壽王讀書之處。」〔三八〕

廢唐興縣，在縣西北五十里。本漢高陽縣地，舊名葛鄉城，一名依城。唐如意元年析河間縣置武昌縣，隸瀛州。至神龍初改爲唐興縣，景雲二年改屬鄚州。〔三九〕石晉改爲宜川縣，〔四〇〕後復舊。周顯德六年併入鄚縣。

任丘縣，南四十三里。舊十九鄉，今四鄉。本漢鄚縣地，屬涿郡。隋初廢，〔四一〕至開皇十六年又置，大業末又廢。唐武德五年置，復舊名，屬瀛州。景雲中自瀛州隸莫州。

狐狸淀，在縣西北二十里。水經注云：「鄚縣東南隅水有狐狸淀，俗亦謂之掘鯉淀，非也。」按淀中有蒲柳，多葭葦。

滱水枯瀆，在縣西一里。

故阿陵城，〔四二〕在縣東北二十里阿陵故城是。後漢省。後魏曾徙鄚縣理此，周武帝宣政元年廢。〔四三〕

神臼。邢子顒三郡記云：「縣南三十里有一石臼，受物一石二斗，昔有沙門移之至市，〔四四〕經宿，血滿其中，乃移舊處，復淨如人掃。」今見存。

任丘古城，在縣南二十六里。三郡記云：「漢元始二年，巡檢海使、中郎將任丘築此城，以防海寇，即以爲名。至後漢桓帝崩，無子，太后使太尉竇武詣河間迎靈帝，乃居此城，〔四五〕羣臣至此朝謁，又謂之謁城。」

長豐縣，東六十里。舊十鄉，〔四六〕今四鄉。本秦、漢之利豐縣也，高齊天保中遂廢。至唐開元十年，〔四七〕於文安縣南三十里復立利豐縣，又以縣北有長豐渠，遂改名曰長豐，仍析文安、任丘之二鄉以實之，〔四八〕今理所是也。

長豐渠，自縣西南從瀛州束城縣界入城西北，〔四九〕與古漕河合。

卷六十六校勘記

〔一〕星分畢宿十度　「十」，萬本、庫本皆作「一」，傅校同。

〔二〕虞舜十二州則爲并州之域　庫本同，萬本無此文。

〔三〕魏文帝黄初二年封弟幹爲河間王　「二」，三國志卷二〇魏書趙王幹傳作「三」，此「二」蓋爲「三」字之誤。

〔四〕太和十一年分定州河間高陽冀州章武三郡置瀛州　萬本、庫本皆無「章武」二字，「三郡」作「四郡」。按魏書卷一〇六地形志上：「瀛州，太和十一年分定州河間、高陽，冀州章武、浮陽置。」此「章武」下脱「浮陽」二字，「三」爲「四」字之誤。

〔五〕入深州　「深」，底本作「海」，萬本、庫本同。按本書卷六三深州領樂壽縣，云「瀛州割到」。新唐書卷三九地理志三：深州樂壽縣，「本隸瀛州，大曆中來屬，元和十年復隸瀛州，後又來屬。」此「海」當爲「深」字之誤，傅校改，據改。

〔六〕南北七十一里　萬本、庫本皆無「一」字。

〔七〕西至定州二百八里　「八」，萬本、庫本皆作「八十」，傅校同。按本書卷六二定州：「東至瀛州二百八里。」通典卷一七八州郡八：「河間郡（瀛州）西至博陵郡（定州）二百八里。」萬本、庫本誤。

〔八〕皇朝管户主一萬一千三百六十四　「管」，底本無，庫本同，據萬本補。「一千」，萬本作「六千」，庫本作「八千」。

〔九〕四千一百　「四」，萬本、中大本、庫本皆作「三」。

〔一〇〕任丘人　按北史卷四三邢卲傳，卲，爲巒族弟，河間鄚人，此云任丘人，互異。

〔一一〕邢卲至攝國子祭酒　萬本、庫本皆無邢卲傳略。

〔一二〕與劉焯讀書十五年　「十五年」，萬本同，庫本作「十年」。按北史卷八二、隋書卷七五劉炫傳並載：「與信都劉焯閉户讀書，十年不出。」則庫本是。

〔一三〕口講　「講」，萬本同，庫本作「誦」，同北史、隋書劉炫傳，則「誦」是。

〔一四〕李綱字文紀景城人官拜詹事　萬本、庫本皆無李綱傳略。按舊唐書卷六二、新唐書卷九九李綱傳並載，觀州蓨人，此云景城人，互異。

〔一五〕劉文房字長卿河間人官隨州刺史　萬本、庫本皆無劉文房傳略。

〔一六〕今縣東北四十一里有故州鄉城　「四十一」，本書下列故州鄉城條作「四十」。

〔一七〕爲武垣郡地　按輿地廣記卷一〇：河間縣，「本漢州鄉、武垣縣地，屬涿郡，後漢省州鄉入武垣。」本書下列州鄉城條云：漢縣，「後漢省併入武垣縣」。續漢書郡國志二，河間國領有武垣縣，後漢之後也無「武垣郡」之設置。魏書卷一〇六地形志上，河間郡首縣武垣，嘉慶重修一統志卷二二河間府武垣故城：「後魏太和十一年，自樂成移河間郡來治。」據此，北魏移河間郡治武垣縣，此「郡」蓋爲「縣」字之誤，或「武垣郡」爲「河間郡」之誤。

〔一八〕蓋有此浦　萬本無此文，庫本作「北有浦」，誤。

〔一九〕後魏太和年中　「年中」，底本作「□年」，據萬本補改。庫本及嘉慶重修一統志卷二一河間府引本書作「太和中」，即「太和年中」也。

〔二〇〕楊真改爲清寧河　萬本「楊真」上有「後刺史」三字。

〔二一〕遂變爲人于岸上與人並行至懸岸處推與俱下　「遂」，底本作「逆」，據萬本、庫本及太平御覽卷六四改。「岸」，底本作「崖」，據萬本、庫本、傅校及太平御覽改。

〔二二〕值歲儉難售　「歲」，底本脱，據萬本、嘉慶重修一統志卷二二河間府引本書及傅校補。

〔二三〕東武垣城西武垣城在今郡西南三十八里有故城存　萬本作「武垣故城，在郡西南三十八里有故城存」，庫本但作「武垣」，無「故城」二字，下同，嘉慶重修一統志卷二二河間府引本書作「武垣城有二，西武垣故城，在今郡西南三十八里」。按參核上下文，宜從清統志所引。

〔二四〕遂移西武垣縣城于此置武垣縣　庫本同，萬本作「遂自西移武垣縣城于此」，嘉慶重修一統志河間府引本書作「遂自西武垣移縣于此」。按宜從清統志所引。

〔二五〕後漢光禄大夫至營葬於此　「儵」，底本作「儵」，下注「音由」，據萬本、嘉慶重修一統志卷二二河間府引本書及後漢書卷六九竇武傳改删。又「於此」二字，底本脱，庫本同，據萬本及嘉慶重修一統志引本書補。

〔二六〕欻許勿切　「欻」，萬本同，庫本作「欻」。「許勿切」，萬本、庫本皆無此三字，傅校從删。

〔二七〕呼爲東郡河翁神　「河」，庫本同，萬本改爲「阿」，注云「原本訛『河』，據一統志改正。」嘉慶重修一統志卷一五保定府引本書作「阿」。按漢書卷七六王尊傳：涿郡高陽人，遷東郡太守，會河水盛溢，毁壞金隄，「尊立不動，而水波稍卻迴還。」即此云「東郡河翁神」，則作「阿」誤。

〔二八〕在廳視事　「視」，底本脱，庫本同，據萬本補。

〔二九〕未經一旬　「一」，底本無，據萬本、庫本及傅校補。

〔三〇〕北七十二里　按唐、宋瀛州治河間縣，即今河北河間市，景城縣即今滄縣西景城，在瀛州東南約八、九十里，此載方向道里蓋誤。

〔三一〕舊十三鄉　「十三」，萬本、庫本皆作「二十」，中大本作「二十三」。

〔三二〕皇朝户主四千五百三十客六百五十　萬本、庫本皆無此文，蓋脱。

〔三三〕在縣北二十里　「二」，嘉慶重修一統志卷二一河間府引本書作「三」。

〔三四〕涿鹿山　「鹿」，萬本、庫本皆作「州」，恐非。

〔三五〕蓋秋所出　萬本無此文，按難解文意，當誤。庫本作「與易水合」，未知是否。

〔三六〕音藹　萬本、庫本皆無此二字，傅校删。

〔三七〕滹沱河經高郭城南面東流過後稱裹角城　庫本同，而「面」作「向」；萬本及嘉慶重修一統志卷二二河間府引本書作「滹沱河經高郭城南面，亦稱裹角城。」

〔三八〕閭丘臺至閭丘壽王讀書之處　原校：「按漢書：『吾丘壽王，趙人也。』又姓氏書辨證云：『漢有吾丘壽王，説苑作『虞丘壽王』，則『虞丘』音變而爲『吾丘』也，今記作『閭丘』，未詳其所據。」按嘉慶重修一統志卷二二河間府：「按『閭丘』，漢書作『吾丘』，説苑作『虞丘』，蓋音相近而譌也。」

〔三九〕景雲二年改屬鄭州　「屬」，底本作「爲」，萬本、庫本同。按舊唐書卷三九地理志二：莫州唐興縣，「景雲二年改屬莫州。」新唐書卷三九地理志三：莫州，「景雲二年，以瀛州之鄚、任丘、文安、清苑、唐興，幽州之歸義置。」此「爲」當是「屬」字之誤，據改。

〔四〇〕宜川縣　「川」，底本作「州」，據萬本、庫本及嘉慶重修一統志卷一二保定府改。

〔四一〕隋初廢　按嘉慶重修一統志卷二三河間府引本書：「高齊置縣，隋初廢。」讀史方輿紀要卷一三亦載：「高齊始置任丘縣。」此疑脱「高齊置縣」四字。

〔四二〕故阿陵城　「城」，底本無，庫本同，據萬本及本書莫州總序補。

〔四三〕周武帝宣政元年廢　按嘉慶重修一統志卷二三河間府引本書作「周宣政元年復還今理」，此誤。

〔四四〕昔有沙門移之至市　「市」，萬本、庫本皆作「寺」，蓋是。

〔四五〕太后使太尉竇武詣河間迎靈帝乃居此城　萬本作「後太史校尉竇武詣河間迎靈帝至此」，庫本作「太后使校尉竇武」，下文同，嘉慶重修一統志卷二三河間府引本書作「太后父竇武迎靈帝居此城」。按後漢書卷六九竇武傳：長女桓帝以爲貴人，立爲皇后，桓帝崩，「無嗣。武召侍御史河間劉儵，參問其國中王子侯之賢者，儵稱解瀆亭侯宏。武入白太后，遂徵立之，是爲靈帝。」則此「太后使太尉竇武」宜從清統志所引本作「太后父竇武」。

〔四六〕舊十鄉　「十」，庫本同，萬本作「七」。

〔四七〕開元十年　新唐書地理志三、唐會要卷七一州縣改置下同。舊唐書地理志二作「開元十九年」，萬本據此改「十」爲「十九」。

〔四八〕仍析文安任丘之二鄉以實之　「鄉」，底本作「縣」，據萬本、庫本及傅校改。

〔四九〕自縣西南從瀛州束城縣界入城西北　庫本同，萬本作「自縣東南束城縣界流逕城西北」，嘉慶重修一統志卷二一一河間府引本書作「自長豐縣東南束城縣界流逕長豐城西北」。

太平寰宇記卷之六十七

河北道十六

易州　雄州　霸州

易州

易州，上谷郡。今理易縣。禹貢冀州之域。星分尾宿一度。〔一〕虞舜分易州，又爲并州之地。周禮職方氏：「正北曰并州，其浸淶、易。」按春秋時分屬燕、趙。〔二〕漢地理志云：「燕南得涿郡之易、容城、范陽、北新城、故安。」〔三〕又續漢書地理志：「趙分晉，得中山。」秦併天下，是爲上谷郡地。漢置涿郡，今州即漢涿郡之故安縣也。〔四〕晉爲范陽國。後魏又爲上谷郡。隋開皇元年自今遂城所理英雄城移南營州居燕之候臺，仍改名爲易州，取州南易水爲名。煬帝初，州廢，復爲上谷郡，遥取漢上谷以爲名。唐武德四年討平竇建德，改爲易州，領易、淶水、永樂、遂城、遒五縣；五年割遒縣置北義州，州廢，仍以遒來屬。開元二十三年分置五迴、樓亭、板城三縣。天寶元年改爲上谷郡。乾元元年復爲易州。

元領縣八。今二：易縣，滿城。　二縣割出：容城，入雄州。遂城。建威虜軍。　四縣廢：淶水，入易縣。五迴，同上。〔五〕樓亭，舊廢。板城。舊廢。

州境：東西二百里。南北三百九十五里。

四至八到：西南至東京一千四百四十六里。西南至西京一千四百七十五里。西南至長安二千三百三十五里。東至幽州二百一十四里。南至莫州一百八十里。西至蔚州飛狐縣東界一百四十里。東南至莫州。缺。〔六〕北至嬀州懷戎縣南界廢故城鎮二百里。西南至定州北平縣界一百四十七里。西北至蔚州取飛狐路三百六十里。東北至幽州良鄉縣界八十里。

户：唐開元户四萬四千三十五。　皇朝管主客户二千六百四十三。

風俗：同幽州。

人物：祖納，字士言，范陽遒人。能清言，有名理。爲光禄大夫，門施行馬。　祖逖。字士雅，納弟也。與劉琨俱爲司州主簿，夜聞荒雞鳴，蹴琨曰：「此非惡聲也。」二人並有英氣，每語時事，輒中宵起坐。逖北征，濟江，中流擊楫曰：「祖逖不清中原而復濟者，〔七〕有如大江！」

土産：人參，墨，綿，紫草，丹參。〔八〕今進墨五百錠入翰林院。

易縣，舊十九鄉。今十三鄉。〔九〕本漢故安縣也，漢書：「文帝封申屠嘉爲故安侯。」地理志故安縣屬涿郡。晉地道記屬范陽國。按故城在今縣東南七百步武陽故城東南隅故安故城是也。高齊天保七年省。其武陽故城即是燕之南鄙。隋開皇十六年于故安故城西北隅置易縣，即今理。

龍山。隋圖經云：「易縣西南三十里龍山石上往往有仙人及龍跡，四麓各有一洞，大如車輪，春則風出東，夏出南，秋出西，冬出北。有沙門法猛，以夏日入其東穴，見石堂石人，欲窮諸穴，有一人厲聲曰：『法師，其餘三穴皆如東者，不宜更入！』猛仍意不息，不覺身在外穴也。蓋神異難測。」

孔山，在州西南四十五里。水經注云：「易水又東經孔山北，其山有孔，表裏通澈，故名。」〔一〇〕山下有穴，出鍾乳，尤佳。

白馬山，在縣北一十八里。郡國志云：「周時人多學道于白馬山。」天寶六年勅改爲燕丹山。

送荆陘。九州記云：「易縣西南三十里，即荆軻入秦之路也。」

駮牛山。郡國志云：「山色黑白斑駮，形如牛，故以爲名。易水出其東。」

北易水，一名安國河，亦名北易水，源出縣西北窮獨山中，〔一二〕東南流經武陽故城南，又東入淶水縣界。

中易水。水經注云：「出故安閻鄉城谷中，東逕五大夫城，又東逕易京城，與北易水合流，入巨馬河。」〔一三〕史記云：「燕太子丹遣荆軻刺秦王，祖送易水上。」即此處也。

魚丘水。竹書紀年云：「晉荀瑶伐中山，取窮魚之丘。」水經注云：「魚水出魚山，山有石如巨魚，水發其下。」

濡水，源出縣西窮獨山南谷。

雹水，一名南易水，源出縣西南石獸岡。〔一三〕

淶水河，一名巨馬河，西自蔚州飛狐縣界入。水經注云：「巨馬河，即淶水也。東北經郎山，西望衆崖，競舉若鳥翼，立石嶄巖，似劍戟之杪。〔一四〕又南逕藏刀山下，層巖壁立，〔一五〕直上干霄，遠望崖側，若積刀環。」

紫石水。水經注曰：「在易縣南。」〔一六〕

大覺嶺。霍原隱此教授之所，在州北一百九十里。

荆卿城，在縣西九里，〔一七〕周迴二里。九州要記云：「荆軻城北臨濡水，即軻以金圓投龜處。軻入秦，樊於期刎頭付軻于此城。」

高漸離城，在縣南十六里。史記云：「荆軻死，秦始皇得高漸離，惜其善擊筑，重赦之。漸離復進得近，乃以鉛置筑中，舉筑撲秦皇，不中。」此即漸離所居。

長安城，在縣東南二十七里。漢書云：「宣帝時幽州刺史李宣尚范陽公主，主憶長安，乃築此城像長安，故以爲名。」城中有棗樹花而不結，皆向西南而引，〔一八〕俗謂之「思鄉棗」。

斜安城。郡國志云：「易縣有斜安城，傳岡不正，因以名之。」東隅上有班姬祠是也。

范陽故城，漢范陽縣理于此，故城在今縣東南六十里古城。即秦置，一名故城。後魏明帝孝昌二年爲杜洛周攻破。高齊後主武平七年又移范陽于東故城北十七里伏圖城，〔一九〕一名小范陽是也，西北去州四十五里。隋初自伏圖城移范陽名于今淶水縣，〔二〇〕又于伏圖城別置遒縣，以屬昌黎郡。大業十年又移遒縣于伏圖城西南，即今州東南三十四里故遒城是；十三年陷于寇，二城俱廢。

五公城，在廢縣東三十里，去州西三十里。河北記云：「易縣有五公城，王譚不從王莽，譚子興生五子，避隱于此，世祖並封爲侯：元才，北平侯；顯才，蒲陰侯；益才，安熹侯；仲才，新市侯；季才，唐侯，所謂中山五王。其西三十里有五大夫城，説與此同。」

加夷城，在廢縣西北四十里，去州六十里。水經注云：「巨馬水東流經加夷山，即睒子于山中養無目父母之所也。」〔二一〕輿地志云：「易縣加夷城有坑，闊三丈，深五尺，〔二二〕俗呼睒子窟。」

金臺，在縣東南三十里。燕昭王所造，置金于上，以招賢士。又有西金臺，俗呼此爲東金臺。

古野狐城，在縣東三十里。耆老云：「昔有狐于九荆嶺食五粒松子後得仙，謂之飛狐，〔二三〕其狐嘗來至此城，時人呼爲野狐城。」

西金臺，在縣東南六十里。〔二四〕即燕王以金招賢士之所。

小金臺，在縣東南十五里。〔二五〕燕昭王所造，即郭隗臺也。按春秋後語云：「郭隗謂燕王禮賢先從隗始，乃爲碣石館于臺前。」

蘭馬臺，〔二六〕在縣東南十五里。水經注云：「小金臺北有蘭馬臺。」

候臺，在州子城西南隅，高三層。燕昭王所築，以候雲物。

三公臺，在縣東南十八里。其臺相去三十六步，並高大。燕昭王所立，樂毅、鄒衍、劇辛所遊之處，故曰三公臺。

石柱，在縣東南三十里，臨易水。州郡志云：「易州義石柱，〔二七〕後魏末，杜、葛亂，殺人骸骨，狼籍如亂麻，至齊神武起兵，掃除凶醜，拾遺骸骨，葬于此，立石柱以誌之。」

廢淶水縣，在州北四十二里，十四鄉。本漢遒縣，屬涿郡，漢書年表「景帝封匈奴降王陸彊爲遒侯」，今縣北一里故遒城是也。後漢移于故城南，即今淶水縣所理。後周大象二年省入涿縣。隋初自伏圖城移范陽名于此；六年又改爲故安縣；九年又移故安于涿縣東界，今涿州故安也；〔二八〕十年又於此置永陽縣；十八年改爲淶水縣，以近淶水爲名。按縣地即周封召公于此也。皇朝太平興國六年併入易縣。

巨馬河，在縣東北二里。

郎山，在易縣西南四十里。

滿城縣，西南一百里。舊七鄉，〔二九〕今三鄉。本漢北平縣，屬中山國，漢書：「高帝封張蒼爲北平侯。」後魏孝武帝永熙二年置永樂縣，屬易州。唐天寶元年改爲滿城縣。

趙簡子祠。按城冢記：「趙簡子築北平城以拒燕，今滿城是也。其祠在城北一百步眺山下，〔三〇〕晉永康元年立。」

張蒼墓。漢丞相北平侯張蒼，本陽武人，〔三一〕因封于此，子孫相繼，至今見存。〔三二〕

廢五迴縣，在州西七十里。本漢易縣地，唐開元二十三年，刺史盧暉奏析易縣地置，在五迴山東麓，以界内五迴嶺名之；二十四年，刺史田琬以舊縣所居險隘，遂東遷于古五公城，即今縣理是。五公城已解在易縣。

五迴山，在今縣西九十里。州郡志云：「易縣五迴嶺，高四十里。」水經注云：「委折五迴，下望層山，若蟻蛭也。〔三二〕下有三碑，即後魏所立，文云：『皇帝太延元年，車駕東巡，援弓而射，飛矢踰于巖山三百餘步，後鎮軍將軍、定州刺史樂良公乞文于射所造亭立碑，中山安喜賈聰書。』」

鬬雞臺，在縣東南八十里。水經注云：「五迴山南七里有鬬雞臺，傳曰燕太子丹鬬雞于此。」

廢樓亭縣、廢板城縣，此二縣，唐開元二十三年，刺史盧暉奏置，天寶後廢。

雄州

雄州，今理歸義縣。本涿州歸義縣之瓦子濟橋，在涿州南，易州東，當九河之末，舊置瓦橋關，周顯德六年收復三關，以其地控扼幽、薊，〔三四〕建爲雄州，仍移歸義并易州之容城二縣于城中。

領縣二：歸義，容城。

州境：東西一百五十里。南北八十五里。

四至八到：西南至東京一千二百里。西南至西京一千六百五十里。西南至長安二千四百五十里。東至莫州新鎮七十里。西至定州二百五十里。南至莫州三十里。北至新城縣七十里。東南至莫州長豐縣九十里。西南至定州保塞軍一百里。東北至霸州一百里。西北至易州一百五十里。

户：皇朝管主客户四千四十。

風俗：同易州。

土産：古戰爭之地，絹布之外，别無藥物。

歸義縣，舊十二鄉，今十鄉。本涿州之屬邑，在州北，唐末移于瓦橋關，晉建軍城，周世宗收復三關，立雄州于此。

易河，在城南門外。從易州流入，〔三五〕下至霸州。

巨馬河，在州北三十里。西北從易州流入，下至霸州。

臺河淀，〔三六〕在縣北一十五里。

褒子淀，在縣北巨馬河北。東西八十里，南北三十里，半屬新城縣。

容城縣，五鄉。戰國時其地屬燕，本漢容城縣也，漢書地理志曰：「燕南得涿郡之容城。」後漢省。晉地理志：「涿地，後爲容城縣，屬范陽國。」〔三七〕高齊天保七年省併入范陽。

唐武德四年討平竇建德，置北義州，〔三八〕仍改爲遒縣以屬焉。貞觀元年廢北義州，縣歸本屬。聖曆二年，契丹入寇，固守得全，改名全忠縣。天寶元年改爲容城，復漢舊名也。

巨馬河，在縣北。

南易水，在縣南。流入瀛州高陽縣界，與滱水合流。

廢縣城，在州西北五十里。

大泥淀、小泥淀，並在縣南三十里。水經注云：「易水東流容城，大泥淀注之，泥同口之謂也。」〔三九〕

渾泥城，在舊縣南四十里。水經注云：「泥同口有渾泥城。」漢景帝改爲亞谷城，封東胡降王盧它之爲亞谷侯，即此也。

三臺城，在縣南三十五里。按城冢記云：「燕、魏二國各據一方，分易水爲界，燕築三臺，登降耀武。漢赤眉賊起兵于此，亦增築三臺。」

霸州

霸州，今理永清縣。本上谷郡地，星分箕尾。幽州之古益津關，晉天福初陷虜庭。〔四〇〕周顯德六年收復，因置霸州并永清縣，仍割莫州之文安、瀛州之大城二縣隸焉。

領縣三：永清，文安，大城。

州境：東西七十五里。南北一百七十三里。

四至八到：南至東京一千二百里。西南至西京一千六百里。西南至長安二千五百里。東至乾寧軍界八十里，接淀泊，至雄州八十里。〔四一〕南至瀛州一百九十里。北至幽州二百里。東南至乾寧軍一百四十五里。西南至莫州七十里。東北至當州永清縣界孟村三十里，接幽州北界。西北至當州永清縣界宋村二十五里，接幽州北界。

户：皇朝户主三千六百六十三，客一千二百四十四。

風俗：同瀛州。

土産：絲，綿，絹，無藥物。

永清縣，二鄉。本幽州會昌縣地，唐天寶中改爲永清縣，即古益津關。周顯德六年收復三關，遂于益津關建霸州，仍置永清縣。

瓦河水，在縣西南三百步。

平曲城，在縣東三十二里。漢景帝封公孫渾邪爲平曲侯，即此也。

文安縣，西北去州五十里。〔四二〕舊二十二鄉，今四鄉。漢文安縣，屬渤海郡。後漢屬河間國，至和帝二年置瀛州，〔四三〕縣屬焉。晉分瀛州之東平舒、束州、文安、章武四縣置章武國，縣在古文安城。至後魏太和十一年置瀛州，以統章武郡，縣遂歸瀛州。北齊廢章武入文安。隋大業七年征遼，途經于河口，當三河合流之處，割文安、平舒二邑户于河口置豐利縣。隋末亂離，百姓南移就是城。唐貞觀元年以豐利、文安二縣相逼，遂廢文安城，仍移文安名就豐利城置文安縣，即今理也。周朝改屬霸州。

五渠水，今名長鳴溝。邢子勵記云：「後魏延興初，文安縣人孫顒捕魚于五渠水中，有羣魚從西來，共以柴塞之，忽有人謂顒曰：『須臾當得大魚，若顒多求，〔四〕宜勿殺也。』顒與共食，惟覺出氣少腥，而衣衫多溼。及去，顒送之以魚，固辭不受。去後，顒下網，果得大魚，其狀如鯉而大，顒以爲異物，遂殺食之。俄然風雨晝昏，聞鳥飛聲，比風息雨霽，有人乘舟至者云『前見羣魚無數飛入于海』，顒遂不復漁矣。因呼入海之處爲飛魚口。」

滹沱河水，在今縣西北三十里。又東溢爲趙淀。

狐狸淀。隋圖經云：「文安狐狸淀，俗謂之掘鯉淀，非君子淀，君子淀在博野界。」

急流口，在縣北十七里。通永清界。

趙君祠。按圖經：「趙夔，漢武帝時爲文安縣令，好神仙，值文安大旱，乃自焚，土人感慕，乃立祠焉。」

古文安城，在今縣東北三十里。

古三角城，在縣西北二十里。後趙石勒築以備燕。

古南北盧蒲城，在縣西二十七里。左傳：「齊侯放盧蒲嫳于北燕。」未入燕境，權置二城，在鄭縣界。

樂巨叔墓，在縣東南二十五里。春秋後語：「樂毅伐齊，後從燕入趙，毅生間，間生巨叔，毅封昌國君，至漢高祖求毅之後，又封巨叔爲華城君，卒葬于此。」

大城縣，西北去州九十五里。舊二十三鄉，今四鄉。本漢東平舒縣，屬渤海郡。後漢屬河間國。〔四五〕晉于此置章武國。後魏爲章武郡。北齊廢郡，爲平舒縣。隋開皇十六年于長蘆縣置景州，平舒縣屬焉。大業末，劉黑闥兵亂河朔，侵吞郡縣。唐武德四年賊平，縣屬景州。貞觀元年州廢，歸瀛州。平舒者，以人性寬舒爲縣名。周顯德六年割隸霸州。今改名大城縣。〔四六〕

平陵城，在縣東北一百一十里。漢書「蘇建封平陵侯」，即此地也。

鳳凰臺，在縣東北一十五里。石勒四年，鳳凰現于此，因築臺。

滹沱河，在縣北一百三十里。

永濟渠，在縣東五十里。

卷六十七校勘記

〔一〕星分尾宿一度　「尾」，萬本、庫本皆作「危」。

〔二〕春秋時分屬燕趙　庫本同，萬本改爲：「春秋時分屬燕、晉，戰國時分屬燕、趙」，注云：「原本作『春秋時分屬燕、趙』，春秋時三家尚未分晉，安得有趙？今據元和郡縣志改正。」按元和郡縣圖志卷一八易州作春秋時屬燕、晉，戰國時屬燕、趙」，此「春秋時」下蓋脱「分屬燕晉戰國時」七字。

〔三〕燕南得涿郡之易容城范陽北新城故安　庫本同，萬本「故安」下據漢書地理志補「涿縣、良鄉、新昌」六字。按漢書地理志篇末：燕地，「南得涿郡之易、容城、范陽、北新城、故安、涿縣、良鄉、新昌，及勃海之安次，皆燕分也。」萬本實未補全。

〔四〕今州即漢涿郡之故安縣也　按唐宋易州治易縣，即今河北易縣，漢故安縣在今易縣東南，非一地，元和郡縣圖志易州作「今州則漢涿郡故安縣之地」，太平御覽卷一六二引十道志：「今州即涿郡之故安地也。」是也。

〔五〕同上　中大本同，萬本、庫本皆作「入易州」，據本書下列廢淶水縣條，太平興國六年併入易縣，當作「入易縣」。

〔六〕東南至莫州缺　按元和郡縣圖志易州：「東至莫州一百九十里。」本書卷六六莫州：「西北至易州一百九十里。」此缺「一百九十里」五字。

〔七〕祖逖不清中原而復濟者　「復濟者」，底本作「濟」，庫本同，據萬本及晉書卷六二祖逖傳改補。

〔八〕人參丹參　二「參」字，萬本、庫本皆作「葠」。

〔九〕今十三鄉　「三」，萬本、庫本皆作「二」。

〔一〇〕其山有孔表裏通徹故名　按水經易水注：易水又東逕孔山北，「上又有大孔，豁達洞開，故以孔山爲名也。」與此引水經注文異。太平御覽卷四五引隋圖經云：「孔山有孔，表裏通徹，故名。」則本書所引實出于隋圖經，而作水經注文，誤。

〔一一〕源出縣西北窮獨山中　「中」，庫本同，萬本作「南谷」。水經易水注：「濡水出故安縣窮獨山南谷。」合校水經注引戴震云「此道元所謂北濡，今名北易水。」萬本原此。

〔一二〕中易水至入巨馬河　「故」，底本作「固」，據萬本、庫本及漢書卷二八地理志上、水經易水注改。萬本又據水經易水注改「城谷中」爲「西山寬中谷」，「五大夫城」、「易京城」下並加「南」字。按水經易水注無「與北易水合流，入巨馬河」之文，此有舛誤。

〔一三〕石獸岡　「獸」，萬本據水經易水注改爲「虎」。按唐諱「虎」作「獸」，樂氏沿襲其文。

〔一四〕東北經郎山至劍戟之杪　按此文同太平御覽卷六四引酈道元注水經，今水經巨馬河注無此文，其曰逕郎山者，載于水經滱水注：徐水「東北屈逕郎山南，衆岑競舉，若豎鳥翅，立石嶄巖，亦如劍杪。」本書及太平御覽當有舛誤。萬本據水經滱水注改「東北經郎山，西望衆崖，競舉若鳥翼」而變文爲「逕郎山南，山岑競舉，若豎鳥翅」。「競」，底本作「擎」，據萬本、庫本及太平御覽改。

〔一五〕又南逕藏刀山下層巖壁立　底本作「又南流刀山嶄巖」，據萬本及水經巨馬河注改。

〔一六〕在易縣南　按易縣置于隋，非酈道元所及，此必非水經注之文，萬本據水經巨馬河注所記紫石水改爲「北出聖人城北大亘下」。

〔一七〕在縣西九里　「九」，底本作「七」，據萬本、庫本及嘉慶重修一統志卷四八易州引本書改。

〔一八〕皆向西南而引　庫本同，萬本作「枝皆向西南」，同嘉慶重修一統志卷一四保定府引本書。

〔一九〕移范陽于東故城北十七里伏圖城　「東」，萬本、庫本同，中大本及嘉慶重修一統志卷一四保定府引本書皆無，此「東」衍字，或爲「故城東北十七里」錯簡。

〔二〇〕隋初自伏圖城移范陽名于今淶水縣　「今」，庫本同，萬本及嘉慶重修一統志保定府引本書皆無。

〔二一〕水經注云至父母之所也　按水經巨馬河注無此文，蓋有舛誤。

〔二二〕深五尺　「尺」，萬本、中大本、庫本皆作「丈」，此「尺」蓋爲「丈」字之誤。

〔二三〕昔有狐于九荆嶺食五粒松子後得仙謂之飛狐　「九」，嘉慶重修一統志卷四八易州引本書作「紫」。又「後」，庫本同，萬本及清統志引本書皆無；「謂之飛狐」下底本衍「縣」字，庫本同，據萬本及清統志引本書删。

〔二四〕在縣東南六十里　「六十」，萬本、庫本同，嘉慶重修一統志易州引本書作「三十」。

〔二五〕在縣東南十五里　萬本、庫本作「南」，無「東」字，嘉慶重修一統志易州引本書作「東」，無「南」字。

〔二六〕蘭馬臺　「蘭」，底本作「闌」，據萬本、嘉慶重修一統志易州引本書及水經易水注改。下同。

〔二七〕易州義石柱　庫本同，萬本無「義」字，疑誤。

〔二八〕六年又改爲故安縣九年又移故安于涿縣東界今涿州故安也　按隋書卷三〇地理志中：淶水縣，「開皇元年以范陽爲遒，更置范陽于此，六年改爲固安，八年廢。」本書卷七〇涿州固安縣：「隋開皇九年自今易州淶水縣移固安縣于此。」「故安」，皆作「固安」，又隋志載開皇八年廢，與本書異。

〔二九〕舊七鄉　「七」，萬本、庫本皆作「二」。

〔三〇〕眺山　「眺」，底本作「䠷」，萬本作「眺」。讀史方輿紀要卷一二滿城縣：「眺山，縣東北三里，巍然特立，可以眺遠，因名。」嘉慶重修一統志卷一三保定府：「眺山，在滿城縣北三里。」同書卷一五保定府：「趙簡子廟，在滿城縣北眺山下。」此「䠷」爲「眺」字之訛，據改。

〔三一〕陽武　底本作「武陽」，萬本、庫本同，爲「陽武」之倒誤，據史記卷九六張丞相列傳、漢書卷四二張蒼傳乙正。

〔三二〕至今見存　萬本作「祠宇今見在」，庫本作「于今見存」。

〔三三〕若蟻蛭也　萬本作「盛若蟻蛭」，同水經滱水注。「蛭」，庫本作「垤」，楊守敬水經注疏：「水經注箋曰：宋本作『咸若蟻垤』。」

〔三四〕以其地控扼幽薊　「薊」，嘉慶重修一統志卷一四保定府引本書作「冀」，疑此誤。

〔三五〕從易州流入　「易」，底本作「秦」，萬本、庫本同。按本書卷六七易州易縣載，易水有三，北易水出易州西北，中易水出易州西，南易水出易州西南，此「秦州」爲「易州」之誤，傅校改爲「易州」，是，據改。

〔三六〕臺河淀　「河」，底本作「胡」，據萬本、庫本及傅校改。

〔三七〕涿地後爲容城縣屬范陽國　按晉書卷一四地理志上載，容城縣屬范陽國，無「涿地後爲」之文，此舛誤。

〔三八〕武德四年討平竇建德置北義州　按舊唐書卷三九地理志二、新唐書卷三九地理志三皆載，武德五年置北義州。

〔三九〕大泥淀至泥同口之謂也　萬本據水經易水注改「泥」爲「埿」，並改注文爲「易水又東逕容城縣故城南，又東，埿水注之。水上承二陂於容城縣東南，謂之大埿淀、小埿淀，其水南流注易水，謂之埿洞口」。按「泥」即「埿」之省文，「同」，庫本及嘉慶重修一統志卷一四保定府亦引作「同」。

〔四〇〕晉天福初陷虜庭　「虜庭」，萬本同，庫本作「契丹」。

〔四一〕至雄州八十里　按本書雄州載：「東北至霸州一百里。」元豐九域志卷二霸州：「西至本州界二十五里，自界首至雄州五十五里。」此「至」上蓋脱「西」或「西南」字。

〔四二〕西北去州五十里　「五十」，萬本、庫本皆作「五十五」。按宋初霸州即今河北霸縣，文安縣即今縣，西北距州里數不止五十，萬本、庫本是。

〔四三〕和帝二年置瀛州　按瀛州始置于北魏太和十一年，載于魏書卷一〇六地形志上及本書卷六六瀛州、本卷下文文安縣總序，此誤。下文云「晉分瀛州之東平舒、束州、文安、章武四縣置章武國」之「瀛州」亦誤。

〔四四〕若願多求　「願」，中大本、庫本同，萬本及嘉慶重修一統志卷七順天府引本書皆作「欲」。

〔四五〕後漢屬河間國　「國」，底本脱，據萬本、庫本及續漢書郡國志二補。

〔四六〕今改名大城縣　按舊五代史卷一五〇郡縣志、新五代史卷六〇職方考皆載：霸州，周顯德六年克益津關置，治永清，割莫州之文安、瀛州之大城爲屬。本書霸州總序同，則平舒縣改名大城縣，至遲在周顯德六年，嘉慶重修一統志卷八順天府引本書云平舒縣，「周顯德六年割隸霸州，改名大城。」此云「今改名大城縣」，疑誤。

太平寰宇記卷之六十八

河北道十七

保州　定遠軍　乾寧軍　破虜軍　威虜軍　平塞軍

靜戎軍　寧邊軍　保順軍　平戎軍

保　州

保州，今理清苑縣。本莫州清苑縣地，石晉初割屬契丹，番戎立爲泰州。〔一〕至少主開運元年克復泰州；〔二〕二年以滿城縣路當衝要，宜立郡庭，用威戎虜，其泰州宜移理于滿城，其舊泰州復爲清苑縣。滿城所置泰州尋廢。皇朝初卻于清苑縣置保塞軍。太平興國六年升爲保州，仍割清苑縣屬焉。〔三〕

領縣一：清苑。

四至八到：南至東京一千二百里。西南至西京。缺。東至唐口七十里。西至滿城五十里。南至望都。缺。北至靜戎軍四十里。東南至博野寧邊軍一百里。西南至望都九十里。東北至靜戎軍四十里。東北至威虜軍四十里。

户：舊户在莫州。皇朝户主二千七百七十五，客一千。

風俗：同莫州。

土産：同莫州。

清苑縣，舊二十五鄉，今十一鄉。本樂鄉縣也，史記云：「漢高祖過趙，問：『樂毅有後乎？』對曰：『有樂叔。』封于樂鄉。」即此，屬信都國。〔四〕後漢省。後魏復置，屬高陽郡。〔五〕高齊天保七年省，仍自易州滿城界移永寧縣理此城。隋開皇十六年改爲清苑縣，因後魏易州滿城縣界清苑河爲名。〔六〕

沈水，在縣北。

漢縣廢城，在今縣東南三十里。後漢省。

樊興城，漢樊興縣也，武帝封中山靖王子修爲樊興侯，後漢省。廢城在今縣東南三十五里，一名隅城是也。

柏陵城，漢爲縣，前漢帝紀云「孝武帝封趙敬肅王子終古爲柏陵侯」，〔七〕廢城在今縣南。

廣望城。漢廣望縣也，武帝封中山靖王子忠爲廣望侯，是，後漢省。故城在今縣西南五十里。

聖女祠。輿地志云：「清苑縣樊輿城西南隅有聖女祠，女姓薛，字義姜，鉅鹿人，嫁爲樊輿王文妻，死于此城之隅，就而祭之，俗名祭隅城。漢元帝初元三年有天淵玉女鉅鹿仙人者是也。」

定遠軍

定遠軍，今理東光縣。本景州，漢鬲縣，〔八〕屬平原郡。隋置弓高縣，屬渤海郡。唐武德四年于縣置觀州，領弓高、蓚、阜城、東光、安陵、胡蘇、觀津七縣；六年以胡蘇屬滄州。貞觀元年省觀津縣，復以胡蘇來屬；十七年廢觀州，以東光、胡蘇屬滄州，蓚縣、安陵屬德州，阜城屬冀州。貞元二年又于弓高縣置景州，又以弓高、東光、胡蘇來屬。長慶元年廢景州，四縣亦還本屬，二年復于弓高置景州。太和四年廢，縣屬滄州。景福元年復于弓高置景州，管東光、安陵三縣。〔九〕天祐五年移州治于東光縣。周顯德二年廢景州爲定遠軍，〔一〇〕縣屬滄州，至六年併弓高縣入東光縣。皇朝太平興國六年割東光縣屬軍。

元領縣五。今一：東光。三縣割出：南皮，入滄州。臨津，入滄州。〔一〕景城。入瀛州。

一縣廢：弓高。併入東光。

軍境：東西八十里。南北七十三里。

四至八到：西南至東京八百二十里。西南至西京一千二百四十里。西南至長安二千一百里。東至臨津縣八十五里。西至阜城縣六十五里。西至安陵縣四十五里。北至瀛州一百四十里。〔二〕東南至臨津縣四十七里。西南至蓨縣六十五里。東北至滄州一百二十里。西北至景城縣九十里。

户：唐開元户一萬一千三百。皇朝管户主二千九百八十四，〔三〕客一千二百三十九。

風俗：同滄州。

土産：舊貢：水葱蓆，〔四〕茅簟，海蛤，絹。

東光縣，舊十四鄉，今四鄉。本漢舊縣也，屬渤海郡，故城在今縣東二十里東光故城。高齊天保七年移于今縣東南三十里陶氏故城。隋開皇三年又移于此後魏廢渤海郡郡城，即今縣理。〔五〕郡國志云：「胡蘇河在東光縣。」

永濟渠，在縣西二百步。

鳴犢河。即竇鳴犢所過之處，故云鳴犢河，在縣東南。

廢弓高縣，在軍東四十里。舊二十一鄉，漢縣也，屬河間國，漢文封韓頹當之邑，莽曰樂成。按弓高，今屬阜城縣界弓高故城也，晉廢，隋開皇十六年復置，移于今理。長慶二年正月勅：「滄州弓高縣宜置景州。」仍屬滄州。〔一六〕周朝廢州，縣入滄州，尋又廢入東光。

濁漳水，在故城北三十里，今邑西一里。

候井。按郡國縣道記云：「漢縣，舊地理書並失其所在，以理推之，蓋在今弓高縣西北三十五里房將池側近。舊傳此池每日再增再減，疑其與海潛通，又池形窄小，有似于井，以其增減不失時候，〔一七〕因于池側置縣，謂之候井。歲月既久，今按其水不復有增減之候。或云今弓高縣，即漢候井縣，莫詳所的。」

西光城。隋圖經集記云：「後魏孝昌三年，葛榮畧取其地，對東光築之。」〔一八〕

乾寧軍

乾寧軍，理馮橋鎮。〔一九〕本古盧臺軍地，後爲馮橋鎮，臨御河之岸，接滄州、霸州之界。幽州割據，僞命升爲寧州。周世宗顯德六年收復關南，卻爲乾寧軍，仍置乾寧縣。

領縣一：乾寧。

軍境：東西五十九里。南北一百五十九里。

四至八到：南至東京一千三百里。西南至西京一千七百里。西南至長安二千七百五十里。東至滄州界二十五里。西至霸州大城縣界二十里。南至滄州界九里。北至東城西胡河一百五十里，〔二〇〕河北是幽州界。南至滄州界三十四里。西南至霸州大城縣界十八里。〔二一〕西北至滄州九十三里。〔二二〕西北至霸州大城縣明溝一百五十里。〔二三〕

户：皇朝户主一千七百八，客二百九十九。

風俗：與□□同。〔二四〕

土産：潮水所浸，惟生蒲葦。

乾寧縣，四鄉。舊名永安縣，與軍同置在城下，太平興國七年六月改爲乾寧縣。

御河，在城南一十步。每日潮水兩至，其河從滄州南界流入本軍界，東北一百九十里入潮河，合流向東七十里，於獨流口入海。〔二五〕此水西通淤口、雄、霸等州水路。

盧臺軍古城，在御河南七十步。周迴二里，基址猶存。

破虜軍

破虜軍，古淤口關，周顯德六年收復關南，于此置塞，至皇朝太平興國六年，割霸州永

清、文安縣三百一十七户屬焉。〔二六〕

四至八到：南至東京一千四百里。西南至西京一千六百五十里。西南至長安二千五百里。東至狼城口三十里。南至文安縣五十里。〔二七〕西至霸州五十里。北至幽州二百里。東南至大城縣界八十里。〔二八〕西南至平戎軍七十里。東北至界河三十步。西北至界河二十步。

户：皇朝户主三百一十，客八十二。

永濟河，自霸州永清縣界來，經軍界，下入淀泊，連海水。

平曲子，去軍西南二十里。漢功臣表云：「景帝三年封公孫渾邪爲平曲侯。」即此也。〔二九〕

威虜軍

威虜軍，本遂城縣，皇朝太平興國六年置。從縣西南至滿城縣内浮圖峯，合陵山峯爲一路，〔三〇〕仍領遂城縣。是時修營，掘得石棺一具，上有唐貞觀年記，棺有五重，石鐵銅銀金次第冶貯之，中有琉璃瓶，盛舍利，本軍以聞。「冶」，原作「野」。〔三一〕

領縣一：遂城。

軍境：東西六十五里。南北五十里。

四至八到：東至雄州一百里。西至易縣七十里。南至保塞軍四十里。北至平塞軍三十五里。東南至莫州一百三十里。西南至滿城縣四十里。〔三二〕東北至雄州容城縣七里。〔三三〕西北至易縣界二十五里。

户：皇朝户主客一千三百一十。

風俗：同易州。

土産：同易州。〔三四〕

遂城縣，舊二十三鄉，今四鄉。戰國時武遂縣也，史記「趙悼襄王二年，李牧將，攻燕，拔武遂」是也。本漢北新城縣，漢書地理志：「燕南得涿郡之北新城。」後漢屬中山國。〔三五〕土地十三州志云：「河間有新城，故加『北』字。」後魏武帝永熙二年於此置南營州，改爲新昌縣。隋開皇十六年改爲遂城縣。今理釜山村。

長城，秦築長城，起首於此邑之界。

遂城山，舊名龍山，在縣西二十五里。括地圖云：「其山往往有仙人遊龍翔集。」天寶七年勅改爲遂城山。

南易水，歷縣界。燕時謂之武遂津，又東流過梁門，引易水爲陂塘，以溉田。

平塞軍

平塞軍，理平塞縣。皇朝太平興國六年六月改爲易州南三十五里太保村塞爲平塞軍，〔三六〕仍割易縣候臺、凌雲兩鄉白溝河已南人户及滿城縣玉山鄉人户以屬焉。〔三七〕至七年，軍城又置平塞縣。

領縣一：平塞。

軍境：東西三十七里。南北一十里。

四至：東至軍城壕垠，屬易縣界。南至東京一千四百一十五里。〔三八〕西至易州易縣普通鎮三十七里。南至軍城壕垠，屬易縣界。北至軍城壕垠，外屬易縣，至易州三十五里。

户：皇朝户主八百一十，客二十。

風俗：同易州。

土産：無。

平塞縣，三鄉。皇朝太平興國七年置，以軍額名縣。

靜戎軍

靜戎軍，本易州有戎鎮，周爲梁門口塞，〔三九〕在州東南九十里。皇朝太平興國六年二月升爲靜戎軍，尋割遂城三鄉人户屬焉。

軍境：東西四十里。南北四十五里。

四至八到：圖經未有至東西二京里數。〔四〇〕東至雄州八十里。西至威虜軍三十五里。南至保州四十五里。北至易縣八十里。東南至莫州一百里。東北至雄州容城縣六十里。西南至保州四十五里。西北至平塞軍四十五里。〔四一〕

户：管軍城周迴三鄉户五百一十九。〔四二〕

□□，在軍城北過。〔四三〕

寧邊軍

寧邊軍，本定州博野縣，皇朝雍熙四年於此建寧邊軍，以縣屬焉。

領縣一：博野。

軍境：東西八十二里。南北七十里。

四至八到：新置軍未有至京里數。〔四四〕東至瀛州一百里。西至蒲陰縣四十二里。南至安平縣五十里。北至保塞軍八十里。東南至饒陽縣六十里。西南至蒲陰縣四十二里。東北至高陽縣七十八里。西北至望都縣五十里。元無官路。

户：皇朝户主五千八百八十三，客三百六。

風俗：同定州。

土産：同定州。

博野縣，舊三十鄉，今十鄉。本漢蠡吾縣地，屬涿郡。後漢分置博陵郡。十三州志云：「本初元年，蠡吾侯志繼孝質，是爲孝桓帝，追尊皇考蠡吾侯翼爲孝崇皇帝，陵曰博陵，因以爲郡。」〔四五〕晉于此立博陵國。後魏宣武帝景明元年改博陵爲博野，以地居博水之野。唐武德五年置蠡州，領博野；八年州廢，縣還本屬；九年復立蠡州，復領縣。〔四六〕貞觀元年州廢，復隸瀛州。永泰中割入深州。周顯德二年割屬定州。〔四七〕皇朝雍熙四年割屬軍。

滹沱河，在縣東南三十五里。

保順軍

保順軍，本滄州無棣縣之保順鎮，周顯德六年建爲軍，〔四八〕以舊鎮爲名。

四至：南至棣州一百二十里。東南至濱州一百里。西南至德州二百五十里。西北至滄州一百七十里。

户：皇朝户主三千九十三，〔四九〕客六百七十七。

平戎軍

平戎軍，本莫州新鎮之地，皇朝太平興國六年升爲平戎軍，以扼邊陲之喉。

四至：東至霸州三十里。西至莫州七十里。南至瀛州一百二十里。北至幽州。闕。〔五〇〕

卷六十八校勘記

〔一〕石晉初割屬契丹番戎立爲泰州　按舊五代史卷一五〇郡縣志、五代會要卷二〇州縣分道改置皆載：「後唐天成三年三月，升奉化軍爲泰州，以清苑縣爲理所。」與本書記契丹置泰州異。

〔二〕少主　萬本、庫本皆作「出帝」，按即少主。

〔三〕仍割清苑縣屬焉　按宋會要方域五之三二、元豐九域志卷二皆載：建隆元年以清苑縣置保塞軍，太平興國六年升爲保州，並改清苑縣爲保塞縣。本書既稱保州名，亦應稱保塞縣名，此處仍舊名清苑縣，體例不一。底本此下有「一本『泰』作『秦』」五字，萬本、庫本皆無。按舊五代史郡縣志、五代會要州縣分道改置皆作「泰州」，無「一作秦」，傳校删，是，據删。

〔四〕有樂叔封于樂鄉即此屬信都國　「樂叔」，底本作「樂巨叔」，「巨」乃衍字，據萬本、庫本及史記卷八〇樂毅列傳删。「樂鄉」，史記樂毅列傳作「樂卿」，正義引漢書地理志云「信都有樂卿縣。」按漢書卷二八地理志下信都國有樂鄉縣，非「樂卿」，正義誤。又漢書地理志信都國之樂鄉，在今河北深縣東南，漢宣帝封河間獻王子佟爲樂鄉侯，不是樂叔所封；此之樂鄉，在唐和宋初清苑縣（今保定市）東南三十里，北魏時置樂鄉縣，屬高陽郡，魏書卷一〇六地形志上高陽郡有樂鄉縣，是也，然地形志也以西漢屬信都之樂鄉爲此樂鄉，亦誤。考樂叔所封，未嘗置縣，本書不考，以西漢屬信都之樂鄉當之，又混北魏屬高陽郡之樂鄉爲一，誤矣。

〔五〕高陽郡　「郡」，底本脱，庫本同，據萬本及魏書地形志上補。

〔六〕因後魏易州滿城縣界清苑河爲名　萬本作「因縣界清苑河爲名」。按北魏末置永樂縣，唐天寶元年改名滿城縣，北魏無滿城縣。嘉慶重修一統志卷一三保定府引本書作「因滿城縣清苑河爲名」，此「後魏」二字蓋衍。

〔七〕孝武帝封趙敬肅王子終古爲柏陵侯　原校：「按史記年表，終古爲柏陽侯，前漢表作柏暢侯，今記云柏陵，未知孰是，帝紀亦無之。」

〔八〕漢鬲縣　按漢屬平原郡之鬲縣，爲唐安德縣地，史記卷五四曹相國世家正義引括地志云：「鬲城在德州安德縣西北十五里。」與唐東光縣無涉。

〔九〕管東光安陵三縣　據本書上下文，此「東光」上蓋脱「弓高」二字，才合三縣之數。

〔一〇〕周顯德二年廢景州爲定遠軍　「二年」，輿地廣記卷一〇同，新五代史卷六〇職方考作「三年」。

〔一一〕入滄州　「入滄州」，底本作「同上」，據萬本、庫本及傅校改。

〔一二〕北至瀛州一百四十里　按元豐九域志卷二永靜軍（宋景德元年改定遠軍爲永靜軍）：「北至本軍界七十里，自界首至瀛州一百一十里。」此載里數有誤。

〔一三〕皇朝管户主二千九百八十四　「管」，底本無，據萬本、庫本及傅校補。

〔一四〕水葱蓆　「蓆」，底本作「布」，據萬本、庫本及嘉慶重修一統志卷二三河間府引本書改。

〔一五〕隋開皇三年又移于此後魏廢渤海郡郡城即今縣理　「此」，庫本同，萬本及嘉慶重修一統志卷二二河間府引本書並無「此」字。

〔一六〕仍屬滄州　按唐會要卷七一州縣改置下：「長慶二年正月勅：『滄州弓高縣宜依舊爲景州。』仍隸滄州觀察使。」此「滄州」下宜有「觀察使」三字。

〔一七〕舊傳此池至不失時候　萬本作「舊傳此池每日再增減，不失時候，疑其與海相通。又池側窄小，有似于井」；庫本作「舊此池水再增減」，下文同萬本，「側」爲「形」字之誤。

〔一八〕對東光築之　萬本據嘉慶重修一統志卷二三河間府引本書改補爲「對東光築城以據之，故名」。

〔一九〕馮橋鎮　按輿地廣記卷一〇清州（大觀二年升乾寧軍爲清州）乾寧縣：「本永安縣之范橋鎮，皇朝太平興國七年置，熙寧六年省爲鎮。」宋朝事實卷一八同。宋會要食貨一五之一二、一九之五皆作「范橋鎮」，疑此「馮」爲「范」字之誤。下同。

〔二〇〕北至東城西胡河一百五十里　「東城西胡河」，萬本、庫本皆作「東西湖河」，疑此「城」字衍。

〔二一〕大城縣　「縣」，底本無，庫本同，據萬本、傅校及本書卷六七霸州補。

〔二二〕西北至滄州九十三里　「西北」，萬本、庫本皆作「東北」。按北宋乾寧軍治乾寧縣，即今河北青縣；滄州治清池縣，今滄縣東南東關，在今青縣東南。元豐九域志卷二乾寧軍：「東至本軍界四十里，自界首至滄州六十里。」此「西」爲「東」或「東南」之誤，「北」字衍。

〔二三〕明溝　「明」，萬本、庫本皆作「湖」。

〔二四〕與□□同　「□□」，萬本缺，庫本作「寧州」。按北宋寧州治定安縣，即今甘肅寧縣，屬永興軍路，當誤。

〔二五〕於獨流口入海　「獨」，底本作「濁」，萬本、庫本同。按元豐九域志卷二乾寧軍、宋史卷八六地理志二清州（北宋大觀二年升乾寧軍爲清州）有獨流東、獨流西二砦。宋史卷九一河渠志一：「祠部員外郎李垂上言：『一日河水注御河，蕩易水，逕乾寧軍，入獨流口，遂及契丹之境。』」同書卷九三河渠志三：大觀二年，都水使者吴玠言：「自元豐間小吴口决，北流入御河，下合西山諸水，至清州獨流砦三叉口入海。」此「濁」爲「獨」字之訛，傅校改，據改。

〔二六〕于此置塞至皇朝太平興國六年割霸州永清文安縣三百一十七户屬焉　「塞」，庫本同，萬本作「軍」，嘉慶重修一統志卷八順天府引本書作「寨」。按元豐九域志卷二、輿地廣記卷一〇、宋會要方域五之三〇、宋史卷八六地理志二皆載：太平興國六年以霸州淤口寨爲破虜軍。此「塞」宜作「寨」。又此「太平興國六年」下宜有「建破虜軍」四字，或「置破虜軍」四字。

〔二七〕南至文安縣五十里　按宋初破虜軍即今河北霸縣東信安，文安縣即今縣，北至破虜軍約八十里，疑此里數有誤。

〔二八〕大城縣　「縣」，底本無，據萬本、庫本、傅校及本書卷六七霸州補。

〔二九〕即此也　底本脱，據萬本、庫本及嘉慶重修一統志卷八順天府引本書補。

〔三〇〕從縣西南至滿城縣内浮圖峯合陵山峯爲一路　二「峯」字，萬本作「烽」，傅校改。庫本前者作「烽」，後者作「峯」。

〔三一〕石鐵銅銀金次第冶貯之至冶原作野　前「冶」字，萬本、庫本皆無，傅校删。「冶原作野」，萬本、庫本皆無。

〔三二〕滿城縣　「縣」，底本無，據萬本、庫本及本書卷六七易州補。

〔三三〕東北至雄州容城縣七里　按本書卷六七、元豐九域志卷二載，容城與歸義二縣並在雄州城中，即今河北雄縣；威虜軍治遂城縣，即今徐水縣西遂城，東至容城縣百里，疑此有誤。

〔三四〕同易州　萬本無，庫本注「缺」。傅校删。

〔三五〕後漢屬中山國　按漢書地理志篇末載北新城本屬涿郡，其正文北新城屬中山國，漢志政區是成帝元延綏和之間制度，北新城由涿郡改屬中山國，至遲在綏和元年。續漢書郡國志北新城屬涿郡，是東漢又改屬涿郡。此云「後漢屬中山國」，誤。

〔三六〕太平興國六年六月改爲易州南三十五里太保村塞爲平塞軍　「六月」，萬本、中大本、庫本皆作「二月」。「改爲易州」，嘉慶重修一統志卷四八易州引本書作「以易州」，此「爲」字疑衍。

〔三七〕凌雲白溝河　「凌」，底本作「陵」，據萬本、庫本及傅校改。「白溝河」，萬本、庫本皆作「白澗河」。按水經巨馬河注：淶水逕樓亭北，「左屬白澗溪，水有二源，合成一川。」嘉慶重修一統志卷四七易州（治今易縣）：「白澗水，在淶水縣（即今易縣）西北。」以此推考，白澗河在淶水縣西北，與建置於易州南三十里平塞軍道理相近。又水經巨馬河注：督亢水又南，謂之白溝水，「白溝又南入于巨馬河。」此白溝水乃今高碑店市東而南入于南拒馬河之白溝河，自五代後泛指自西向東流的巨馬河，宋、遼以此爲界，與本書所載迥遠，不合。

〔三八〕南至東京一千四百一十五里　按以本書例此文應爲平塞軍四至首列，萬本、庫本即是。

〔三九〕周爲梁門口塞　「塞」，嘉慶重修一統志卷一四保定府引本書作「寨」。按武經總要前集卷一六上：安肅軍（景德元年改静戎軍爲安肅軍），「唐宥戎鎮，周爲梁門口砦，太平興國六年建軍。」「砦」同「寨」，此「塞」宜作「寨」。

〔四〇〕圖經未有至東西二京里數　按元豐九域志卷二：安肅軍，「東京一千二百里」。

〔四一〕西北至平塞軍四十五里　萬本、庫本皆無此文。

〔四二〕管軍城周迴三鄉户五百一十九　「九」，中大本作「七」。萬本無此文，庫本只「管軍城」三字。

〔四三〕□□在軍城北過　按元豐九域志卷二安肅軍安肅縣有易水。易水，又名雹河，源出易州西南，東流逕遂城、安肅北，又東流入容城縣，此空缺者疑爲「易水」二字。萬本、庫本皆無此文。

〔四四〕新置軍未有至京里數　按元豐九域志卷二永寧軍（景德元年改寧邊軍爲永定軍，天聖七年改爲永寧軍）：「東京九百五十里。」

〔四五〕本初元年至因以爲郡　水經滱水注引地理風俗記曰：「漢質帝本初元年，繼孝沖爲帝，追尊父翼陵曰博陵，因以爲縣，又置郡焉。」同本書所記，亦以爲博陵郡置于質帝本初元年。按後漢書卷七桓帝紀：延熹元年六月，「分中山置博陵郡，以奉孝崇皇園陵。」則本書及水經注皆誤。

〔四六〕復領縣　「縣」，底本脱，庫本同，據中大本及舊唐書卷三九地理志二補。萬本作「縣復屬焉」。

〔四七〕周顯德二年割屬定州　「二年」，舊五代史郡縣志、五代會要州縣分道改置皆作「四年」。

〔四八〕周顯德六年建爲軍　「六年」，舊五代史郡縣志、五代會要州縣分道改置皆作「五年」。

〔四九〕主三千九十三　「三千」，萬本、庫本皆作「三百」。

〔五〇〕北至幽州闕　按元豐九域志卷二保定軍（景德元年改平戎軍爲保定軍）：「西北至幽州二百五十里。」

太平寰宇記卷之六十九

河北道十八

幽州

幽州，范陽郡。今理薊、幽都二縣。禹貢冀州之域。星分尾、箕。虞舜爲幽州。晉地道記云：「舜以冀州南北廣大，分燕地北爲幽州。〔一〕夏、殷省幽併冀，又爲冀州之域。周復置幽州。」周禮職方：〔二〕「東北曰幽州。」釋名曰：「幽州在北，幽昧之地，故曰『幽』。」晉地道記云：「幽州，因幽都以爲名。」山海經有幽都之山，今列于北荒矣。史記云：「顓頊都于帝丘，其地北至幽陵。」又曰：「周武王定商，封召公奭于燕。」春秋襄公二十八年：「北燕伯朝于晉。」世本云：「南有燕，此故言北。」〔三〕北燕，姬姓；南燕，姞姓，后稷之妃家也。國都城記云：「燕地北逼山戎。」莊公三十年：〔四〕「公及齊侯遇于魯濟，謀山戎，以其病燕故也。」按山戎國，〔五〕今州東二百一十三里漁陽縣也，其後寖大。自召公後三十六葉，與七國並稱王，分置漁陽、上谷、右北平、遼西、遼東五郡也。戰國策：蘇秦説燕文侯曰：「燕東有朝鮮、遼東，北有林胡、樓煩，西有雲中、九原，南有滹沱、易水，地方二千里，帶甲數十萬，車七百乘，騎六千匹，粟支十年。南有碣石、鴈門之饒，北有棗栗之利，民不田作而足于棗栗矣。」史記貨殖傳云：「燕、秦千樹栗。」以比封侯。燕稱王十葉，至始皇滅燕，置三十六郡，以燕都及燕之西陲爲上谷郡。楚漢之際，項羽封臧荼爲燕王，都薊。韓信徇河北，荼降，漢五年反，誅之，因立盧綰爲王；十二年，綰降匈奴，復封皇子建爲王。建薨，吕后誅建子，尋又分燕國之地置涿郡及廣陽國。文帝元年徙琅邪王劉澤于燕，傳國至孫定國免。武帝元狩六年又封皇子旦爲王，旦誅，國除。後置十三州，改爲幽州，領郡國十，理于此，尋開拓東邊，又置玄菟、樂浪二郡。昭帝元鳳元年改燕國爲廣陽郡。宣帝本始元年更爲國，以封燕剌王太子建爲王，領縣四，都薊，建曾孫嘉，王莽時絶。後漢光武二年封叔父良爲廣陽王，五年徙王趙，〔六〕省廣陽合上谷。和帝永元元年復立爲廣陽郡，〔七〕幽州刺史與郡同理。〔八〕至獻帝又廢郡，復立幽州，理于薊，即今郡是。尋遼東人公孫度以中國擾攘，保據燕地，分遼東郡爲遼西中遼郡。魏明帝景初元年，公孫淵自立爲燕王；二年，司馬宣王征淵，斬淵父子，遼東悉平。太和六年封叔父宇爲燕王。晉泰始初封文帝子機爲燕王，機薨，無子，國除。尋改范陽郡曰范陽國，分上谷置廣甯郡，仍隸范陽國，改右北平曰北平，而幽州存焉，領郡國七，而理于涿，今范陽縣是也。晉永嘉後，陷于石勒，勒僭號襄國，于薊置幽州，于幽置燕郡。石氏敗，歷慕容儁都之，儁爲苻堅所滅；堅亂，慕容垂得其地，州郡之名如故。至後魏道武破慕容寶，復于薊立燕郡，領縣五，又于郡理置幽州，領郡三。至北齊于州置東北道行臺，後周改置燕、范陽二郡，兼立總管府于州。隋開皇三年廢郡，所領五縣復屬州，總管如故。煬帝初廢總管，三年罷州，以其地併入涿郡。唐武德元年改爲幽州總管府，管幽、易、平、檀、燕、北燕、營、遼八州，幽州領薊、良鄉、潞、涿、固安、雍奴、安次、昌平八縣；〔九〕二年又分潞縣置玄州，領一縣，隸總管；四年，竇建德平，以固安屬北義州；六年改總管爲大總管，管三十九州；七年改爲大都督府，又改涿縣爲范陽；九年改大都督爲都督，幽、易、景、瀛、東鹽、滄、蒲、蠡、北義、燕、營、遼、平、檀、玄、北燕等十七州。〔一〇〕貞觀元年廢玄州，以漁陽、潞二縣來屬，又廢北義州，以固安來屬；八年又置歸義縣，都督幽、易、燕、北燕、平、檀六州。〔一一〕乾封二年置無終縣。〔一二〕如意元年分置武隆縣。景龍三年分置三河縣。開元十三年升爲大都督府，十八年割漁陽、玉田、三河置薊州。天寶元年改爲范陽郡，屬范陽、上谷、嬀川、密雲、歸德、漁陽、順義、歸化八郡。乾元元年復爲幽州。

領縣八：薊，幽都，良鄉，永清，安次，武清，潞，昌平。

四至八到：南至東京一千二百八十五里。西南至西京一千六百八十五里。西南至長安二千五百四十五里。東至薊州二百一十里。南至莫州二百八十里。西至易州二百一十四里。北至媯州二百一十里。東南至滄州五百五十里。西南至涿州一百二十里。西北至媯州二百里。東北至順州八十里。

户：唐天寶户六萬七千二百四十二。

風俗：郡國志云：「箕星散爲幽州，分爲燕國。其氣躁急，南通齊、趙，渤、碣之間一都會也。」又漢書云：〔二〕「愚悍少慮，輕薄無威儀，亦有所長，敢于赴人之急難，此燕丹之遺風。」〔三〕燕之爲言「燕」也，其氣内盛，燕俗貪，得陰性也。又曰幽州在北，幽昧之地，故曰「幽」也。燕太子丹愛賓客，養勇士，不愛後宫美人，化爲風俗。賓客相過，以婦侍宿。又曰幽、冀之人鈍如錐。

人物：左伯桃，燕人。羊角哀，燕人。〔一四〕蔡澤，燕人。相秦昭王，號剛成君。〔一五〕蒯徹，涿人。〔一六〕郭隗，徐樂，韓嬰，燕人。文帝時博士。〔一七〕寇恂，字子翼，昌平人。有牧民才。〔一八〕盧植，字子幹，涿人。少從馬融學，融左右多列女樂，植侍講積年，未嘗轉眄。性嗜酒，一石不醉，累官尚書。時董卓會百官議廢立，衆皆唯唯，獨植抗議。子毓亦才士。〔一九〕田豫，字國讓，武清人。〔二〇〕酈炎，〔二一〕張華，字茂先。博極古今，著博物志，封廣武侯。〔二二〕張纘，字伯緒，方城人。官吏部郎。酈道元，字善長，涿人。注水經。盧玄，涿人。授中書博士。卒謚宣。盧辯，涿人。爲太學博士，注大戴禮。　張曜，昌平人也。官右丞，謚貞簡。〔二三〕　盧思道，涿人。〔二四〕　盧諶，　唐盧承慶，范陽人。相高宗。　孫藏用，　盧照隣，字昇之，范陽人。與王、楊、駱齊名，時號「四傑」。〔二五〕　蔡廷玉，昌平人。　南霽雲，范陽人。　盧羣，字載初，范陽人。　賈島，字浪仙，范陽人。初事浮居，後以詩名，舉進士。　劉蕡，字去華，昌平人。〔二六〕　盧鴻，范陽人。徙家洛陽，隱嵩山，玄宗徵至不拜。　高崇文，幽州人。七世不異居。　李景畧。良鄉人。〔二七〕

土產：綿，絹，人參，瓜子，貢范陽綾，琉璃。〔二八〕史記云：「燕、秦千樹栗，與千户侯等。士馬所生，魚鹽桑棗之利。」又銀錫二穴，密雲郡都管，筋角是勁。又有水晶，是寶出昌平縣。

薊縣，二十二鄉。本漢舊縣也，水經注云：「薊城西北隅有薊丘，故以爲名，猶魯之曲阜，齊之營丘也。」禮記云：「武王克商，封黄帝之後于薊。」漢書地理志云：「薊，故燕國，召公所封之地。」

垣墻山，一名萬安山，在縣西五十里。山有鐵鼎，其下有舊鑄冶處。

笄頭山。隋圖經云：「笄頭山有温泉，能治百病。」

于延水。隋圖經云：「于延水逕馬城、高柳，俗謂爲阿頭河。」又于大甯北注鴈門水。」隋圖經云：「鴈門水出鴈門山，又北入羊門水。」〔二九〕

神泉。隋圖經云：「神泉逕北連、羊門，泉水一名託台水。」〔三〇〕

高梁河，在縣東四里。南流合桑乾水。

桑乾水，西北自昌平縣界來，南流經府西，又東流經府南，又東南與高梁河合。州郡圖云：「薊縣北有鴈上里。」又水經注云：「桑乾水東與洗馬溝水合。」

灅水。〔三一〕按隋圖經云：「即桑乾河也，至馬陘山爲落馬河，出山謂之清泉河，亦曰千泉，非也。至雍奴入笥溝，俗謂之合口。」

高梁水，渤海，碣石，皆在郡界。

歷室。〔三二〕戰國策云：樂毅與燕惠王書云：「大呂陳于元英，故鼎反乎歷室。」郡國志云：「在薊縣界。」

碣石宮，接平州界。〔三三〕史記云：「鄒子之燕，昭王擁彗前驅，請列弟子之坐而受業，築碣石宮以處鄒子，親往師之。」

薊城。郡國志云：「薊城南北九里，東西七里，開十門。慕容儁鑄銅爲馬，因名銅馬門。」今大廳前石函長二尺，高一尺，歷代不敢開，銘曰「泰建元年造銅虎符」。

幽都山。北方大陰，故曰幽都。爾雅謂「北方之美者，幽都之筋角焉」。

督亢亭。荆軻以地圖獻秦王處。

紫淵水。幽都記云：「紫水，其泥亦紫。」

燕昭王冢。九州要記云：「古漁陽北有無終山，山上有昭王冢，前有千歲狐化爲書生，謁張華，華識之，因以昭王冢前華表木照之，遂變。」

蜀先主宅。幽都記：「劉備，郡人，幼時宅中有桑樹如車蓋，云我當乘此寶蓋，後果王蜀。」

盧植冢。植事馬季長爲弟子，仕至北中郎將。邑有冢存，係祀典。

薛琡夢。三國典畧云：「東魏張亮先與薛琡善，夢亮山上掛絲，寤而告，亮占之曰山上絲是『幽』字，君必爲幽州，後果如之。」

陰鄉。漢縣名，後漢省，舊地理書並失其所在，蓋今薊縣南界、良鄉縣東界、固安縣北界，三縣交入之地。

君子城。郡國志云：「箕子城，石勒每破一城，〔三四〕必簡別衣冠，號君子城。洎平幽州，擢荀綽、裴憲等還襄國，經此，後俗訛爲箕子城。」

雍奴縣故城。郡國志云：「雍奴縣，即漢執金吾寇恂侯。雍奴，亦藪澤之名，〔三五〕四面有水曰雍，澄而不流曰奴。」

張華冢。華，郡人也，有宅墓。郡國志云：「今有張華村，臨桑乾河。」

幽都縣，十二鄉。縣舊即薊縣地，今邑理薊西界。按郡國縣道記云：「建中二年於羅城内廢燕州廨置，在府北一里。其燕州本國，因粟末靺鞨首領突地稽當隋開皇中，領部落歸化，處之於營州界。煬帝八年爲置遼西郡，以突地稽爲太守，理營州東二百里汝羅故城，後遭邊寇侵掠，又寄理於營州城内。唐武德二年改遼西郡爲燕州，〔三六〕仍置總管；六年自營州徙居幽州城内，累代襲燕州刺史。建中初爲朱滔所破滅，尋州廢，立此縣于故城。」

良鄉縣，西南八十里。十二鄉。〔三七〕在燕爲中都。漢爲良鄉縣，屬涿郡。北齊天保七年省入薊縣，武平六年復置。唐聖曆元年改爲固節縣。神龍元年復舊爲良鄉縣。

大防山，在縣西北三十五里。山下有石穴。水經注云：「聖水東南流經大防嶺下。」又有小防山，亦與大防相近。隋圖經云：「防山上有仙人玉堂。」

孔水，出大防山。其水冬煖夏冷，出美魚。

防水。隋圖經云：「防水在良鄉界，有石穴，東北洞開，春秋有白魚，珍美非常味。

東經羊頭阜，俗謂羊頭溪」是也。

聖水。郡國志云：「俗名迴城水，源出縣西北玉石山，東流經縣北四里，又南流入范陽縣界。又有清定水出固安界，〔三八〕東注聖水，謂之劉公口。」

廣陽故城，在今縣東北三十七里。漢爲縣，高齊天保七年省入薊縣。

永清縣，東南一百五十里。十鄉。〔三九〕本漢益昌縣地，隋大業七年於今縣西五里置通澤縣，隋末廢。唐如意元年于今理置武隆縣。景雲元年改爲會昌縣。天寶初爲永清縣，以邊境永清爲名。

桑乾水，在縣北十里。東南流。

安次縣，東南百里。十六鄉。本漢舊縣，縣東枕永濟渠。漢武帝以屬燕國，王旦有罪，削以屬渤海郡。續漢書郡國志安次屬廣陽郡。〔四〇〕唐武德四年移于城東南五十里石梁城置。貞觀八年又自石梁城移理于今縣西五里魏常道城置。開元二十三年又自常道城東移就耿橋行市南置，〔四一〕即今縣理是也。

樓桑村。郡國志云：「安次縣樓桑村，即蜀先主劉備宅于此村。」今有廟存。

武清縣，東南一百五十里。十鄉。本漢雍奴縣也。水經注云：「雍奴，藪澤之名，四面有水曰雍，水不流曰奴。」漢書地理志雍奴縣屬漁陽郡。魏志：「張郃從擊袁譚于渤海，兵圍雍奴，大破之。」謂此邑也。唐天寶初改爲武清縣。

潞縣，東六十里。十鄉。本漢舊縣也，屬漁陽郡。唐武德二年于此置玄州，仍置臨泃縣，玄州領潞、臨泃、漁陽、無終四縣。貞觀元年廢玄州，省臨泃、無終二縣，以潞、漁陽歸幽州。

泃河水，〔四二〕東自漁陽縣界流入。

潞河，一名沽河，一名鮑丘水，北自檀州密雲縣界流入。水經注云：「鮑丘水東歷夏謙澤。」〔四三〕後魏諸州記云：「城西三十里有潞河，源出北山，南流謂此水也。」

平谷故城，漢縣，在今縣北。

安樂故城，漢縣，廢城在今縣西北。

昌平縣，西北九十五里。〔四四〕四鄉。本漢軍都縣，屬上谷郡，後漢改屬廣陽郡。晉太康地記云：「軍都縣屬燕國。」後魏移軍都縣于今縣東北二十里，即故城在其南也，更于今縣郭城置東燕州及平昌郡昌平縣，〔四五〕後郡廢而縣隸幽州。

軍都山，又名居庸山，在縣西北十里。後漢書云：「尚書盧植隱居上谷軍都山，立黌肆教授，好學者自遠方而至。」

居庸關，在今縣西北。北齊改爲納款。淮南子云「天下九塞」，居庸是其一也。

七度水。隋圖經云：「七度水，在昌平界，接虎眼泉。俗諺云高梁無上源，清泉無下尾。蓋以高梁微涓淺薄，裁足津通，憑藉涓流，方成川㲺。清泉至潞，所在枝分，更爲微津，散漫難尋故也。」〔四六〕

芹城。隋圖經云：「昌平縣有芹城。」

卷六十九校勘記

〔一〕舜以冀州南北廣大分燕地北爲幽州　「廣大」，底本作「太廣」，據萬本、庫本及太平御覽卷一六二引晉地道記改正。又「燕地北」，太平御覽引晉地道記作「燕北地」，宜從。

〔二〕周禮職方　「周」，底本脱，庫本同，據萬本、傅校及通典卷一七八州郡八補。

〔三〕世本云南有燕此故言北　萬本、庫本同，中大本作雙行夾注，與下文夾注「北燕姬姓」連接。

〔四〕莊公三十年　「公」，底本無，據萬本、庫本及左傳補。

〔五〕山戎國　萬本、庫本皆無「國」字，是。

〔六〕五年徙王趙　「五年」，原作「十五年」。按後漢書卷一光武紀、卷一四趙孝王良傳皆載建武二年，封良爲廣陽王；五年，徙廣陽王良爲趙王，「始就國」。此「十」乃衍字，據删。

〔七〕永元元年復立爲廣陽郡　按後漢書卷四和帝紀：永元八年「復置廣陽郡」。此「元年」爲「八年」之誤。

〔八〕幽州刺史與郡同理　底本「郡」下衍「國」字，據萬本、庫本、傅校及續漢書郡國志五删。

〔九〕幽州　底本脱，庫本同，據萬本、傅校及舊唐書卷三九地理志二補。

〔一〇〕幽易景瀛東鹽滄蒲蠡北義燕營遼平檀玄北燕等十七州　萬本、庫本同，傅校「幽」上補「督」字，是。

〔一一〕都督幽易燕北燕平檀六州　「都」，底本脱，庫本同，據萬本及舊唐書地理志二補。

〔一二〕乾封二年置無終縣　「二」，萬本、中大本皆作「三」。按舊唐書地理志二作「三年」，新唐書卷三九地理志三作「二年」。庫本作「五年」，誤。

〔一三〕輕薄無威儀亦有所長敢于赴人之急難此燕丹之遺風　庫本同，萬本作「輕薄無威，亦有所長，敢于急人，燕丹遺風也」，同漢書地理志篇末朱贛風俗。

〔一四〕左伯桃燕人羊角哀燕人　萬本、庫本皆無左柏桃、羊角哀。

〔一五〕燕人相秦昭王號剛成君　「剛成」，戰國策秦策三蔡澤見逐於趙同，史記卷七九蔡澤列傳作「綱成」。萬本、庫本皆無此文。

〔一六〕蒯徹涿人　萬本、庫本皆無。

〔一七〕燕人文帝時博士　萬本、庫本皆無此注文。

〔一八〕字子翼昌平人有牧民才　萬本、庫本皆無此注文。

〔一九〕字子幹至子毓亦才士　萬本、庫本皆無此注文。

〔二〇〕田豫字國讓武清人　萬本、庫本皆無田豫傳略。按三國志卷二六魏書田豫傳：「漁陽雍奴人。」雍奴縣，漢置，唐天寶元年改爲武清縣，此誤以唐縣名爲漢魏縣名。

〔二一〕酈炎　中大本、庫本此下列有「張飛方城人」，萬本注云：「按原本酈炎（原誤作燚）下載『張飛方成人』，即繼之以張華，而不繫之曰何地。考蜀志及晉書，張飛，涿郡人，張華，方城人，此以張飛爲方成人，而張華不繫之以地，蓋『張飛』即『張華』之誤，而『成』字又『城』字之誤也。又考河北道幽州人物内載張飛，涿郡人，甚爲有據，此處云云，豈當時作記者自相矛盾，故爲重出，或後世檢字之時，以速爲事，不顧文理，而至于錯亂也，删。」

〔二二〕字茂先至廣武侯　萬本據晉書卷三六張華傳補「方城人」三字，而無此注文。庫本無此注文。

〔二三〕張纘至謚貞簡　萬本、庫本皆無張纘、酈道元、盧玄、盧辯、張曜傳略。

〔二四〕涿人　萬本、中大本、庫本、傅校皆作「范陽人」，同隋書卷二二盧思道傳。按北齊書卷四二盧潛傳、北史卷三〇盧玄傳皆載爲涿人。

〔二五〕字昇之范陽人與王楊駱齊名時號四傑　萬本、庫本皆僅「范陽人」三字，無它注文。

〔二六〕蔡廷玉至劉蕡字去華昌平人　萬本無蔡廷玉、南霽雲、盧羣、賈島、劉蕡傳略。按新唐書卷一九二忠義傳中：南霽雲，「魏州頓丘人」。非范陽人。

〔二七〕高崇文至李景略良鄉人　萬本、庫本皆無高崇文、李景略傳略。

〔二八〕琉璃　萬本、庫本皆無此二字。按新唐書地理志三幽州亦不載，嘉慶重修一統志卷一一順天府土産：「琉璃，宛平縣出。」爲清代記載，此疑爲後人竄入。

〔二九〕羊門水　「羊」，萬本據水經㶟水注改爲「陽」。按楊守敬水經注疏：「寰宇記引隋圖經作羊門水，羊、陽音同。」下同。

〔三〇〕神泉逕北連羊門泉水一名託台水　庫本同，萬本作「神泉水，世謂之比連泉，東北流注陽門水，一名託台水」，同水經㶟水注。

〔三一〕㶟水　「㶟」，底本作「澤」，庫本同，據萬本及水經㶟水注改。

〔三二〕歷室　「歷」，戰國策卷三〇燕策二昌國君樂毅爲燕昭王合五國之兵而攻齊作「磿」，史記卷八〇樂毅列傳作「磨」，正義引括地志同，又作「歷」，集解引徐廣曰：「磿，歷也。」索隱引戰國策又作「歷」，則「磿」、「磨」、「歷」，古字通用。

〔三三〕接平州界　「平州」，萬本作「平谷」。

〔三四〕石勒每破一城　「城」，萬本同，庫本及嘉慶重修一統志卷八順天府引本書作「州」。

〔三五〕亦藪澤之名　庫本同，萬本作「水經注云亦藪澤之名」，同太平御覽卷一六二及本書武清縣引水經注。

〔三六〕武德二年改遼西郡爲燕州　「二年」，舊唐書地理志二、新唐書地理志三皆作「元年」。

〔三七〕十二鄉　「二」，萬本、庫本皆作「三」。

〔三八〕清定水　「定」，庫本同，萬本據水經聖水注改爲「淀」。楊守敬水經注疏：「寰宇記引郡國志清定水出固安界，定乃淀之省文。」

〔三九〕十鄉　萬本、庫本皆無此二字。

〔四〇〕續漢書郡國志安次屬廣陽郡　「廣」，原作「漁」。按續漢書郡國志五，廣陽郡領安次縣，「故屬勃海。」正與上文漢屬渤海郡合，此「漁」爲「廣」字之誤，據改。

〔四一〕又自常道城東移就耿橋行市南置　萬本、庫本皆無「東」字，嘉慶重修一統志順天府引本書同，此「東」蓋衍字。

〔四二〕泃河水　「泃」，底本作「泅」，庫本同，據萬本、中大本改。按水經鮑丘水注，鮑丘水與泃河合。新唐書地理志三：三河縣「北十二里有渠河塘。」顧祖禹曰：「渠河即泃河之譌也。」

〔四三〕鮑丘水東歷夏謙澤　「謙」，底本作「漁」，萬本、中大本皆作「謙」。按水經鮑丘水注：「鮑丘水又東南入夏澤，澤南紆曲渚十餘里，北佩謙澤，眇望無垠也。」此「漁」爲「謙」字之誤，據改。

〔四四〕西北九十五里　嘉慶重修一統志卷八順天府引本書同，萬本、庫本「五」作「三」，蓋誤。

〔四五〕更于今縣郭城置東燕州及平昌郡昌平縣　「平昌郡」，庫本同，萬本、中大皆作「昌平郡」。按魏書卷一〇六地形志上：「東燕州，太和中分恒州東部置燕州，孝昌中陷，天平中領流民置，寄治幽州宣都城（此「宣都」當作「軍都」）。」領平昌郡。隋書卷三〇地理志中：「昌平，舊置東燕州及平昌郡。」皆作「平昌郡」，與本書同。王仲犖北周地理志謂北魏昌平郡，「地形志及隋志並誤作

「平昌郡」，據水經濡水注：「祁夷水又東北流，逕代城西。祁夷水又北，逕一故城西。又逕昌平郡東，魏太和中置，西南去故城六十里。」蓋昌平郡舊治在今壺流河流域，河北蔚縣東北。及孝昌中，燕州荒廢，東魏天平中，郡亦隨東燕州寄治軍都城矣。按魏書京兆王黎傳：孫繼，繼弟羅侯，「家於燕州之昌平郡。以兄子叉執權，就拜昌平太守」。魏書宋弁傳：子維，「靈太后黜爲燕州昌平郡守」。

〔四六〕清泉無下尾至散漫難尋故也　底本作「清水泉無下尾蓋以高梁微流憑藉泉所在分流散漫」，庫本同，據萬本及水經濡水注改。按俗諺云云，與七度水無涉，疑此條有誤。

太平寰宇記卷之七十

河北道十九

涿州　薊州　平州

涿州

涿州，涿郡。今理范陽縣。古涿鹿之地。星分尾宿十六度。史記「黄帝與蚩尤戰于涿鹿之野」，即此地。舜分十二州，爲幽州地。禹貢冀州之域。春秋及戰國俱爲燕國之涿邑。秦滅燕，以其都及西境爲上谷郡地。漢高帝元年，項羽入關，又立燕國，封臧荼爲王；三年，韓信用廣武君策，發使于燕，燕王臧荼降；五年，反漢，誅荼，立盧綰爲王；六年，分燕置涿郡，領縣二十九，理此。後漢爲涿郡。魏初因之，至黄初七年，文帝改爲范陽郡，取漢涿縣在范水之陽以爲名，以此地追封武帝子矩爲王。晉武帝泰始元年又改爲范陽國，封宣帝弟馗子綏爲范陽王，傳國至孫黎没。胡永嘉之亂，陷于河北，其間建置，莫能詳悉。後魏又爲范陽郡，領縣七。至高齊，唯領涿、遒、范陽三縣。後周省遒縣，領縣二。隋開皇初改范陽縣爲遒縣，隸昌黎郡，又于古遒城别置范陽縣，惟領涿、范陽二縣；二年罷郡，移涿縣入故郡廨，屬幽州。大業三年以幽州爲涿郡，縣仍屬焉。又隋書云：「四年正月開永濟渠，引沁水達于河，又自沁水北開二千餘里以通涿郡。〔一〕大業七年自江都乘龍舟往涿郡，親征遼。」唐武德元年郡廢，復爲幽州之屬邑，七年改涿縣爲范陽縣。大曆四年，幽州節度使朱希彩奏請于范陽縣置涿州，仍割幽州之范陽、歸義、固安三縣以隸之，屬幽州都督府。

領縣五：范陽，固安，歸義，新昌，新城。

州境：東西。缺。南北。缺。

四至八到：南至東京。缺。〔二〕西南至西京一千五百六十五里。西南至長安二千四百二十五里。東北至幽州一百二十里。南至莫州一百六十里。餘以幽州取則不遠。

户：唐開元、長慶户口並爲幽州屬邑。

風俗：同幽州。

人物：王商，涿郡蠡吾人。單于謁商，仰視，大畏之，卻退。天子聞曰：「此真漢相也。」 劉先主備，范陽人。〔三〕 張飛，涿郡人。與關羽俱事劉先主，先主初奔江夏，曹操追至長坂，飛將二十騎，〔四〕據水斷橋，瞋目横矛曰：「我張翼德也，可來決戰！」無一人敢近前者。崔瑗。字子玉，涿郡人。作座右銘，入文選。

土産：綾。

范陽縣，二十鄉。本漢涿郡也，取涿水以爲名。漢立郡于此，魏文帝改曰范陽。

白帶山，在縣西北四十里。

涿水，源出縣西土山下，東北流經縣北五里，又東流注聖水。應劭注漢書：「涿水出上谷涿鹿縣。」水西入海。土地十三州志云：「涿郡南有涿水，北至上谷爲涿鹿河，其支入匈奴中者，〔五〕謂之涿耶水。」

故廣陽國城，漢置，今廢，故城在今縣西南。

西鄉城，漢縣，故城在縣西北二十里。〔六〕一名都鄉城。

督亢陂，在縣東南十里。劉向别録：「督亢，燕膏腴之地。」孫暢之述畫曰：〔七〕「燕太子丹使荆軻齎督亢地圖入秦，謀刺秦王，尋爲秦滅也。」郡國志云：「陂見有海龍王神祠在焉。」

固安縣，東六十里。十二鄉。本漢方城縣地，屬廣陽國。隋開皇九年自今易州淶水縣移固安縣于此，屬幽州，取漢故安縣以爲名。唐武德四年又移理歸義縣界章信堡。貞觀元年又移今理。

巨馬河，在今理西一百一十里。

聖水，在縣北五十步。

曲洛溝，源自督亢陂經縣南，東注方城東。〔八〕

督亢亭。郡國志引徐野云：「方城縣有督亢亭。」〔九〕

新昌城，漢縣，故城在今縣南三十里。後漢省。其地下濕，俗亦謂之陷城。

故方城。郡國志云：「在今縣南十五里故方城，即六國時燕之舊邑也。漢改爲涿郡，〔一〇〕高齊天保七年省入涿縣。此城尚存。」

益昌故城，漢縣，故城在今縣東南五十里。〔一一〕後漢省併入方城。周武帝宣政元年於城內置堡城。

臨鄉故城，漢縣，故城在今縣南五十里臨鄉故城是。後漢省併入方城縣也。

陽鄉故城，漢爲縣，故城在今縣西北二十七里是。後漢省，晉復置爲長鄉。高齊天保七年省併入涿縣。其城亦謂之長鄉故城。

歸義縣，南一百二十里。十二鄉。漢易縣之地，屬涿郡。按今縣東南十五里有大易故城，〔一二〕是燕桓侯之別都。後魏移理于故城西北十五里故易城，〔一三〕按故易城，今縣所理。高齊天保七年省入鄚縣。自周及隋，其地並屬鄚。唐武德五年置歸義縣，于縣置北義州。

貞觀元年廢義州併縣;〔一四〕八年,歸義縣仍舊置,改屬幽州,即今理也。至大曆中,析隸涿州。

易水,在縣南。

易京城,在縣南十八里。其城南臨易水。按范曄後漢書曰:「獻帝初,公孫瓚據幽州,先是有童謡曰:『燕南垂,趙北際,中央不合大如礪,惟有此中可避世。』瓚以易京地當之,乃築京城以自固,曰易京。按瓚修營壘、樓觀,臨易河,通遼海,以鐵爲門。乃曰:『兵法,百樓不攻,今吾壘樓櫓千重,積穀三百萬斛,足以待天下之變。』尋爲袁紹所破。」後石季龍征慕容儁回而惡其固,因毁之,即此城也。

小易城,在大易城北二里。

新昌縣,漢縣名,後廢。唐大曆四年析固安縣置。

新城縣,南六十里。後唐天成四年析范陽縣置。

薊州

薊州,漁陽郡。今理漁陽縣。禹貢冀州之域。星分尾宿三度。春秋及戰國俱屬燕,秦于此置漁陽郡,二漢因之。魏、晉以降,陷于河北,只爲幽州屬邑。前燕慕容儁、前趙劉淵所都。

至隋開皇初徙玄州于此，〔一五〕并立總管府。〔一六〕煬帝初，府廢，置漁陽郡。唐武德以後廢郡，復爲幽州屬邑。至開元十八年析幽州之漁陽、三河、玉田三縣置薊州，取古薊門關以名州。天寶元年改爲漁陽郡。乾元元年復爲薊州。

領縣三：漁陽，三河，玉田。

四至八到：南至東京。缺。西南至西京一千八百九十里。西南至長安二千七百五十里。東至平州三百里。南至會海口一百八十二里。〔一七〕西至幽州二百一十里。北至廢長城塞二百三十五里。東南至平州石城縣二百八十五里。〔一八〕西南至幽州雍奴縣界一百二十五里。西北至檀州二百一十七里。東北至平州石城縣界廢盧龍戍二百里。戍據開皇長城置。〔一九〕

户：唐天寶户五千三百一十七。

土産：鹿角膠，人參，遠志，白朮。

漁陽縣，三鄉。本漢舊縣，古北戎無終子國也。按杜預注左傳：「山戎、北戎、無終三名，其實一也。」其後晉滅山戎，即爲晉境。七國時屬燕，後以爲右北平郡。唐武德二年置玄州，改屬焉。貞觀元年州廢，還屬幽州。開元中置薊州于此。

無終山，一名翁同山，又名陰山，在縣西北四里。神仙傳云：「仙人白仲理者，〔二〇〕遼東人也。隱居無終山中，合神丹，又於山中作金五千斤，以救百姓。」又搜神記云：「無終山有陽翁玉田，昔雍伯，洛陽人，父母終，葬于無終山。山上無水，雍伯汲水，作義漿，行者皆飲。三年，有一人就飲，以石子一升遺之，使于高平好地有石處種之。有徐氏者，爲右北平著姓，〔二〕有女，人多求之，不許。雍伯試求，徐氏笑以爲狂，乃云：『以白璧一雙，當可爲婚。』雍伯至種石處，得五雙白璧，徐氏大驚，即以女妻之。」

燕山，在縣東南七十里。懸巖側有石鼓，去地百餘丈，望之若數百石囷，左右石梁貫之，〔二二〕鼓東南有石人援桴，狀同擊勢，云燕山石鼓鳴則有兵。〔二三〕

沽水。水經注云：「沽水逕漁陽故城，南合七度水。」〔二四〕

鮑丘水。

潞水，一名潞河，是。

北平故城。隋圖經云：「漁陽有北平故城，即漢將軍李廣爲郡守，出獵，遇草中石，謂是伏虎，引弓射，没羽，〔二五〕是此處。」

三河縣，西六十里。三鄉。唐開元四年分潞縣置，屬幽州，十八年改隸薊州。

玉田縣，東南八十里。二鄉。漢無終縣，屬右北平郡。〔二六〕唐乾封二年于廢無終縣置，名無終，〔二七〕屬幽州。萬歲通天二年改爲玉田縣。〔二八〕神龍元年割屬營州。開元四年還屬幽州，八年又割屬營州，十一年又還屬幽州，十八年隸薊州。

平州

平州，北平郡。今理盧龍縣。禹貢冀州之域。虞十二州，爲營州之境。周官職方又在幽州之地。春秋時爲山戎孤竹、白狄肥子二國地。史記：「齊桓公北伐山戎，至孤竹。」爾雅云：「觚竹、北户、西王母、日下，謂之四荒。」戰國時地屬燕。秦兼天下，爲右北平及遼西二郡之地。漢因之，爲遼西郡之肥如縣。後漢末，公孫度自號平州牧，擅據，及子康，康子淵，俱得遼東之地，東夷九種皆伏焉。晉屬遼西郡，後魏亦然。隋開皇初爲右北平郡，〔二九〕十年改爲平州。煬帝即位，又廢州，復爲郡。唐武德二年廢郡爲平州，領臨渝、肥如二縣；其年自臨渝移治肥如，仍改肥如爲盧龍縣，更置撫寧縣；七年省臨渝、撫寧二縣。天寶元年改爲北平郡。乾元元年復爲平州。

領縣三：盧龍，石城，馬城。

四至八到：南至東京。缺。西南至西京二千一百九十五里。西南至長安三千五十五里。東北至榆關守捉一百九十里，自關東北至營州五百里。南至海二百里。西至薊州三百里。北至上谷八十里。〔三〇〕西南至馬城縣一百八十里。西北至石城縣一百四十里。西北至盧龍塞二百里。東北至營州七百里。

户：唐開元户二千二百六十三。

風俗：同幽州。

人物：伯夷、叔齊，夷名墨允，字公信，謚夷；齊名墨智，字叔達，謚齊，俱孤竹君之子，隱首陽山，採薇食之。〔三一〕唐陽城，北平人。徵拜諫議大夫。　田弘正。盧龍人。封沂國公。〔三二〕

土産：蔓荆子。

盧龍縣，五鄉。〔三三〕本漢肥如縣也，屬遼西郡，應劭曰：「肥子奔燕，封于此。」唐武德三年省臨渝，移平州置此，仍改肥如縣爲盧龍縣，〔三四〕復隋開皇之舊名。

藍山。後魏輿地風土記云：「盧龍西四十九里有藍山，〔三五〕其色藍翠重疊，故名之。」

碣石山。山海經云：「碣石之山，繩水出焉。」〔三六〕在縣南二十三里。碣然而立在海傍，故以爲名。晉太康地志云：「秦築長城，起自碣石。在今高麗舊界，非此碣石也。」

臨餘山，本名臨渝山，音訛爲「餘」，有關，通胡之路，在今縣東一百八十里。

新婦山。九州要記云：「盧龍柳羌城南有新婦山。」〔三七〕

盧水，一名大沮水，今名小濡水，北自營州柳城縣界流入。水經注云「玄水出肥如縣北」，一名玄子溪。〔三八〕

黄洛水。水經注云：「水出盧龍山，南流入于濡水。」

卑耳溪。隋圖經：按管子云：「齊桓公北征孤竹，未至卑耳之溪，見一人長尺而人物具焉，〔三九〕冠，右袪衣，走馬疾前。管仲曰：『登山之神有俞兒，霸王之君興，而登山之神見。且走馬前，導也；袪衣，示前有水也；右袪衣，示從右方涉也。』至卑耳之溪，有贊水者，曰從左方涉，其深及冠，右方涉，其深至膝。已涉，桓公拜曰：『仲父之聖至此。』」

素河水。水經注云：「素河水出令音零。支音岐。〔四〇〕縣藍山，南與新河合。」

黄洛城，殷諸侯之國。

令支城，漢縣，屬遼西郡，廢城在今縣界。〔四一〕

孤竹城，在今縣東。殷之諸侯，即伯夷、叔齊之國。又按縣道記云：〔四二〕「孤竹城在肥如縣南十二里。」史記謂「齊桓公伐山戎，北至孤竹。」又隋圖經云：「孤竹城，漢靈帝時，遼西太守廉翻夢人曰：『孤竹君之子，伯夷之弟，遼海漂吾棺，聞君仁善，願見藏覆。』明日，〔四三〕水際見浮棺，於津收之，乃爲改葬。〔四四〕吏人嗤笑者，皆無疾而死。今改葬所尚存，祠在山下，極嚴。」

朝鮮城，即殷箕子受封之地，今有廢城。

遼西城，漢爲郡于此，廢城在今郡東。

秦長城。秦使蒙恬輔其子扶蘇之所築，東西長萬里。杞梁妻哭城崩，得夫骨，即此城也。

盧龍道。魏志云：「曹公北征烏丸，田疇自盧龍道引軍出盧龍塞，塹山堙谷五百餘里，逕白檀，歷平岡，登白狼，望柳城。」即此道也。一謂之盧龍塞，在今郡城西北二百里。

望海臺。漢武帝所立，登之以望海。

石城縣，西一百四十一里。〔四五〕三鄉。漢舊縣，取碣石立如城以名之，屬右北平郡。〔四六〕唐貞觀十五年于故臨渝縣城置臨渝縣。萬歲通天二年改爲石城，復漢舊名。

碣石。始皇使燕人盧生求羡門，刻碣石，漢武登之望海。當山有大石如石柱，號曰天橋柱，往往望而立於巨海之內，〔四七〕狀如人造，然非人力所能成也。

馬城縣，南一百七十二里。〔四八〕三鄉。唐開元二十八年析盧龍縣置。

卷七十校勘記

〔一〕又自沁水北開二千餘里以通涿郡　「千」，底本作「十」，萬本、庫本同。按隋書卷三煬帝紀、卷二四食貨志皆載，大業四年開永濟渠，引沁水南達于河，北通涿郡，無此文。資治通鑑卷一八一隋紀五胡三省注：考異曰：雜記：「開永濟渠，引汾水入河，於汾水東北開渠，合渠水至于涿郡二千餘里。」「汾水」當是「沁水」之誤，此「二十餘里」當是「二千餘里」之誤，據改「十」爲「千」。

〔二〕南至東京缺　傳校補爲「南至東京一千三百五十里」。

〔三〕劉先主備范陽人　萬本注云：「按原本王商下載，劉備，范陽人，非是，昭烈帝承炎漢正朔，稱帝於蜀，不宜與王商並列，今删去。」按三國志卷三一蜀書先主傳：「涿郡涿縣人。」漢置涿縣，唐武德七年改爲范陽縣，此以唐縣名爲漢魏縣名，實誤。

〔四〕先主初奔江夏曹操追至長坂飛將二十騎　「先主」，底本脱，萬本、庫本皆有。按三國志卷三六蜀書張飛傳：「先主奔江南，曹公追之，一日一夜，及於當陽之長阪。」此脱，據補。又「二」，底本作「三」，庫本同，據萬本及三國志蜀書張飛傳改。

〔五〕其支入匈奴中者　「支」，庫本同，萬本作「枝流」。

〔六〕故城在縣西北二十里　「二十」，萬本、庫本同，中大本作「二十一」，嘉慶重修一統志卷八順天府引本書作「二十五」。

〔七〕述畫　「畫」，底本作「書」，萬本同，據水經巨馬河注改。

〔八〕東注方城東　「東」，萬本作「界」；中大本、庫本皆作「泉」，傅校同，蓋是。

〔九〕郡國志引徐野云方城縣有督亢亭　庫本同，萬本無「引徐野云」四字。按續漢書郡國志五：涿郡方城縣「有督亢亭」，無引「徐野」之説。繆荃孫元和郡縣圖志闕卷逸文據永樂大典四千六百五十五引元和郡縣圖志有「徐野曰：方城縣有督亢亭。」

〔一〇〕漢改爲涿郡　按漢方城縣屬廣陽國，後漢改屬涿郡，載于漢書卷二八地理志下、續漢書郡國志五，此宜作「後漢改屬涿郡」。

〔一一〕故城在今縣東南五十里　「東南」，萬本、庫本皆作「東」，傅校同。按漢益昌縣在今河北永清縣東南，即在固安縣東南，萬本、庫本誤。

〔一二〕大易故城　「易」，底本空缺，庫本同，據萬本及嘉慶重修一統志卷一四保定府引本書補。

〔一三〕後魏移理于故城西北十五里故易城　「後」，底本脱，庫本同，中大本同，據萬本及嘉慶重修一統志保定府引本書補。

〔一四〕貞觀元年廢義州併縣　按舊唐書卷三九地理志二：歸義，「武德五年於縣置北義州。貞觀元年與州同省。」此「義州」宜作「北義州」。

〔一五〕隋開皇初徙玄州于此　按隋書卷三〇地理志中載，隋開皇六年徙玄州於此。

〔一六〕并立總管府　「并」，底本無，據萬本、庫本及隋書地理志中補。

〔一七〕會海口　按通典卷一七八州郡八作「三會海口」。

〔一八〕東南至平州石城縣二百八十五里　「八十五」，萬本、庫本皆作「八十」，傅校同，此「五」蓋爲衍字。

〔一九〕戍據開皇長城置　中大本、庫本同，萬本「開皇」上有「隋」字。傅校改爲「戍據長城，開皇置」。

〔二〇〕白仲理　「白」，萬本、庫本皆作「帛」。按「白」，通「帛」。

〔二一〕右北平　萬本作「北平」，同水經鮑丘水注、太平御覽卷四五引搜神記，此「右」疑衍字。

〔二二〕左右石梁貫之　萬本據水經鮑丘水注删「左右」二字，庫本亦無。按太平御覽卷四五引隋圖經作「左右梁貫之」，底本是。

〔二三〕云燕山石鼓鳴則有兵　「云」，庫本同，萬本作「耆舊言」，同水經鮑丘水注。按太平御覽卷四五引隋圖經同此。

〔二四〕沽水逕漁陽故城南合七度水　底本「沽」下有「結」字，萬本同，庫本無；「逕」，底本作「在」，萬本、庫本皆作「逕」。按水經沽水注：「沽水逕漁陽故城西，而南合七度水。」正本書所引，此「結」字衍誤，據删；「在」爲「逕」字之誤，據改。本書「漁陽故城」下蓋脱「西」字。又底本「七度水」下原注：「沽結水，一本名沽水」，萬本、庫本皆無此注文，傅校删，是，據删。

〔二五〕引弓射没羽　中大本同，萬本作「引弓射之，没鏃」，疑此「羽」爲「鏃」字之誤。庫本作「引弓射之」，當脱誤。

〔二六〕屬右北平郡　「郡」，底本無，庫本同，據萬本及漢書地理志下、舊唐書地理志二補。

〔二七〕唐乾封二年于廢無終縣置名無終　按新唐書卷三九地理志三、輿地廣記卷一二皆載：「唐武德二年置無終縣，貞觀元年省，乾封二年復置。」

〔二八〕萬歲通天二年改爲玉田縣　「二年」，舊唐書地理志同，新唐書地理志、輿地廣記並作「一[illegible]」，唐會要卷七一州縣改置下：「無終縣，萬歲通天元年移就玉田驛，因改爲玉田縣。」

〔二九〕隋開皇初爲右北平郡　按隋書地理志中：北平郡盧龍，「舊置北平郡。」舊唐書地理志二：「平州，隋爲北平郡。」此「右北平」宜作「北平」，「右」字疑衍。

〔三〇〕北至上谷八十里　「上谷」，通典州郡八作「上洽口」，疑此誤。

〔三一〕夷名墨允至採薇食之　萬本無此注文，庫本作「孤竹君之二子，隱於首陽山，採薇而食之」。按史記卷六一伯夷列傳索隱：「伯夷名允，字公信。叔齊名致，字公達。」與此云「夷名墨允」、「齊名墨智，字叔達」異。

〔三二〕田弘正盧龍人封沂國公　萬本、庫本皆無田弘正傳略。

〔三三〕五鄉　中大本同，萬本、庫本皆無此二字。

〔三四〕唐武德三年省臨渝移平州置此仍改肥如縣爲盧龍縣　按新唐書地理志三及本書平州總序皆載：武德七年省臨渝縣。此云武德三年省，疑誤。又舊唐書地理志二及本書平州總序皆載：武德二年改肥如縣爲盧龍縣。

〔三五〕盧龍西四十九里有藍山　「四十九」，初學記卷八引後魏輿地風土記作「三十九」。

〔三六〕繩水出焉　「繩」，底本作「澠」，據萬本、庫本及山海經北次三經改。

〔三七〕柳羌城　庫本同，萬本作「柳城」，未知孰是。

〔三八〕玄水出肥如縣北一名玄子溪　「一名玄子溪」，萬本改爲「一名玄溪」，注云：「原本『玄』下衍『子』字，據水經注改正。」庫本亦作「一名玄溪」。按水經濡水注：「玄水出肥如縣東北玄溪。」無「一名玄溪」云云，非水經注文。

〔三九〕未至卑耳之溪見一人長尺而人物具焉　「未見卑耳之溪」，管子卷一六小問作「未至卑耳之溪十里」，水經濡水注引同。按下文云「至卑耳之溪，有贊水者」云云，則此「未見卑耳之溪」下蓋脱「十里」二字。又「而」，底本脱，庫本同，據萬本及管子小問、水經濡水注引管子補。

〔四〇〕音零音岐　萬本、庫本及水經濡水注皆無此注文，傅校删，按萬本、庫本注於下文令支城，參見本卷下條校勘記。

〔四一〕廢城在今縣界　庫本「界」下有「令音零，支音岐」六字，萬本作「令音鈴，支音秪。原本訛『令，音零，支，音岐』，據應劭注漢書地理志改正。」按萬本是，底本已注於上文紫河水令支縣，注音當誤。

〔四二〕縣道記　萬本同，庫本作「郡國縣道記」，此蓋簡稱。

〔四三〕遼西太守至明日　庫本同，萬本據水經濡水注改爲「遼西太守廉翻夢人謂己曰：『余孤竹君之子，伯夷之弟，遼海漂吾棺槨，聞吾君仁善，願見藏覆。』明日視之」。

〔四四〕水際見浮棺於津收之乃爲改葬，庫本作「則見浮棺」，下同；萬本作「見浮棺於水上，乃改葬焉」。

〔四五〕西二百四十一里　按本書卷平州四至八到載：「西北至石城縣一百四十里。」與此有别。

〔四六〕屬右北平郡「郡」，底本無，庫本同，據萬本及漢書地理志下補。

〔四七〕當山有大石至立於巨海之内　萬本作「當山頂有大石如柱形，號曰天橋柱，往往見立於巨海之中」；庫本作「當山頂，大石如柱，號曰天橋柱，遠望若立於巨海之内」。

〔四八〕南一百七十二里　按本書卷平州四至八到載：「西南至馬城縣一百八十里。」與此有别。

太平寰宇記卷之七十一

河北道二十

嬀州　營州　檀州　燕州　威州自威州以下三十二州廢。

嬀州

嬀州，嬀川郡。今理懷戎縣。禹貢冀州之域。星分尾宿。虞舜暨周則爲幽州之域。帝王世紀云：「涿鹿于周官，幽州之域也。」〔一〕春秋、戰國並屬燕國。漢書地理志云：「燕有上谷。」秦置三十六郡，爲上谷郡地。漢爲潘縣地。晉屬廣甯郡。後魏孝明帝廢之。北齊置北燕州。隋廢，屬涿郡。唐武德七年討平高開道，置北燕州，因齊舊名，領懷戎一縣。貞觀八年改爲嬀州，因其中嬀水爲名。長安二年移治舊清夷軍城，兼管清夷軍兵萬人。天寶元年改爲嬀川郡。乾元元年復爲嬀州。

元領縣二。今一：懷戎。一縣廢：嬀川。

四至八到：南至東京。缺。西南至西京一千八百五里。〔二〕西南至長安二千七百四十五里。東至檀州二百五十里。南至幽州二百九十里。西至蔚州二百九十里。北至張說新築長城九十里，又云至廣遼城舊名白雲城一百八十里。〔三〕東南至幽州一百五十里。西南至蔚州二百四十里。東北至長安城爲界九十八里。〔四〕

户：唐天寶户二千二百六十三。

風俗：同幽州。

人物：公孫鳳，字子鸞，上谷人。隱居，陶然自得。張恂，字洪讓，上谷沮陽人。張長年。爲汝南太守，郡人兄弟分析，爭一牛，訟之，長年曰：「脱有二牛，各應得一。」以家牛與之。

土産：麝香，樺皮，胡鹿，〔五〕人參。

懷戎縣，二鄉。本漢潘縣也，屬上谷郡。晉太康地志：「潘縣更屬廣甯郡。」魏孝昌中廢。高齊天保六年于此置懷戎縣。唐武德七年改置北燕州。貞觀八年改北燕州爲嬀州，縣屬不改。

雞鳴山，在縣東北七十里。本名磨笄山，昔趙襄子殺代王，夫人曰：〔六〕「代已亡矣，吾將何歸？」遂磨笄于此山而自殺，代人憐之，爲立祠焉，因名其山爲磨笄山。每夜有野

雞羣鳴于祠屋上，故亦謂爲鳴雞山。後魏文成帝太后葬于山麓。〔七〕

歷山。後魏輿地圖風土記云：「潘城西北三十里有歷山，〔八〕形如覆釜，故以名之。其下有舜祠、瞽瞍祠存。」

橋山。山有祠，黄帝葬此。山海經云：「大荒内有軒轅臺，射者不敢西向，畏軒轅故也。」梁湘東王臨終詩云：「寂然千載後，誰畏軒轅臺。」

大翮山、小翮山。上有王仲廟。仲，字次仲，年少入學而遠，常先到，其師怪之，謂不歸，使人候焉，實在家。等輩常見次仲捉一小棘木，長三尺餘，至著屋間欲取，輒不見。及年弱冠，變蒼頡舊文爲今隸書。秦始皇時，官務繁多，次仲爲文簡略，赴急用之，大喜，〔九〕使徵不至，始皇大怒，詔檻車送之，次仲吟咏化爲大鳥，出車外，翻翻然高飛，徘徊長引，至于西門山，〔一〇〕落二翮，因名二山。今水旱祭之。蔡邕文曰：「上谷王次仲變古成隸，終古行焉。」

涿鹿山。山下有涿鹿城，亦涿水出焉。

羹頡山。

黄帝祠。有泉，湛而不流，即古阪泉也，今在城東二百步。〔一一〕

小甯城，在大甯城西。昔班丘仲，「班」，或作「瑕」。居于延水側，〔一二〕常賣藥于甯百餘年，後地動宅壞，仲與里内數十家皆死，人有孔氏入取仲尸，弃于延水，收其藥賣之。仲被裘從而詰之，此人大恐怖，叩頭求哀。仲曰：「恨汝，使人知我耳，吾去矣！」遂爲夫餘王驛使，〔一三〕後乘來至甯，北方人謂之謫仙。

地裂溝。水經注云：「晉時地裂，〔一四〕遂成溝壑，俗謂之分界水。」〔一五〕在今縣東北。

涿山，出冢山。〔一六〕

阪山。〔一七〕史記：「軒轅與炎帝戰于阪泉之野。」又周書曰：「黄帝殺蚩尤于中冀，名曰『絕轡之野』。」

燕長城。史記云：「燕築長城，自造陽至襄平。」造陽即嬀之地名也。

舜井。河東亦有此井。

造陽。按漢書：「武帝破匈奴，取河南地，〔一八〕漢亦弃上谷之斗辟縣造陽地以與胡。」韋昭云：「地名，在上谷。」晉太康地志云：「在五原塞之北九里，謂之造陽。」〔一九〕此疑誤矣。

嬀川縣，一鄉。唐天寶後析懷戎縣置，尋廢。

營州

營州，柳城郡。今理柳城縣。按唐開元十道畧云：「舜築柳城。」即知虞舜以前已有柳城之地。在禹貢冀州之域，在十二州，因有營州之稱。爾雅云：「齊曰營州。」又郡國志云：「地當營室分，故曰營州。」殷時爲孤竹國。春秋時，爲山戎之地，戰國時，其地復屬燕。史記云：「燕築長城，自造陽至襄平。置遼西、右北平郡。」〔二〇〕秦併天下，置遼西郡。兩漢因之。前漢地理志遼西郡領臨渝、且慮音閭。〔二一〕等十四縣。後漢書云：「遼西郡烏丸、鮮卑，蹋頓所居。」又十六國春秋慕容皝傳云：「柳城之北，龍山之南，所謂福德之地也，可營制規模，築龍城，搆宮廟，改柳城縣爲龍城；九年，遂遷都龍城，入新宮；十二年號新宮曰和龍宮。」皝子儁，遷都于鄴，儁子暐爲苻堅所滅。後燕慕容垂又居焉，慕容熙爲北燕馮跋所殺。至馮弘太興元年省遼西郡，弘爲後魏所滅，〔二二〕又于平州界立遼西郡，屬平州。周建德中平齊，其地猶爲高寶寧所據。隋開皇三年討平寶寧，復以其地置營州。煬帝初州廢，又置柳城郡。〔二三〕唐武德元年改爲營州總管府，領遼、燕二州，領柳城一縣；七年改爲都督府，督營、遼二州。貞觀二年又督昌州，三年又督師、崇二州，六年又督順州，十年又督愼州。今督七州。萬歲通天二年爲契丹李萬榮所陷。神龍元年移府于幽州界置，仍領漁陽、玉田

二縣。開元四年復移還柳城，八年又往就漁陽，十一年又還柳城舊治。天寶元年改爲柳城郡。乾元元年復爲營州。〔三四〕

領縣一：〔三五〕柳城。

四至八到：東至東京。缺。西南至西京四千二百一十里。西南至長安五千里。東至遼河，南至大海三百四十里。〔三六〕西至平州七百里。〔三七〕北至秦長城二百七十里，至契丹界濕水四百里。東南至保定軍，舊安東都護府二百七十里。〔三八〕西南至平州七百里。西北至契丹界七十里。東北至契丹界九十里，自界至契丹牙帳四百里。

户：唐天寶户九百九十七。

風俗：同幽州。

人物：後魏谷渾，字元沖，昌黎人。父衮，勇冠一時。屈遵，字子度，昌黎徒河人。爲中書令。唐李光弼。營州柳城人。侍中、臨淮王。弟光進，太子太保、涼國公。雙節在門，養母以孝聞。

土産：豹尾，麝香，絹，畜宜牛、馬、羊、豕。

柳城縣，四鄉。漢柳城縣地，〔三九〕屬遼西郡。室韋、靺鞨諸部，並在東北，還者六千里，近者二千里，西北與奚接界，北與契丹接界。慕容皝改爲龍城縣。隋文改爲龍山，尋又改爲柳城縣。

龍山，在郡東南。十六國春秋：慕容皝十二年，「黑白龍各一，見于龍山，皝親率羣寮觀，龍去二百餘步，祭之以太牢，二龍交首嬉翔，解角而去。皝大悦，赦境内，號新宫曰和龍宫，又築苑，因起景雲殿。」

扶黎故城，在今縣東南。其地帶龍山，即慕容皝祭龍之所。〔三〇〕

鮮卑山，在縣東南二百里。十六國春秋：「慕容廆，代居遼左，號曰東胡。其後雄昌，與匈奴並盛。秦漢之際爲匈奴所敗，分保鮮卑山，因復以山爲號。」棘城之東塞外，又有鮮卑山，在遼西之西北一百里，與此異山而同號。

白狼山。魏志：「曹公引軍出盧龍塞，塹山堙谷五百餘里。未至柳城二百里，袁尚、袁熙與蹋頓將數萬騎逆軍，操登白狼山，卒與虜遇，操登高，望虜陣不整，縱兵擊之，虜衆大潰，斬蹋頓及名王已下，胡、漢降者二十餘萬口。」郡國志云：「白狼山，一曰鹿首山。魏武于此山逢獅子，使格之，獅子哮吼奮越，左右咸驚。王忽見一物從林出，如狸，超上王車軛上，獅子將至，此獸跳上獅子頭上，獅子即伏不敢起，于是殺之，得獅子而反。未至洛陽四十里，雞狗皆不鳴吠。」

馬首山。度遼之要路經此。

泊滋山。孫鳳隱此。〔三一〕

長谷。十六國春秋云：「馮跋弟弘爲亂，而跋驚死，弘葬之長谷。」即此。

白狼水。魏氏風土記云：「黄龍城西南有白狼河，東北流，附城東北下。」即此水也。

彭盧水，一名盧河水，即唐龍水也。後魏輿地圖風土記云：「水至徒河入海，與地平，故曰平盧，今語訛爲彭盧水。」

徒河城，漢縣，有廢城，在今郡東。北有山曰青山，在東北九十里。〔三二〕

棘城，即顓頊之墟也，在郡東南一百七十里。

交黎城，漢縣也，屬遼西郡。後漢改爲昌黎縣。

營丘城。後魏輿地圖記云：「舜分齊營州之域，燕西置營丘郡于其城内。」十六國春秋：「慕容廆東遷徒河縣，置營丘郡北鎮。」〔三三〕

室韋、靺鞨諸部，並在東北，遠者六千里，近者二千里，斯地西北與奚接，正北與契丹接畛。

醫巫閭山祠，在縣東五十里。

檀州

檀州，密雲郡。今理密雲縣。禹貢冀州之域。春秋及戰國並爲燕國、北戎所居。漢書地理志云：「燕東有漁陽。」秦併天下，漁陽郡不改。在漢領白檀等十二縣，歷魏、晉如之。漢書云：「將軍李廣，弭節白檀。」又魏書云：「曹公越北塞，歷白檀，破烏丸于柳城。」按續漢書云：「白檀縣，即右北平。」今州是也。至後魏因置密雲郡，兼置安州，取懷安之義也。後周改安州爲玄州。隋圖經云：「開皇初徙玄州于漁陽，今漁陽郡是也。」至十八年又割幽州燕樂、密雲二縣于舊玄州置檀州，取漢白檀縣爲名。大業三年罷州爲安樂郡。唐武德元年改爲檀州。按開元十道要略云：「以斯地爲幽燕之邊陲，〔三四〕管障塞軍五千。天寶元年改爲密雲郡。乾元元年復爲檀州。

領縣二：〔三五〕密雲，燕樂。

四至八到：東至東京。缺。西南至西京一千八百三十五里。西南至長安二千六百九十五里。東至薊州二百一十七里。南至幽州潞縣界五十五里。西至幽州昌平縣一百五十里。〔三六〕北至長城四十五里。東南至薊州一百九十里。西南至幽州一百九十里。西北至嬀州二百五十里。東北至長城障塞一百一十里。〔三七〕

户：唐天寶户六千六十四。

風俗：同幽州。

土産：貢安東府人參。

密雲縣，九鄉。本漢厗音狄溪切。〔三八〕奚縣也，漢書地理志厗奚屬漁陽郡。

桃花山。郡國志云：「桃花山在漁陽西北十五里。」

螺山水，亦名赤城河，即沽水也，東北塞外流入。

桑溪。水經注云：「三城水經伏淩山南，與石門水合，是水有桑溪之名，蓋源出桑溪故也，〔三九〕右注鮑丘水。」〔四〇〕

鮑丘水。水經注云「鮑丘水又東南，龍芻溪水注之」是也。

燕樂縣，東北七十五里。〔四一〕今四鄉。本漢厗奚縣地也，屬漁陽郡。按厗奚縣，今密雲縣是也，後魏于此置廣陽郡，〔四二〕有長城。隋改爲長陽郡，後廢。〔四三〕舊治白檀故城，唐長壽二年移治新城，〔四四〕即今治也。

石門水。水經注云石門水在燕樂縣北，與桑溪水合。〔四五〕

燕州

燕州，歸德郡。今理遼西縣。星分尾宿。秦爲上谷郡地，歷代土地所屬與范陽同。釋名云：「燕，宛也，在涿鹿山南，宛宛然，以爲國都也。」置在幽州，領靺鞨，本粟末靺鞨別種也。〔四六〕隋北蕃風俗記云：「初，開皇中，粟末靺鞨與高麗戰不勝，有厥稽部渠長突地稽者，率忽使來部、〔四七〕窟突始部、悦稽蒙部、越羽部、步護賴部、破奚部、步步括利部，凡八部，勝兵數千人，自扶餘城西北舉部落向關内附，處之柳城，乃燕郡之北。煬帝大業八年爲置遼西郡，并遼西、懷遠、瀘河三縣，〔四八〕以統之，取秦漢遼西郡爲名也。」唐武德元年改爲燕州總管府，領遼西、瀘河、懷遠三縣；其年廢瀘河縣；六年自營州南遷，寄治于幽州城内。貞觀元年廢都督府，仍省懷遠縣。開元二十五年移治所于幽州北桃谷山。天寶元年改爲歸德郡。乾元元年復爲燕州。

領縣一：〔四九〕遼西。

四至八到：東南至東京。缺。西南至西京一千八百七十六里。西南至長安二千六百一十三里。東至檀州八十里。西至幽州九十里。西至幽州昌平縣五十里。北至大山五里。西南至芹河五里。〔五〇〕東南至後魏廢易京城四十里。西北至乾河山五里。東北至宋城鎮二十五里。

户：唐天寶户二千四十五。

風俗：春秋説題辭云：「箕、尾爲燕，陰氣生，俗貪利，地宜栗。」

土産：豹尾，綿貨，〔五一〕栗。貨殖傳云：「燕、秦千樹栗。」

遼西縣，四鄉。隋大業八年置，屬遼西郡，與郡同在汝羅故城之□；〔五二〕至十一年寄理

柳城。〔五三〕唐武德元年，郡爲燕州，縣屬不改；六年，燕州寄理幽州，縣亦遷于今所理置。〔五四〕

威州自威州以下三十二州廢

威州，今理威化縣。唐武德二年置遼州總管，自燕支城徙寄治營州城内，七年廢總管府。貞觀元年改爲威州，隸幽州大都督，所領户，契丹内稽部落。

領縣一：威化。

四至八到：兩京道路與涿州同。

户：唐天寶户六百一十一。

威化縣，後契丹陷營州，乃南遷，寄治于良鄉縣石窟堡，爲威化縣，州治也。

慎州

慎州，今理逢龍縣。唐武德初置，隸營州，領涑沫靺鞨烏素固部落。萬歲通天二年移于淄、青州安置。神龍初復舊，隸幽州。

領縣一：逢龍。

四至八到。未詳。

户：唐天寶領户二百五十。

逢龍縣，契丹陷營州後南遷，寄治良鄉縣之故都鄉城，爲逢龍縣，州所治。

思順州〔五五〕

思順州，順義郡。今理賓義縣。唐貞觀六年置，寄治營州南五柳城。天寶元年改爲順義郡。乾元元年復爲順州。兩京及四至八到，並與范陽同。

領縣一：賓義。

户：唐天寶户一千六十四。

賓義縣，三鄉。郡所治，在幽州城内。北鎮醫巫閭山廣寧祠，接營州界。

歸順州

歸順州，今理懷柔縣。其地乃燕之北境，燕太子丹使荆軻獻地圖，蓋謂此地，即元順州之北境。唐開元四年置，爲契丹松漠府彈汗州部落，領懷柔一縣。天寶元年改爲歸化郡。

乾元元年復爲歸順州。自禄山之亂，此地因陷入胡。

領縣一：懷柔。

四至八到：東至東京。缺。西南至西京一千八百五十里。西南至長安二千七百里。東至薊州二百一十五里。南至幽州八十五里。西至嬀州二百里。北至檀州七十五里。東南至薊州同上。西南至幽州同上。西北至嬀州。缺。東北至檀州。缺。〔五六〕

户：唐天寶户一千三十七。

懷柔縣，州所治。

玄州

玄州，今理靜蕃縣。隋開皇初置，處契丹李去閭部落。萬歲通天二年移于徐、宋州安置。神龍元年復舊。今隸幽州。

領縣一：靜蕃。

户：唐天寶户六百一十八。

靜蕃縣，州治所，范陽縣之魯泊村。

崇州

崇州，今理昌黎縣。唐武德五年分饒樂郡都督府置崇州、鮮州，處奚可汗部落，隸營州都督。

領縣一：昌黎。

户：唐天寶户二百。

昌黎縣，唐貞觀二年置北黎州，寄治營州東北廢陽師鎮；八年改爲崇州，置昌黎縣。契丹陷營州，徙治于潞縣之古潞城爲縣。

夷賓州

夷賓州，今理來蘇縣。唐乾封中于營州界内置，處靺鞨愁思領部落，隸營州都督。萬歲通天元年遷于徐州。神龍初還隸幽州都督。

領縣一：來蘇。

户：唐天寶領户一百三十。

來蘇縣，自徐州還寄治於良鄉縣之古廣陽城爲縣。

師州

師州，今理陽師縣。唐貞觀三年置，領契丹室韋部落，隸營州都督。萬歲通天元年遷于青州安置。神龍初還隸幽州都督。

領縣一：陽師。

户：唐天寶户三百一十四。

陽師縣，貞觀初置州于營州東北廢陽師鎮，故曰師州。神龍初自青州還寄治于良鄉之故東閭城爲州治，〔五七〕縣在焉。

鮮州

鮮州，今理賓從縣。〔五八〕唐武德五年分饒樂郡都督府奚部落置，隸營州都督。萬歲通天元年遷于青州安置。神龍初改隸幽州。

領縣一：賓從。

户：唐天寶領户一百七。

賓從縣，初治營州，〔五九〕自青州還寄治潞縣之古潞城。

帶州

帶州，今理孤竹縣。唐貞觀十九年於營州界內置，處契丹乙失革部落，隸營州都督。萬歲通天元年遷于青州安置。神龍初還隸幽州都督。

領縣一：孤竹。

户：唐天寶户五百六十九。〔六〇〕

孤竹縣，舊治營州界，營州陷契丹後，寄治于昌平縣之清水店，爲州治也。

黎州

黎州，今理新黎縣。載初二年析慎州置，處浮渝靺鞨烏素固部落，隸營州都督。萬歲通天元年遷于宋州管治。神龍初還，改隸幽州都督。

領縣一：新黎。

户：唐天寶户五百六十九。

新黎縣，自宋州還寄治于良鄉縣之故都鄉城。

沃州

沃州，今理濱海縣。載初年中析昌州置，處契丹松漠部落，隸營州。州陷契丹，乃遷于幽州，隸幽州都督。

領縣一：濱海。

户：唐天寶領户一百五十九。

濱海縣，沃州本寄治于營州城内，州陷契丹，遷于薊縣東南迴城，爲治所。

昌州

昌州，今理龍山縣。唐貞觀二年置，領契丹松漠部落，隸營州都督。萬歲通天二年遷于青州安置。神龍初還隸幽州。

領縣一：龍山。

户：唐天寶户二百八十一。

龍山縣，唐貞觀二年置州于營州東北廢靜蕃戍，七年移治于三合鎮。營州陷契丹，乃遷于安次縣古常道城，爲州治。

歸義州

歸義州，今理歸義縣。總章中置，處海外新羅，隸幽州都督。

領縣一：歸義。

户：舊領户一百九十五。

歸義縣，在良鄉縣之故廣陽城，州所理也。

瑞州

瑞州，今理來遠縣。唐貞觀十年置于營州界，隸營州都督，處突厥烏突汗達干部落。〔六一〕咸亨中改爲瑞州。萬歲通天二年遷于宋州安置。神龍初還隸幽州都督。

領縣一：來遠。

户：唐天寶户一百九十五。

來遠縣，舊縣在營州界。州陷契丹，移治于良鄉縣之故廣陽城。

信州

信州，今理黄龍縣。唐萬歲通天元年置，處契丹乙失活部落，〔六二〕隸營州都督；二年遷于青州安置。神龍初還隸幽州都督。

領縣一：黄龍。

户：唐天寶户四百一十四。

黄龍縣，州所治，寄治范陽縣。

青山州

青山州，今理青山縣。唐景雲元年析玄州置，隸幽州都督。

領縣一：青山。

户：舊領户六百二十二。〔六三〕

青山縣，寄治于范陽縣界水門村。

濼州

濼州，唐天寶初置于范陽縣界，處降胡。

户：舊領户六百四十八。

安東都護府

安東都護府，唐總章元年九月，司空李勣平高麗。高麗本五部，一百七十六城，户六十九萬七千；其年十二月分高麗地爲九都督府，四十二州，一百縣，置安東都護府于平壤城以統之，用其酋渠爲都督、刺史、縣令，令將軍薛仁貴以兵二萬鎮安東府。上元三年二月移安東府于遼東郡故城置。儀鳳二年又移于新城。聖曆元年六月改爲安東都督府。神龍元年復爲安東都護府。開元二年移安東都護于平州置。天寶元一作「二」。年移于遼西故郡城置。〔六四〕至德後廢。

四至：南至東京。缺。西南至西京三千八百二十里。西南至長安四千六百二十五里。

户：領户一千五百八十二。

新城州都督府。　遼城州都督府。　哥勿州都督府。　建安州都督府。

南蘇州。　木底州。　蓋牟州。　代那州。〔六五〕　倉巖州。　磨米州。

積利州。　黎山州。　延津州。　安市州。

凡此十四州，並無城池。是高麗降户散在諸軍鎮，以其酋爲都督、刺史羈縻之。

户：唐天寶户五千七百一十八。〔六六〕

右自燕州以下十七州，皆東北蕃降胡散處幽州、營州界内，以州名羈縻之，無所役屬。安禄山之亂，一切驅之爲寇，遂擾中原。至德之後，入據河朔，其部落之名無存者。今記唐天寶之故跡地理焉。

卷七十一校勘記

〔一〕涿鹿于周官幽州之域也　同太平御覽卷一五五引帝王世紀，萬本「周官」下有「職方氏」三字，庫本作「涿鹿于周，實幽州之域也」。

〔二〕西南至西京一千八百五里　「五」，庫本同，萬本作「五十」。

〔三〕白雲城　萬本、庫本皆作「雲城」，未知孰是。

〔四〕東北至長安城爲界九十八里　按通典卷一七八州郡八：嬀川郡（嬀州）「東北到長城界九十八里。」疑此「長安城」爲「長城」之誤，「安」爲衍字。

〔五〕胡鹿　原校：「按元和郡縣志作『胡禄』，疑爲『盝』字，未詳。」按今本元和郡縣圖志嬀州已佚，新唐書卷三九地理志三亦作「胡禄」。

〔六〕夫人曰　萬本據水經濛水注於「夫人」上補「其姊，代王之夫人也」。

〔七〕後魏文成帝太后葬于山麓　「文」，底本作「武」，萬本、庫本同。按北魏諸帝無「武成」，魏書卷五高宗文成帝紀：和平元年，「夏四月戊戌，皇太后常氏崩於壽安宮。五月癸酉，葬昭太后於廣寧鳴雞山。」同書卷一三皇后傳：文成昭太后常氏，和平元年崩，「葬於廣寧磨笄山，俗謂之鳴雞山。」此「武」乃「文」字之誤，據改。又底本無「山」字，據萬本、庫本補。

〔八〕潘城西北三十里有歷山　按水經濛水注引魏土地記、初學記卷八及太平御覽卷四五引北魏輿地圖風土記皆作「潘城西北三里有歷山」，疑此「十」爲衍字。

〔九〕赴急用之大喜　庫本同，萬本據水經注改爲「便於急用，始皇奇而召之」。按水經濛水注作「便于事要，奇而召之」。太平御覽卷四五作「赴急用之，大嘉」，「嘉」，與此「喜」異。

〔一〇〕翻翻然高飛徘徊長引至于西門山　「于」，底本作「宇」，據庫本及太平御覽卷四五改。萬本作「翻翻然高飛而去」。

〔一一〕羹頡山至城東二百步　萬本作「羹頡山，黃帝祠在焉，有泉，湛而不流，即古阪泉也，今在城東二百步」。以山、祠同爲一地，庫本略同。按史記卷五〇楚元王世家正義引括地志云：「羹頡山在嬀州懷戎縣東南十五里。」同書卷一五帝本紀正義引括地志云:「阪泉,今名黄帝泉,在嬀州懷戎縣東五十六里。出五里至涿鹿東北,與涿水合。又有涿鹿故城,在嬀州東南五十里,本黄帝所都也。晉太康地理志云『涿鹿城東一里有阪泉,上有黄帝祠』。」據此,羮頡山與黄帝祠爲二地,無關,萬本誤。

〔一二〕在大甯城西昔班丘仲居于延水側　「在大甯城西昔」,底本作「本大甯中」,據萬本改。水經㶟水注:魏土地記曰:「大甯城西二十里有小甯城,昔邑人班丘仲居(于延)水側,賣藥于甯百餘年。」庫本作「小甯城,大甯城」,無「昔」字,蓋誤。

〔一三〕根汝至遂爲夫餘王驛使　「根汝」,庫本同,萬本據水經㶟水注補改爲「不根汝」。「遂」,萬本、庫本皆作「後」,同水經㶟水注。

〔一四〕晉時地裂　「晉」,初學記卷八引水經注作「昔」,朱謀㙔水經注箋作「晉」,楊守敬水經注疏作「昔」。

〔一五〕俗謂之分界水　庫本同,萬本據水經㶟水注「俗」上補「有小水」三字。又「界」,萬本、庫本同,中大本作「家」,初學記卷八引水經注同。

〔一六〕涿山出冢山　萬本作「涿水,出涿鹿山」,同水經㶟水注,此當誤。

〔一七〕阪山　萬本、庫本皆作「阪泉」。按史記卷一五帝本紀:「軒轅與蚩尤戰於阪泉之野。」正義引括地志云：「阪泉，今名黄帝泉，在嬀州懷戎縣東五十六里。」初學記卷八阪泉下引史記同，此「山」蓋爲「泉」字之誤。

〔一八〕取河南地　庫本同，萬本據漢書卷九四匈奴傳上此句下補「築朔方，復繕故秦時蒙恬爲塞，因河爲固」。

〔一九〕在五原塞之北九里謂之造陽　庫本同，萬本據通鑑地理通釋引晉太康地志改爲「自北地郡行九百里，得五原塞，又北出九百里得造陽」。按通典州郡八引晉太康地志云「在五原塞之北」。此「九里」當有舛誤。

〔二〇〕置遼西右北平郡　庫本同，萬本作「置上谷、漁陽、右北平、遼西、遼東郡」，同史記卷一一〇匈奴列傳。

〔二一〕音閭　萬本引漢書地理志遼西郡且慮顔師古注曰：「且音子余反，慮音廬。」

〔二二〕弘爲後魏所滅　「所滅」，底本脱，萬本同。按通典州郡八：柳城郡（營州），「至馮弘，爲後魏所滅也。」此脱「所滅」二字，據補。

〔二三〕又置柳城郡　按隋書卷三〇地理志中：遼西郡柳城縣，「大業初置遼西郡。」通典州郡八柳城郡（營州）：「煬帝初（營）州廢，置遼西郡。大唐復爲營州，或爲柳城郡。」此「柳城郡」宜作「遼西郡」。

〔二四〕乾元元年復爲營州　底本此句下有「䖸音幌」三字，萬本、庫本皆無，傅校删。按當爲後人注前文慕容䖸所加，從删。

〔二五〕領縣一　萬本、庫本「領」上皆有「元」字。

〔二六〕東至遼河南至大海三百四十里　按通典州郡八柳城郡（營州）：「東至遼河四百八十里。南至海二百六十里。」疑此有脱誤。

〔二七〕西至平州七百里　「百」，底本作「十」，注「十一作百」，據萬本、庫本、傅校及通典州郡八改删。

〔二八〕東南至保定軍舊安東都護府二百七十里　「二百」，底本作「一百」，注「一作二百」，據萬本、中大本、庫本、傅校及通典州郡八改删。

〔二九〕漢柳城縣地　「縣」，底本脱，庫本同，據萬本及漢書卷二八地理志下補。

〔三〇〕即慕容䖸祭龍之所　「䖸」，底本脱，據萬本、庫本及本書上文龍山條補。

〔三一〕孫鳳隱此　萬本作「孫鳳隱所」，庫本作「公孫鳳隱所」。晉書卷九四隱逸傳：「公孫鳳，上谷人，隱於昌黎之九城山谷。」按西晉昌黎郡治昌黎縣，治今遼寧義縣，十六國前燕遷治龍城縣，即唐營州柳城縣，今朝陽市，與昌黎相距甚近，公孫鳳隱居之九城山在此地區，此「孫鳳」上蓋脱「公」字。

〔三二〕有廢城在今郡東北有山曰青山在東北九十里　按通典州郡八營州：「漢徒河縣之青山，在郡城東百九十里。」此「東北九十里」爲「東百九十里」之脱誤，文並有舛誤，應作「有廢城，在今郡東百九十里，北有山曰青山」。

〔三三〕置營丘郡北鎮　「丘」，底本無，萬本、庫本皆有。按晉書卷一〇八慕容廆載記：立郡以統流人，「青州人爲營丘郡。」此脱「丘」字，據補。

〔三四〕以斯地爲幽燕之邊陲　「幽」，底本空缺，萬本無，傅校從删，據庫本補。

〔三五〕領縣二　萬本、庫本「領」上皆有「元」字。

〔三六〕西至幽州昌平縣一百五十里　「五」，中大本作「三」。按通典州郡八：密雲郡（檀州），「西至范陽郡（幽州）昌平縣界一百三十里。」疑此「縣」下脱「界」字，「五」爲「三」字之誤。萬本、庫本皆無此文，誤。

〔三七〕東北至長城障塞一百一十里　「城」，底本作「安」，萬本、庫本同，據通典州郡八改。

〔三八〕音狄溪切　庫本無此注文，萬本作「孟康曰：『音題，字或作蹏』。」同漢書地理志下顔師古注。

〔三九〕是水有桑溪之名蓋源出桑溪故也　前者「桑溪」，庫本同，萬本作「桑谷」。按水經鮑丘水注：石門水，「是水有桑谷之名，蓋沿出桑溪故也。」初學記卷八列桑谷，引水經注文同，此前者「桑溪」疑爲「桑谷」之誤，「源」宜作「沿」。

〔四〇〕右注鮑丘水　「注」，底本作「經」，庫本同，據萬本、中大本及水經鮑丘水注改。

〔四一〕東北七十五里　「七十五」，嘉慶重修一統志卷八順天府引本書作「七十」。

〔四二〕後魏于此置廣陽郡　原校：「按後魏地形志：『真君二年改益州爲廣陽郡，延和九年置燕樂縣』，今記但云『後魏于此置廣陽郡』，不及置縣之始，當是脱文。」

〔四三〕隋改爲長陽郡後廢　原校：「按隋書地理志：『後魏廣陽郡，至後齊廢，大業初置安樂郡。』今記州序亦云『唐天寶元年始改安樂郡爲密雲郡』，而燕樂縣序乃云『隋改廣陽郡爲長陽郡，後廢』，未詳所據，亦與州序不合，恐舛誤。」

〔四四〕新城　萬本、庫本皆作「新興城」，嘉慶重修一統志順天府引舊唐書地理志同，然檢舊唐書卷三九地理志二作「新城」，不作「新興城」。

〔四五〕石門水在燕樂縣北與桑溪水合　按水經鮑丘水注：「三城水西北逕伏凌山南，與石門水合。石門水出伏凌山，「西南流注之，是水有桑谷之名，蓋沿出桑溪故也。」明是三城水與石門水合，石門水有桑谷之名，此誤。

〔四六〕粟末靺鞨　「粟」，底本作「栗」，萬本、庫本同。按新唐書卷二一九北狄傳：靺鞨，「其著者曰粟末部，居最南，抵太白山，亦曰徒太山，與高麗接，依粟末水以居。」資治通鑑卷一八九唐紀五胡注：「靺鞨有七種，粟末靺鞨居最南。」此「栗」爲「粟」字之訛，據改。下同。

〔四七〕忽使來部　「使」，萬本作「賜」，庫本同，「使」、「賜」，音同。

〔四八〕瀘河　「瀘」，底本作「濾」，萬本作「盧」，庫本作「瀘」。按通典州郡八作「壚」，舊唐書卷三九地理志二作「瀘」，傅校改同，據改。下同。

〔四九〕領縣一　萬本、庫本「領」上皆有「元」字。後文威州、慎州、思順州、歸順州、玄州、崇州、夷賓州、師州、鮮州、帶州、黎州、沃州、昌州、歸義州、瑞州、信州、青山州皆同。

〔五〇〕西南至芹河五里　「芹」，底本作「沂」，據萬本、傅校及通典州郡八改。「河」，通典作「城」。

〔五一〕豹尾綿貨　「豹」，萬本作「豺」；「綿貨」，萬本、庫本皆作「綿，布」。

〔五二〕與郡同在汝羅故城之□　「之□」，庫本作「之間」，萬本無，傅校同。

〔五三〕至十一年寄理柳城　「至」，底本脱，據萬本、中大本、庫本補。

〔五四〕縣亦遷于今所理置　「理」，底本無，據萬本補，庫本作「治」。

〔五五〕思順州　原校：「按舊唐書地理志作『順州』，無『思』字，未知孰是。」按本書州序及通典州郡八、新唐書卷四三地理志七皆作「順州」，此蓋誤。

〔五六〕東北至檀州缺　按通典州郡八歸化郡（歸順州）：「東北到密雲郡（檀州）七十里。」此缺「七十里」三字。

〔五七〕神龍初　「初」，庫本同，萬本作「中」，同舊唐書地理志二。

〔五八〕賓從縣　「從」，底本作「徒」，據萬本、庫本及舊唐書地理志二、新唐書地理志七改。下同。

〔五九〕初治營州　庫本同，萬本作「初置營州界」，同舊唐書地理志二。

〔六〇〕唐天寶户五百六十九　「九」，底本作「七」，據萬本、庫本及舊唐書地理志二改。

〔六一〕烏突汗達干　「干」，底本作「于」，萬本、庫本同，據舊唐書地理志二、新唐書地理志七改。

〔六二〕乙失活　萬本、庫本皆作「失活」，同舊唐書地理志二。按新唐書地理志七作「乙失活」。

〔六三〕舊領户六百二十二　「二十」，底本作「三十」，庫本同，據萬本及舊唐書地理志二改。

〔六四〕天寶元一作二年　庫本同，萬本作「天寶二年」。按舊唐書地理志二、新唐書地理志三、資治通鑑卷二〇五唐紀二一胡注皆作「天寶二年」，作「元年」者誤。

〔六五〕代那州　「那」，底本作「郍」，據萬本、庫本及舊唐書地理志二、新唐書地理志七改。

〔六六〕天寶户五千七百一十八　「五千七百一十八」，萬本同，庫本作「一千五百八十二」，同舊唐書地理志二，此疑誤。

太平寰宇記卷之七十二

劍南西道一

益州

益州，蜀郡。今理成都、華陽二縣。禹貢：「岷、嶓既藝，沱、潛既道，蔡、蒙旅平，和夷底績。」岷山導江，東别爲沱。」岷山，今在州界，蒙山在雅州界，江水在州南□□縣界，〔一〕沱水在州西南唐隆縣界皂里江是也。古梁州巴、濮、庸、蜀之地。在秦則漢中、巴、蜀三郡，此其境也。虞舜十二州，〔二〕亦爲梁州之域。周官職方氏以梁州合于雍州，則爲雍州之地。蜀於姬周以前，南夷地也。尚書牧誓云：「及庸、蜀、羌、髳、微、盧、彭、濮人。」孔安國注云：「八國皆蠻、夷、戎、狄國名。羌在西蜀，叟、髳、微在巴蜀。」漢書地理志：「巴、蜀、廣漢本南夷，周末，秦并以爲郡。」〔三〕按世本、山海經、揚雄蜀王本記、來敏本蜀論、華陽國志、十三州志諸言蜀事者，雖不悉同，參伍其説，皆言蜀之先肇于人皇之際，至黄帝子昌意娶蜀山氏女，生帝嚳。後封其支庶于蜀，歷夏、商、周，始稱王者，縱目名蠶叢，〔四〕次曰柏灌，次曰魚鳧。其後有王曰杜宇，宇稱帝，號望帝。自以功德高諸王，乃以褒斜爲前門，熊耳、靈關爲後户，玉壘、峨眉爲城郭，江、潛、綿、洛爲池澤，以汶山爲畜牧，南中爲園苑。時有荆人鱉泠死，〔五〕其尸隨水上，荆人求之不得。鱉泠至汶山下，忽復生，見望帝，帝立以爲相。時巫山壅江，蜀地洪水，望帝使鱉泠鑿巫山，蜀得陸處。望帝自以德不如相，因禪位于鱉泠，號開明，遂自亡去，化爲子鵑鳥，故蜀人聞子鵑鳴曰「是我望帝也」。「鱉泠」或作「鱉靈」，〔六〕「子鵑」爲「子嶲」，或云杜宇死，子規鳴。自開明下五葉，有開明尚，〔七〕始立宗廟。時天生五丁力士，能徙山，蜀王負力，不爲戰備，每一王死，五丁輒爲立大石，長三丈，重千鈞，以爲墓誌，今石笋是也，號曰笋里，〔八〕未有謚號，但以五行色爲王，〔九〕故其廟稱青、赤、黑、黄、白之帝。史記：「秦惠王元年，蜀人來朝。後八年伐蜀，滅之。〔一〇〕初，苴、蜀相攻擊，各來告急于秦。秦惠王欲先伐韓，司馬錯曰：『臣聞之，欲富國者務廣其地，欲强兵者務富其民，欲王者務博其德，三資者備而王隨之矣。今王地小民貧，故臣願先從事于易。夫蜀，戎狄之長也，有桀、紂之亂，以秦攻之，譬如使豺狼逐羣羊也。拔一國而天下不以爲暴，利盡西海而天下不以爲貪，是我一舉而名實附也，〔一一〕又有禁暴止亂之名。今攻韓，劫天子，惡名也。周自知失九鼎，韓自知亡三川，將二國併力合謀，因救乎齊、趙，〔一二〕而求解乎楚、魏，王勿能止也，此臣之所謂危也，〔一三〕不如伐蜀。』王曰：『善。』卒起兵伐蜀，十月取之，貶蜀王更號爲侯，而使陳莊相蜀。蜀既屬秦，秦益强。」漢高帝六年分蜀置廣漢郡，初有漢中、廣漢、巴、蜀四郡。武帝元鼎中遣唐蒙畧通西南夷，更置犍爲、牂柯、越嶲、益州四郡，〔一四〕因分雍州之南置益州統焉。釋名：「益，阨也，其所在之地險阨也。」應劭地理風俗記云：「疆壤益廣，故名益州。」王莽改益州曰庸部。後漢明帝永平十二年以新附置永昌郡，續漢書郡國志益州部，漢中、巴、廣漢、蜀、犍爲、越嶲、牂柯、益州、永昌凡九郡。靈帝又以汶江、蠶陵、廣柔三縣立汶山郡。蜀志：「靈帝時，太常劉焉出爲監軍使者，領益州牧。初，焉建議樹牧伯，以鎮安方夏，内求交趾牧，欲避世難。侍中廣漢董扶私謂焉曰：『益州分野有天子氣。』焉意更在益州。」譙周巴志云：「獻帝初平元年，劉璋分巴郡立永寧郡。」〔一五〕建安六年立涪陵郡，〔一六〕二十一年，劉備分巴郡立固陵郡。蜀章武元年分廣漢立梓潼郡，分犍爲立江陽郡，以蜀郡屬國爲漢嘉郡，以犍爲屬國爲朱提郡。〔一七〕劉禪建興二年改益州郡爲建寧郡，廣漢屬國爲陰平郡，分建寧、永昌立雲南郡，分建寧、牂柯立興古郡，分廣漢立東廣漢郡，〔一八〕至是益州所部十有九郡。〔一九〕晉惠帝光熙元年，李雄攻成都，遂自立。十六國春秋曰：「李雄定成都，嚴檉爲蜀郡太守，雄即王位，遷益州刺史」是也。又分漢嘉、蜀二郡之地，立沈黎、漢原二郡。穆帝永和三年平蜀之後，省沈黎、漢原二郡，又立南陰平郡，改漢原爲晉興郡。〔二〇〕簡文帝咸安二年，苻堅遣鄧羌、楊安等伐蜀，益州諸郡並没于秦十二年。孝武帝太元八年平蜀，州郡咸復舊。周地圖記云：「梁大寶二年，〔二一〕武陵王蕭紀僭號于蜀。西魏廢帝二年平蜀，二十一州並入于魏。」隋圖經云：「仁壽三年分九隴、郫、孝水三縣爲濛州，玄武、綿竹、金水、飛烏四縣爲凱州，陽安、平泉二縣及資州資陽爲簡州；煬帝大業二年並從廢省，來屬益州。」蜀中舊無兔、鴿，隋開皇元年，蜀王楊秀鎮益州，命左右齎往，鴿尚稀，而兔已衆矣。唐武德元年改爲益州，置總管府，管益、綿、陵、遂、資、邛、雅、嘉、眉、瀘、戎、會、松、翼、嶲、南寧、昆、恭十九州，〔二二〕益州領成都、〔二三〕雒、九龍、郫、雙流、新津、晉原、青城、陽安、金水、平泉、玄武、綿竹等十三縣，又置唐隆、導江二縣；二年分置邛、眉、普、榮、登五州，屬總管府，又置新都、什邡音方。〔二四〕二縣；三年罷總管，置西南道行臺，仍分綿竹、導江、九隴三縣立濛州，陽安、金水、平泉三縣立簡州，割玄武屬梓州，又析置德陽、新繁、萬春三縣；九年罷行臺，置都督府，督益、綿、簡、嘉、陵、雅、眉、濛、犍、邛十州，并督嶲、南寧、會都督府。〔二五〕貞觀二年廢濛、犍二州，復以濛州之九隴、綿竹、導江來屬，仍改萬春爲温江；六年罷南寧都督，更置戎州都督，屬益州；八年兼領南金州都督；十年又督益、綿、嘉、簡、陵、雅、眉、邛八州，茂、嶲二都督；十七年置蜀縣。龍朔二年升爲大都督府，仍置廣都縣。咸亨二年置金堂。儀鳳二年又置唐昌、濛陽二縣。〔二六〕垂拱三年分雒、九隴等十三縣置彭、蜀二州，其年又置犀浦縣。聖曆三年又置東陽縣。天寶元年改益州爲蜀郡，依舊大都督府，管劍南三十八郡；十五載，玄宗幸蜀，駐蹕成都。至德二年十月，駕還西京，改蜀郡爲成都府，長史爲尹，又分爲劍南東川、西川，各置節度使。廣德元年，黄門侍郎嚴武爲成都尹，復併東西川爲一節度。〔二七〕自崔寧鎮蜀後，分爲西川，自後不改。皇朝因之，爲成都府。

元領縣十：〔二八〕成都，華陽，郫縣，新都，温江，新繁，雙流，犀浦，廣都，靈池。

州境：東西一百五十三里。南北一百七十七里。

四至八到：東北至東京三千二百九十里。東北至西京二千八百七十里。東北至長安二千一十里。東至簡州七十里。南至眉、陵二州二百里。西至彭州導江縣界八十七里。北至漢州一百里。東南至簡州一百五十里。西南至蜀州一百里。西南至邛州一百六十里。西北至彭州九隴縣界七十五里。東北至漢州一百里。

户：漢朝蜀郡户二十六萬八千。唐天寶户一十六萬九百五十。皇朝户主八萬九千四百三十八，客四萬二千四百四。〔二九〕

風俗：蜀記云：「剛悍生其方，風謡尚其文。」漢書云：「人食稻魚，俗不愁苦，而輕易淫泆。」然地沃人驕，奢侈頗異，人情物態，别是一方。

姓氏：雲陽郡三姓：委、言、幸。〔三〇〕

人物：司馬相如，成都人。李弘，字仲元，〔三一〕賢人也。「不夷不惠，居乎可否之間」，此揚雄之言也。張寬，字叔文，成都人。從駕至渭橋，在帝後第七車，見女子浴，乳長七尺，知是天星主祭祀，〔三二〕三齋潔，則見。王褒，蜀人也。〔三三〕何武，字君公，蜀郡郫人。〔三四〕官御史大夫。揚雄，蜀郡成都人。景毅，字文堅，蜀郡人。〔三五〕姜詩，雒人。母好生魚，有湧泉出舍，每晚出雙鯉，以供二母之膳，時母食，須隣母同食，故云二母。王忳，字少林，新都人。〔三六〕任安，字定祖，綿竹人。累辟不起，時人稱曰任夫子。〔三七〕郭喬卿，雒人。爲荆州刺史。王阜，成都人。爲重泉令，有鸑鳥集于學宫闕門。遷益州太守，有神馬出滇池河，白鳥見。張霸，字伯饒。數歲知孝養，號「張曾子」，七歲通春秋。張楷，即霸子，隱華陰，號「公超市」也。翟酺，字子超，雒人也。著援神、鉤命解詁。〔三八〕李尤，字伯仁，雒人。文華見稱，賈逵薦有揚雄之風，爲樂安相。秦宓，綿竹人。禽堅，字孟由，成都人。生而失父，及壯，乃知父爲夷所得。三出徼外，經六年乃遇。唐朱桃椎，成都人。號朱處士。袁天綱，成都人。〔三九〕李白。字太白，蜀郡人。母娠時，夢長庚星，幼名長庚。玄宗以賀知章薦召入，命賦清平調，時白醉，坐以七寶牀，援筆立就，官翰林供奉。〔四〇〕

土産：按十道志云：「巴、蜀土地肥美，有江水沃野，山林竹木蔬食果實之饒，橘柚之園。郊野之富，號爲近蜀，丹青文采，家有鹽泉之井，户有橘柚之園，紙維十色，竹有九種。」邛竹，蒟音矩。〔四一〕醬，如今之大蓽撥。又郡國志嘉魚，細鱗似鱒魚，蜀中謂之拙魚，蜀郡山中，處處有之，每年春從石穴出，大者長五六尺。本草菜部，苦茶，一名選，〔四二〕一名游冬，生益州川谷，〔四三〕淩冬不死，三月三日，採乾爲飲，令人不睡。花有山茶，出雅州，紅類海石榴。海棠，此樹尤多繁艷，未開時如硃砂爛熳，稍白半落如雪，天下所無也。桐花，色白，至大有小鳥，燋紅翠碧相閒，毛羽可愛，生花中，唯飲其汁，不食他物，花落遂死，人以蜜水飲之，或得三四日，性亂跳躑，多抵觸便死。土人畫桐花鳳扇，即此禽也。旌節花，枝直上，花紅紫層發如旌節，葉碧類百合。千葉刺榆，紅似桃花極大。長樂花，紅紫小蘇，許公有賦。荼醾花，香甚，可以爲酒。九壁錦，按遊蜀記云：「成都有九壁村，出美錦。」舊貢：薛濤十色牋，短而狹，纔容八行。雪山朴硝，其色如玉。單絲羅，高杼衫緞，交梭紗，琵琶捍撥，蜀漆銅盆，菜有龍葵。今貢：綾，出成都、華陽、新都、新繁、郫縣。羅，出廣都、雙流、温江。高杼布，出新都。絲，出郫縣。椑布衫緞，出新都。柘蠶絲，出犀浦。絁，綿，絹，布，麻。十縣皆出。

成都縣，舊二十四鄉，今十九鄉。漢舊縣也，以周太王從梁山止岐下一年成邑，二年成都，因名之成都。揚雄蜀本記云：「蜀王據有巴蜀之地，本治廣都樊鄉，徙居成都，秦惠王遣張儀、司馬錯定蜀，因築成都而縣之。都在赤里街，張若徙置少城內，始造府縣寺舍，令與長安同制。」〔四四〕

華陽縣，舊二十鄉，今十六鄉。本成都縣地，唐貞觀十年分成都縣之東偏置蜀縣，在郭下。乾元元年，玄宗狩蜀，駐蹕成都，改爲華陽縣。

武擔山，在府西北一百二十步，一名武都山。蜀記云：「武都山精，化爲女子，美而艷。蜀王納爲妃，不習水土，欲去，王必留之，作東平之歌以悦之。無幾，物故。蜀王乃遣五丁于武都山擔土爲冢，蓋地數畝，高七丈。上有一石，厚五寸，徑五尺，瑩澈，號曰石鏡。王見，悲悼，遂作臾邪之歌，龍歸之曲。」〔四五〕今都内及毗橋側有一折石，長丈許，云是五丁擔土擔也。

江瀆祠，在縣南上四里。漢郊祀志云：「秦併天下，立江水祠于蜀。」至今歲祀焉。

蜀山。蕭廣濟孝子傳：「杜孝，巴郡人也。少失父，養母以孝稱，母喜食魚，孝曾役于成都，因截一竹筒，盛魚二頭，以草塞之，祝曰『我母必得此食』，因投中流。婦因出渚汲，見竹筒横來觸岸，異而取視之，見二魚，曰：『必我壻所寄。』熟進姑。聞者嘆其孝感。」

濯錦江，即蜀江，水至此濯錦，錦彩鮮潤于他水，故曰濯錦江。

二江。秦李冰穿二江于成都城中，皆可行舟，今謂内江、外江是也。帶二江之雙流，故有雙流縣焉。又按風俗通云：「秦昭王遣李冰爲蜀太守，開成都兩江，溉田萬頃。江神每歲須童女二人，不然爲水災。冰因自以女與神爲婚，徑至神祠前勸酒，酒杯常竭，冰厲聲責之，因不見。良久，有兩蒼牛鬭于江岸，有閒，冰還，流汗謂官屬曰：〔四六〕『鬭太極，當相助也。若知南向腰閒正白者，即我也。』〔四七〕頃復鬬，主簿因刺殺北面者，江神從此絶其患矣。」後民思其惠，今有祠存。

都江水，在府西四里。一名粉水，以水作粉，鮮潔于他處。

金堤。九州要記云：「金堤即李冰所築，地岸有石如猪。」

萬歲池，在府北八里。昔張儀築都城，于此取土，因成池，後人呼爲萬歲池。

七星橋。華陽國志：「太守李冰造此橋，〔四八〕以上應七星。故光武伐公孫述，謂吴漢曰：『安軍宜在七星閒。』」其鐵矴皆從荆州載來作此橋。

南江橋，亦曰安樂橋，在城南二十五步。宋孝武以橋對安樂寺，改名安樂橋。十六國春秋：「李特將起，童謡云『江橋頭，闕下里，成都北門十八子』，蓋指于李特也。」江橋即此橋，七星橋之一。

萬里橋，在州南二里。亦名篤泉橋，橋之南有篤泉也。蜀使費禕聘吴，諸葛亮祖之，禕嘆曰：「萬里之路，始于此橋。」故曰萬里橋。又按唐史：玄宗狩蜀，至成都，適萬里橋，上問橋名，左右對曰萬里橋，上因嘆曰：「開元末，僧一行謂朕曰『更二十年，國有難，陛下當巡遊至萬里之外』，此是也。」由是駐蹕成都。七星橋之二。

笮橋，去州西四里。亦名夷里橋，又名笮橋，以竹索爲之，因名。

市橋，在州西四里。常璩云：「石牛門曰市橋，下有石犀潛淵中。」李膺益州記云：「漢舊州市在橋南，因以爲名。」華陽國志云：「後漢大司馬吴漢征公孫述，述妹壻延岑僞遣鼓角麾幟渡市橋挑戰，漢兵爭觀，延岑縱兵出吴漢軍後襲擊，大破之。」即此橋是也。七星橋之五。

昇遷橋，〔四九〕在縣北十里。華陽國志云：「昇遷橋有送客觀，即司馬相如入長安，題市門曰：『不乘赤車駟馬，不過汝下。』」

笮橋。〔五〇〕華陽國志云：「萬里橋西上曰夷里橋。」徐康晉記：「桓温伐蜀，戰于笮橋，參軍龔護戰没，衆欲退而鼓吏誤鳴進鼓，於是乘之，遂入少城。」

學射山，一名斛石山，在縣北十五里。李膺益州記：「斛石山有兩女冢。」

汶江，一名笮橋水，一名流江，亦曰外江，西南自温江縣界流入。漢溝洫志：「蜀守李冰穿二江成都中，皆可行舟，有餘則用溉田，民享其利。」

成都城。周地圖記云：「初，張儀築城，城屢壞，不能立。忽有大龜，周行旋走，巫言依龜行處築之，城乃得立。所掘處成大池，龜乃伏于中。龜每出，則州境有賊，刺史或病。」

西門樓。任豫記云：「諸樓年代既久，榱棟非昔，惟西門一樓，獨有補葺，張儀時舊跡猶存。」

文翁學堂，一名周公禮殿。華陽國志：「文翁立學，精舍、講堂作石室，一曰玉室，〔五二〕在城南。安帝永初後，學堂遇火，太守陳留高眹更修立，又增造一石室。」〔五三〕任豫云：「其欒櫨節制，猶古建。堂基高六尺，厦屋三間，通皆圖畫古人之像及禮器瑞物。堂西有二石室。」〔五三〕李膺記云：「後漢中平中，火延學觀，廂廊一時蕩盡，惟此堂標焰不及。構制雖古，巧異特奇。」

少城，在縣南一百步。李膺記：「與大城倶築，惟西南北三壁，東即大城之西墉，故蜀都賦云：亞以少城，接於其西。」揚雄蜀本記：「成都，本赤里街，張若徙置少城内。」張孟陽詩：「鬱鬱少城内，峨峨百族居。即聞揚子宅，相見長卿廬。」

陽城門。李膺記：「少城有九門，南面三門，最東曰陽城門，次西曰宣明門。蜀時張儀樓，即宣明門樓也。重閣複道，跨陽城門，故左思賦云：『結陽城之延閣，飛觀榭乎雲中。』」

寧蜀城。臧榮緒晉書穆帝紀：「永和八年，平西將軍周撫攻涪，八月戊午尅之，斬蕭敬文，益州平，以三蜀流人立寧蜀、晉昌二郡。」

石牛。輿地志云：「鄧艾廟南有石牛，即秦惠王遺蜀王者。」

石犀。李膺記云：「市北有石牛，李冰所立。」華陽國志：「外作石犀，以厭水精；穿石犀溪於江南，命曰犀牛里。」

武擔山，〔五四〕俗曰石筍，在郭内州城西門之外大街中。益部耆舊傳云：「公孫述時，武擔石折，任文公嘆曰：『西方智士死，吾當應之。』歲中卒。」

千秋池。任豫記：「在城東，冬夏不竭，名曰千秋池。」

昇遷水。李膺記云：「昇遷水起自始昌堰，堰有兩叉，〔五五〕中流即昇遷。」

青羊肆。蜀本記云：「老子爲關令尹喜著道德經，臨别曰：『子行道千日後，于成都青羊肆尋吾。』」今爲青羊觀也。

二臺。益州記云：「昇遷亭夾路有二臺，一名望鄉臺，在縣北九里。」

孔子廟。昔司馬相如教授於此。

健兒廟。後漢朱遵拒公孫述戰死後，吴漢破述，乃爲立廟，今係祀典。

相如宅，在州西四里。蜀記云：「相如宅在市橋西，即文君當壚滌器處。」又益部耆舊傳云：「宅在少城中笮橋下有百許步是也，又有琴臺在焉。今爲金花等寺。」

讀書臺，在縣北一里。諸葛亮相蜀，築此臺以集諸儒，兼以待四方賢士，號曰讀書臺。在章城門路西，今爲乘煙觀。

嚴君平宅，在州西一里。耆舊傳曰：「卜肆之井猶存，今爲普賢寺。」

子雲宅，在少城西南角。一名草玄堂。

錦城。華陽國志云：「成都夷里橋南岸道西有城，故錦官也，命曰錦里。」

赤里街。蜀都記云：「成都之南街，名赤里。」

真移觀。〔五六〕即王方平得道處也。

秦宓宅。漢之名儒，蜀太守夏侯纂三謁不見，因名其里爲三造里。

惠陵。即蜀先主劉備陵也。今有祠存，號曰惠陵祠。〔五七〕

汙池，一名摩訶池，昔蕭摩訶所置，在錦城西。

望帝祠，在府西南五里。齊永寧末，〔五八〕刺史劉仲連置。

先主祠，在府南八里惠陵東七十步。〔五九〕齊高帝夢益州有天子鹵簿，詔刺史傅覃修立而卑小。故相國李回在鎮，更改置守陵户，四時祭祀。

諸葛武侯祠，在先主廟西。府城西有故宅。

關羽祠、張飛祠，俱在府西南七里惠陵左右，宋盧陵王立。

李冰祠，在府西南三里。爲蜀郡太守有功，及唐，節度使李德裕重立祠宇。

瞿君祠，在縣東六里。得仙與家人别，繫龍于此。

李膺宅，在府西三里。或云是姜維宅。

武侯宅，在府西北二里。今爲乘煙觀，有祠在觀內。

蔣琬宅，在縣東七里。

杜甫宅，在西郭外，地屬犀浦縣，接浣花溪，地名百花潭。

玉局壇，在城南柳堤玉局觀內。〔六〇〕張道陵得道之所，其一也。

郫縣，西五十里。依舊三十六鄉。古郫邑也，秦滅蜀後，因而縣之。漢地理志郫屬蜀郡。李膺記：「郫縣，益州之勝邑。古城在今縣北。」隋仁壽三年分置濛州，以縣屬之。大業二年州省，縣屬益州。〔六一〕

連理竹。梁天監起居注云：「十六年連理竹生益州郫縣王家園外，連理並榦。」

郫江，一名都江，一名成都江。

新都縣，東北四十八里。依舊三十鄉。本漢舊縣，屬廣漢郡，後置新都郡，故城在今縣東。太康中又爲縣。隋移理于此。

麗元山。〔六二〕平地突起，四絕，高三丈。有雙石鏡，廣五尺。常掘其下，至水而未臻其極。

新婦泉。李膺益州記云：「在縣東北五里，有新婦泉，什邡縣界亦有新婦水。初，二婦勤于奉養，晨夜負汲，不憚冰雪，久之，泉爲之涌，故以名泉。」

八陣圖，在縣北三十里。蜀志諸葛亮傳云：「亮推演兵法，作八陣圖，咸得其要。」李膺益州記云：「稚子闕北五里武侯八陣圖，土城西門，中起六十四魁，八八爲行，魁方一丈，高三尺也。」

温江縣，西五十七里。依舊二十四鄉。本漢郫縣地，周地圖記：「後魏于此置温江縣，屬蜀郡。」隋爲萬春縣。唐貞觀元年爲温江。

大江，在縣西二百步。自青城界流入，俗謂之温江也。

岷江，在縣西二里。

新繁縣，西北六十里。舊三十鄉，〔六三〕今二十八鄉。本漢繁縣。蜀志：「劉禪延熙十年，涼州胡率衆降，禪居之繁縣。」以繁縣移户于此，俗間謂之新繁，至是縣名因俗而改。〔六四〕

三菁山。山下有桃關。

沱江。禹貢曰：「岷山導江，東别爲沱。」孔安國注云：「江東南流，沱東行。」鄭注云：「此沱尾入江，不于江出。」漢書地理志：「禹貢江沱在郫縣西，東入大江。」爾雅云：「江爲沱。」李巡注：「江溢出，流爲沱。」郭璞爾雅音義云：「沱水自蜀郡都水縣湔山與江别而更流。」晉太康地記云：「江沱在繁縣。」蕭廣濟注江賦云：「觸玉壘山東迴爲沱。」據漢書溝洫志，郫江即秦時蜀守李冰所鑿，非禹貢之江沱，明矣。

雙流縣，西南四十里。舊三十鄉，今二十鄉。本漢廣都縣地，華陽國志「元朔二年置」，屬蜀郡。避隋煬帝諱，改爲雙流縣，以縣在二江之間，故以名縣。

宜城山，在縣東南一十里。李膺益州記云：「宜城山在牛飲水南三十里。」今按紫草岡，岡阜相屬，高百餘步，連入陵州貴平縣界也。

清水，在縣北十里，改名牛飲水。李膺益州記云：「牛飲水之末流也，水名客舍，昔程鄭家于此，每羣牛飲，江爲之竭，故名。」

色水，在縣西五里，源出岷江。李膺益州記云：「鴨蛇橋西五里，枇杷橋也。」

犀浦縣，西二十七里。舊二十四鄉，今二十鄉。周垂拱二年割成都之西鄙置，蓋因李冰所造石犀以名縣。

公孫述墓，在縣西四十里，高三丈。墓内銅作網結，雖遭亂世，莫有侵毁。

廣都縣，南二十七里。〔六五〕舊二十四鄉，今十六鄉。蜀志云：「漢元朔二年置。」李膺益州記云：「成都、新都、蜀都，號三都，此都即一也。」隋仁壽元年避煬帝諱，改爲雙流。唐龍朔三年，〔六六〕長史喬師望奏析雙流縣又置廣都縣于舊縣南一十二里。

蔣橋。益州記云：「蔣琬宅于此，因以名橋。」

大塔山。陰弘導益州山川圖引李膺記云：〔六七〕「阿育王使鬼兵造八萬四千塔，雒縣、廣都、晉原各有一也。」

盤古祠。徐整三五歷記云：「天地渾沌如雞子，盤古生其中。八萬四千歲，天地開闢，清陽爲天，濁陰爲地，盤古在其中。一日九變，神于天，聖于地，天日高一丈，地日厚一丈，盤古日長一丈。如此滿八萬四千歲，天極高，地極深，〔六八〕盤古極長。後乃有三皇，數起于一，立于三，成于五，盛于七，處于九。故天去地九萬里也。」

靈池縣，東六十里。依舊十五鄉。本漢新都縣地，唐久視元年分蜀縣置爲東陽縣。天寶元年改爲靈池縣。

分棟山，在縣東上十五里。北連秦、隴，南入資、瀘州，東北入静戎軍。

靈泉池，在縣南三十五里。唐初泉涌出，縣因此爲名。〔六九〕

石虎池，在縣南二十里。池上有怪石如虎形。

卷七十二校勘記

〔一〕□□縣　庫本同，萬本作「成都縣」。

〔二〕虞舜十二州　「十二」，底本作「三」，萬本、庫本同。按尚書舜典：「肇十有二州。」傳校改爲「十二」，是，據改。

〔三〕周末秦并以爲郡　按漢書卷二八地理志下無「周末」二字。

〔四〕縱目名蠶叢　「縱」，底本作「總」，萬本、庫本皆作「縱」。按華陽國志卷三蜀志：「蜀侯蠶叢，其目縱，始稱王。死，作石棺石椁，國人從之，故俗以石棺椁爲縱目人冢也。」此「總」爲「縱」字之誤，據改。又宋本方輿勝覽卷五一成都府引本書作「自名蠶叢」，蓋祝穆文改。

〔五〕鱉泠　宋本及太平御覽卷一六六引十三州志同，萬本作「鼈靈」，太平御覽卷八八八引蜀王本紀、宋本方輿勝覽成都府引本書同，庫本作「鼈泠」。按「鱉」、「鼈」字同，「泠」、「靈」音同。

〔六〕鱉泠或作鱉靈　「作」，底本作「爲」，據宋版改。萬本作「鼈靈或爲鼈令」，「令」音「靈」。

〔七〕開明尚　「尚」，底本作「帝」，萬本同。華陽國志卷三蜀志：開明立，號曰叢帝，「九世有開明帝，始立宗廟。」亦作「開明帝」。宋版作「尚」，庫本同，後漢書卷五九張衡傳李賢注引揚雄蜀王本紀：開明帝，「下至五代，有開明尚，始去帝號，復稱王。」路史餘論卷一：「自開明五世開明尚，始立宗廟于蜀。」宋本方輿勝覽卷五一成都府引本書云：「自開明而下五葉，有尚，始立宗廟。」則本書原作「尚」，據改。

〔八〕今石笋是也號曰笋里　底本作「今石笋里」，庫本作「今石笋」，下缺。萬本作「今石笋是也」，以下據華陽國志補「號曰笋里」四字。宋版作「今石笋是也號曰笋里」。按宋本方輿勝覽卷五一成都府引本書亦作「今石笋是也」。此「今石」下脱「笋是也號曰」五字，據補。

〔九〕但以五行色爲王　「王」，宋版、庫本同，萬本作「主」，同華陽國志卷三蜀志。

〔一〇〕後八年伐蜀滅之　按史記卷五秦本紀載，秦惠王伐滅蜀，乃後九年事。

〔一一〕利盡西海而天下不以爲貪是我一舉而名實附也　「西」，底本作「四」，萬本、庫本同，據宋版及史記卷七〇張儀列傳、戰國策秦策一司馬錯與張儀爭論於秦惠王前改。「兩」，同戰國策秦策一司馬錯與張儀爭論於秦惠王前；宋版、萬本、庫本皆無，傳校删，同史記張儀列傳。

〔一二〕因救乎齊趙　「因」，底本作「求救」，宋版空缺，萬本作「因」，同史記張儀列傳、戰國策秦策一司馬錯與張儀爭論於秦惠王前。則萬本是，據改。

〔一三〕此臣之所謂危也　「謂」，底本作「以」，庫本作「以爲」，據宋版、萬本及史記張儀列傳、戰國策秦策司馬錯與張儀爭論於秦惠王前改。

〔一四〕武帝元鼎中遣唐蒙畧通西南夷更置犍爲牂柯越嶲益州四郡　按史記卷一一六西南夷列傳、漢書卷九五西南夷兩粤朝鮮傳皆載，漢武帝建元六年，遣唐蒙往夜郎，夜郎及其旁小邑皆願服從漢，遂分置犍爲郡，此云「元鼎中遣唐蒙畧通西南夷，更置犍爲郡」，誤。又漢書卷六武帝紀載，元鼎六年定西南夷，置牂柯、越嶲等郡。史記西南夷列傳載，元封二年，滇王降，以其地爲益州郡。此云「元鼎中置牂柯越嶲益州郡」，亦誤。

〔一五〕初平元年劉璋分巴郡立永寧郡 按華陽國志卷一巴志載，初平元年，征東中郎將趙韙向益州牧劉璋建議，分巴郡置永寧郡。據後漢書卷七五劉焉傳、三國志卷三一蜀書劉二牧傳載，漢獻帝興平元年，劉璋代其父劉焉爲益州牧，以趙韙爲征東中郎將。故趙韙向劉璋建議分巴郡置永寧郡，應在興平元年，此處及華陽國志作「初平」爲「興平」之誤。

〔一六〕建安六年立涪陵郡 按宋書卷三七州郡志三：「建安六年，「以涪陵縣分立丹興、漢葭二縣，立巴東屬國都尉，後爲涪陵郡。」是建安六年設巴東屬國。元和郡縣圖志卷三〇及本書卷一二〇涪州皆載，蜀先主立涪陵郡。此誤。

〔一七〕蜀章武元年至犍爲屬國爲朱提郡 本晉書卷一四地理志上。按華陽國志卷二漢中志、續漢書郡國志五注皆載，建安二十二年置梓潼郡。華陽國志蜀志、水經江水注皆載，建安十八年置江陽郡。後漢書卷八六南蠻西南夷列傳：莋都夷，「靈帝時，以蜀郡屬國爲漢嘉郡。」華陽國志卷四南中志皆載，建安二十年以犍爲屬國爲朱提郡。此處梓潼等四郡建置年代誤。

〔一八〕劉禪建興二年至立東廣漢郡 本晉書卷一四地理志上。按華陽國志南中志載，建興三年秋改益州郡爲建寧郡。清吴增僅三國郡縣表附考證：「晉志序例，魏武定霸，置郡十二，其一陰平，説尚近實。今考建安十八年省涼入雍，雍州二十二郡内無陰平名，則郡爲二十年魏武平漢中時所置無疑。建興七年入蜀。」三國志卷三三蜀書後主傳：建興三年，「改益州郡爲建寧郡，分建寧、永昌郡爲雲南郡，又分建寧、牂牁爲興古郡。」華陽國志蜀志：「劉氏延熙中分廣漢四縣置東廣漢郡。」此處建寧等五郡改置年代誤。

〔一九〕至是益州所部十有九郡　原校：「按此文多本晉地理志，其間訛脱不可通者，今並以晉志校定，然至劉禪時，所部實二十一郡，今云『十有九郡』，未知何所去取，不然恐誤。」

〔二〇〕改漢原爲晉興郡　按宋書卷三八州郡志四：「晉原太守，李雄分蜀郡爲漢原，晉穆帝更名。」元和郡縣圖志卷三一蜀州：「李雄據蜀，分爲漢原郡，晉穆帝改爲晉原郡。」本書卷七五蜀州晉原縣：「李雄立漢原郡，晉改爲晉原郡。」此「興」蓋爲「原」字之誤。

〔二一〕梁大寶二年　「二」，底本作「三」，宋版、萬本同，中大本作「元」，庫本作「二」。按大寶止二年，南史卷五三武陵王紀傳：「大寶二年四月乙丑，紀乃僭號於蜀。」此「三」爲「二」字之誤，據改。

〔二二〕管益綿陵遂資邛雅嘉眉瀘戎會松翼巂南寧昆恭十九州　宋版同。按州數十八，缺一州名。萬本無邛、眉二州，據舊唐書卷四一地理志四改「十九」爲「十七」，實數爲十六州。

〔二三〕益州　底本脱，庫本同，據宋版、萬本、傅校及舊唐書地理志四補。

〔二四〕音方　宋版、萬本、庫本皆無，傅校删，蓋非樂史原文，爲後人所加。

〔二五〕并督巂南寧會都督府　「南寧會」，底本作「南會寧」，宋版、萬本、庫本同，據本書上下文乙正。

〔二六〕儀鳳二年又置唐昌濛陽二縣　「二」下底本有「縣其」二字，宋版、萬本、庫本同。按新唐書卷四二地理志六及本書卷七三皆載，儀鳳二年置唐昌、濛陽二縣，此「縣其」二字衍，據删。

〔二七〕復併東西川爲一節度　底本「西」下衍「二」字，據宋版、萬本、庫本、傅校及舊唐書地理志四删。

〔二八〕元領縣十　「元」，底本無，據宋版、萬本、庫本補。

〔二九〕客四萬二千四百四　底本後「四」下衍「十」字，萬本、庫本同，據宋版、中大本、傅校删。

〔三〇〕雲陽郡三姓委言幸　原校：「按諸本云雲陽郡三姓：委、言、幸。益州既無『雲陽郡』之名，又按古今姓氏，書委氏，漢有太原太守委進，不著何郡人。言氏有言偃，吴人。幸氏望出南昌，皆非蜀郡姓氏，當是誤見于此。今夔州乃雲安郡，多有幸姓，豈誤書雲安郡姓氏于此乎？然委氏、言氏，今夔、峽間，亦不聞有此姓。」

〔三一〕李弘字仲元　宋版、萬本、庫本皆作「李仲元」。

〔三二〕知是天星主祭祀　「星」，底本作「心」，萬本同，宋版、庫本皆作「星」。按華陽國志卷一〇上先賢士女總贊：張寬，「對曰：天有星主祠祀，不齊潔，則作女令見。」此「心」爲「星」字之誤，據改。

〔三三〕王褒蜀人也　底本脱，據宋版、萬本、中大本、庫本及傅校補。

〔三四〕蜀郡郫人　「蜀郡」，底本脱，據宋版、萬本、庫本及傅校補。

〔三五〕景毅字文堅蜀郡人　宋版、萬本、庫本皆無，蓋非樂史原文。

〔三六〕王忳字少林新都人　萬本、庫本皆無。

〔三七〕字定祖綿竹人累辟不起時人稱曰任夫子　萬本、庫本皆作「綿竹人」，無它文。

〔三八〕鉤命解詁　「詁」，底本脱，據後漢書卷四八翟酺傳補。萬本作「錫命解詁」，庫本作「鈎命解」，皆誤。

〔三九〕唐朱桃椎成都人號朱處士袁天綱成都人　萬本無朱桃椎、袁天綱傳略。

〔四〇〕母娠時至官翰林供奉　萬本、庫本皆無此文。

〔四一〕音矩　萬本、庫本皆無此二字，傅校删，蓋非樂史原文。

〔四二〕一名選　萬本、庫本皆無此三字。

〔四三〕生益州川谷　「川」，庫本同，萬本及嘉慶重修一統志卷三八六成都府引本書作「山」。

〔四四〕令與長安同制　「令」，底本作「今」，萬本、庫本皆作「令」。按華陽國志蜀志：「成都縣本治赤里街，若徙置少城內，營廣府舍，置鹽、鐵、市官并長丞，修整里闠，市張列肆，與咸陽同制。」則作「今」誤，據萬本、庫本改。

〔四五〕龍歸之曲　原校：「按華陽國志、十道四蕃志並作就歸之曲，今記及成都記皆作龍歸，未詳孰是。」按華陽國志蜀志作「龍歸之曲」。

〔四六〕江神每歲須童女二人至流汗謂官屬曰　底本「須」下有「用」字，「徑」作「竟」，「流汗」作「汗流」，皆據萬本、庫本及史記卷二九河渠書正義、水經江水注、太平御覽卷二六二引風俗通删改。

〔四七〕若知南向腰閒正白者即我也　「閒」，中大本同，萬本、庫本皆作「中」，史記卷二九河渠書正義、水經江水注、藝文類聚卷九四及太平御覽卷二六二、六八二、八八二、八九九引風俗通同。「即我也」，史記河渠書正義、水經江水注、藝文類聚、太平御覽引風俗通皆作「我綬也」。

〔四八〕李冰造此橋　「此橋」，萬本、庫本皆作「七星橋」。按華陽國志蜀志載：兩江有七橋：冲治橋、市橋、江橋、萬里橋、夷里橋、長升橋、永平橋。「李冰造七橋，上應七星。」此以「七星」爲一橋，誤，萬本、庫本是。

〔四九〕昇遷橋　「昇遷」，萬本、庫本皆作「昇仙」。按華陽國志蜀志、史記卷一一七司馬相如列傳索隱引華陽國志皆作「升仙」，水經江水注作「升僊」，元和郡縣圖志卷三一成都府作「昇仙」，全唐詩卷一九八岑參有昇仙橋詩。

〔五〇〕筰橋　「筰」，底本作「竺」，庫本同，萬本作「筰」。按華陽國志蜀志：萬里橋「西上曰夷里橋，亦曰筰橋。」水經江水注同。本書下文所述，亦作「筰橋」，此「竺」爲「筰」字之誤，據改。

〔五一〕精舍講堂作石室一曰玉室　「精舍講堂」，底本作「講堂精舍」，據萬本、庫本、傅校及華陽國志蜀志乙正。「曰」，底本作「作」，萬本、庫本同。按藝文類聚卷六三、太平御覽卷一七六引華陽國志皆作「一曰玉堂」，元和郡縣圖志成都府引作「一曰玉室」，此「作」乃「曰」字之誤，據改。

〔五二〕高眹更修立又增造一石室　「眹」，底本作「朕」，庫本同，據萬本及華陽國志蜀志改。又「一」，華陽國志作「二」，此「一」蓋爲「二」字之誤。

〔五三〕通皆圖畫古人之像及禮器瑞物堂西有二石室　「通」、「室」，底本脱，萬本、庫本同，據蜀中名勝記卷一引任豫益州記補。又蜀中名勝記引本書云：「石室，司馬相如教授于此，從者數千人。」諸本皆無，録之以備考。

〔五四〕武擔山　蜀中名勝記卷三引本書作「武擔石」，按本書下文亦記武擔石，此「山」宜作「石」。

〔五五〕堰有兩叉　「叉」，底本作「人」，萬本、庫本同，據蜀中名勝記卷三引李膺記改。

〔五六〕真移觀　「真」，萬本、庫本皆作「貞」，傅校從改。

〔五七〕惠陵至惠陵祠　「惠陵」、「惠陵祠」，底本作「東陵」、「東陵神」，萬本、庫本同。按三國志卷三二蜀書先主傳、華陽國志卷六劉先主志皆載：「葬惠陵。」蜀中名勝記卷一引本書作「惠陵，蜀先主陵也。今有祠存，號曰惠陵祠。」此「東」爲「惠」、「神」爲「祠」字之誤，據改。

〔五八〕齊永寧末　「永寧」，庫本同，萬本作「永康」。按南朝齊無「永寧」或「永康」年號，此誤。

〔五九〕在府南八里惠陵東七十步　底本作「在府八里惠陵東西七十步」，庫本同，萬本「府」下有「南」字，中大本「東西」作「東南」。嘉慶重修一統志卷三八五成都府引本書作「在府南八里惠陵東七十步」。按蜀中名勝記卷一引周地圖云：「先主祠，在府西南八里惠陵東七十步。」此「府」下脱「南」字，「東」下衍「西」字，據以補删。

〔六〇〕在城南柳堤玉局觀内　「南」，蜀中名勝記卷三引本書作「北」。

〔六一〕縣屬益州　按蜀中名勝記卷五引本書云：「郫縣有漢司空何武宅。武之弟攀，從刺史王濬伐吴，有功，歸家闔門治疾，不預世事。武之後隨，有養竹園，人盗其笋，隨遇見之，恐盗者怖走，或傷其手足，因挈履徐步而歸矣。」爲諸本所無，録之以備考。

〔六二〕麗元山　按蜀中名勝記卷五引本書「山」下有「在縣北八里」五字，此疑脱。

〔六三〕舊三十鄉　「三十」，庫本同，萬本作「三十八」，恐誤。

〔六四〕以繁縣移户于此俗間謂之新繁至是縣名因俗而改　按舊唐書卷四一地理志四：「新繁，漢繁縣，屬蜀郡。劉禪時加『新』字。」皆謂劉禪時改繁縣爲「新繁縣」。元和郡縣圖志成都府：漢繁縣，「周改爲新繁。」嘉慶重修一統志卷三八五成都府：「按繁縣之加『新』字，以晉、宋、隋志考之，惟元和志謂周改名爲合，舊唐志、寰宇記皆非也。」

〔六五〕南二十七里　元和郡縣圖志成都府廣都縣：「北至府四十二里。」元豐九域志卷七：成都府廣都縣，「府南四十五里」。按唐宋成都府（即益州）治成都縣，即今四川成都市，廣都縣在今雙流縣中興場之古城壩，東北至成都府里數，皆合元和志、九域志記載，此載里數有誤。

〔六六〕龍朔三年　「三年」，中大本同，萬本、庫本皆作「二年」。按舊唐書地理志四、元和郡縣圖志成都府、唐會要卷七一州縣改置下皆作「三年」，新唐書地理志六作「二年」。

〔六七〕陰弘導 「弘」，底本作「引」，萬本、庫本同。按蜀中名勝記卷五作「陰宏道」，「宏」避清高宗「弘」改，傅校改作「弘」，是，據改。

〔六八〕地極深 「深」，底本作「厚」，據萬本、庫本及蜀中名勝記卷五引本書改。

〔六九〕唐初泉涌出縣因此爲名 按蜀中名勝記卷八引本書作「隋初縣旁出涌泉，因置平泉縣于此，唐改靈泉」，文異，録以備考。

太平寰宇記卷之七十三

劍南西道二

彭州　漢州　永康軍

彭州

彭州，濛陽郡。今理九隴縣。秦、二漢屬蜀郡。晉以後又爲蜀、寧蜀二郡之地。梁天監中置東益州。至後周武帝廢州，又爲九隴郡。隋初郡廢，復置濛州，取濛水爲名。至煬帝初州廢，併其地入蜀郡。唐垂拱二年分益州之九隴等四縣置彭州，取古天彭闕爲名。天寶元年改爲濛陽郡。乾元元年復爲彭州。益州記云：「彭之地號小郫，土地肥良，比之郫邑也。」

元領縣四。今三：九隴，永昌，濛陽。一縣割出：導江。入永康軍。

州境：東西九十三里。南北八十五里。

四至八到：東至東京三千五百八十九里。東至西京三千一百六十九里。東至長安二千三百三十九里。東至漢州七十五里。西至永康軍導江縣六十里。南至益州郫縣四十二里。北至漢州什邡縣七十里。東南至益州一百五里。西北取灌口路至茂州三百七十里。西南至蜀州青城縣七十八里。西北至茂州汶川縣二百七十四里。

户：唐開元户五萬五千九百。〔一〕皇朝户主二萬六千三百，〔二〕客七千六百八十。

風俗：同益州。

人物：無。

土産：麩金，續斷，升麻，茶。按茶譜云：「彭州有蒲村、堋口、灌口，其園名仙崖、石花等，其茶餅小而布嫩芽，如六出花者尤妙。」又茶經云：「茶出彭州九隴縣馬鞍山、至德寺、堋口鎮者，與襄州茶同味。」

九隴縣，依舊三十鄉。州所理。漢繁縣地，宋置晉壽郡，古城在縣西北三里。梁置東益州。後魏爲天水郡，仍改爲九隴，以九隴山爲名。隋初於縣東三里置濛州，大業省。唐武德三年又置濛州，領九隴、綿竹、導江三縣。貞觀初省，縣屬益州。垂拱二年於縣置彭州。

白鹿山，在縣北五十里。周地圖記云：「宋元嘉九年，有樵人於山左見羣鹿，引弓將射之，有一麢所趨險絶，進入石穴，行數十步，則豁然平博，邑屋連接，阡陌周通，問是何所，有人答曰小成都。後更往尋之，不知所在。」

五龍山。有神溪水，云是伯陽登山，漱此神水。今爲溪，源出五龍山，多木蓮花。

九隴山。屈曲九折，故有九隴之名。自唐昌縣連亘至縣界，有險峻崖谷，人所罕到者：鳴猿谷、清風嶺、鴨子鼻。

王子城，即漢封雍齒子於此城。

灌口鎮。鎮城西有玉女神祠，〔三〕祠之西有蜀守李冰祠存。

卓王孫橋，在縣界。

月滿山，在縣界。

天水故城。後魏無東益州，改天水郡爲九隴，即以九隴山爲名。

葛瓃音瑰。〔四〕山，在縣北四十八里。周地圖記云：「上有葛永瓃祠，永瓃學道于此山。」

麗元山，在縣北六十二里。李膺記云：「范蠡學道于此山上昇仙也。」

兩岐山，在縣西北二十七里。李膺記：「此山出木堪爲船。本琅岐山，語訛爲兩岐山也。」

兩岐水，廉桑口，安國城，周夷王墓，以上皆在縣界。

永昌縣，西三十里。依舊二十三鄉。〔五〕唐儀鳳二年割導江、九隴，于益州郫縣界置唐昌縣，屬益州。垂拱二年屬彭州。長壽三年改爲周昌。〔六〕神龍初復舊名。梁開平二年改爲歸化縣。後唐同光初復舊。晉天福初爲彭山縣，後復舊，今爲永昌縣。

九隴山。其山連岫盤紆，東入縣界。

都江水，在縣西八里。夏書云：「岷山導江，東別爲沱。」李膺記云：「沱水入都田江入城。」都田江，此水是也。

濛陽縣，東三十九里。舊二十四鄉，今十四鄉。唐儀鳳二年割九隴、雒、新都、新繁、什邡等縣，於九隴界濛江之北置，故曰濛陽，屬益州。垂拱三年來屬。

彌濛水，在縣南二百五十步。源出九隴縣峴岐水。〔七〕李膺記云：「昔有人姓侯，兄弟五人住此水側，皆武勇，家居殷富，俗人呼爲五侯水。」

夷王墓，在縣西北二十里。

漢州

漢州，德陽郡。今理雒縣。土地同益州。秦屬蜀郡。漢屬廣漢郡，後漢因之，兼置益州，領郡國十二，理於此。晉分廣漢始置新都郡，而州廢。〔八〕宋齊又爲廣漢郡。隋初郡廢，以其地併入蜀郡。唐垂拱二年分益州雒縣等五縣復立漢州。天寶元年改爲德陽郡。乾元元年復爲漢州。按蜀記云：「益州謂之三蜀，廣漢即其一也。」

元領縣五。今四：雒縣，什邡，綿竹，德陽。一縣割出：金堂。入懷安軍。

州境：東西三百二十二里。南北二百三十四里。

四至八到：東至東京三千五百三十六里。東至西京三千一百一十六里。東至長安二千二百里。東至梓州二百三十里。南至益州一百里。正西微南至彭州一百里。北至綿州一百八十里。東南至金水縣界六十八里。西南至益州一百里。西北至彭州九隴縣界六十五里。東北至綿州一百八十五里。

户：唐開元户六萬九千五。皇朝户主四萬八千五百三十八，客一萬二百六。〔九〕

風俗：同益州。

人物：在益州卷内。

土産：紵布，彌牟布，紋綾，芩根鞋，合簟。

雒縣，三十鄉。漢舊縣，屬廣漢郡。後漢置益州，治于雒。晉置新都郡，宋、齊爲廣漢郡。垂拱二年置漢州，皆治雒縣。

石亭水。李膺益州記云：「石亭水，今入縣界。」

故雒城。范曄後漢書云：「洛城南，〔一〇〕每遇陰雨，常有哭聲聞于府中。和帝時，陳寵爲太守，勑縣宰收葬骸骨，哭聲遂絶。」

君平卜臺。任豫記云：「廣漢郡雁橋東有嚴君平卜處，土臺高數丈。」

雁橋。李膺記云：「張任與劉璋子循守雒城，任勒兵出于雁橋，戰敗，即此也。」

犀橋。李膺益州記云：「廣漢郡北一里半有犀橋，即白魚水也。」

銅官山。昔鄧通鑄錢於此。

雒水。水性剛，宜淬刀，與信州葛溪同。「雒」字元從水，漢火德，忌水，故改「洛」，從「隹」。

七星橋。昔秦李冰開江，置七星橋，橋各一鐵鎖，上應七星，故世祖謂吴漢曰「安軍置在七星間」，謂五星日月云。

華津水。自費陽涇浩城經九隴山分爲九枝，其源出綿竹縣紫巖山，是也。

湔陽故城，漢縣，廢城在縣南。

西五城。宋元嘉九年以舊五城置新都郡，復於此置西五城。

蜀侯神，即蜀侯惲之神。〔一〕

什邡縣，北四十里。舊二十五鄉，今二十三鄉。本漢舊縣，屬廣漢郡。後周爲方亭縣。〔二〕唐武德二年改爲什邡縣。〔三〕舊置在雍齒城，今於城北四十步立縣。雍齒爲漢什邡侯。〔四〕

涋江水，在縣東北一十八里。源出縣北洛通山。李膺以此水爲洛水云，涋江即石亭水，蓋是洛水支流也。漢書地理志：「章山，洛水所出。」今按雒水發源，或洛通山，或九隴縣界鹿堂山也。

雍齒山，在縣南四百步。漢書「封雍齒侯國」，漢書：「高帝六年封雍齒爲什邡侯，至漢元鼎五年，以酎金國除也。」

洛通山，在縣西北四十里。華陽國志云：「李冰導洛水於洛通山。」山有祠，古老傳云：「苻堅有子避難，死於洛通山，因立祠。」

羅江水，在縣西南二十七里。源出彭州九隴縣兩岐山，經縣界入雒縣。亦名廉江水。

新婦水，在縣西南二十五里。李膺記云：「南陽郡南七里有新婦水。」故老傳云昔有新婦，勤于侍奉，負汲水遠，不辭冰雪，泉爲之湧出，故謂之新婦水。流合廉江水。

雍齒墓，在縣南一里。李膺記云：「墓高四丈，闊四畝，有石麒麟二。」

南陽郡故城，在縣西二十三里。李膺記云：「南陽，漢中李雄亂蜀，遣李壽盡掠漢川五千餘家流寓於此，晉太康元年立郡，後魏三年廢」。

馬融墓，在縣西二十里，高三丈。漢順帝時，融爲南郡太守，死葬于此，有碑，字已摩滅。

綿竹縣，北九十五里。舊二十鄉，今十四鄉。漢縣，屬廣漢郡。隋開皇三年徙晉熙郡城，改爲晉熙縣；十八年改爲孝水縣，以境有姜詩泉也。大業二年改爲綿竹縣。唐武德三年屬濛州，州廢來屬。

紫巖山。漢志云：「綿竹縣紫巖山，綿水所出。」

鹿堂山。李膺益州記云：「岸有隙，〔一五〕出神泉。若詣者精志，則泉流奔涌；其信道不篤，便清源頓竭也。」

武侯池。李膺益州記云：「東武山有池出白蓴，冬夏帶絲，肥美爲一州最。宋元嘉末，刺史陸巖嘗獻文帝，勑月一獻。」周地圖記云：「是諸葛菜也。」〔一六〕

遺錦。後漢閻憲，字孟度，爲綿竹令。邑人夜行，得遺錦二十五匹，平明送縣，憲曰：「得行遺物，是天賜也，何爲將來？」曰：「縣有明府，犯此則慙。」

君平池。古老傳云是君平宅陷而成池。

庚除山，在縣東北四十里。即張道陵二十四化之一也。山有二石室。天寶七年勑置庚除觀，今廢。

綿水，在縣東北三十里。源出當縣紫巖山。常璩國志云：「綿水入雒縣，〔一七〕東流過資中。」姜詩泉井。有碑存，即詩之宅，家在沈鄉。母好魚，詩至孝感通，泉湧舍側，每旦輒出鯉魚一雙，即此泉也。

德陽縣，東北五十里。依舊十五鄉。本漢綿竹縣地，後漢分綿竹立德陽。周閔帝元年廢。唐武德三年分雒縣復置。昔魏將鄧艾破蜀將于此。

鄧艾平蜀京觀，一名平蜀臺。以景元四年入蜀，破諸葛瞻，因築臺，以爲京觀。

秦宓宅。李膺記云：「三造亭，秦子勑之舊宅也。太守夏侯纂三造門，故以爲名。」按其宅綿水衝毁，僅有餘跡。

浮中山，在縣北三十里。益州記云：「南陰平鄉東有浮中山，每芳春，遊人登賞，謂之迎春岡，四面斷絶。」

鹿頭山，自綿州羅江縣界迆邐入縣界。古老云昔有張鹿頭于此造宅，山因以爲名。

綿竹縣故城，在縣北三十五里。李膺益州記云：「石子頭二十里，即故綿竹縣城，諸葛瞻埋人脚戰處也。」

永康軍

永康軍，今理灌口鎮。本彭州導江縣灌口鎮地，唐貞觀十年立爲鎮静軍，管四鄉。皇朝乾德三年平蜀，四年改爲永安軍，仍割蜀州之青城、彭州之導江二縣隸焉。太平興國三年改爲永康軍。

領縣二：導江，青城。

軍境：東西六十里。南北一百五十里。

四至八到：東至東京三千六百二十里。東至西京三千二百里。東至長安二千四百四十里。東至導江縣一十八里。西至蠶崖關，〔一八〕茂州汶川縣界一十七里，汶川縣二百六里。〔一九〕南至本軍青城縣四十里，從青城至蜀州五十五里。北至茂州汶川縣二百二十六里。西南至青城縣大面山後水爲界。東南至蜀州九十里。東北至九隴縣一百一十五里。〔二〇〕西北至茂州汶川縣二百一十六里。

户：舊户載彭、蜀二州籍。皇朝户主一萬四千五百二十六，客五千八百五十七。

風俗：同益州。

人物：無。

土産：舊貢：交梭布。馬鞭，草藥有紫背龍牙，白背龍牙，大鶴仙，小鶴仙。

導江縣，東一十八里。二十一鄉。本屬都安縣地，太康地志云：「都安屬汶山郡。」周武帝天和三年廢汶山郡，以縣併入益州之郫縣，別于灌口置汶山縣。唐武德元年改爲盤龍縣，尋改爲導江，取禹貢「汶山導江」之義，〔三〕仍自灌口移于舊邑。

玉壘山，湔水所出。郭璞江賦云「玉壘作東別之標」是也。李膺益州記云：「在沈黎郡，去蜀城南八百里，在此縣西北二十九里。」

灌口山，在西嶺天彭闕。李膺益州記云：「清水路西七里灌口，〔三〕古所謂天彭闕，兩石對立如闕，號曰『天彭』。」

渃如夜切。城，古都安縣城也。

蠶崖關，在縣西北四十七里。周武帝天和二年立。

天彭山。揚雄蜀記云：「李冰以秦時爲蜀守，謂汶山爲天彭闕，號曰天彭門，云亡者悉過其中，鬼神精靈數見。」

盤龍山。李膺益州記云：「山土色黄，盤迴有龍形，故曰盤龍山。」

走金山。〔三〕李膺益州記云：「堯時洪水，民奔于是山而獲金，故曰走金。」

通靈山。周地圖云：「上有通靈寺，因名之。」

石碽，〔二四〕勑真切。一名門水。

都安堰，一名湔堰。李冰擁江作堋，蜀人謂「堰」爲「堋」。〔二五〕

玉女房。李膺益州記云：「其房鑿山爲穴，深數十丈，中有廊廡堂室，屈曲似若神功，非人力矣。」

犍尾堰。

索橋。

李冰祠，在縣西三十三里。爲蜀太守。

望帝祠，在縣西二十六里灌口鎮。

司馬相如墓，在縣東十里。〔二六〕

青城縣，西南四十里。十五鄉。本漢江源縣地，李膺記云：「齊武帝永明初置齊基縣」。周地圖記：「武帝天和四年改齊基爲青城縣，〔二七〕因山爲名。」

青城山，在縣西北三十二里。道書福地記云：「上有没溺池，有甘露、芝草。」玉匱經曰：「此第五大洞寶仙九室之天，黄帝所奉，拜爲五岳丈人。黄帝刻石拜謁篆書猶存。又有石日月像，天師立青城，治于其中。」

聖母山，在縣西。山高二千餘丈，周圍三十里，南有深洞。

傍便山，在縣西。高下與青城山連接，〔三八〕當吐蕃之界。谿谷深邃，夏積冰雪，此山所以隔夷、夏也。

大皂水，自灌口下縣北，流入温江縣界。成都記云：「六江水出羊膊山，北連甘松至灌口。」

三石人。蜀記云：「李冰爲三石人，在青城縣北，立于水中，以厭水災。」

味江水，源出青城縣西長樂山下。江中有大石高數丈，號「大坎」，又有小石在下，亦高數丈，爲「小坎」。水激其上，聲洶湧聞于數里，其水東流。古老傳云：「味江水甘美，人争飲之，因爲名。」

卷七十三校勘記

〔一〕唐開元户五萬五千九百　萬本據舊唐書卷四一地理志四「九百」下補「二十二」。按新唐書卷四二地理志六同舊唐書地理志，元和郡縣圖志卷三一彭州：「開元户五萬一百二十。」皆不同。

〔二〕主二萬六千三百　萬本同，庫本「三百」下有「九」字。

〔三〕玉女神祠　「玉」，底本作「王」，據萬本、庫本、傅校及蜀中名勝記卷五引本書改。

〔四〕音瑰　萬本、庫本皆無，傅校删，蓋非樂史原文。

〔五〕二十三鄉　「二十三」，底本作「三十二」，據萬本、中大本、庫本及傳校改。

〔六〕長壽三年改爲周昌　「三年」，舊唐書地理志四、新唐書地理志六皆作「二年」。

〔七〕峎岐水　按嘉慶重修一統志卷三八四成都府引本書作「琅歧山」，此「水」疑爲「山」字之誤。

〔八〕而州廢　按晉書卷一四地理志上：「泰始三年分益州，立梁州於漢中，又分廣漢置新都郡。」益州仍治蜀郡，統郡八。此誤。

〔九〕客一萬二百六　「六」，萬本、庫本皆作「六十」。

〔一〇〕洛城　「洛」，太平御覽卷一六六引後漢書作「雒」，此「洛」應作「雒」。

〔一一〕蜀侯惲　「惲」，萬本據華陽國志蜀志改「惲」。按史記卷五秦本紀作「煇」，索隱引華陽國志同；史記卷七一甘茂列傳作「煇」，索隱引華陽國志作「暉」，此「惲」字當誤。

〔一二〕後周爲方亭縣　「方亭」，元和郡縣圖志卷三一漢州同，舊唐書地理志四作「方寧」。

〔一三〕武德二年改爲什邡縣　「二年」，舊唐書地理志四作「三年」。新唐書地理志六作「武德二年析雒置」。元和郡縣圖志卷三一漢州作「武德三年復置」。

〔一四〕什邡侯　「什邡」，萬本作「汁防」。按漢書卷二八地理志上作「汁方」，顏師古注引應劭曰：「汁音十。」漢書卷一六高惠高后文功臣表作「汁防」，注曰：「汁音什，防音方。」史記卷五五留侯世家、漢書卷四〇張良傳皆作「什方」。

〔一五〕岸有隙　按蜀中名勝記卷九引本書作「山崖有隙」，此「岸」蓋爲「山崖」之誤。

〔一六〕是諸葛菜也　「菜」，庫本同，萬本作「萊」。中大本及嘉慶重修一統志卷四一四綿州引本書皆作「是諸葛武侯池」。

〔一七〕綿水入雒縣　按華陽國志卷三蜀志：「綿水出紫巖山，經綿竹入洛，東流過資中。」此「雒縣」疑爲「洛水」之誤。

〔一八〕蠶崖關　「崖」，底本作「叢」，注「一作崖」；萬本、庫本皆作「崖」，無注文，傅校同。按新唐書地理志六、元和郡縣圖志彭州、輿地廣記卷三〇、輿地紀勝卷一五一、宋本方輿勝覽卷五五永康軍皆作「蠶崖關」，此「叢」爲「崖」字之誤，據以改删。

〔一九〕汶川縣二百六里　底本「六」下衍「十」字，據萬本、庫本及傅校删。

〔二〇〕東北至九隴縣一百一十五里　「一百一十五」，萬本、庫本皆作「二百十六」。按本書上文彭州四至八到：「西至永康軍導江縣六十里。」下文導江縣：永康軍「東一十八里。」則永康軍東至彭州治九隴縣七十八里，此載里數疑有誤，萬本、庫本誤甚。

〔二一〕汶山導江　「汶」，萬本、庫本皆作「岷」。按史記卷二夏本紀引禹貢「岷、嶓既藝」、「岷山之陽至衡山」、「岷山導江」之「岷」，皆作「汶」，「岷」、「汶」，古字通用。宋本方輿勝覽卷五五：汶山，「即岷山。」

〔二二〕清水路西七里灌口　按蜀中名勝記卷六引本書作「湔山路西七里灌口山」，疑此「清」爲「湔」字之誤。

〔二三〕走金山　按輿地紀勝永康軍引本書云「在導江縣東十餘里」，此「山」下疑脱「在縣東十餘里」六字。

〔二四〕石磌「磌」，萬本、庫本皆作「填」。

〔二五〕蜀人謂堰爲堋　按輿地紀勝永康軍：「都江水，在導江縣北二十里離堆之下。」又引本書曰：「江水至灌口，支流入都江口，灌五州、十二縣，即李冰所鑿離堆之下江也。」今記無，疑闕。

〔二六〕在縣東十里「十」，庫本及蜀中名勝記卷六引本書同，萬本作「十二」，同元和郡縣圖志彭州。

〔二七〕武帝天和四年改齊基爲青城縣　按「青城」應作「清城」，隋書卷二九地理志上：「清城，舊置齊基郡，後周廢爲清城縣。」舊唐書地理志四：青城，「舊『青』字加水，開元十八年去『水』爲『青』。」輿地廣記卷三〇同。

〔二八〕高下與青城山連接「高」，底本作「南」，萬本同；中大本、庫本皆作「高」，蜀中名勝記卷六及嘉慶重修一統志卷三八四成都府引本書同，此「南」爲「高」字之誤，據改。

太平寰宇記卷之七十四

劍南西道三

眉州　嘉州

眉州

眉州，通義郡。今理通義縣。禹貢梁州之域。古夜郎地。漢武帝開西南邊，立爲犍爲郡。其地接焉，今嘉州是也。後又爲武陽縣之南境地，自後漢、三國及晉、宋、齊因之。梁普通中于此置齊通郡及青州，〔一〕義取青城山爲稱。後魏廢帝二年平蜀，改青州爲眉州，〔二〕因峨眉山爲名。隋初如之，大業初州廢，併其地入眉山郡之通義縣。唐武德二年割嘉州之通義、丹稜、洪雅、青神、南安置眉州，五年省南安。貞觀二年置隆山縣。天寶元年改爲通義郡。乾元元年復爲眉州。

領縣五：〔三〕通義，彭山，洪雅，丹稜，青神。

州境：東西二百二十四里。南北一百七十八里。

四至八到：東至東京三千四百二十里。東北至西京三千七十里。東北至長安二千二百一十里。東至陵州七十里。西至邛州二百里。南至嘉州一百四十里。北至成都府二百里。東南至陵州一百里。西南至雅州三百八十里。西南至邛州一百六十里。東北至陵州籍縣一百一十二里。

户：唐開元户四萬三千五百。皇朝户主三萬一千六百六十五，客三萬一千二百五十八。

風俗：同成都府。

人物：朱遵，字孝仲，犍爲武陽人。率兵拒公孫述，絆馬戰死，贈復漢將軍。張皓，字叔明，彭山人。留侯之後，官司空。〔四〕張綱，皓子，武陽人。順帝時八使，其一也。楊義，字文然，武陽人。李密。字令伯，武陽人。

土産：麩金，秫米，茶。按茶經云：「眉州、洪雅、昌闔、丹稜，其茶如蒙頂製餅茶法，其散者葉大而黄，味頗甘苦，亦片甲蟬翼之次也。」

通義縣，元二十鄉。本漢犍爲郡地，又爲武陽縣地。魏恭帝二年置通義縣，在眉州北二十里，屬齊通郡。周明帝二年廢齊通郡爲安樂縣，仍舊屬，〔五〕其後又改爲齊通縣。隋開皇四年改齊通爲廣通。仁壽元年改廣通爲通義，屬眉山郡。〔六〕唐武德元年隸嘉州，二年於縣再立眉州。

蟆頤山，在州東七里。形似蝦蟆頤。

白虎山，在縣東北二十四里。其山壁立，西臨導江水。華陽國志云：「秦昭王時，白虎爲害，募人殺之，廖仲藥、秦精等射中之。」山因此爲名，下有白虎潭。

多稜川，在縣西南七十里。南接青神縣界。

導江水，在縣東四里。

難江水，在縣西南五十二里。〔七〕源在丹稜縣，本名瀧甘水，入當縣，號難江，以其水峻急難渡爲名。

彭山縣，北六十里。元十九鄉。本漢武陽縣地，屬犍爲郡。揚雄蜀記：「秦惠王遣張儀、司馬錯伐蜀，蜀王開明拒戰不利，退走武陽，獲之。」即此處也。晉永和中置西江陽郡。後魏增置靈石郡。後周爲隆山郡，以境内有鼎鼻山，地形隆起，故以爲名。隋大業三年改爲隆山縣，〔八〕以陵州爲隆山郡，縣屬焉。唐貞觀二十年改爲彭山，〔九〕屬眉州。

彭女山，在縣東北十里。華陽國志云：「彭祖冢及祠在此，後漢將岑彭死于此。」又名彭亡山，亦名平模山。

鼎鼻山，一名打鼻山。上有城，亦名鼎鼻，其城消滅。李膺記：「周德既衰，九鼎淪散，一没此山，山下江中，或見其鼻，因以爲名。宋將朱齡石伐蜀，寨于此。」

北平山，在縣西北三十四里。李膺益州記云：「張道陵得仙于此。陵有二十四化，此山是其一也。」

崌崍山，在縣東北十二里。導江從山南合流下。〔一〇〕

大江，一名汶江，又名導江。江圖云：「江水經鼎鼻。」李膺云：「下山有灘，昔周衰，九鼎淪没，其一在此。冬夏恒深九尺，每雲開風息淡靜，則曉然見。」常璩云：「寶鼎見在江上。」〔一一〕

魚鳧津，在縣東北二里。一名彭女津，在彭亡山南，居導江、皂江等水會之處。按南北八郡志云：「犍爲有魚鳧津數百步。」

龍洲。括地志云：「鼎鼻山北有龍洲，東接導江水。」

黃龍廟，在縣東二十八里，在長江村導江東岸。華陽國志云：「建安二十四年，黃龍見武陽赤水。」仍立廟，石碑今在。

繫龍橋。周地圖記云：「彭山縣北四里有治水，西有繫龍橋，仙人瞿君從峨眉山乘龍來往，以龍繫橋。」

故武陽城，在縣東北十五里。相傳云秦惠王時，張儀所築。

馮翊王廟，在縣南五里。古老傳馮翊王郭子明墓。〔一二〕按漢書「功臣非賜姓者，不得封王」，恐此非實。又漢武帝遣拔胡將軍郭昌再度入蜀，討南夷，〔一三〕昌字子明。漢記：「武帝元封六年，益州昆明反，使將軍郭昌擊之。」未審是何人。〔一四〕

張綱墓，在崌崍山東一百五十步。綱，犍爲武陽人也。

樂城、黎城。按唐開元十道要略云：「漢何斌爲蜀郡太守，〔一五〕理于此。時郡邑凋殘，人物窮困，乃以己祿米施惠百姓，此數城之民，由是獲存。臨別，百姓以白米賠填，曰：『荷君父之恩，無以報。』後之州郡有職田，始於此。」

洪雅縣，西南一百二十里。舊二十六鄉，今十六鄉。蕭齊齊樂郡之南境，〔一六〕周武天和二年攘夷獠，立洪雅鎮。隋開皇十三年改鎮爲縣。唐武德九年置犍州。貞觀初州廢，縣屬眉州。縣在洪雅川，由此爲名。

夷獠誓碑，在縣市中。

車岡山，在縣西南一百里。西入盧山郡，下有車岡川。

金釜山，在縣界南二十三里。下臨平羌江。古老傳云昔有主簿于此煉金丹，故曰金釜山，亦名主簿山。

洪雅川，東西屈曲一百三十里，接嘉州夾江界。

平羌水，源出盧山縣浮圖山，經嚴道縣，入當縣界。亦曰青衣。

濰甘水，源從可募山谷湧出，縣西北三十里，〔一七〕流入丹稜界，合平羌水。

丹稜縣，南六十里。〔一八〕元十二鄉。本南齊之齊樂郡。後周改爲洪雅縣。隋析爲丹稜，〔一九〕屬嘉州。武德二年來屬。

龍鶴山。華陽國志云：「丹稜縣西北十五里有龍鶴山。」〔二〇〕

夷郎川，在縣東三十里，與縣相連。俗傳云夷即平也。言土地平朗，土人語訛，故曰夷郎川。

胡奈山，在縣北七十里。〔二一〕

三菁山，在縣東北三十里。其山不連外境。

思蒙水，在縣西二十五里。出蒲周山泉，〔二二〕東流入通義縣。

廢齊樂故城，在縣東北二十里。地圖云：「昔齊樂郡城，周明帝罷以爲齊樂縣。」

青神縣，南六十里。舊五鄉，今四鄉。漢南安縣地，屬犍爲郡。縣臨青衣江，西魏分置青神縣，本治思蒙水口，唐武德八年移于今理，屬眉州。郡國志云：「漢武帝使唐蒙破西南夷路，即始于此邑也。」

北界山，在縣北十八里。東至思蒙水，北至通義縣界。李膺記云：「南安、武陽二縣于此山分界。」

多稜山，在縣西南四十一里，東至多稜川。

蜀川縣，在川中心。輿地志云：「後漢安帝置益州、廣漢、嘉州，是爲三蜀，〔三〕嘉州見在川中，故名蜀川。」

多稜川，在縣西三十四里。其川今有獠居。

魚蛇水，在縣東北十二里。從陵州貴平縣木梓山流入當縣，合導江水。有魚似蛇。

故青神城，在今青城縣南二十里，青城郡所居也。〔三四〕周武帝保定二年更於其南五十步，別築城移之。

嘉州

嘉州，犍爲郡。今理龍遊縣。禹貢梁州之域。夜郎國。史記云：「漢武使唐蒙伐西戎，得夜郎，遂立犍爲郡。」歷漢、晉、宋、齊，皆因之不改。後魏道武帝於此立眉州，取峨眉山爲名，尋改青州，以青衣水爲名；末年分青州平羌等縣爲嘉州，〔三五〕以其郡土嘉美爲稱，後復避九州之額也。後周又於此置平羌郡。隋開皇初郡廢而州存，大業初廢州，復立眉山郡。唐武德元年復立嘉州，因魏之名，領龍遊、平羌、夾江、峨眉、玉津、綏山、通義、洪雅、丹稜、青神、南安十一縣置眉州。〔二六〕貞觀六年割資官屬榮州。〔二七〕上元元年以戎州之犍爲來屬。天寶元年改爲犍爲郡。乾元元年復爲嘉州，三月，劍南節度使盧元裕請升爲中都督府，尋罷。

領縣七：〔二八〕龍遊，夾江，犍爲，平羌，峨眉，玉津，羅目。

州境：東西三百六十里。南北二百六十里。

四至八到：東北至東京三千九百五十里。東北至西京三千五百一十里。東北至長安二千七百三十里。東至榮州二百一十里。南至戎州界，山嶺險峻，未詳里數。西至眉州洪雅縣界九十里。北至眉州一百三十里。東南至戎州水陸三百五十里。西南至巂州生蠻界五百九十里。西北至雅州三百二十里，又至眉州洪雅界一百六十里。東北至陵州一百九十里。

户：唐開元户三萬四千二百八十九。皇朝户主五千六百九十一，客二萬三千二百七。

風俗：尚書武成曰：〔二九〕「庸、蜀、羌、髳、微、盧、彭、濮人。」孔安國注云：「八國皆蠻、夷、戎、狄也。」州民與夷獠錯居，華人其風尚侈，其俗好文。夷人椎髻跣足，短衣左衽，酷信鬼神，以竹木爲樓居，禮義不能化，法律不能拘。

人物：無。

土産：水波綾，烏頭綾，苓根，紅花。已上古貢。麩金，紫葛，巴豆，金毛狗脊，丁公藤。已上今貢。

龍遊縣，元十二鄉。本漢青衣道，在大江之西，即青衣水合江之所。按青衣水，濯衣即青，故曰青衣道。漢制，縣領夷曰道。漢爲南安縣地。〔三〇〕周武帝保定元年於此立平羌縣，仍置平羌郡。〔三一〕隋開皇三年罷郡爲嘉州，四年改爲峨眉縣，九年改爲青衣縣，取漢青衣道爲名；十三年改爲龍遊，〔三二〕隋伐陳，有龍見于江引軍，因而改名。

大江，一名汶江，俗名通江，自平羌縣界流入。水經云：「江東南過犍爲武陽縣南，青衣水從西南注之。」又云：「東至南安爲璧玉津。」〔三三〕

沬水，自陽山縣流入。漢書溝洫志：「蜀守李冰鑿離崔，古「堆」字。〔三四〕避沬水之害。」

二石闕。郡國志云：「龍遊縣有二石闕，即漢武使唐蒙下夜郎而置焉。」

石堂溪水，在縣東一里。源出溪泉，流入明月湖亭，退入流花橋，〔三五〕合導江。

夾江縣，西北七十五里。舊十二鄉，今五鄉。本漢南安縣地，即封宣虎爲侯之地。隋開皇十二年分龍遊、平羌二縣置于涇上，〔三六〕臨江水，故號夾江，屬嘉州。唐武德元年移就今理，在涇水之東，平羌水西，〔三七〕南對峨眉，北連象耳。

平羌化山，在縣西一十里。圖經云：「天下二十四化，此其一也。道士常正一得道此山，丹竈履跡存。」

洪雅江，在縣東六十步。

犍爲縣，東南一百二十里。舊九鄉，今四鄉。本漢犍爲郡，因山爲名。後周保定三年於沈犀山下置沈犀州。益州地理志云：「昔有犀牛渡江到此山而沈，故以爲名。」至隋開皇三年廢沈犀州，〔三八〕於大鹿山下置犍爲縣。舊在武陽故城，後屬戎州。唐上元元年隸嘉州。天福元年獠叛，〔三九〕移於江西岸，縣南臨大江。

徵非津，在縣南二十里，渡導江水。

沈犀山，在縣南五里。昔有犀牛渡到此沈水，〔四〇〕一名沈犀灘。

導江水，在縣東二十步。自玉津縣界來，經本縣一百三十里，入戎州義賓縣界。

石人。蜀記云：「昔孔明南征蠻中，十里刻一石人，今黎嶲之路尚有存者。」

平羌縣，北三十里。舊四鄉，今五鄉。本漢平羌戍，在滎州應靈縣界深谷戍是也。周保定元年置平羌縣，因平羌山爲名，屬平羌郡。隋開皇三年罷郡，以縣屬嘉州。仁壽元年，獠叛，大業七年移就大江。〔四一〕寶曆二年又移于開峽驛，去舊縣一十五里。

青衣津，南去縣四十里，渡導江水。

青衣神。益州記云：「神號雷塠廟，〔四二〕班固以爲離堆下有石室，名玉女房，蓋此神也。」

青衣山，在縣南四十里。〔四三〕導江、沫水、平羌水、岷江水會于山下。〔四四〕

導江水，在縣西二十步。

四望水，在縣東南六十里。源出陵州仁壽縣界，來經縣界，合大江。

熊耳水，一名熊耳峽。古老云：「武侯鑿山開道，即熊耳峽東古道。」

峨眉縣，西九十里。舊六鄉，今五鄉。本南安縣，〔四五〕即青衣道地也。〔四六〕任豫益州記：「峨眉山在南安界。」今縣在南安之西，峨眉之東。隋開皇九年立峨眉縣，以山爲名。唐乾元三年，獠叛，移就峨眉觀東，今縣理是也。

峨眉山。按益州記云：「峨眉山，在南安縣界。兩山相對，狀似蛾眉。」張華博物志以爲牙門山。東峯有石穴，深數里，出鍾乳。常有人持火入穴，有蝙蝠大如箕，來撲火。穴中有水流，冬夏不歇。此山之外，又有小峨眉山。

龍池。李膺記：「峨眉山下有池，廣袤十里，號龍池。」

玉津縣，〔四七〕東南三十里。元八鄉。本漢南安縣地，隋大業中於此置玉津縣，以江有璧玉津，故以爲名。水經注云「東爲壁玉津」。華陽國志云「蜀有七津」，左思蜀都賦云「東越玉津」，在縣東北三十里，隔後江。

導江水，在縣西五里。

石羊津，在縣東十里，渡導江水。

石犀潭，在縣東南三十里鐵地山下。〔四八〕北壁有洞穴，有大石，狀如犀牛。

羅目縣，〔四九〕西南九十五里。元八鄉。唐麟德二年置沐州及羅目縣，取夷中羅目山爲名。上元三年俱廢。儀鳳三年又置縣，屬嘉州。羅目去州西南二百七十里。僞蜀明德三年獠亂，移于今所。〔五〇〕皇朝乾德四年廢綏山入焉。

隴寧山，在縣東南七里。神仙傳云：「宿山圖者，隴西人也，採藥此山，服之羽化。」

小峨眉山，在縣南十里。峨眉之亞者。

小銅梁，在縣西五里。〔五一〕

羅蒙山，在舊縣北三里。俗語訛呼爲羅目山。

秦水，在縣西一百二十里。昔秦惠王伐蜀，移秦人萬家以實蜀中，秦人思秦之涇水，乃呼此水爲涇水。唐天寶六年改爲秦水。

夷惜水，在縣東北五十里。源出巂州界，中有嘉魚，長三尺，每年二月隨水而下，八月逆水而上入穴。〔五二〕蜀都賦云「嘉魚出于丙穴」，蓋此也。

大渡河，一名沬水，在縣南一百八十步。源出嶲州界來，〔五三〕經縣東入龍遊縣界，水出麩金。

嘉樹，在縣東南三十里陽山江溉。兩樹對植，圍各三尺二寸，上引横枝，亘二丈，圍徑相援連理，陰庇百尺，〔五四〕其木名黄葛，號「嘉樹」。

廢綏山縣，在州西四十里。漢爲武陽縣地，有廢城，在今縣東。隋招慰生獠，于此置綏山縣，因山爲名。

綏山。列仙傳：「葛由，周威王時，好刻木爲牛賣之。一日，見騎木牛入蜀中，王侯追之，〔五五〕上綏山。綏山在峨眉山西南，其高無極，隨之者不復還，皆得仙道。」諺曰：「得綏山一桃，雖不得仙，亦足以豪。」

沬水。華陽國志：「青衣，沬水出蒙山下，伏行地中，會江于南安，水脉漂疾，李冰爲蜀守，乃發卒鑿平溷崖，時水神贔怒，冰乃操刀入水中與神鬬。」即此水也。水中出麩金。

卷七十四校勘記

〔一〕梁普通中于此置齊通郡及青州　原校：「按今眉州圖經云：『齊建武三年于此置齊通郡，梁太清三年，武陵王蕭紀立青州。』立青州之年，與元和郡縣志合，今記以爲梁于此置齊通郡及青州，蓋據通典而言，其曰『普通中』，未知據何書。然郡縣如『安漢』、『魏興』之類，皆係于當時國號，則『齊通』恐亦類此。」按南齊書卷一五州郡志下：「齊通左郡，建武三年置。」太平御覽卷一六六引周地圖記曰：「梁武帝太清二年，武陵王蕭紀開通外水，立青州于齊通郡（原誤作『通誼郡』）南安縣北。」元和郡縣圖志卷三二眉州：「梁太清二年，武陵王蕭紀開通外徼，於此立青州，取漢青衣縣爲名也。」則齊置齊通郡，梁太清二年于此置青州，原校是也，唯立青州之年，相差一年。

〔二〕後魏廢帝二年平蜀改青州爲眉州　按周書卷二文帝紀曰：魏廢帝二年八月，「克成都，劍南平。」三年三月，「改青州爲眉州。」太平御覽卷一六六引周地圖記曰：「後魏二年平蜀，三年改青州爲眉州。」此云「二年」改州名，當是「三年」之誤。

〔三〕領縣五　萬本、庫本「領」上皆有「元」字。

〔四〕張晧至官司空　萬本、庫本皆無張晧傳略。「晧」，底本作「皓」，據後漢書卷五六張晧傳改。又漢武陽縣，梁改爲犍爲縣，西魏改名隆山縣，唐先天元年改名彭山縣，張晧後漢武陽人，此以唐縣名爲漢縣名，誠謬。

〔五〕周明帝二年廢齊通郡爲安樂縣仍舊屬　原校：「按隋書地理志、元和郡縣志、通典，則齊通郡開皇初方廢入眉州。又舊唐書地理志改通義爲安樂，亦無廢郡爲縣事。惟今眉州圖經載『後周明帝二年廢齊通郡爲安樂縣，屬眉州』，既與諸書不合，又以縣屬州，非當時之制。今記既承圖經之誤，且云『仍舊屬』，蓋疑詞，當云『後周改通義縣爲安樂，仍舊屬』，乃無誤。」按「周明帝二年廢齊通郡爲安樂縣」，當云「周明帝二年改齊通郡爲安樂縣」，以齊通郡至隋方廢故也，原校是。

〔六〕屬眉山郡　萬本、庫本皆作「隸嘉州」。按隋書卷二九地理志上：「眉山郡，西魏曰眉州，後周曰青州，後又曰嘉州。大業二年又改曰眉州。」又通義縣：「仁壽元年改廣通爲通義，大業初眉州廢。」則仁壽元年改廣通爲通義，縣屬嘉州，大業三年廢眉州爲眉山郡，通義縣屬眉山郡，此宜作「隸嘉州，大業初改屬眉山郡」。

〔七〕在縣西南五十二里　「五十二」，嘉慶重修一統志卷四一〇眉州引本書作「二十五」。

〔八〕隋大業三年改爲隆山縣　原校：「接今眉州圖經云：『梁武陵王置靈石縣，後魏平蜀立靈石郡，改靈石縣曰隆山。』隋志亦云『西魏改縣曰隆山』。今記云『隋大業三年改曰隆山』，與隋書地理志不合，蓋是歲以隆山縣屬隆山郡，而今記承舊唐書地理志之誤耳。」按輿地廣記卷二九亦云「西魏改縣曰隆山」，與隋書地理志合，非隋改也。

〔九〕唐貞觀二十年改爲彭山　原校：「按元和郡縣志，割隆山隸眉州在貞觀元年，以避諱改彭山在先天元年，新舊唐志皆略同，今記誤。」按唐會要卷七一州縣改置下、輿地廣記卷二九皆載先天元年改名，此誤。

〔一〇〕導江從山南合流下　庫本同，萬本及嘉慶重修一統志眉州引本書皆作「導江從山南合流而下」，此蓋脱「而」字。

〔一一〕寶鼎見在江上　按常璩華陽國志卷三蜀志作「寶鼎見于江溉」，此「上」宜作「溉」。

〔一二〕古老傳馮翊王郭子明墓　按蜀中名勝記卷一二引本書作「古老相傳有漢馮翊王郭子明墓」，此蓋脱「漢」字。

〔一三〕討南夷　底本作「封南夷王」，中大本及蜀中名勝記卷一二引本書皆作「討南夷」，此「封」爲「討」字之誤，「王」字衍，據以改删。萬本、庫本皆闕。

〔一四〕未審是何人　按蜀中名勝記卷一二引本書作「或即是此人」，與文意合。

〔一五〕漢何斌爲蜀郡太守　「斌」，底本作「域」，萬本、庫本皆作「城」，據中大本及蜀中名勝記卷一二、嘉慶重修一統志眉州引本書改。

〔一六〕齊樂郡之南境　「境」，底本無，庫本同，據萬本及元和郡縣圖志眉州補。

〔一七〕縣西北三十里　按嘉慶重修一統志卷四〇四嘉定府引本書作「逕洪雅縣西北三十里」，此蓋脱「逕」字。

〔一八〕南六十里　按元和郡縣圖志眉州丹稜縣：「東北至州七十三里。」元豐九域志卷七眉州丹稜縣：「州西六十五里。」唐眉州治通義縣，宋太平興國元年改名眉山縣，即今四川眉山縣，丹稜縣即今丹棱縣，位于眉山縣西偏南，李書、王書所記方位是，此「南」或爲「西」字之誤，或「南」上脱「西」字。

〔一九〕隋析爲丹稜　按隋書地理志上：「丹稜，後周置曰齊樂，開皇中改名焉。」舊唐書卷四一地理志四、元和郡縣圖志眉州皆載：後周改齊樂爲洪雅，隋改爲丹稜，此「析」宜作「改」。

〔二〇〕華陽國志云丹稜縣西北十五里有龍鶴山　按華陽國志爲東晉常璩所撰，丹稜爲隋代改洪雅縣置，東晉時不得有此縣；華陽國志無此文，此引書有誤。

〔二一〕在縣北七十里　「七十」，萬本、庫本皆作「十」。

〔二二〕出蒲周山泉　「周」，底本作「州」，據萬本、庫本、傅校改。「泉」，嘉慶重修一統志眉州引本書無。

〔二三〕後漢安帝置益州廣漢嘉州是爲三蜀　按史記卷一一六西南夷列傳載，漢武帝元封二年，以兵臨滇，滇王降，以其地爲益州郡。華陽國志卷三蜀志載，漢高帝六年置廣漢郡。史記西南夷列傳及漢書卷九五西南夷兩粤朝鮮傳載，漢武帝建元六年，遣唐蒙往夜郎，夜郎及其旁小邑皆願服從漢，遂置犍爲郡；犍爲郡，本書所謂嘉州。則益州、廣漢、犍爲三郡非置于後漢安帝。或益州指蜀郡，置于戰國秦，非後漢，此誤。華陽國志蜀志：「益州以蜀郡、廣漢、犍爲爲三蜀。」所述確實。

〔二四〕在今青城縣南二十里青城郡所居也　二「城」字，萬本、庫本同，中大本及嘉慶重修一統志眉州引本書皆作「神」。按隋書地理志上：「青神，後周置，并置青神郡。開皇初郡廢。」此「城」當爲「神」字之誤。

〔二五〕後魏道武帝於此立眉州至分青州平羌等縣爲嘉州　輿地紀勝卷一四六嘉定府：「謹按魏道武在晉時立國於代北，足跡未嘗至蜀，豈能於蜀遥立郡縣，其説不可據。」

〔二六〕唐武德元年至十一縣置眉州　原校：「按眉州總序，則此云十一縣之下，當云『武德二年割通義、丹稜、洪雅、青神、南安置眉州』，今記引舊唐書地理志，而元文脱誤耳。」按舊唐書地理志四：「榮州資官縣，「武德初屬嘉州，貞觀六年來屬。」本書卷八五同，則此「南安」下蓋脱「資官」二字，「十一縣」爲「十二縣」之誤。又舊唐書地理志、本書本卷眉州總序並載：「武德二年割嘉州之通義、丹稜、洪雅、青神、南安五縣置眉州。」此「十二縣」下蓋脱「二年割通義、丹稜、洪雅、青神、南安五縣」十五字。

〔二七〕貞觀六年割資官屬榮州　原校：「按上文無資官縣，今云割屬榮州，蓋舊唐書地理志脱，誤以十二縣爲十一縣，今記因之。又新舊唐志資官，皆以武德六年割隸榮州，今云『貞觀』，亦誤。」按上文「南安」下蓋脱「資官」二字，「十一」爲「十二」之誤，已見上條校勘記。又舊唐書地理志、本書卷八五榮州皆云資官「貞觀六年改屬榮州」，唯新唐書地理志謂「武德六年」，原校誤。

〔二八〕領縣七　萬本、庫本「領」上皆有「元」字。

〔二九〕尚書武成　按下文所云「庸、蜀、羌、髳、微、盧、彭、濮人」，載於尚書牧誓，非武成。

〔三〇〕本漢青衣道至漢爲南安縣地　原校：「所引漢兩縣地殊交錯。按今圖經，與此文略同，但云『後爲南安縣地』，則圖經差爲有理。又漢青衣乃縣，非道也。」

〔三一〕周武帝保定元年於此立平羌縣仍置平羌郡　原校：「按隋書地理志龍遊縣云：『後周置，曰峨眉，及置平羌郡。』平羌縣云：『後周置，仍置平羌郡。』與此文不合，而與今龍遊圖經略同，然按元和郡縣志，保定元年于今龍遊立平羌縣，開皇三年始改爲峨眉，而更於縣東六十里別立平羌縣，九年又于峨眉山下別置峨眉縣，改州理峨眉縣爲青衣，十三年改名龍遊，詳此，則自後周於今龍遊縣置平羌縣，至隋乃改峨眉，後又改爲龍遊也。隋志誤書，而圖經承誤耳。又青衣、平羌、峨眉，本今龍遊一縣，漢爲青衣，後周爲平羌，隋爲峨眉，隋既改平羌爲峨眉，更于他所別置平羌，尋又于峨眉山下別置峨眉，則復以今龍遊爲青衣，至平陳，乃更今名。蓋元和志叙此爲詳，今記與圖經爲未備。」

〔三二〕十三年改爲龍遊　按隋書地理志上：龍遊縣，開皇九年改峨眉縣爲青衣，「平陳日，龍見水，隨軍而進，十年改名焉。」輿地紀勝嘉定府龍遊縣下引本書云：「開皇十年改青衣爲龍遊，以隋伐陳，有龍見于江，引舟而還，故名。」此「十三」爲「十」字之誤。

〔三三〕又云東至南安爲璧玉津　按「東至南安爲璧玉津」，爲酈道元注文，非水經文。

〔三四〕古塠字　漢書卷二九溝洫志顏師古注引晉灼曰：「皐，古堆字也。」按「塠」，同「堆」，古作「皐」。

〔三五〕退入流花橋　「入流」，底本倒誤爲「流入」，據萬本、中大本、庫本及蜀中名勝記卷一一引本書乙正。

〔三六〕開皇十二年　「十二」，元和郡縣圖志卷三一嘉州作「十三」，輿地紀勝嘉定府引同，此「二」蓋爲「三」字之誤。隋書地理志上作「三」，脱「十」字。

〔三七〕平羌水西　按元和郡縣圖志嘉州：「青衣水經夾江縣西。」又云：「青衣水，一名平羌水。」唐武德元年移夾江縣于今治，青衣水經夾江縣西，與今地理合，此云「平羌水西」，則不符。

〔三八〕後周保定三年於沈犀山下置沈犀州至隋開皇三年廢沈犀州　「沈犀州」，嘉慶重修一統志卷四〇五嘉定府引本書作「沈犀郡」。元和郡縣圖志嘉州：「周於此置沈犀郡，并立武陽縣。隋開皇三年廢郡，以縣屬戎州。」此二「沈犀州」均應作「沈犀郡」。

〔三九〕天福元年　原校：「按圖經作天復。」按輿地紀勝嘉定府引本書亦作「天復」，嘉慶重修一統志卷四〇五嘉定府引舊志作「天福」。此「天福」宜作「天復」。

〔四〇〕犀牛渡到此沈水　「沈水」，萬本、庫本皆無「水」字，中大本作「土沈」，蜀中名勝記卷一一引本書作「上沈」。

〔四一〕本漢平羌戍至大業七年移就大江　原校：「以元和郡縣志考之，則平羌故縣乃今之龍遊，平羌水乃今之陽山江，即今嘉州所理。隋改州理平羌爲峨眉，仍於縣東六十里别立平羌縣。今記所謂在滎州應靈縣界深谷戍者，當是隋别立之平羌，非必漢平羌戍舊地也。又元和志云『大業十一年，夷獠侵没，移于今理』，而今記云『仁壽元年，獠叛，大業七年移就大江』，大業七年移治事，見于圖經，獠叛事，無所考也，七年、十一年，必有誤。」又「因平羌山爲名」，元和郡縣圖志嘉州作「因境内平羌水爲名」；「移就大江」，嘉慶重修一統志嘉定府引本書作「移就大江濱」，此疑脱「濱」字。

〔四二〕雷垍廟　「垍」，底本作「搥」，萬本、庫本同，據本書本卷上文龍遊縣沫水條及太平御覽卷一六六引益州記改。

〔四三〕在縣南四十里　按輿地紀勝嘉定府引本書作「在縣西南四十里」。

〔四四〕導江沫水平羌水岷江水會于山下　原校：「導江，即岷江，按圖經亦兩出，今記承訛耳。」

〔四五〕本南安縣　按漢晉南安縣即今四川樂山市，隋置峨眉縣，即今峨眉縣，非一縣，元和郡縣圖志嘉州峨眉縣：「本漢南安縣地。」是也，此蓋脱「漢」、「地」二字。

〔四六〕即青衣道地也　按漢書卷二八地理志上，青衣乃縣，非道，此誤，參見本卷校勘記〔三〇〕。

〔四七〕玉津縣　按元豐九域志卷七嘉州：「乾德四年省玉津縣爲鎮入犍爲。」輿地紀勝嘉定府引國朝會要載同，太平興國時無此縣，本書不應列目。

〔四八〕鐵地山　按輿地紀勝嘉定府引本書作「鐵蛇山」，嘉慶重修一統志卷四〇四嘉定府引本書作「鐵山」。

〔四九〕羅目縣　按元豐九域志嘉州：「乾德四年省綏山、羅目二縣爲鎮入峨眉。」輿地紀勝嘉定府引國朝會要載同，宋史卷八九地理志五：「乾德四年廢綏山、羅目、玉津三縣。」太平興國時無此縣，本書不宜列目。

〔五〇〕僞蜀明德三年獠亂移于今所　按舊唐書地理志四：「儀鳳三年治沲和城，「如意元年又自峨眉縣界移羅目治於今所也。」與此不合，當從舊唐志。

〔五一〕在縣西五里　「西」，輿地紀勝嘉定府引本書作「西南」。

〔五二〕八月逆水而上入穴　「逆」，底本作「沿」，萬本同，據庫本及輿地紀勝嘉定府、蜀中名勝記卷一一引本書改。

〔五三〕源出嶲州界來　「出」，底本作「在」，據萬本、庫本及輿地紀勝嘉定府引本書改。

〔五四〕圍各三尺二寸至陰庇百尺　「三尺二寸」，萬本作「三尺一寸」，輿地紀勝嘉定府引本書作「三丈五尺」；永樂大典卷一四五三七引本書作「三丈二尺」，蜀中名勝記卷一一引本書作「三二尺」，與永樂大典相合。「百尺」，永樂大典引本書同，蜀中名勝記引本書作「百夫」，傅校改同。

〔五五〕見騎木牛入蜀中王侯追之　萬本、庫本皆作「騎木牛見人，蜀中王侯追之」，同蜀中名勝記卷一一引列仙傳。按太平御覽卷四四引列仙傳作「乘木羊入蜀，蜀中王侯賓之」，此「見」字蓋衍。

太平寰宇記卷之七十五

劍南西道四

邛州　蜀州

邛州

邛州，臨邛郡。今理臨邛縣。禹貢梁州之域。漢置十三州，在益州之部。梁益州刺史蕭範于蒲水口立壘柵爲城，以税生獠，名爲蒲口頓。周地圖記云：「梁武陵王蕭紀于蒲水口始置邛州，取南界邛來山爲名。」未爲郡縣。後魏廢帝二年定蜀，又置臨邛、蒲源、蒲陽、濛山四郡以屬之。蒲陽郡領依政一縣。按此前邛州在今西南二里，無復其跡。周閔帝元年移于今所。隋初廢郡，復爲依政縣。唐武德元年割雅州之依政、臨邛、臨溪、火井、蒲江五縣，置邛州于依政縣，三年又置安仁縣。顯慶二年移州治于臨邛。咸亨二年置大邑縣。天寶元年改爲臨邛郡。乾元元年復爲邛州。

領縣七：〔一〕臨邛，大邑，火井，蒲江，依政，安仁，臨溪。

州境：東西二百八里。南北一百二里。

四至八到：東北至東京三千六百五十里。東北至西京三千二百一十里。東北至長安二千一百里。東至蜀州一百一十里。〔二〕南至眉州二百里。西南至羌戎界一百三十里，以山爲界，以西無郡縣相接，絶無道路。北至蜀州六十里。〔三〕東南至眉州一百六十里。西南至雅州一百八十里。西北至羌夷界一百二十里，路道嶮阻，更無郡縣。東北至蜀州一百一十里。

户：唐開元户四萬二千一百七。皇朝户主三萬八千四百九十七。

風俗：此郡與夷獠相雜，愈於諸郡。

人物：胡安，臨邛人。講學白鶴山下，相如從之受經。嚴遵，字君平，臨邛人。賣卜成都市。〔四〕林閭。字公孺，臨邛人。善古學，古者天子有輶車之使，劉向等不詳其義，惟閭與嚴君平知之，曰：「此使攷八方之風雅，通九州之異同，使人君居高堂，知天下風俗。」

土産：絲布，細葛，段氏伐蜀記云：「鎮南焦葛，上者匹直十千。」〔五〕紅花，續斷，茶。按茶經云：「臨邛數邑，茶有火前、火後、嫩緑、黄芽等號，又有火番餅，〔六〕每餅重四十兩，入西蕃党項，重之如中國名山者，其味甘苦。」

臨邛縣，舊十二鄉，今十鄉。本秦、漢縣，漢屬蜀郡。邛水出嚴道邛來山，入青衣江，故云臨邛。魏廢。晉穆帝平李子仁，於益州唐隆縣地又置臨邛縣。後魏平蜀，自唐隆縣移臨邛縣城，又于此立臨邛郡，以縣屬焉。隋開皇三年罷郡，以縣屬邛州。仁壽元年移于今州理所。

銅官山。史記：「蜀卓氏之先，趙人，秦破趙，遷卓氏，夫妻推輦而行，曰：『吾聞岷山之下沃野，下有蹲鴟。』乃求遠遷。致之臨邛，即鐵山鑄錢。」即此山也。山出木蓮花樹，跗萼不異水之芬芳。

火井，在縣古城八里。博物志云：「臨邛火井，諸葛丞相往視之，後火轉盛，入以家火即滅，迄今不復然。」蜀都賦云「火井沈熒于幽泉」是也。華陽國志云：「人欲其火出，先以家火投之，頃許，〔七〕如雷聲，火焰出，通耀數十里。」又十道要記云：「火井有水，郡人以竹筒盛之，將以照路。」蓋似今人秉燭，即水中自有焰耳。

邛池。李膺益州記云：「臨邛郡下有老姥，家甚貧，孤獨，每食輒有一小蛇，頭上有角，在衿袢之間，母憐而飼之，後漸長大，丈餘。縣令有馬，爲此蛇吸之，令因大怒，收姥。姥云：『在牀下。』遂令人發掘，愈深而無所見。令乃殺姥，其蛇因夢于令曰：『何故殺吾母？當報仇耳。』因此每夜常聞風雨之聲。四十餘日，一夕，百姓相見咸驚，皆曰：『汝頭那得戴魚?』相逢皆如此言。是夜,方四十里,一時俱陷爲湖,土人謂之邛湖。亦曰邛池。其姥之故宅獨不没,至今猶存,漁人採捕,必依止宿。」又言此水清,其底猶時見城郭樓櫨宛然。

邛竹。蜀記云:「漢張騫奉使尋河源,得高節竹,植于邛山。今緣嶺皆是,堪爲杖,號曰邛竹杖。」

卓王孫宅,在縣南五里。基方十里,民耕往往得銅鐵。

古桃山、胡如水,〔八〕大并水,石盤戍,並在縣界

大邑縣,西北六十九里。〔九〕舊十五鄉,今十鄉。唐咸亨二年分益州晉原縣置,在鶴鳴山東。其邑廣大,遂以爲名。

鶴鳴山。按神仙傳云:「馬底子白日得昇仙之處。」張道陵已具晉原縣。

竹王廟。華陽國志云:「竹王者,興于豚水。有一女子浣于水濱,有三節大竹流于女子足間,推之不去。聞有兒聲,取持歸破之,得一男兒。長養,有才武,遂雄夷狄,〔一〇〕氏以竹爲姓。捐所破竹于野,成竹林,今竹王祠竹林是也。王與從人嘗止大石上,命作羹。從者曰:『無水。』王以劍擊石,水出,今竹王水是也。〔一一〕破石存焉。」

嘉魚穴。其魚秋冬則乘流而出入,春夏隱鰓于巖間,時人往往採之,世傳謂之魚穴

也。

火井縣，西六十三里。元四鄉。秦臨邛縣地，周置火井鎮。隋大業十二年置縣，仍帶鎮，屬臨邛郡。皇朝開寶三年移于平樂鎮，從本縣令蕭琢之所奏也。

石樓。按九州記云：「沈黎縣，即武侯征羌之路也。每十里作一石樓，令鼓聲相應。今夷人效之，所居悉以石爲樓。地多長松而無雜木。」

靜邊井，在縣西五里。出鹽。

蒲江縣，東南六十三里。舊五鄉。漢臨邛縣地，後魏置廣定縣。隋改爲蒲江縣，以南枕蒲水故也。

車𩪆山，〔三〕婆瓦山，孤徒山，小可慕山，以上皆邑界之山，山無古跡。

金釜山。

金釜井。金釜等八井，見歲出課鹽六萬三千斤。

依政縣，東南七十里。〔三〕舊十鄉。秦蒲陽縣。漢臨邛縣。〔四〕梁置蒲口鎮及邛州。後魏于此置蒲陽郡依政縣。隋改爲臨邛郡，治依政。梁、魏邛州，在今縣西南二里，後周移治于今所，後移治于臨邛。

意悚山，〔五〕白朮山，婆塞山，白江山，牙江水，以上邑内山水皆無古跡。

安仁縣，東北三十八里。今十二鄉。秦臨邛縣地，唐武德三年置安仁縣，取仁者安仁之義。貞觀十七年廢。咸亨初復置。

斜江水，在縣南五里。自大邑縣鶴鳴山來，斜流過縣，又東流至蜀州新津縣。

臨溪縣，東三十里。〔一六〕舊六鄉，今五鄉。本漢臨邛縣地，後魏恭帝二年分臨邛縣置臨溪縣。

古石山。華陽國志云：「古石山有石鑛，大如蒜子，火燒合之，成流支鐵，甚剛。」山有鐵祖祠，鐵冶之家多祀之。

九子山，山有九峯，〔一七〕因名。

羅指山，出竹箭。

羅瓶水。

蜀州

蜀州，唐安郡。今理晉原縣。其地與益州同。秦有蜀地，立爲蜀郡。二漢因之。至晉于此置晉原郡。宋、齊以晉原之地屬晉康郡。〔一八〕後周廢而縣存焉，〔一九〕屬蜀郡。隋亦然。唐垂拱二年始于晉原等四縣立蜀州。天寶元年改爲唐安郡。乾元元年復爲蜀州。

領縣四：〔二〇〕晉原，江原，新津，永康。

州境：東西三百四十里。南北六十一里。

四至八到：東至東京三千六百六十二里。東至西京二千九百九十五里。東至長安二千一百一十五里。東至益州一百五里。西南至邛州一百一十里。西至青山八十里，吐蕃界，無路通。北至彭州導江縣界四十五里。東南至眉州二百里。西北至彭州一百里。〔二〕東北至益州一百里。

户：唐開元户五萬六千五百七十七。

皇朝户主三萬六千二百五十四，客一萬三百二十二。

風俗：同益州。

人物：無。

土産：白羅花，紫草，紅花，〔三〕金，單絲羅，木蘭皮，椒，茶。按茶經云：「青城縣有散茶、末茶，尤好。」又茶譜云：「蜀州晉原、洞口、横源、味江、青城，其横源雀舌、鳥觜、麥顆，蓋取其嫩芽所造，以其芽似之也。又有片甲者，即是早春黄茶芽葉相抱如片甲也；蟬翼者，其葉嫩薄如蟬翼也，皆散茶之最上也。」

晉原縣，元二十五鄉。本漢江原縣地，屬蜀郡。李雄立江原郡。〔三〕晉改爲晉原郡，多融縣。〔四〕後周廢郡，改爲晉原縣，以縣界晉原山爲名。

鶴鳴山，在縣西北七十九里。魏志云：「張陵客蜀，學道此山，造作道書，以惑百姓。」李膺益州記云：「張陵登仙之所。傳云常有麒麟、白鶴遊翔其上，有銘記云張陵爲蝮蛇所吸，門徒以爲登仙矣。」

多融山。博物志：「蜀中西南高山，有物似獮猴，長七尺，能人行健走，名曰猳玃，一名馬化，或曰玃。〔二五〕伺行道，婦人有美者盜之。能別女氣，故取女無子者，終不得還。十年後形皆類之，人意亦迷或不思歸。有子者輒送其家，產子皆如人，不養者其母輒死，長不異人，皆羊、馬姓也。」〔二六〕

汶井江。李膺益州記云：「江中有井，井見土亂。」水經注云：「汶井江，李冰所導。」

卓王孫冢。漢富人，即司馬相如之妻父也，死葬于此，史記有傳。

馬元祠。李膺益州記：「寧州有馬元河，河邊牧馬產駿駒，一日千里，至此斃之岸南，人爲立祠。」

豐平澤，出青珠。

江原縣，東南二十七里。〔二七〕依舊二十鄉。本漢江原縣地，後魏于此立犍爲郡及僰道縣。隋大業二年省。唐武德元年復置，改爲唐隆。長壽二年爲武隆。先天元年改爲唐安。至皇朝開寶四年改爲江原。〔二八〕

鄀江，出㪷金，一名皂里水。自永康軍青城縣百丈水南流入縣界，自温江界流入猪母水。

臨邛故城，俗名公孫述城。李膺益州記云：「蓋李雄據蜀，李壽從牂柯引獠入蜀境，自象山以北，盡爲獠居，臨邛舊縣因茲置。」

公孫述女冢，在縣東一十三里。高三丈，周迴二十步。故老傳云此冢銅作絞絡五里，故亂離發掘，莫之陷也。

新津縣，東南七十三里。舊二十鄉。本漢犍爲郡武陽縣地也。李膺益州記云：「皂里江津之所曰新津市。」周地圖記云：「閔帝元年于此立新津縣。」舊屬益州，垂拱二年屬蜀州。

天社山，汶井江、白木江會武陽天柱山下，華陽國志云。〔二九〕譙縱作亂，廣漢王瓊建義，慮衆心不一，乃伐樹爲的，云：「凡我同盟，死生一力，共成義節者，此樹還生，如或離二，樹遂枯死。」俄而樹生焉，至今孫枝猶生。

健兒祠。華陽國志云：「公孫述據蜀，朱遵拒守犍爲，乃絆馬死戰。」時人壯之，故爲立祠，號健兒祠。

繫龍橋，在縣東七里會安鄉。其橋見在。李膺記云：「神仙傳，瞿鵲子繫龍於此橋。」按川中圖經，非此一處。

寶真觀，在縣北二里。有唐開元年帝送趙仙甫尊師歸蜀詩碑石，〔三〇〕見存。

瞿君祠，在縣東六里。圖經云：「瞿君，字鵲子，後漢犍爲人。入峨眉山四十年得仙，乘白龍還家而去。鄉人爲置祠焉。」今廢。

永康縣，北六十里。八鄉。僞蜀廣政十二年割郭信等八鄉，就横渠鎮置徵税院，至十六年改爲永康縣，以便于民。

西門樓山，自青城縣而來，經縣西三百里。山高峻，如重樓之狀。

黑水，在縣西十一里。流入青城縣。

卷七十五校勘記

〔一〕領縣七　萬本、庫本「領」上皆有「元」字。

〔二〕東至蜀州一百一十里　按蜀州在邛州東北，本書下文云：「東北至蜀州一百一十里。」蜀州四至八到：「西南至邛州一百一十里。」是也。本條係重出而脱「北」字。

〔三〕北至蜀州六十里　按元和郡縣圖志卷三一邛州：「東北至蜀州八十里。」疑脱「東」字，里數亦有差誤。

〔四〕胡安至賣卜成都市　萬本、庫本皆無胡安、嚴遵傳略。

〔五〕段氏伐蜀記云鎮南焦葛上者匹直十千　此文底本錯繫于茶經文末，庫本同，據萬本及嘉慶重修一統志卷四一一邛州引本書改正。又脱「伐」字，據萬本、庫本及嘉慶重修一統志引本書補。

〔六〕火番餅 「火」，嘉慶重修一統志邛州引本書作「大」。

〔七〕頊許 底本作「少頊」，據萬本、庫本及華陽國志卷三蜀志改。

〔八〕胡如水 「如」，底本作「二」，據萬本、中大本、庫本及傅校改。

〔九〕西北六十九里 元和郡縣圖志邛州大邑縣：「東南至州四十九里。」元豐九域志卷七邛州大邑縣：「州東北四十里。」按唐宋邛州治臨邛縣，即今四川邛崍縣，大邑縣即今大邑縣，位於邛崍縣北稍東，九域志載在邛州東北，是也，此云「西北」，承元和志之誤，此記里數亦有誤，疑「六」爲「四」字之誤。

〔一〇〕遂雄夷狄 按水經温水注作「遂雄夷濮」，此「狄」宜作「濮」。

〔一一〕竹王水 「竹」，底本無，萬本、庫本同，據後漢書卷八六西南夷傳李賢注引華陽國志及水經温水注補。

〔一二〕車膺山 「膺」，元和郡縣圖志邛州作「應」。

〔一三〕東南七十里 「南」，底本作「西」，萬本、庫本同。按元和郡縣圖志邛州依政縣：「西至州五十七里。」元豐九域志卷七：邛州依政縣：「州東南五十里。」嘉慶重修一統志邛州引明統志：「依政廢縣在邛州東南五十五里。」此「西」爲「南」字之誤，據改。此里數亦誤，或「七」爲「五」字之誤。

〔一四〕漢臨邛縣　按元和郡縣圖志：依政縣，「本秦臨邛縣地。」輿地廣記卷二九邛州亦載依政縣「本臨邛縣地」，此「縣」下蓋脱「地」字。

〔一五〕意悚山　按元豐九域志同，元和郡縣圖志作「噫棘山」。

〔一六〕東三十里　按元和郡縣圖志邛州臨溪縣：「東至州六十二里。」嘉慶重修一統志邛州引舊志云：「今有臨溪鎮，在蒲江縣北五十里。」今邛崍縣西南臨濟鎮，位于蒲江縣西北，里數正合，則在唐宋邛州西南，元和志所載方位里距是也，此「東」爲「西」字之誤，里數亦有誤，「三」或爲「六」字之誤。

〔一七〕山有九峯　「有」，底本脱，庫本同，據萬本、中大本及嘉慶重修一統志邛州引本書補。

〔一八〕宋齊以晉原之地屬晉康郡　按宋書卷三八州郡志四：「晉原太守，李雄分蜀郡爲漢原，晉穆帝更名。」南齊又改晉原郡爲晉康郡，南齊書卷一五州郡志下益州領有晉康郡，是也。此云宋爲晉康郡，誠可疑。

〔一九〕後周廢而縣存焉　按隋書卷二九地理志上：蜀郡晉原：「舊曰江原，及置江原郡。後周廢郡，縣改名焉。」蓋南齊改晉原郡爲晉康郡後，又改稱江原郡，北周廢江原郡，非廢晉康郡。

〔二〇〕領縣四　萬本、庫本「領」上皆有「元」字。

〔二一〕西北至彭州一百里　元和郡縣圖志卷三一蜀州：「東北至彭州一百二十里。」按唐宋蜀州，即今四川崇慶縣，彭州即今彭縣，位于崇慶縣東北，元和志是也，此「西」蓋爲「東」字之誤。

〔二二〕紅花　底本「紅」下衍「蘭」字，據萬本、庫本及嘉慶重修一統志卷三八六成都府引本書删。

〔二三〕李雄立江原郡　按李雄據蜀，設立漢原郡，東晉穆帝永和中平蜀，改爲晉原郡，南齊改名晉康郡，後又改稱江原郡，參見本卷校勘記〔一八〕、〔一九〕，此誤。

〔二四〕晉改爲晉原郡多融縣　按晉書地理志、宋書州郡志皆不載多融縣名，元和郡縣圖志蜀州：「晉爲晉原，周立多融縣，又改爲晉原。」此疑有脱誤。

〔二五〕名曰猳玃一名馬化或曰玃　「猳玃」，太平御覽卷九一〇引博物志作「猴玃」；「玃」，太平御覽引作「猳玃」。

〔二六〕皆羊馬姓也　按太平御覽引博物志曰：「皆以揚爲姓，故今蜀中西界多謂揚率皆猳、玃、馬化之子孫。」與此之「羊、馬姓」别。

〔二七〕東南二十七里　「東南」，底本作「西」，萬本、庫本同。按唐武德元年置唐隆縣，長壽二年改名武隆縣，神龍元年復名唐隆，先天元年改名唐安，至德二年又改名唐興，五代梁開平二年改名陶胡，後唐同光元年復名唐興，北宋開寶四年又改名江原，元和郡縣圖志蜀州唐興縣：「西北至州四十里。」元豐九域志卷七蜀州江源縣：「州東南三十里。」唐宋蜀州治晉原縣，即今崇慶縣，唐唐興縣、宋江原縣即今崇慶縣東南江源鎮，此「西」爲「東南」之誤，據改。

〔二八〕至皇朝開寶四年改爲江原　按元和郡縣圖志蜀州載，至德二年改唐安爲唐興；舊五代史卷一五〇郡縣志載，梁開平二年改名陶胡，後唐同光元年復名唐興；至北宋開寶四年又改名江原，江原由唐興改名，此「至」前有脱文。

〔二九〕汶井江白木江會武陽天柱山下華陽國志云　「汶井江白木江」，底本作「汶井泉江水」，萬本、中大本、庫本皆作「汶井江泉水江」。按華陽國志卷三蜀志：「李冰通文井江，「與蒙溪分水白木江會武陽天社山下。」此「汶井」下脱「江」字，「泉江水」爲「白木江」之誤，據以補改。「華陽國志云」應列于文首，在「汶井江」之上。

〔三〇〕唐開元年帝送趙仙甫尊師歸蜀詩碑　萬本無「年」字。按蜀中名勝記卷七：「碑目云「唐開元皇帝送趙仙甫尊師歸蜀詩碑，現在新津縣實真觀。」此「年」疑爲「皇」字之誤。

太平寰宇記卷之七十六

劍南西道五

簡州　資州　懷安軍

簡州

簡州，陽安郡。今理陽安縣。禹貢梁州之域。漢犍爲郡之牛鞞縣地，屬益州。華陽國志「牛鞞縣有陽明井」，今郡北十里陽明井是也。後魏恭帝二年於此置資州。周明帝武成二年移資州于漢資中城，今州南一百三里資州資陽縣是也。〔一〕隋仁壽三年以此一方地土曠遠，時多寇盜，須以郡府理之，乃分益州之陽安、平泉二縣，資州之資陽一縣，於此置簡州，取界内賴簡池爲名。故九州要記云：「簡州在赤水之地。」至大業初廢州，併其地入蜀郡。唐武德三年分益州置簡州。天寶元年改爲陽安郡。乾元元年復爲簡州。

元領縣三。今二：陽安，平泉。一縣割出：金水。建懷安軍。

州境：東西一百八十二里。南北一百三里。

四至八到：東北至東京三千四百四十里。東北至西京三千二十里。東北至長安二千一百七十里。東至普州一百八十里。南至資州二百二十里。西至成都府七十里。〔二〕北至梓州一百五十里。東南至資州一百五十五里。西南至陵州一百八十里。西北至成都府一百五十里。東北至梓州三百一十里。東北至普州二百四十里。〔三〕

户：唐開元户二萬三千六十。皇朝户主一萬四百五十九，客六千一十。

風俗：有獽音穰。〔四〕人，言語與夏不同，〔五〕嫁娶但鼓笛而已，遭喪，乃以竿懸布置其門庭，殯于别所，至其體骸燥，以木函盛，置于山穴中。李膺記云：「此四郡獽也。又有夷人，與獽類一同。又有獠人，與獽、夷一同，但名字有異而已。」

人物：段翳。字元章，廣漢新都人。治易，明風角。有來學者，豫知其姓名，即以膏藥，封筒中，與一生，至葭萌者。

土産：紬，綿，茶。

陽安縣，元二十一鄉。本漢牛鞞縣地，鞞，必邇切。屬犍爲郡。後魏于此立郡，改牛鞞爲陽安，以界内山名也。

銅官山。益州記云：「任城縣西南六十里有銅官山，即漢文帝賜鄧通鑄錢之所，連亘入縣界。」

絳水，在州南。色赤如絳，故九州要記云「簡州在赤水之北」是也。

棲賢觀。昔仙人李八百所隱之處，今爲觀。

石乳城水，在縣北二十一里玉女靈山。東北有泉，西北兩岸各有懸崖，腹有石乳房一十七眼，狀如人乳流下，土人呼爲玉華池。每三月上巳日，有乞子者，漉得石即是男，瓦即是女，自古有驗。

分棟山，在縣西七十里。益州記云：「蜀人謂嶺爲棟。」

中江。源從漢州雒縣、瀰濛、毗橋等三處流入金水縣，合爲一江，東南入縣界，又東南入資州資陽縣界。

平泉縣，南四十八里。六鄉。漢牛鞞縣地，後魏置婆潤縣。隋移縣治於賴黎池，仍爲平泉縣，以縣傍地湧泉故也。

石城山，在縣西北五十里。山形如城，北連分棟山，南接聖德山，入陵州貴平縣界。

鳳翅山，在縣北一里。山形如鳳翅。

石岡溪，在縣北三十八里，平泉縣界。分棟山在兩岸，枕石帶岡，以爲名。〔六〕

資州

資州，資陽郡。今理盤石縣。禹貢梁州之域。秦爲蜀郡。漢犍爲郡之資中縣地，歷後漢、晉、宋、齊，或爲資陽縣戍而無州郡所理。自西魏尅其地，始于此置資州，因資川水以名之，理今簡州陽安縣界故資陽城是。後周明帝武成二年自陽安徙州於漢資中故城置資中郡。隋初郡廢，其地併於簡州，〔七〕煬帝又置資陽郡。唐武德元年改爲資州，領縣九：盤石、內江、安岳、普慈、安居、隆康、資陽、大牢、威遠；其年割大牢，威遠屬榮州；二年分安居、隆康、普慈、安岳四縣屬普州。貞觀四年置丹山縣。天寶元年改爲資陽郡。乾元元年復爲資州，二年正月分置昌州，尋廢。

元領縣八。今四：盤石，資陽，內江，龍水。四縣廢：銀山，月山，丹山，三縣併入盤石。清溪。併入內江。

州境：東西三百四十里。南北一百二十四里。

四至八到：東北至東京三千六百九十里。東北至西京三千二百九里。東北至長安二千四百一十一里。東至合州六百五十六里。南至榮州一百六十九里。西至陵州二百三十五里。北至普州三百七十里。東南至榮州一百五十里。西南至陵州二百六十里。西北至簡州二百二十里。東北至普州三百三十八里。

户：唐開元户二萬九千六百。皇朝管户主客二萬八百二十九。

風俗：同簡州。

人物：王褒，資中人。官諫議大夫。〔八〕董鈞，字文伯。五官中郎將。王延世。資中人。治河有功，爲光禄大夫。

土産：麩金，高良薑，甘蔗。

盤石縣，元八鄉。本漢資中縣地，後周保定五年於漢資中縣故城置盤石縣，屬資中郡，兼移郡就此理。〔九〕皇朝初下西蜀，併月山、丹山、銀山三縣入焉。

中江水，自漢州金堂峽穿過懷安軍，經簡州至當縣，又出界至瀘州江口合大江，〔一〇〕下江陵。

石人山，在縣南十五里。隔中江，高八丈。

鐵山，在縣南五十里。按地理志云「其山出鐵」，在榮州威遠縣界。

盤石山，在縣西北。

大濛溪，在縣西二十里。溪内有石龍三條，若遇旱，祈即雨。

廢銀山縣，在州東南三十八里。皇朝乾德五年勅併入盤石縣。

廢丹山縣，在州西五十里。本漢資中縣地，隋義寧二年置，屬資陽郡。皇朝乾德五年勅併入盤石縣。

鶴鳴山，在縣南五百步。古老傳云張道陵乘白鶴飛鳴此山。

蘭山，在縣東十五里，高三里。上有八面，懸崖壁聳。

丹神山，在縣西北五里。如值天旱，祈告即雨。

資陽縣，西北一百二十里。二十鄉。本漢資中縣，屬犍爲郡。後周明帝武成二年於資中故城置資陽縣，以資水爲名。隋開皇七年自此移州于盤石縣，〔二〕資陽仍屬焉。

萇弘祠，弘無辜受戮，死而血碧，故後人立祠以祀之。

環溪百丈池。按郡國志云：「資陽縣有環溪百丈池，即謂溪流如環，池深百丈也。」

獨秀山，在縣西南三里，迥然獨秀。

資溪水，在縣西。從簡州平泉縣界流入當縣，合中江。

王褒墓，在縣北二十里。前有石碣，高一丈，字已磨滅。有宅，滌硯池水見在。

内江縣，東南九十里。元八鄉。本漢資中縣地，周武帝天和二年於中江水濱置漢安戍；其年改爲中江縣，因其北江，乃以中江爲名。隋避諱改爲内江，〔三〕開皇二年徙内江于漢安故城，即今縣也。皇朝併清溪縣入。

資江。〔三〕按郡國志云：「内江縣有水，深百丈，實羣川總會之所。」

石城山，在縣西南五十里。形似城。

中江水，經盤石縣，自十字石流入縣界。〔三〕

廢清溪縣，在州東北一百三十里。皇朝乾德五年併入内江縣。

龍水縣，西一百四十五里。五鄉。本漢資中縣地，隋義寧二年置龍水縣，在龍龜溪之左，即資陽之西界。縣西北有溪水，屈曲盤擁，其狀如龍，因爲名。依龜山隴爲城。

奴鉢山，在縣西二十里，接陵州界。又有奴吉山，在縣東北五十里，按陽安縣界。

龍水溪，從陵州仁壽縣流入，過縣入中江，至盤石縣界。

懷安軍

懷安軍，治金水縣。本簡州金水縣，皇朝乾德六年二月於金水縣置懷安軍，〔一四〕從西川轉運使曹翰奏請也，仍以漢州金堂縣屬焉。

領縣二：金水，金堂。

軍境：東西一百六十里。南北一百四十里。

四至八到：東北至東京三千五百里。東北至西京三千九十里。東北至長安二千二百七十里。東至梓州一百七十里。西至益州一百七十里。南至簡州一百里。北至漢州一百里。東南至簡州三百四十里。〔一五〕西南至益州一百六十里。

户：舊户在簡州籍。皇朝户主一萬七百二十二，客二千八百三十七。

風俗：同簡州。

土産：侯杏，石榴。

金水縣，〔一六〕一十三鄉。本漢新都縣地，西魏于此置金水郡，以界内金堂水爲名。至隋開皇初廢郡爲縣，以隷簡州。按郡國志云：「金水縣，即漢處士段翳宅也。」皇朝乾德五年于此建懷安軍，縣屬焉。

金堂水。華陽國志云：「新都縣有金堂山，山有水，合巴漢大江。」〔一七〕中江，在軍西北。源從漢州彌牟、雒水、毗橋等三水，會本軍金堂縣，合爲一江，入簡州陽安縣界。

金臺山，在縣西一十五里。〔一八〕華陽國志云：「新都縣金臺山，〔一九〕水通于巴漢。」以水出金沙，〔二〇〕因以名山。

雲頂山，舊名石城山，其狀如城，在縣西一十五里。頂上平一十畝，有神泉方丈，澄清如照，雲霞常興。〔二一〕唐天寶六載改爲雲頂山。

金堂縣，西北五十里。十五鄉。本犍爲郡牛鞞縣地，唐咸亨二年分雒縣新都、簡州金水置，以地連金堂山，因爲縣名。即漢處士段翳宅也。晉天福初改爲漢城縣，後復舊。

洛水，在縣北二十三里。李膺記云：「洛水出洛通，東合縣，注牛鞞縣。」

棲賢山，在縣東北一十三里。陰弘道益州古老傳云：〔三〕「李八百昔遊此山，遂有棲賢之號。山側有一洞，莫知所去。又有石菴一所，内有丹竈存焉。」

金船。按蜀記云：「金泉縣古有金船，沈江之東岸，鋭底，民于水中往往見之。」

昌利山，有一石室三門，中可容九十人，今人呼爲「三龍門」是也。

銅盤山，在縣西北二十里。北接雒縣，南連新都。山形如盤，洛水、彌牟、毗橋三水經此山下合中江。

卷七十六校勘記

〔一〕今州南一百三里資州資陽縣是也　按輿地紀勝卷一四五簡州引簡池志云：「今州南七十里資陽縣是，與此不同。」唐宋簡州治陽安縣，在今四川簡陽縣西北，絳溪河北，漢資中城即宋資陽縣，亦今資陽縣，簡州南至資陽縣里數，正合簡池志記載，此有誤。

〔二〕西至成都府七十里　按通典卷一七五州郡五陽安郡（簡州）：「西至蜀郡（益州）一百二十里。」

此里數當誤。

〔三〕東北至普州二百四十里　按元和郡縣圖志卷三一簡州：「正東微南至普州二百四十里。」元豐九域志卷七簡州：「東至本州界九十五里，自界首至普州一百三十里。」唐宋簡州治陽安縣，在今簡陽縣西北，普州治安岳縣，即今安岳縣，在簡州東南，此「東北」蓋爲「東南」之誤。

〔四〕音穰　萬本、庫本皆無此二字，傅校删，蓋非樂史原文。

〔五〕言語與夏不同　萬本、庫本「夏」下皆有「人」字，當是。

〔六〕在縣北三十八里至以爲名　按輿地紀勝簡州引本書作「在陽安縣西六十餘里，枕石帶岡，因名」，疑此有誤。

〔七〕其地併於簡州　輿地紀勝卷一五七資州作「併於益州陽安縣」，其注云：「資中郡廢于開皇，而簡州置于仁壽，年月不同，不應預書併於簡州。」按元和郡縣圖志卷三一資州「隋開皇三年罷郡，屬資州。」按後周明帝武成二年於漢資中故城置資陽縣，並徙資州於資陽縣，武帝保定五年又另新置盤石縣，並自資陽縣徙資中郡於盤石縣，隋開皇初廢資中郡，其地當併於資州，元和志是也。

〔八〕官諫議大夫　萬本、庫本皆無此五字。

〔九〕後周保定五年於漢資中縣故城置盤石縣屬資中郡兼移郡就此理　原校：「以今記前後文考之，

西魏初于牛鞞縣置資州，即今之陽安也；後周明帝武成二年自牛鞞徙資州于漢資中故城置資中郡，即今資陽也；周武帝保定五年始置盤石縣，隋開皇七年始移資州治盤石，今資州所治是也。但今記既云武成二年於資中故城置資陽縣，又云保定五年於漢資中故城置盤石縣，兩縣皆治漢資中故城，此必有一誤。按資陽圖經云：『漢資中城在縣北，臨中江水，今壞，無餘址。』又資城溪水，在縣西北，自簡州平泉縣界南流，經縣界三十二里，入中江。以此考之，則漢資中故城當在今資陽資水之側，而盤石非漢資中故城矣。又今記資陽縣序開皇七年自此移州于盤石，而盤石縣序乃以移郡係于周保定五年置盤石之下，亦疏闕。」按隋書卷二九地理志上：「盤石，後周置縣及資中郡。」參核本書盤石、資陽兩縣序，後周保定五年置盤石縣，並移資中郡理此，隋開皇初廢郡，開皇七年自資陽縣移資州來治，此云保定五年「移郡就此理」，是也，原校失之。

〔一〇〕自漢州金堂峽至合大江　按輿地紀勝資州引本書作「自漢州金堂峽穿過，歷懷安軍，經簡州，至資州，又東歷富順，至瀘州，合大江」，與此異。

〔一一〕隋開皇七年自此移州于盤石縣　「七年」，輿地紀勝資州引本書作「二年」。

〔一二〕隋避諱改爲内江　按元和郡縣圖志資州：「隋文帝避廟諱，改爲内江縣。」此「隋」宜作「隋文帝」。

〔一三〕十字石　「石」，中大本同，萬本據四川通志改爲「口」。按嘉慶重修一統志卷四一三資州引本書亦作「口」。庫本作「十字」，無「石」或「口」字。

〔一四〕乾德六年二月於金水縣置懷安軍　「六年」，元豐九域志卷七、輿地廣記卷三一懷安軍皆作「五年」。續資治通鑑長編卷八：乾德五年十一月，「以金水縣爲懷安軍。」輿地紀勝卷一六四懷安軍：「圖經在乾德五年，國朝會要云：『乾德五年以簡州金水縣爲懷安軍，仍以漢州金堂縣隸軍。』類要立軍在乾德六年，年月不同。長編在五年十月，當從長編。」下金水縣總序同。

〔一五〕東南至簡州三百四十里　按元豐九域志懷安軍：「東南至本軍界七十里，自界首至簡州三十里。」此里數當誤。

〔一六〕金水縣　按元和郡縣圖志簡州：「後魏平蜀，置金泉縣，隸金泉郡。隋開皇三年罷郡，以縣屬益州。武德元年，以避神堯諱，改爲金水縣。」輿地廣記懷安軍：「西魏置金淵縣及立郡焉，隋屬蜀郡，唐武德元年避高祖名，改曰金水。」輿地紀勝懷安軍：「象之切考唐高祖諱淵，故書傳或曰金水，或曰金泉，大率皆避唐諱，追書耳。」據此，西魏本置金淵縣及金淵郡，或作金泉，或作金水，皆唐臣所改。

〔一七〕合巴漢大江　輿地紀勝懷安軍引華陽國志同，今本華陽國志卷三蜀志：新都縣有金堂山，「水通于巴。」與此不同。

〔一八〕金臺山在縣西一十五里　「金臺山」，庫本同，萬本作「金堂山」，嘉慶重修一統志卷三八四成都府引本書同；輿地紀勝懷安軍作「金臺山」。又「西」，輿地紀勝作「北」。

〔一九〕新都縣金臺山 輿地紀勝引華陽國志同。按華陽國志新都縣有金堂山，不作「金臺山」，或金堂山又名金臺山故也。

〔二〇〕水出金沙 「沙」，底本作「臺」，注「一作沙」，據萬本、庫本及輿地紀勝懷安軍改刪。

〔二一〕雲霞常興 「常興」，底本作「興映」，據輿地紀勝懷安軍、蜀中名勝記卷八及嘉慶重修一統志成都府引本書改。萬本、庫本皆作「容與」，誤。

〔二二〕陰弘道 「弘」，底本作「引」，庫本同，據萬本、中大本及嘉慶重修一統志卷三八四成都府引改。

太平寰宇記卷之七十七

劍南西道六

雅州　黎州

雅州領投降吐蕃部落七，羈縻吐蕃四十六州。

雅州，盧山郡。今理嚴道縣。禹貢梁州之域。漢武帝置十三州，在益州部。今州，即秦嚴道縣也。李膺記云：「晉永嘉分崩，李雄竊據，此地蕪廢，將二十紀。夷人侵軼，獠又間之，公私路絶，無可推訪。」後魏廢帝二年，始更招遺民，漸墾植，因僑立蒙山郡于此，領始陽、蒙山二縣，屬邛州。自後人户稍繁，輿賦有敘。隋開皇十三年廢郡，乃立雅州。〔一〕煬帝初州廢，以其地併入臨邛郡。唐武德元年復爲雅州，領嚴道、名山、盧山、依政、臨邛、蒲江、臨溪、蒙陽、漢源、火井、長松、靈關、陽啟、嘉良、大利、陽山十六縣；其年割依政、臨邛、蒲江、臨溪、火井五縣置邛州，漢源、陽山二縣置登州；二年置榮經縣；六年省嘉良、陽啟、大利、靈關、蒙陽、長松六縣；九年廢登州，還以陽山、漢源來屬。貞觀二年又以陽山、漢源屬嶲州，八年又置百丈縣。永徽五年以嶲州漢源來屬。儀鳳四年置飛越、大渡二縣。大足元年又割漢源、飛越二縣置黎州。神龍三年廢黎州，漢源、飛越屬雅州。開元三年又割二縣置黎州，又置都督府。天寶元年改爲盧山郡。乾元元年復爲雅州，都督羈縻一十九州。按郡國志云：「漢源縣有離崖，即蜀守李冰所鑿離堆，『崖』，即古爲『雅』字也。」〔二〕州以此爲名。

領縣五：〔三〕嚴道，盧山，名山，百丈，榮經。

州境：東西一百八十里。南北二百三十九里。

四至八到：東北至東京三千六百二十里。東北至西京三千二百里。東北至長安三千三百四十里。東至邛州二百里。南至郡管嚴道縣界一百五十里。〔四〕西至羈縻羅巖州界三百八十里。北至邛州二百七十九里。東南至眉州三百四十九里。西南至黎州二百四十里。西北至吐蕃野城界五百七十六里。東北至邛州二百里。正東微南至嘉州三百二十里。西北至吐蕃偏松城九日程約五百里。

户：唐開元户一萬八百九十。皇朝户主八萬七百三十五，客三千八百二十六。

風俗：同邛州，邛、雅之夷獠，婦人娠七月而産，産畢置兒向水中，浮者取養，沈者棄之，千百無一沈者。長則拔去上齒如狗牙，〔五〕各以爲華飾，今有四牙長于諸牙而脣高者，〔六〕别是一種，能食人，無長齒者，〔七〕不能食人。俗信妖巫，擊銅鼓以祈禱，至今盧山縣新安鄉五百餘户，即其遺人也。

人物：衛繼。字子業。蜀爲左尚書。〔八〕

土産：麩金，石菖蒲，升麻，黄連，落鴈木，蠲紙，茶。茶譜云：「雅州百丈、名山二者尤佳。」

嚴道縣，元六鄉。秦始皇二十五年滅楚，徙嚴王之族以實于此地，故曰嚴道。漢爲縣，屬蜀郡，至文帝又徙淮南王之族于此。

九折阪，即嚴道山，王陽迴轡之所，〔九〕與鄧通所賜銅山相連，即邛崍山之西臂也。山有獸名貊，〔一〇〕似熊而斑，能食銅鐵。自九折之頂，望蜀中衆山，纍纍如平地，常多風雨雲霧，〔一一〕少有晴明，首夏猶冰，初秋即雪。本自邛莋音昨〔一二〕而來，故名邛崍。

周公山，在縣東南畔。山勢屹然，上有龍穴，〔一三〕常多陰雲。耆老傳云：「昔諸葛亮征南，于此夢周公，遂立廟。」州縣以靈驗聞，僞蜀乾德六年封顯聖王之廟。

嚴道山，在縣南五里。本名鹿角山，唐天寶六年勅改爲嚴道山。

和川路，在縣界。西去吐蕃大渡河五日程，從大渡河西郭至吐蕃松城四日程。羌蠻混雜，連山接野，鳥路沿空，不知里數。

盧山縣，西北七十里。舊六鄉，今四鄉。亦嚴道縣地。晉書地理志：「姜維于此置城。」隋仁壽元年重開此地，遂于姜維古城置盧山縣，〔一四〕屬雅州，以界内盧奴山爲邑之名。

靈關鎮，在縣北八十二里。四向嶮峻，控帶蕃蠻，一夫守之，可以禦百。蜀都賦云：「廓靈關而爲門。」注云：「關爲西南漢嘉郡界也。」

始陽山，在縣東七里。本名蒙山，唐天寶六年勅改爲始陽山。高八里，東道控川，〔一五〕歷嚴道縣，横亘入邛州火井縣界。

盧奴山，在縣東五里。與始陽山相接。

靈關山，在縣北二十里。峯嶺嵯峨，山聳十里，傍夾大路。下有山峽，口闊三丈，長二百步。俗呼爲重關，通蠻貊之鄉，入白狼夷之界。

浮圖水，在縣五里。〔一六〕從生羌界來，水中有孤崖，狀如浮圖，出貢金。

大渡水，從生羌界來，〔一七〕流入浮圖水。

靈關路，在縣界。去蕃界八日程，從界去吐蕃野城三日程。其險也，以繩爲橋。其外不知里數。

崖鉢山，在縣西三百里。其山上聳雲漢，莫測其高。

名山縣，東四十五里。元六鄉。本秦嚴道縣地，後魏置蒙山縣于此。隋開皇十三年改蒙山爲名山，以縣界内有名山爲稱。唐貞觀初改爲漢源縣，〔一八〕取漢江源以爲名。今復爲名山縣。

離崖，秦蜀守李冰所鑿，以導江，是此崖。音雅。

羅繩山，在縣西五里。〔一九〕從蒙山西入盧山縣，又北接邛州火井縣。

蒙山，在縣西七十里。北連羅繩山，南接嚴道縣。尚書云「蔡、蒙旅平」，即此山也。九州記云：「蒙山者，沐也，言雨露常蒙，〔二〇〕因以爲名。」山頂受全陽氣，其茶香芳。按茶譜云：「山有五頂，頂有茶園，〔二一〕中頂曰上清峯，所謂『蒙頂茶』也，爲天下所稱。」

大嶺音陌。山，〔二二〕在縣東四十里。南接河羅戍，北入邛州。高七十里，上聳天際，靈怪錯雜之所。

名山雞棟山，〔二三〕在縣西南十七里。地理志云：「蜀有雞鳴山，俗傳云金雞鳴而天下太平，則古之名山也，因爲名山戍。」又云：「唐垂拱年中廢戍爲縣。」

平羌水，上源曰邛崍水，又名平鄉水。西北自嚴道縣流入，至眉州洪雅縣界下，又名青衣水。

百丈縣，東北八十里。舊七鄉，今四鄉。本嚴道縣地，李膺記：「臨邛縣南百二十里至百丈，即其地。」圖經云：「有一穴口，方圓一百尺，深百丈，即漢王陽爲益州刺史，行部至此興歎，因之棄官。」唐武德元年置百丈鎮。貞觀八年改鎮爲縣。

泉池山，在縣東四十里。山四面懸絶，上有泉池，〔三四〕因爲名。

榮經縣，西南一百二十里。元二鄉。本嚴道縣地，東西聯接大山，並無州縣，巖巒阻絶，不辨疆界。唐武德二年置榮經縣，因界内有榮經水口戍爲名。

榮經水，在縣東一里。出嚴道縣青山下，入縣界。

邛崍關，在縣西南七十里。隋大業十年置，約山據險，當雲南大路，以扼蕃夷之要害，唐亦因之不改。

自由山，在縣東一十里。高三十里，傍亘黎州，下接嚴道界，歷長墳嶺雞心山，〔三五〕南北相連二百餘里。

和川水，在縣北九十里。從羅繩巖古蠻州東流來。

邛崍山。山海經：「崍山，江水出焉。」多雨少晴。華陽國志云：「邛崍山，本名邛莋。」

舊管投降吐蕃部落七：

吐蕃籠官楊矣蓬、費東君等部落六十人，在蠻宿川安置。

吐蕃業城首領籠官劉矣本等部落，在本部安置。

吐蕃會野首領籠官高萬唐等部落，在本部安置。

吐蕃逋租城首領籠官馬東煎等部落，在夏陽路安置。

吐蕃國師馬定德并籠官馬德唐等部落，在欠馬州安置。

吐蕃嘉梁州降户首領籠官劉定等部落，在夏陽路安置。〔二六〕

吐蕃嵬龍城首領鑠羅莽酒等部落，在和川路安置。〔二七〕

以上吐蕃七部落，其主帥等皆夷狄之雄者，貞元年中投降。

管和川夏陽等羈縻州四十六：

一和川三十七州：

羅巖州，去當道四百八十里。

當馬州，去羅巖州二百里，去州四百七十八里。〔二八〕

三井州，去羅巖州五里，去州四百七十五里。

東鋒州，〔二九〕去羅巖州二里，去州四百七十八里。

名配州，去羅巖州二里，去州四百七十八里。〔三〇〕

鉗恭州，〔三一〕去羅巖州二里，去州四百七十八里。〔三二〕

斜恭州，去羅巖州五里，去州四百七十五里。

晝重州，〔三三〕去羅巖州二里，去州四百七十八里。

羅林州，去羅巖州三里，至州四百七十八里。〔三四〕

籠羊州，〔三五〕去羅巖州一里，至州四百七十九里。

林波州，去羅巖州六十里，至州四百四十里。

林燒州，〔三六〕去羅巖州四十里，至州四百四十里。

龍蓬州，去羅巖州四十里，去州四百四十里。

索古州，去羅巖州五十里，至州四百三十里。

敢川州，去羅巖州四十里，至州四百四十里。

驚川州，去羅巖州五十里，至州四百三十里。

禍眉州，〔三七〕去羅巖州七十里，至州四百一十里。

木燭州，去羅巖州四十里，至州四百四十里。

百坡州，〔三八〕去羅巖州四十里，至州四百四十里。

當品州，去百坡州五里，至州三百七十五里。

巖城州，去百坡州二十里，至州二百六十里。

中川州，去百坡州五里，至州三百七十五里。

鉗矣州，〔三九〕去百坡州二十五里，至州三百五十五里。

昌磊州，去百坡州二十里，至州三百六十里。

鉗并州，去百坡州二十五里，至州三百五十五里。

百頗州，〔四〇〕去百坡州三里，至州三百七十七里。

會野州，去百坡州六十里，去州六百三十里。

當仁州，去會野州三里，去州六百二十五里。

推梅州，〔四一〕去會野州一十里，至州六百二十里。

作重州，去會野州二十里，至州六百一十里。

禍林州，〔四二〕去會野州一十里，至州六百二十里。

諾祚州，〔四三〕去會野州四十里，至州五百九十里。

三恭州，〔四四〕去會野州五十里，至州五百八十里。

金林州，去會野州四十里，至州六百一十里。

布嵐州，去會野州六十里，至州五百七十里。

欠馬州，去會野州五里，至州六百二十五里。

羅蓬州，去欠馬州一十里，至州六百二十里。

以上並管羅巖、會野等路。

一夏陽路九州：

論川州，去當道五百八十里。

讓川州，去論川州五里，至州五百七十里。

遠南州，去讓川州二十五里，至州五百六十里。

卑盧州，去夔龍州二十里，至州五百六十里。

夔龍州，去卑盧州二十里，至州五百六十里。

耀川州，去金川州一十五里，至州五百六十里。〔四五〕

金川州，去耀川州一十五里，至州五百六十五里。

東嘉梁州，去金川州二十里，至州五百六十里。

西嘉梁州，去東嘉梁州一十五里，〔四六〕至州五百六十五里。

以上並管夏陽路。

黎州

黎州，漢源郡。今理漢源縣。漢爲沈黎郡之地，宋、齊以來並於此爲沈黎郡。〔四七〕後周破羌夷，得此土，因立黎州。隋初改爲登州。〔四八〕煬帝初廢州，併其地入臨邛郡。大足元年割漢源、飛越二縣及嶲州之陽山置黎州，取蜀南沈黎地爲州名。神龍三年廢。開元三年又置。〔四九〕天寶元年改爲洪源郡。乾元元年復爲黎州。領羈縻五十五州。

元領縣三。今二：漢源，通望。一縣廢。飛越。併入漢源。

州境：東西一百三十五里。〔五〇〕南北一百六十五里。

四至八到：東北至東京五千里。東北至西京四千五百里。東北至長安三千五百八十里。東南至嶲州六百五十里。東南至戎州無路，以山川之遠近測之，可七百五十五里。西至廓清縣一百八十里，〔五一〕其城西臨大渡河，河西則生羌蠻界。北至盧山郡二百四十里。東南至粟蠻部落二百里，郡之四向周三五里，皆是高山萬重。

户：唐開元無户籍，長慶户六千八百五十。皇朝户主三百三十二，客一百八十六。

風俗：蕃部、蠻夷混雜之地，元無市肆，每漢人與蕃人博易，不使見錢，〔五二〕漢用紬絹、茶、布，蕃部用紅椒、鹽、馬之類。

人物：無。

土産：紅椒。

漢源縣，南三十里。舊三鄉，今一鄉。漢沈黎縣地，宋立郡於此。隋仁壽四年置漢源縣，以大川之源爲名。長安四年，巡察使殷祚奏置黎州，後刺史宋乾微奏廢入雅州。〔五三〕開元三年又置黎州，來屬。

諸葛武侯祠，在州北城外三里。

漢水，在縣西一百二十里。從和姑鎮山谷中經縣界，〔五四〕至通望縣入大渡河。不通舟船，每至春冬，有瘴氣生，中人爲瘧疾。

廢飛越縣，本沈黎之地，唐儀鳳四年分漢源於飛越水置縣，〔五五〕屬雅州。大足元年屬黎州，今廢入漢源。

夜叉穴。博物志云：「蜀南沈黎高山中有物似猴，長七尺，能人行，名曰玃，路見婦人輒盜之入穴，俗呼爲夜叉穴。」西蕃部落最畏之。

通望縣，東南九十里。舊二鄉，今一鄉。本漢旄牛縣地，在大渡河北、漢水西，今有古旄牛城在，俗呼爲牛頭城，語訛也，則古沈黎之鎮。隋爲大渡戍，大業二年改爲陽山縣，〔五六〕因山爲名。元隸巂州，則天大足元年屬黎州。神龍二年又歸巂州。開元元年卻還黎州。天寶元年改爲通望縣。

大渡河，在縣南一十五里。〔五七〕自吐蕃界經雅州諸部落，至當州東流入縣界。

朝陽山，在縣南。與衆山相連接，至大渡河絶。

通望山，自大渡河南，與衆山相連，入巂州。

廢通望軍，在大渡河南三十里。唐至德元年置，今廢。

廢銅山城，在縣東二百里。唐貞元元年，西川節度使韋皋築。

廢定蕃城，在縣東二百一十里。唐貞元五年，韋皋築。

廢要衝城，在縣東一十三里。貞元元年，韋皋築。城下有龍泉水。

廢琉璃城，在大渡河南。太和五年，節度使李德裕築。

伏義城，太和三年，李德裕築。以上諸城，皆禦西蕃之所置也。〔五八〕

舊統制五十五州，〔五九〕皆徼外生獠，無州縣，羈縻而已。

羅巖州。　索古州。　秦上州。　輒榮州。　劇川州。　合欽州。

下蓬州。〔六〇〕柏坡州。〔六一〕博盧州〔六二〕。明川州。　胣胈州。胣胈，音酏彼。〔六三〕

蓬矢州。　大渡州。　米川州。　木屬州。　河東州。　諾筰州。〔六四〕

甫嵐州。　昌明州。　歸化州。　象川州。　叢夏州。　和良州。

和都州。　附樹州。　東川州。　上貴州。　滑川州。　北川州。〔六五〕
吉川州。〔六六〕　甫萼州。〔六七〕　北地州。〔六八〕　蒼榮州。　野川州。　邛陳州。
貴林州。　護川州。　牒琮州。　浪彌州。　郎郭州。　上欽州。
時蓬州。　儼馬州。　橛查州。〔六九〕　邛川州。　護邛州。　脚川州。
開望州。　上蓬州。　比蓬州。　剥重州。　久護州。　瑶劍州。
明昌州。

卷七十七校勘記

〔一〕隋開皇十三年廢郡乃立雅州　按隋書卷二九地理志上：「隋開皇初廢蒙山郡，十三年改始陽縣曰蒙山縣，改蒙山縣曰名山縣，尋置雅州。」元和郡縣圖志卷三二雅州：「隋開皇十三年置蒙山縣并鎮，仁壽四年罷鎮，改置雅州，因州境雅安山爲名。」輿地紀勝卷一四七雅州：「考大中祥符時張旦遷州治記云『自隋仁壽間卜雅安山以爲公宇』，則置雅州，在仁壽間。」據此，隋開皇初廢蒙山郡，十三年改始陽縣爲蒙山縣，改蒙山縣爲名山縣，仁壽四年改置雅州，此蓋誤。

〔二〕即蜀守李冰所鑿離堆崖即古爲雅字也　「堆」、「崖」，底本無，萬本、庫本同。按太平御覽卷一六六引郡國志曰：「漢源縣有離崖，即蜀守李冰所鑿離堆，即古『雅』也。」本書卷下文名山縣離崖條：「秦蜀守李冰所鑿，以導江，是此崖，音『雅』。」輿地紀勝雅州引本書云：「名山有離崖，『崖』音『雅』，州以此名。」則此「離」下脱「堆」及「崖」二字，據補。

〔三〕領縣五　萬本、庫本「領」上皆有「元」字。

〔四〕南至郡管嚴道縣界一百五十里　「五十里」，萬本、庫本同；中大本作「五里」，同通典卷一七六州郡六。

〔五〕長則拔去上齒如狗牙　「如」，底本作「加」，萬本同，據宋版、庫本及傳校改。

〔六〕今有四牙長于諸牙而脣高者　後「牙」字，萬本、庫本同，宋版作「齒」，此「牙」宜作「齒」。

〔七〕無長齒者　「齒」，萬本、庫本同，宋版作「牙」，此「齒」宜作「牙」。

〔八〕蜀爲左尚書　「爲」，底本無，據宋版、萬本、庫本補。

〔九〕王陽迴轡之所　「迴」，底本作「攬」，萬本同，宋版、庫本作「迴」。按漢書卷七六王尊傳：「先是，琅邪王陽爲益州刺史，行部至邛郲九折阪，歎曰：『奉先人遺體，柰何數乘此險！』後以病去。及尊爲刺史，至其阪，問吏曰：『此非王陽所畏道邪？』吏對曰：『是。』」通典卷一七六州郡六：「九折坂，漢王陽爲益州刺史，行部至此而迴。」太平御覽卷一六六、輿地紀勝雅州皆作「迴」，此「攬」爲「迴」字之誤，據改。

〔一〇〕山有獸名貊　「貊」，底本作「豹」，萬本、庫本同，宋版作「貊」。按後漢書卷八六西南夷列傳李賢注引南中八郡志曰：「貊大如驢，狀頗如熊，多力，食鐵，所觸無不拉。」輿地紀勝雅州引本書亦作「貊」，此「豹」爲「貊」字之誤，據改。

〔一二〕常多風雨雲霧　「雨雲」，底本倒誤「雲雨」，據宋版、萬本、庫本、傅校及輿地紀勝雅州引本書乙正。

〔一三〕音昨　宋版、萬本、庫本皆無此二字，傅校删。按當非樂史原注，爲後世所加注。

〔一三〕上有龍穴　「上」，底本脱，庫本同，據宋版、萬本及輿地紀勝雅州引本書補。

〔一四〕隋仁壽元年重開此地遂于姜維古城置盧山縣　按元和郡縣圖志雅州：「隋仁壽元年於此置盧山鎮，三年於此置盧山縣。」與此不同。

〔一五〕東道控川　「東」，底本作「來」，宋版、庫本同，據萬本及蜀中名勝記卷一四引本書改。

〔一六〕在縣五里　宋版、庫本同，萬本據元和郡縣圖志「縣」下補「西南」二字。輿地紀勝雅州引本書作「在縣北五里」。據嘉慶重修一統志卷四〇二雅州府載，青衣江上源，有東西二派，東派即元和志謂經盧山縣東之羅帶水，西派即元和志謂經縣西南五里之浮圖水。考之今地，東派即今四川蘆山縣東蘆山河，西派即縣西寶興河，二河于縣南會合，據此，紀勝引本書誤，萬本據元和志所補是。

〔一七〕從生羌界來　「來」，底本作「東」，據宋版、萬本、庫本及輿地紀勝雅州引本書改。

〔一八〕貞觀初改爲漢源縣　「貞觀」，宋版作「貞元」，輿地紀勝雅州引本書同，此「貞觀」蓋爲「貞元」之誤。

〔一九〕在縣西五里　「五」，萬本、中大本、庫本及蜀中名勝記卷一四、嘉慶重修一統志雅州府引本書同，宋版及輿地紀勝雅州引本書皆作「十五」，此蓋脱「十」字。

〔二〇〕言雨露常蒙　「常」，底本脱，「蒙」下底本衍「沐」字，據宋版、萬本、庫本及輿地紀勝雅州引本書補删。

〔二一〕山有五頂頂有茶園　二「頂」字，底本作「嶺」，萬本、中大本、庫本同，據宋版及輿地紀勝雅州引本書改。

〔二二〕大嵲音陌山　「嵲」，宋版作「蓦」，萬本、庫本同；中大本作「慕」，蜀中名勝記卷一四同。嘉慶重修一統志雅州府引本書作「幕」。「音陌」，宋版、萬本、庫本皆無，傅校删，按當非樂史原注，爲後世所加注。

〔二三〕名山雞棟山　「名山」二字，底本脱，「棟」，底本作「鳴，一作棟」，據宋版、萬本、中大本、庫本及傅校補改。

〔二四〕山四面懸絶上有泉池　「山」，底本脱，萬本、庫本同，據宋版及蜀中名勝記卷一四引本書補。「上」，底本作「山」，據宋版、萬本及蜀中名勝記、嘉慶重修一統志雅州府引本書改。

〔二五〕歷長墳嶺雞心山　「歷」，底本作「入」，庫本同，據宋版、萬本及嘉慶重修一統志雅州府引本書改。

〔二六〕嘉梁州降户首領籠官劉定等部落在夏陽路安置　「梁」，底本作「靖」，萬本、庫本同，據宋版、中大本改。「官」，底本作「定」，據宋版、萬本、中大本、庫本改。「夏」，底本作「下」，中大本同，據宋版、萬本、庫本改。

〔二七〕和川路　「川」，底本作「州」，萬本、庫本同，據宋版改。按本書嚴道縣：「和川路，在縣界。西去吐蕃大渡河五日程，從大渡河西郭至吐蕃松城四日程。」輿地紀勝雅州引本書同。本卷下文載：「和川夏陽等羈縻州四十六。」新唐書卷四二地理志六雅州有和川鎮。皆可爲證。

〔二八〕去州四百七十八里　「去」，底本作「至」，萬本同，據宋版、庫本及傅校改。以下皆從宋版改。

〔二九〕東鋒州　「東鋒」，底本作「東絳」，萬本、庫本皆作「東鋒」。原校：「別本或作『東鋒』。」按宋版及新唐書卷四三地理志七、卷二二二南蠻傳下兩爨蠻皆作「東鋒」，據改。輿地紀勝、宋史卷八九地理志五雅州皆作「來鋒」。

〔三〇〕去州四百七十八里　「八」，萬本、庫本同，宋版作「七」。

〔三一〕鉗恭州　「鉗」，底本作「甘」，庫本同，據宋版、萬本、中大本及新唐書地理志七、新唐書南蠻傳下、輿地紀勝雅州改。

〔三二〕去州四百七十八里 「八」，底本作「五」，據宋版、萬本、中大本、庫本改。

〔三三〕畫重州 「畫」，底本作「盡」，據宋版、萬本、庫本及新唐書地理志七、新唐書南蠻傳下、輿地紀勝雅州改。

〔三四〕至州四百七十八里 「八」，萬本、庫本同，宋版作「七」。

〔三五〕籠羊州 「籠」，底本作「龍」，庫本同，據宋版、萬本及新唐書地理志七、新唐書南蠻傳下、輿地紀勝雅州改。

〔三六〕林嶢州 「嶢」，底本作「磽」，據宋版、萬本、中大本、庫本、傅校及新唐書地理志七、新唐書南蠻傳下改。

〔三七〕禍眉州 「禍眉」，原校：「新唐志作『楇眉』。」庫本同，按宋版、萬本、中大本及新唐書南蠻傳下、元豐九域志卷一〇、宋史地理志五皆作「禍眉」。

〔三八〕百坡州 「百坡」，原校：「新舊唐志作『栢坡』。」按新唐書地理志、舊唐書地理志雅州無此羈縻州，原校疏誤。

〔三九〕鉗矣州 「鉗矣」，原校：「新舊唐志作『鉗矢』。」按新唐書南蠻傳下、元豐九域志卷一〇、輿地紀勝雅州皆作「鉗矣」。

〔四〇〕百頗州 「頗」，底本作「頻」，庫本同，據宋版、中大本及元豐九域志、輿地紀勝、宋史地理志五改。

〔四一〕推梅州「推」，宋版及元豐九域志、輿地紀勝、宋史地理志同；萬本據新唐書地理志改爲「椎」，新唐書南蠻傳下亦作「椎」。

〔四二〕禍林州「禍林」，原校：「新唐志作『椢林』。」按新唐書南蠻傳下、元豐九域志、輿地紀勝、宋史地理志五皆作「禍林」。

〔四三〕諾祚州「祚」，底本作「莋」。原校：「舊唐志作『諾莋』。」按舊唐書地理志雅州無此羈縻州，原校疏誤。宋版、萬本、庫本及新唐書南蠻傳下、宋史地理志皆作「祚」，據改。元豐九域志作「祚」，蓋「祚」字形誤。

〔四四〕三恭州「三」，底本作「二」，庫本同，據宋版、萬本及新唐書地理志、新唐書南蠻傳下、元豐九域志、宋史地理志改。

〔四五〕至州五百六十里　底本「十」下衍「五」字，據宋版、萬本、庫本及傅校删。

〔四六〕去東嘉梁州一十五里　「一十五」，萬本、庫本同，宋版、中大本皆作「一十」，此「五」字蓋衍。

〔四七〕宋齊以來並於此爲沈黎郡　「於」，底本作「以」，據宋版、萬本、庫本改。

〔四八〕隋初改爲登州　按隋書地理志上：「仁壽末置登州。」輿地廣記卷三〇黎州：「隋仁壽初置登州。」此云隋初，疑誤。

〔四九〕開元三年又置　「三年」，本書下文漢源縣總序及舊唐書卷四一地理志四、元和郡縣圖志卷三二黎州同，新唐書卷四二地理志六作「四年」，唐會要卷七一州縣改置下：「黎州，開元四年七月二十二日置。」則作「四年」是。

〔五〇〕東西一百三十五里　「五」，底本脱，據宋版、中大本補。萬本、庫本此文及下文「南北一百六十五里」皆缺脱。

〔五一〕廓清縣　萬本、庫本同，宋版作「廓清縣城」。按通典卷一七六州郡六作「廓清鎮」，元和郡縣圖志黎州作「廓清城」。新唐書地理志六載，黎州有廓清等十一城，此「縣」蓋爲「城」字之誤。

〔五二〕不使見錢　「見」，底本脱，據宋版、萬本、庫本補。

〔五三〕宋乾微　「微」，宋版、中大本、庫本同，萬本據舊唐書地理志改爲「徽」。

〔五四〕從和姑鎮山谷中經縣界　「縣」，底本脱，萬本、庫本同，據宋版及嘉慶重修一統志雅州府引本書補。

〔五五〕儀鳳四年分漢源於飛越水置縣　「四年」，舊唐書地理志四同，元和郡縣圖志黎州、新唐書地理志六皆作「二年」。

〔五六〕大業二年改爲陽山縣　按元和郡縣圖志黎州：「隋開皇二十年於此置大渡鎮，大業二年改爲陽山鎮，武德元年改爲陽山縣。」則大業二年爲鎮，非縣，此誤。

〔五七〕在縣南一十五里　「一十五」，庫本、嘉慶重修一統志雅州府引本書同，宋版作「一十」，無「五」字。萬本作「五十」，誤。

〔五八〕皆禦西蕃之所置也　「置」，萬本同，宋版、庫本皆作「致」，按「致」是。

〔五九〕舊統制五十五州　後「五」，宋版、萬本同，庫本作「四」。原校：「實有五十四州，今記承舊唐書之誤。」按舊唐書卷四一地理志四：「黎州，統制五十四州。」實數亦爲五十四，此後「五」爲「四」字之誤，庫本是。

〔六〇〕下蓬州　宋版、庫本同，萬本據舊唐書地理志改爲「蓬州」。按新唐書地理志七、宋史地理志五皆作「蓬口州」，元豐九域志卷一〇作「蓬州」。

〔六一〕柏坡州　「柏」，底本作「百」，中大本同，據宋版、萬本、庫本、傅校及舊唐書地理志、新唐書地理志、元豐九域志、宋史地理志改。

〔六二〕博盧州　「博」，底本作「傳」，中大本、庫本同，據宋版、萬本、傅校及舊唐書地理志、新唐書地理志、元豐九域志、宋史地理志改。

〔六三〕腌肢音醃彼　宋版、萬本、庫本皆無此五字，傅校删，按當非樂史原注，爲後世所加注。

〔六四〕諾筰州　「筰」，宋版、庫本及舊唐書地理志同，萬本作「笮」，同元豐九域志、宋史地理志。新唐書地理志作「柞」。

〔六五〕北川州　「北」，萬本及元豐九域志、宋史地理志同，宋版作「比」，舊唐書地理志、新唐書地理志同。

〔六六〕吉川州　「吉」，底本作「古」，庫本同，據宋版、萬本及舊唐書地理志、新唐書地理志、元豐九域志、宋史地理志改。

〔六七〕甫葶州　「葶」，宋版、庫本及新唐書地理志、宋史地理志同，萬本據舊唐書地理志改爲「菓」。

〔六八〕北地州　「北」，庫本及宋史地理志同，宋版、萬本皆作「比」，舊唐書地理志、新唐書地理志、元豐九域志同，疑此「北」爲「比」字之誤。

〔六九〕橛查州　「橛」，底本作「撅」，據宋版、萬本、庫本及舊唐書地理志、新唐書地理志、元豐九域志、宋史地理志改。

太平寰宇記卷之七十八

劍南西道七

茂州　翼州　維州

茂州

茂州，通化郡。今理汶山縣。禹貢梁州之域，禹貢曰「岷山導江」，發跡于此。本冉駹之國，駹，音莫江切。〔一〕漢以爲郡。史記曰：「南越破後，冉駹等皆震恐，請臣置吏。」漢武帝元鼎六年以冉駹爲汶山郡。華陽國志：「宣帝地節元年，〔二〕武都白馬羌反，使駱武平定之，因慰勞。汶山吏及百姓詣武自訟：〔三〕『一歲再度，更賦至重，邊人貧苦，無以供給，求省郡〔四〕。』郡建以來四十五年矣。武以狀上，遂省汶山郡，復置都尉。」今州，即漢蜀郡汶江縣。〔五〕後漢至齊，皆因之。梁普通三年置繩州，取桃關之路以繩爲橋，因作州稱。後周武帝改爲汶州，取汶水爲名，并置汶山郡。隋開皇五年改汶州爲蜀州，六年又改爲會州，取西夷交會爲名。煬帝初州廢，改置汶山郡。唐武德元年改爲會州，領汶山、北山、汶川、左封、通化、翼斜、交川、翼水九縣；〔六〕其年割翼斜、左封、翼水三縣置翼州，以交川屬松州；三年置總管府，管會、翼二州；四年改爲南會州；七年改爲都督府，督南會、翼、向、維、塗、冉、穹、炎、徹、笮十州。〔七〕貞觀八年改爲茂州，以郡界茂濕山爲名，仍置石泉縣。天寶元年改爲通化郡。乾元元年復爲茂州。按後漢書：冉駹，「其山有六夷七羌九氏，各有部落。其王侯頗知書，而法制嚴重。」今領三縣。自古至今，並無兩税。

元領縣四。今三：汶山，汶川，石泉。一縣舊廢：通化。

州境：東西二百里。南北二百四十里。

四至八到：東北至東京三千四百二十里。東北至西京三千里。南取蜀路至西京三千五百五十三里。東北取臨翼、交川兩郡至長安二千一百四十里。東至綿州四百里。南至彭州三百里。西至維州二百二十里。北至翼州一百二十里。東南至漢州綿竹縣、當管汶川汶山二縣界馬羈山二十八里。〔八〕東南至成都府四百七十里。西南至羈縻塗州三百七十一里。西北至吐蕃棲雞城下。東北至龍州四百九十里。

户：唐開元户二千五百。皇朝户主二百七十三，客五十三，部落户八百二十九。

風俗：此一州本羌戎之人，好弓馬，以勇悍相高，詩禮之訓闕如也。貧下者，冬則避寒入蜀，傭賃自食，故蜀人謂之筰氏。〔九〕

人物：無。

土產：麝香，麝臍，五味子，馬牙硝，乾酪蜜，馬，升麻。九州要記云：「汶山郡有□鹿，又有五角牛。又旄牛無角，一曰童牛，肉重千斤。」

汶山縣，舊五鄉，今三鄉。本漢汶江縣，屬蜀郡。故城在今縣北二里。舊冉駹地，晉置廣陽縣，屬汶山郡，在西北五百五十里，晉末廢。今不詳其處所。又立廣陽縣於石鏡山南六十里置廣陽，即今縣也。後周爲汶州，置汶山縣。〔一〇〕

岷山。王羲之與謝安書云：「周益州書述蜀中山川，如岷山夏含霜雪，校之所聞，崑崙之仲也。」華陽國志：「岷山，一曰汶焦山。」〔一一〕安鄉山直上六里，〔一二〕岷嶺之最高者，遇大雪開泮，望見成都。岷山，一名鴻濛，〔一三〕即隴山之南首，故稱隴蜀也。

龍泉山，在縣南四十八里。山下有湫水，號曰青池，一曰龍池，時或水旱，民禱必應。若放牝馬於其側，多生駿駒。

鷹門山，在縣北二十里。山多鷹棲，故名。

襄陽山。州郡志云：「汶山郡有襄陽山。」

巨人山，在縣南三十里。山頭有石，如人立面南。玄宗幸蜀時，以石人背立，勑令鞭之一百。下有九池，俗傳是九龍池。

五味山，在縣東一十八里。山出五味子，因名之。

汶川縣，南百里。並是闔道。舊四鄉，今三鄉。本漢綿虒縣地，晉置汶川州于此。周武保定四年移汶川州於廣陽縣，〔一四〕州廢，置汶川縣，〔一五〕以汶川水爲縣名。

玉壘山，在縣北三里。又有玉輪坂，其下汶水所經焉。蜀謂之玉輪江。

紐村，〔一六〕在縣西一百四十里。郡國志云：「紐村，禹生于石紐。」按十道録云：「紐是秦州地名。」未詳孰是。

石室，冉駹夷人所造者，十餘丈，山巖之間往往有之。

故桃關，關在縣南，入蠻界。公私之路俱從于此，有繩橋方渡。

七盤山，在縣九里。〔一七〕有七盤路。

石泉縣，東一百二十里。並是闔道。元二鄉。本漢之汶江縣地，唐貞觀八年置石泉縣。

廢通化縣，在州西南一百六十里。本漢汶江縣地，屬蜀郡。後周保定四年置石門鎮。隋開皇六年以近白狗生羌，于金川鎮置金川縣，十八年改爲通化縣。

蜀山。史記「黄帝子昌意娶蜀山氏女」，蓋此山也。

茂州都督府，羈縻州十，維、翼二州後進爲正州。相次爲正者七，今附于此。其六州並廢，惟維州見在：

翼州廢

翼州，臨翼郡。今理衛山縣。秦之土地，與益州同。二漢猶爲蜀郡。至齊、梁，以上土地同屬茂州，後以其地屬清江郡。隋初廢清江郡，又以其地併歸茂州。唐武德元年分置翼州，取郡南翼水爲名，六年自左封移州治於翼斜。〔一八〕咸亨三年置都督府，移就悉州城内。上元二年罷都督，移還舊治。天寶元年改爲臨翼郡。乾元元年復爲翼州。

領縣四：衛山，翼水，雞川，昭德。〔一九〕

州境：東西，缺。南北，缺。

四至八到：東北至東京三千三百六十里。東北至西京二千九百四十里。東北至長安二千八十里。東至茂州石泉縣八十六里。南至茂州一百二十里。西至悉州一百九十里。北至松州一百八十里。東南至茂州二百里。〔二〇〕西南至悉州一百五十里。西南至茂州利溪山八十里。〔二一〕東北至松州交川縣八十里。

户：開元户一千。

風俗：同茂州。

人物：無。

土産：當歸，羌活。〔二〕

衛山縣，本漢蠶陵縣地，屬蜀郡。故城在縣西，有蠶陵山。隋改爲翼斜縣，治七頃城。唐貞觀十七年移理七里溪。天寶元年改爲衛山縣。

翼水縣，南六十里。二鄉。本漢蠶陵縣地，屬蜀郡。隋初置翼水縣，取縣西南翼河爲名。

峨和縣，北六十里。二鄉。此邑見貞元十道録云。又按通典有雞川、昭德二縣。唐書云：「開生獠新置。」即不述年月。〔三〕

維州

維州，維川郡。今理薛城縣。唐武德七年，白狗羌降附，乃於姜維故城置維州，領金川、定廉二縣。貞觀元年羌叛，州縣俱罷；二年生羌首領董屈占者，請吏復立維州，移治于姜維城東，始屬茂州，爲羈縻州。麟德二年進爲正州。尋羌叛，復降，爲羈縻州。垂拱三年又爲正州。天寶元年改爲維川郡。乾元元年復爲維州。上元之後，河西、隴右州縣皆陷吐蕃，贊普更欲圖蜀川，累急攻維州不下，乃以婦人嫁維州門者，二十年中，生二子。及蕃兵攻城，二子內應，城遂陷。吐蕃得之，號無憂城，累入兵寇擾西川。韋皐在蜀二十年，收復不遂，至大中末，杜悰鎮蜀，維州首領方附，復隸西川。〔二四〕

元領縣三。今二：保寧，舊名薛城。通化。舊名小封。一縣割出：定廉。割屬保州。

州境：東西一百七十里。南北二百六十里。

新四至八到：〔二五〕東北至東京三千九百八十里。東北至西京三千五百六十三里。東至茂州汶川縣界一百三十里。西至奉川縣界一百二十里。南至黎州蕃界四百里。北至茂州界二百里。東南至雅州界六百里。西南至黎州蕃界六百里。〔二六〕東北至茂州石古縣二百里。〔二七〕西北至茂州隴東界二百四十里。〔二八〕

舊四至八到：東北取成都府路至長安二千七百一十四里。〔二九〕東至羈縻塗州二百三十里。南至當州界二百六十里。西至悉州界二百三十二里。北至翼州界九十三里。東南至吐蕃界一百六十里。西南至白狗嶺六十三里。西北至羅厥橋一百三十三里。東北至茂州二百二十里。

户：開元户八萬一千一百七十九。皇朝管漢税户五十四，蕃户税户九百，蕃客户五千六百九十四。

風俗：衣褐，羊皮䩣力各切。⿰革云，〔三〇〕婦人多戴金花，串以瑟瑟，而穿懸珠爲飾。

土產：魚虎。有舌，口如棘，能食魚。

保寧縣，元三鄉。漢以前，本徼外羌冉駹之別種地，蜀志：「劉禪時，大將姜維、馬忠督將軍張嶷北討汶山叛羌。」即此地，今州城，即姜維故壘也。隋開皇四年討叛羌，于其地置薛城戍。大業十三年没于羌賊。唐武德七年，白狗羌酋鄧賢佐内附，乃于姜維壘置維州，領金川、定廉二縣。貞觀元年，賢佐叛，罷郡縣；三年，小左封生羌酋董屈占等舉族表請置吏，〔三二〕因復置維州及二縣。薛城，在州治西南二百步，僞蜀永平二年改爲保寧縣。

姜維山，姜維昔屯軍于此山。

定廉山，在縣東十里。定廉水、鹽溪皆出其陽。

鹽溪村，貞觀中置鹽溪縣，尋廢。此村有鹽溪，民得採漉。

通化縣，西三十里。舊三鄉，今一鄉。本唐咸亨二年，刺史董弁招慰生羌置小封縣，〔三三〕在西蕃通鶴軍。垂拱二年，城爲北蕃所没。今置在威戎軍，西去州一百三十里。見管夷人四十户。

塗州〔三三〕

塗州，唐武德元年，臨塗羌歸附。置塗州，領臨塗、端源、婆覽三縣。〔三四〕貞觀二年，州縣俱省，二年又分茂州之端源戍置塗州。〔三五〕在長安西南二千六百八十九里。

領縣三：端源，臨塗，悉鄰。三縣與州同置。

領户三千三百三十四，口四千二百六十二。〔三六〕

炎州

炎州，唐貞觀五年，生羌歸附，置西封州，八年改爲炎州。在長安西南三千三百七十六里。

領縣三：大封，慕仙，義川。〔三七〕

領户五千七百。

徹州

徹州，唐貞觀五年，西羌首領董凋貞歸化置。在長安西南三千四百一十八里。

領縣三：文徹，俄耳，文進。

領户三千三百。

向州

向州，唐貞觀五年，生羌歸化置。在長安西南二千八百六十九里。

領縣二：貝左，〔三八〕向二。

領户一千六百二，口三千八百九十八。

冉州

冉州，本徼外斂才羌地，唐貞觀六年置西冉州，九年去「西」字。在長安西南二千七百三十九里。

領縣四：冉山，磨山，玉溪，金水。

領户一千三百七十。

穹州

穹州，唐貞觀五年，生羌歸附，置西博州，八年改爲穹州。在長安西南三千二百六十七里。

領縣五：小川，徹當，壁川，當博，恭耳。

領户三千四百三十六。

笮州

笮州，唐貞觀七年，白狗羌降附，置西恭州，八年改爲笮州。在長安西南二千九百四十五里。

領縣三：遂都，亭勸，北思。〔三九〕

無户口。

右九州，皆屬茂州都督。永徽後又析爲三十一州，今不録其餘。

卷七十八校勘記

〔一〕音莫江切 「音」，底本無，據宋版及傅校補。萬本、庫本皆缺。

〔二〕地節元年 按漢書卷八宣帝紀、後漢書卷八六西南夷傳冉駹夷及華陽國志卷三蜀志皆載地節三年罷汶山郡，此「元年」爲「三年」之誤。

〔三〕汶山吏及百姓詣武自訟 「詣」，底本作「謂」，萬本、庫本同，據宋版及輿地紀勝卷一四九茂州引華陽國志改。

〔四〕求省郡　「郡」，底本作「部」，萬本、庫本同，據宋版及輿地紀勝茂州引華陽國志改。

〔五〕即漢蜀郡汶江縣　「郡」，底本作「州」，萬本、庫本同，據宋版、中大本及漢書卷二八地理志上改。

〔六〕領汶山北山汶川左封通化翼斜交川翼水九縣　「翼斜」，本書下文翼州及衛山縣叙同，隋書卷二九地理志上、元和郡縣圖志卷三二翼州、舊唐書卷四一地理志四、新唐書卷四二地理志六皆作「翼針」，未知孰的。「九」，按上所列僅八縣，疑爲「八」字之誤。

〔七〕筰　宋版、萬本、庫本皆作「筰」。按後文宋版、萬本、庫本又作「筰」，則「筰」、「筰」同。

〔八〕馬䮾山　「䮾」，萬本同，宋版作「鞨」，疑誤。通典卷一七六州郡六作「鞍」。

〔九〕筰氏　「筰」，底本作「作」，萬本、庫本同，據宋版及輿地紀勝茂州引本書及宋本方輿勝覽卷五五茂州引華陽國志改。

〔一〇〕本漢汶江縣至置汶山縣　「石鏡山南六十里置廣陽」，「南」，萬本、庫本同，宋版作「面」；「置」，萬本同，宋版、中大本、庫本皆作「至」。原校：「按兩漢地理志蜀郡有汶江縣，無汶山，晉書地理志汶山郡有汶山、廣陽縣，無汶江，今記云本漢汶江縣，晉置廣陽縣，此但據晉書地理志有廣陽縣而言，未詳改汶江爲廣陽爲何時。又隋書地理志『仁壽元年改廣陽爲汶山縣』，今記以置汶山縣係之後周，未詳其説。又『立廣陽縣於石鏡山面六十里至廣陽，即今縣也』，按此文多脱誤，未有以考正。」按輿地廣記卷三〇茂州亦云隋仁壽元年改廣陽曰汶山，與隋書地理志合，是也，此云後周置，蓋誤。

〔一〕汶焦山　按三國志卷三八蜀書秦宓傳：「蜀有汶阜之山，江出其腹。」水經江水注：岷山，「又謂之汶阜山。」此「焦」疑爲「阜」字之誤。

〔二〕安鄉山直上六里　「六」，宋版、萬本、庫本同，輿地紀勝茂州引本書亦同，另汶焦山引華陽國志又作「六十」。

〔三〕鴻濛　「濛」，萬本、庫本同，輿地紀勝茂州作「蒙」，無水旁。宋版作「冢」，蜀中名勝記卷七同，未知孰的。

〔四〕本漢綿虒縣地至移汶川州於廣陽縣　原校：「按晉已無綿虒縣，而今記汶川縣乃隋廢州時所置，若爾，則未置汶川縣前，莫知爲何縣，此必闕略。又云『晉置汶川州于此』，晉無『汶川州』，疑作『汶山郡』而誤也，然置郡于綿虒，亦未知何據。又按隋志，梁于今汶山縣置繩州，并北部郡，後周于今汶山縣置汶州，于今汶川縣置汶山郡，詳此，則梁時州郡同治今汶山，至後周乃分治兩縣，今記云後周『移汶川州于廣陽』，疑是自廣陽郡移治汶川文舛誤耳。」按晉無「汶川州」，晉書卷一四地理志上載汶山郡，治汶山縣，輿地廣記茂州汶川縣：本漢綿虒、廣柔二縣地，「晉屬汶山郡。」此「晉置汶川州于此」，蓋爲「晉屬汶山郡」之誤。又隋書地理志上：汶山縣，舊曰廣陽縣，「梁改爲北部都尉，置繩州、北部郡，後周改曰汶州。開皇初郡廢，仁壽元年改名焉。」元和郡縣圖志茂州：「今州即漢蜀郡汶江縣也，周保定四年立汶州。」則周保定四年於廣陽縣置汶州，此「移汶川州於廣陽縣」蓋爲「置汶州於廣陽縣」之誤。

〔一五〕州廢置汶川縣　原校：「隋初汶州廢，則爲汶山郡，非廢爲汶川縣也。汶川縣莫詳何時置，今圖經亦舛謬，無所考證。」按輿地廣記汶川縣：「後周置汶川縣及汶山郡。」此云「置汶川縣」，指北周置汶川縣，所云「州廢」，指北周廢汶州，然史文無北周廢汶州之記載，疑「州廢」，有誤。

〔一六〕紐村　「紐」，底本作「細」，萬本、庫本同，宋版作「紐」。按史記卷二夏本紀正義引揚雄蜀王本紀云「禹本汶山郡廣柔縣人也，生於石紐。」又引括地志云：「茂州汶川縣石紐山在縣西七十三里。」續漢書郡國志五劉昭注引帝王世記曰：「禹生石紐。」元和郡縣圖志茂州：「禹本汶山廣柔人，有石紐邑，禹所生處。」輿地紀勝茂州引本書亦云「禹生於石紐村」，此「細」爲「紐」字之形訛，據改。下同。

〔一七〕在縣九里　宋版同，萬本作「在縣□□里」，嘉慶重修一統志卷四一五茂州引本書作「在縣北九里」，疑此脱「北」字。庫本作「在縣北三十里」，里數誤。

〔一八〕翼斜　本書卷下文衛山縣及茂州總序同，隋書地理志上、元和郡縣圖志卷三二、舊唐書地理志四、新唐書地理志六翼州皆作「翼針」。參見本卷校勘記〔六〕。

〔一九〕領縣四衛山翼水雞川昭德　宋版、庫本同。萬本作「元領縣五，今三：衛山、翼水、峨和。二縣廢：雞川、昭德」。按本書下文三縣：衛山、翼水、峨和，於峨和縣序云「按通典有雞川、昭德二縣」，與此不合。通典卷一七六州郡六翼州領縣四，衛山、翼水、鷄川、昭德，則與此合。又舊唐書地理志四真州：「雞川，先天二年割翼州翼水縣置，屬翼州，天寶五載改真州。昭德本識臼，屬悉州，天寶元年改屬翼州，仍改名昭德縣，五年改屬真州也。」本書卷八〇真州略同，則天寶五年雞川、昭德改屬真州。

〔二〇〕東南至茂州二百里　「東南」，宋版、萬本、庫本皆作「東」，無「南」字。通典卷一七六州郡六亦作「東南」，元和郡縣圖志翼州作「南」。按唐翼州在今四川茂縣西北岷江東，茂州即今茂縣，在翼州東南，則作「東南」是也。

〔二一〕西南至茂州利溪山八十里　「南」，萬本、庫本同；宋版作「北」，通典州郡六同，此「南」疑爲「北」字之誤。

〔二二〕羌活　底本「羌活」上衍「川」字，據宋版、萬本、庫本及傅校删。

〔二三〕即不述年月　按舊唐書地理志云先天二年置雞川縣，天寶元年改識臼曰昭德縣，此誤。

〔二四〕維州首領方附復隸西川　「方附」、「復隸」，庫本同，萬本作「内附」、「方復隸」，同舊唐書地理志四。

〔二五〕新四至八到「新」，底本脱。按本書後文有「舊四至八到」，萬本、中大本、庫本此處皆作「新四至八到」，傅校增補「新」字，今從補。

〔二六〕西南至黎州蕃界六百里「州」，底本脱，萬本、庫本同，據宋版及傅校補。

〔二七〕東北至茂州石古縣二百里「茂」，底本作「黎」，萬本、庫本同，據宋版、中大本改。「百」底本脱，萬本、中大本、庫本同，據宋版補。又茂州無「石古縣」，本書茂州領有石泉縣，此「古」蓋爲「泉」字之誤。

〔二八〕西北至茂州隴東界二百四十里「東」，底本脱，萬本、庫本同，據宋版補。按輿地紀勝茂州鐵豹嶺下引皇朝郡縣志云：「茂州南有雞宗關，路通永康，北有隴東，路通綿州。」所云「隴東」，當指此也。

〔二九〕東北取成都府路至長安二千七百一十四里「取」，底本作「至」，據宋版、萬本、中大本、庫本及通典州郡六改。

〔三〇〕乾底本脱，萬本、庫本同，據宋版補。

〔三一〕小左封宋版同，萬本、庫本皆作「左上封」，同舊唐書地理志四。按本書上文茂州總序載：武德元年，會州領有左封縣，同年割左封等三縣置翼州。則作「小左封」是，萬本及舊唐書地理志蓋誤。

〔三二〕董弁　「弁」，舊唐書地理志四作「弄」。

〔三三〕塗州　萬本同，宋版、庫本皆不列正目，附於維州通化縣之後，傅校删。按舊唐書地理志四及本書皆載：「茂州都督府，羈縻州十，維、翼二州後進爲正州，相次爲正者七。」此所列塗州及以下炎州、徹州、向州、冉州、穹州、笮州，即所謂相次爲正者七州，新唐書卷四三地理志七仍列爲羈縻州，隸茂州都督府。塗州應與維、翼二州有别，宋版、庫本是，底本疏闊。下炎、徹、向、冉、穹、笮六州同。

〔三四〕婆覽　「婆」，底本作「漢」，庫本同，據宋版、萬本、中大本及舊唐書地理志四、新唐書地理志七改。

〔三五〕貞觀二年州縣俱省二年又分茂州之端源戍置塗州　二「二年」，宋版、萬本、庫本同，中大本後者「二年」作「三年」。按舊唐書地理志四前者「二年」同，後者「二年」作「五年」；新唐書地理志七前者「二年」作「元年」，後者「二年」同。

〔三六〕口四千二百六十二　「六十二」，宋版、庫本同，萬本據舊唐書地理志四改作「六十一」。

〔三七〕義川　「川」，底本作「利」，據宋版、萬本、中大本、庫本及舊唐書地理志四、新唐書地理志七改。

〔三八〕貝左　「貝」，底本作「具」，庫本同，據宋版、萬本及舊唐書地理志四、新唐書地理志七改。

〔三九〕北思　「北」，萬本、庫本及舊唐書地理志四同；宋版作「比」，新唐書地理志七同。

太平寰宇記卷之七十九

劍南西道八

戎州

戎州，南溪郡。今理南溪縣。禹貢梁州之域。春秋爲僰侯國。秦惠王破滇池，〔一〕此地始通五尺道。漢武開置，故使唐蒙理道，如此而破牂柯、夜郎，〔二〕立犍爲郡，十三州志：「郡有犍爲山也。」因置僰道縣以屬焉。歷後漢、晉、宋、齊，皆因之。梁大同十年于此置六同郡，以六合所同爲郡之名；尋又置戎州，以鎮撫戎夷也。隋初郡廢而州存。煬帝初廢州，以其地爲犍爲郡。唐武德元年復改爲戎州，領僰道、犍爲、南溪、開邊、郁鄢五縣。貞觀四年以開邊屬南通州，於州置都督府，督戎、郎、昆、曲、協、黎、盤、曾、鉤、髳、〔三〕尹、匡、裒、宗、靡、姚、微十七州；〔四〕八年置撫來縣，仍改南通州爲賢州，又廢賢州，以開邊來屬。天寶元年改爲南溪郡，依舊都督羈縻三十六州、〔五〕一百三十七縣，並荒梗，無户口。乾元元年復爲

戎州。貞元中曾理於僰道縣，至長慶中復理於此州。〔六〕

元領縣五。今三：僰道，宜賓，南溪。二縣廢：開邊，歸順。以上二縣併入僰道。

州境：東西一百五十里。南北一百二十里。

四至八到：東北至東京四千三百五十里。東北至西京三千九百五十里。東北取嘉、眉二州水路至長安二千七百里。東至瀘州富順監界三百八十七里。西至僰道縣開邊團界連羈縻武昌州二千五百七里。南至南溪縣羈縻馬湖江蠻界武昌州三千三百一十七里。北至榮州三百一十里。東南至瀘州綿水縣界一百五十四里。西南至馬湖江蠻界一千里。東北至瀘州水路三百一十里，〔七〕陸路二百四十里。西北至嘉州五百六十八里，〔八〕至玉津縣三百二十四里。〔九〕西南取曲協州并南寧州安寧監井路至南詔所居羊苴咩城二千三百里。

户：唐開元户四千五百。皇朝管户夷漢主客都五千二百六十三。

風俗：其土有四族：黎、蒯、虞、牟。夷夏雜居，風俗各異。其蠻獠之類，不識文字，不知禮教，言語不通，嗜慾不同。椎髻跣足，鑿齒穿耳，衣緋布、羊皮、莎草，以鬼神爲徵驗，以殺傷爲戲笑。少壯爲上，衰老爲下，男女無別，山岡是居。

人物：任永，僰道人。長于歷數，公孫述徵之，托盲。隗相，字叔通。養母至孝，母好食江中流水，有横石生江中爲橋。漢徵爲郎。吴順。字叔和。至孝，赤烏巢其門。後爲永昌太守。

土產：荔枝煎，半夏，升麻。狨皮暖座，按郡國志云：「僰道有獸名獑猢，似猿而四足短，一騰一百五十步，如迅鳥之飛，取此皮爲狐白之用，盈百方成。」又段氏蜀記云：「戎人進猓猻褥，皂、褐、碧三色相間，元出馬湖江、石門兩路蠻界内。」

僰道縣，元六鄉。本漢武伐牂柯，始通路于此。亦舊夷國，故爲僰道。漢制，縣有夷狄曰道。梁武因加「縣」字，而立郡于此。隋移郡于南溪。唐開元、長慶猶理于彼，貞元中復理于此。會昌二年遭馬湖江水漂蕩，隨州移在北岸，〔一〇〕今理所。

黑水。從胡藍生獠界出，〔一一〕東北流入蜀江，唐天寶六年改爲皂水。按輿地志：「華陽黑水惟梁州。」注云：「黑水出今南寧州南廣縣汾關山，北至僰道縣入江也。」

黄魚山。山水瑩淨，巖中惟生女貞樹也。

亡起山。岑起亡於此，故云亡起山。

龍溪，源出南溪縣。

伏犀灘。益州記云：「伏犀灘東南六十里有黄牛像，其崖峻嶮，遠望斑斕，頗像黄牛。」又水經注云：〔一二〕「昔有黄牛從僰溪而出，上此崖，乃化爲石，是名伏犀灘。」

荔枝灘。益州記云：「荔枝灘東南二十里山頂上有一冢，唯生女貞樹，樹上常有白猿棲息。」郡國志云：「僰道有玉女冢是也。」

荔枝園。郡國志云：「僰住施夷中最賢者，〔一三〕古所謂僰僮之富，多以荔枝爲業。園植萬株樹，收一百五十斛。」

蘭山，在邑界。

張儀同祠。古老傳云張儀同祠。

犍爲郡故城，在青衣江七里。〔一四〕

貞婦石，在縣南七里舊州岸。古老相傳昔有貞婦，夫没無子，事姑甚孝，姑抑而嫁，竟不從之，終姑之世。後身没，其居之室有一大石湧出，後人愛其貞操，號其石爲貞婦石。

宜賓縣，西北一百六十里。元六鄉。本漢南安縣地，屬犍爲郡。蜀漢武侯南征，於此置郁鄢戍，後改爲郁鄢縣。唐開元十七年爲義賓縣，〔一五〕後移于狼川，即今理也。皇朝開寶九年改爲宜賓縣。

可無山，〔一六〕在邑界。

南溪縣，東一百二十里。元六鄉。漢犍爲郡之南廣縣，後廢爲南武戍。隋仁壽二年改爲龍原戍，避諱後改爲南溪縣，〔一七〕在僰溪之南，因爲縣名。

魚津。按郡國志云：「南溪縣西三十里有津，津南有鴛鴦圻是也。」

鴛鴦圻。益部耆舊傳云：「僰道有張真者，娶黄氏女名帛。真因乘船過江，船覆没，帛求夫尸不得，于溺所仰天而歎，遂自沈焉。積十四日，帛乃扶夫尸出于灘下，因名鴛鴦圻。」

孝子石。蜀中古老云：「隗叔通，僰人，性至孝，母食必須江水，通每汲，江中石爲之出。」今江口有石，號孝子石。

青衣水，在縣南一里四步。從僰道城東流至縣界多稜口，至瀘州綿水縣，地名龍騰溪。

黑水。輿地志：「華陽黑水惟梁州。」注云：「黑水今出南寧州南廣縣汾關山，北至僰道縣入江。」

馬湖江，從州西南流出東郭，與蜀江合，下達于荆，南源出雲南而來。諸葛武侯云五月渡瀘，即此水之上流也。俗號瀘水。

乞子石，在州南五里。兩石夾青衣江，樹對立，如夫婦之相向。古老相傳東石從西，乞子將歸。故風俗云人無子，祈禱有應。

廢開邊縣，在州西南六十五里。亦僰道地，隋開皇六年于此置，以開拓邊疆爲名，在馬湖、朱提兩江口置。

大黎山、小黎山。管開邊縣界，四時霖霪不絶，俗人呼爲大漏天、小漏天。其諸山自嘉州以來，每峰相接，高低隱伏，奔走三峽，其石狀妙而難名。〔一八〕

乳洞山，亦名乳洞峰，有泉如乳，在開邊縣。或有隱者，飲此得仙。

波淩池，在州西開邊縣，去州一千餘里。其池長五十里，闊七里一十丈。〔一九〕古老相傳，號曰波淩池，風雷一動，波浪淩山，謂此也。一名天池，一名滇池。

廢歸順縣，在州西北三十里。亦僰道地，唐貞觀中，羣獠歸服，因於此立鎮以撫之，以歸順爲名。聖曆三年分郁鄢縣，就廢鎮置縣，以處生獠。以上二縣，皇朝併入僰道縣。

越溪，去縣四十里。〔二〇〕流至榮州旭川縣界。

可雲山，夷都山，在縣界。〔二一〕

元管蠻夷州縣，今並廢，存而不去者，要知古跡而已：〔二二〕

協州，隋犍爲郡之地。古夜郎侯國。唐武德元年開南中置。長安西南四千里。北接戎州。

領縣三：與州同置。東安，西安，湖津。

領户三百二十九。

曲州，唐武德元年開南中置恭州，八年改爲曲州。長安西南四千三百三十里。北接協州。

領縣二：與州同置。朱提，唐興。

朱提縣，武德元年置安上縣，七年改爲朱提。按國志：「朱提西猶有鳩鵠，已南無也。」

千秋池。

螳螂山。

毒草城，夏，飛鳥過之不得。山多猿鳥，啾啾聒耳。

唐興縣。

郎州，漢夜郎地，唐武德元年開南中置南寧州，乃立味、同樂、升麻、同起、新豐、隴隄、泉麻、梁水、降九縣；四年置總管府，管南寧、恭、協、昆、尹、曾、姚、西濮、西宗九州；〔三〕五年罷總管；其年冬復置，寄治益州；七年改爲都督，督西寧、豫、西利、南雲、磨、南籠七州，〔三〕并前九州，合十六州，仍割南寧州之降縣屬西寧州；八年自益州移都督於今治。貞觀六年罷都督，置刺史，八年改南寧爲郎州。在長安西南五千六百七十里。北接曲州。

領縣七：並與州同置。味縣，隋廢同樂縣，武德元年復置，改名味。同樂，升麻，同起，新豐，隴隄，泉麻。

昆州，漢益州郡地，唐武德初招慰置。在長安西南五千三百七十里。北接嶲州。

領縣四：與州同置。益寧，晉寧，有滇池，周三百里。安寧，秦臧。漢縣。

領户一千二百六十七。

盤州，唐武德七年開置西平州。貞觀八年改爲盤州。長安西南五千三十里。北接郎州，南接交州。

領縣三：與州同置。附唐，平夷，盤水。即舊興古郡。

領户一千九百六十。

黎州，唐武德七年析南寧州置西寧州。貞觀八年改爲黎州。無至長安里數。北接昆州。

領縣二：二縣本屬南寧。梁水，降。

領户一千。

匡州，唐武德七年開置南雲州。貞觀三年改爲匡州。長安西南五千一百六十五里。

領縣二：與州同置。勃弄，匡川。縣界有永昌故城。

領户四千八十。〔三五〕

髳州，〔三六〕唐武德四年置西濮州。貞觀十一年改爲髳州。長安西南四千八百五十里。南接姚州。

領縣四：與州同置。濮水，青蛉，舊屬越嶲郡。岐星，銅山。

領户一千三百九十。

尹州，唐武德四年置。無至長安里數。北接縻州。

領縣五：與州同置。馬邑，天池，鹽泉，甘泉，湧泉。

領户一千七百。

曾州，唐武德四年置。在長安西南五千一百四十五里。西接匡州界。〔三七〕

領縣五：與州同置。曾縣，三部，神泉，龍亭，長和。

領户一千二百七。

鉤州，唐武德七年置南龍州。貞觀十一年改爲鉤州。在長安西南五千六百五十里。東北接昆州。

領縣二：與州同置。望水，唐封。

領户一千。

靡州，唐武德七年置西豫州。貞觀三年改爲靡州。長安西南四千九百四十五里。南接姚州。

領縣二：與州同置。磨豫，七部。

領户一千二百。

裒州，唐武德四年置。長安西南四千九百七十里。南接姚州。

領縣二：楊陂，〔二八〕强樂。〔二九〕

領户一千四百七十。

宗州，唐武德四年置西宗州。貞觀十一年去「西」字。長安西南五千一十里。北接姚州。

領縣三：宗居，石塔，河西。

領户一千九百三十。

微州，唐武德四年置西微州。貞觀十一年去「西」字。〔三〇〕長安西南四千九百七十里。東北接靡州。

領縣二：與州同置。深利，十部。

領户一千一百五十。

姚州，唐武德四年置。至長安四千九百里。其州置在姚府舊城北百餘步。漢益州郡之雲南縣。古滇王國。楚威王使大將莊蹻泝沅水，出苴蘭，以伐夜郎。屬秦擊楚，奪黔中地，蹻無路能還，蹻遂自王之。秦并蜀，通五尺道，置吏。漢武開西南夷，置益州郡，雲南，即屬邑也。後置永昌郡，雲南、哀牢、博南，皆屬邑也。蜀劉氏分永昌、建寧爲雲南郡，〔三一〕而治于弄棟川。晉改爲晉寧郡，又置寧州。武德四年，安撫大使李英以此州之人多姚姓，故置姚州，管州三十二。麟德元年移姚州治于弄棟川，自是朝貢不絶。天寶末，楊國忠用事，蜀帥撫慰不謹，蠻王閣羅鳳不恭，國忠命鮮于仲通興師十萬，渡瀘討之，大爲羅鳳所敗，自是臣附吐蕃，侵寇西川。貞元中，韋皋鎮蜀，蠻帥異牟尋歸國，遂以皋爲雲南安撫大使，命使册拜，謂之南詔。太和中，杜元穎鎮蜀，蠻王嵯顛侵蜀，自是或臣或否。咸通中，結構南海蠻，深寇蜀部。西南夷之中，南詔蠻最大。

領縣三：姚城，瀘南，長明。

四至：東至東京四千四百七十里。東至西京四千八百九十里。東北至長安四千三十里。東至安寧監井二百五里。〔三三〕西南至詔所居羊苴咩城三百里。自羊苴咩城西至永昌故城、東南至安南府水路約有二千里。

風俗：民能鼻飲水。

土産：有橦木皮以爲布，龍目，似荔枝。越毾。蜀記云：「雲南越毾毽，〔三三〕罽也。」毾毽，音豆分。〔三四〕

姚城縣，二鄉。本漢弄棟縣地，因川爲名，唐因立州，改爲姚城縣，置在姚府舊城北百餘步。

雲南山，山有祠處石室，稱黄石公，祀之必用紙一百張，筆一雙，墨一丸，室内有啟，必知吉凶，但不見其形。

禺同山，山有金馬碧雞之祠。

弔鳥山。九州要記云：「弔鳥山在葉榆，〔三五〕則雲南郡廢邑也。〔三六〕山上有鳥千百，羣飛鳴呼啁啾，歲凡六大集，俗云鳳凰死于此地，故衆鳥來弔。」

禹穴。九州記云：「蜻蛉縣有禹穴，蜻蛉即雲南郡廢邑，有禹穴，穴内有金馬、碧雞，其光倏忽，人皆見之。漢王褒入蜀祀之。」

黄津江，在郡南側，有大蛇，名曰青葱，好食人。又有大蛇，在樹上伺鹿過，繞之，鹿死，乃吞之。吞了，蛇亦繞樹，其角骨亦鑽皮而出，蛇亦殆死，瘡差即更能吞之。

迷水，在郡南三百里。一曰滇池，其源深闊，下流沐猴猶倒，〔三七〕故曰滇池。有神馬與今馬交，馬生異駒。郡國志云：「滇池周迴五百里，中出駿馬。」

蜻蛉水。郡國志云：「上有石猪峰，峰有石猪母子數千頭，云夷人昔牧猪于此，因化爲石。」今人於此不敢牧放。

瀘南縣，北五里。元二鄉。垂拱元年置長城縣於此，天寶初改爲瀘南縣，以在瀘水之南爲名。

長明縣。

右上十六州，舊屬戎州都督，天寶以前，朝貢不絶，天寶後，没在蠻境。

舊管蠻夷新舊州四十七：

一十五州管縣五十二，在益州郡界内，其州近滇池，並是蠻夷，諸獠緣地最遠，與姚嶲州、雲南接界：

南寧州，在州西南二千六百五十三里。開元五年八月十三日勅郎州爲南寧州，管縣五。

盤州，在州西二千七里。管縣三。

麻州，在州西南二千四百八十里。〔三八〕管縣三。

古靖州，在州西南七百二十里。管縣二。

英州，在州西南一千七百七里。管縣五。

聲州，在州西南二千二百七十七里。管縣五。

咸州，在州西南一千九百三十九里。管縣二。

瀘慈州，在州西一千三百四十六里。管縣四。

歸武州，在州西二千七里。管縣二。
嚴州，在州西二千七百里。管縣四。
湯州，在州西二千七百七里。管縣三。
武德州，在州西五百七里。管縣三。
奏龍州，在州西二千六百九十五里。管縣三。〔三九〕
武鎮州，在州西南一千八百四十二里。管縣四。
南唐州，在州西南一千一百七里。管縣四。
一十六州管縣七十六，在南廣溪洞内，並是諸獠：
悦州，在州南二百一十七里。管縣五。
移州，在州西南五百八十七里。管縣三。
景州，〔四〇〕在州南三百九十六里。管縣七。
播狼州，〔四一〕在州南二百八十九里。管縣三。
鞏州，在州南三百七里。管縣四。
連州，在州西。後筠州析出，管縣六。
南州，在州西五百三十五里。盈州析出，管縣四。

德州，在州南五百六十四里。管縣二。〔四二〕

爲州，在州南四百九十里。管縣二。

洛州，在州南四百二十里。管縣四。

筠州，在州南四百十七里。管縣八。

志州，在州西四百五十六里。管縣六。

盈州，在州南五百六十七里。管縣四。

獻州，在州南六百六里。管縣七。

武昌州，在州南二千三百一十七里。管縣七。

扶德州，在州東南四百五十七里。管縣四。〔四三〕

四州管縣一十八，三州在馬湖江，並是蠻，無稅輸係州縣：〔四四〕

馴州，在州西北七百三十三里。〔四五〕管縣五。

騁州，在州西一千三十二里。管縣三。

浪州，〔四六〕在州西北一千三百四十三里。貞元十三年五月十七日，西川節度使韋臯奏置，管縣五。

一州納稅賦：

商州，是獠，在州西北二百九十三里。管縣五。今見屬南溪縣，〔四七〕供納稅賦。

一十二州管縣三十七，在石門路，並無稅賦供輸州縣，相承在圖經上標名額耳：

曲州，在州西南九百里。天寶年中，因雲南破，移在開邊縣界，去縣一百二十七里。管縣四。

協州，在州西南八百里。天寶年中，因雲南離叛被破，今移置在州西南四百九十三里。管縣二。

靖州，在州西南五百一十里。管縣二。

播陵州，在州南五百七十七里。管縣二。

鉗州，在州西南四百五十七里。元無縣，從開邊縣析出。

哥靈州，在州西南一千四百里。管縣三。

滈州，在州南九百一十二里。管縣三。

切騎州，在州西南一千一百里。管縣四。

品州，在州西南二千三百九十五里。管縣三。

從州，在州西南二千六百四十二里。管縣六。

牱違州，〔四八〕在州南九百七里。管縣三。

碾衛州，在州西南九百九十七里。管縣三。

右上件羈縻諸州，除没落雲南蠻界一十五州，其餘雖有名額，元無城邑，散在山洞，不常其居，撫之難順，擾之易動。其爲刺史，父子相繼，無子，即以其黨有可者公舉之。或因春秋有軍設，則追集赴州。著夏人衣服，卻歸山洞，椎髻跣足，或被氈，或衣皮，從夷蠻風俗。無税賦以供官。每年使司須有優賞，不拘文法。自古至今，其俗難改。其軍設并官中優賞等，並廢多時。

卷七十九校勘記

〔一〕秦惠王破滇池 「滇池」，庫本及太平御覽卷一六六引十道志同；萬本作「滇」，元和郡縣圖志卷三一戎州、輿地紀勝卷一六三、宋本方輿勝覽卷六五敘州皆同，按作「滇」是，作「滇池」恐誤。

〔二〕漢武開置故使唐蒙理道如此而破牂柯夜郎 庫本同，萬本據元和郡縣圖志戎州改爲「漢武帝建元六年，遣唐蒙發巴、蜀卒通西南夷，而破牂柯、夜郎」。

〔三〕髳 萬本作「髳」。原校：「按新唐書地理志作『髳州』」。按舊唐書卷四一地理志四亦作「髳」，當是。下同。

〔四〕微 新唐書卷四三地理志七同，萬本、庫本皆作「徽」，舊唐書地理志四、輿地紀勝敘州同。

〔五〕依舊都督羈縻三十六州　按實爲十六州，下文云「右上十六州舊屬戎州都督」，此「三」字當衍。

〔六〕長慶中復理於此州　按本卷下文僰道縣序：「隋移郡於南溪。唐開元、長慶猶理於彼，貞元中復理於此。」與此記述牴牾。新唐書卷四二地理志六戎州總序：「本犍爲郡，治南溪。貞觀中徙治僰道。長慶中徙治南溪。」輿地紀勝敍州宜賓縣(北宋政和四年改戎州爲敍州，改僰道縣爲宜賓縣)序：唐置戎州，「州理南溪，貞觀復理於此，長慶理南溪，貞元復理於此。」云長慶治南溪，正與本書僰道縣序合，此云「長慶復理於此州」，則誤。

〔七〕東北至瀘州水路三百一十里　底本「十」下衍「五」字，據萬本、中大本、庫本及元和郡縣圖志戎州删。

〔八〕西北至嘉州五百六十八里　按本書卷七四：嘉州「東南至戎州水陸三百五十里。」元和郡縣圖志戎州：「西北至嘉州水路三百五十里，陸路三百二十里。」元豐九域志卷七戎州：「西至本州界二百四十里，自界首至嘉州一百六十里。」此「五百」疑爲「三百」之誤。

〔九〕至玉津縣三百二十四里　「二」，底本作「六」，據萬本、中大本、庫本及傅校改。

〔一〇〕隨州移在北岸　「隨」，底本作「隋」，萬本、庫本同；「北」，底本作「此」，萬本、中大本、庫本同。按輿地紀勝敍州：「武宗時，以大水，移於蜀江之北，即今治也。」蜀中名勝記卷一五引圖經云：「武宗會昌中，以大水復徙於蜀江北岸，即今舊州。」嘉慶重修一統志卷三九六敍州府：僰道故城，「唐會昌三年，馬湖江水漂蕩，隨州移在北岸，即今理所。」此「隋」爲「隨」，「此」爲「北」字之誤，傅校改，據改。

〔一一〕從胡藍生獠界出　「藍」，底本作「監」，庫本同，據萬本及嘉慶重修一統志卷三九五敘州府引本書改。

〔一二〕水經注　萬本、庫本皆作「水經」，同輿地紀勝敘州府引，傅校删「注」字。

〔一三〕僰住施夷中最賢者　「住」，底本作「佳」，據萬本、庫本、傅校及輿地紀勝敘州引郡國志改。宋本方輿勝覽卷六五、蜀中名勝記卷一五引郡國志作「在」。

〔一四〕在青衣江七里　按嘉慶重修一統志卷三九六敘州府：「犍爲郡故城，在青衣江南七里。」此「江」下蓋脱「南」字。

〔一五〕唐開元十七年爲義賓縣　按舊唐書地理志四、新唐書卷四二地理志六皆載唐天寶元年改名宜賓縣，與此不同。

〔一六〕可無山　「無」，庫本同，萬本作「盧」，注云：「原本訛無。」按蜀中名勝記卷一五引蜀志補遺云：「可無山，古宜賓縣也，今訛名『可盧』。」

〔一七〕漢犍爲郡之南廣縣至改爲南溪縣　隋書卷二九地理志上：南溪，梁置，曰南廣，「仁壽初縣改名焉。」元和郡縣圖志戎州南溪縣：「梁於此立南廣縣，屬戎州，隋仁壽二年改爲南溪縣，避煬帝諱也。」與此不同，此未知何據。

〔一八〕其石狀妙而難名　庫本同，萬本無「妙而」二字，蜀中名勝記卷一五、嘉慶重修一統志卷三九五敘州府引本書同，傅校删。

〔一九〕闊七里一十丈　「一十」，萬本、庫本皆作「十餘」。輿地紀勝敘州、蜀中名勝記卷一五引本書皆作「七里」，乃取整數。

〔二〇〕去縣四十里　按嘉慶重修一統志卷三九五敘州府引本書作「去廢歸順縣西十里」，此「四」疑爲「西」字之誤。

〔二一〕在縣界　萬本、庫本皆作「俱在縣界」，宜有「俱」字。

〔二二〕存而不去者要知古跡而已　按輿地紀勝敘州引本書作「存而不廢者，知古跡而已」。

〔二三〕西宗　「宗」，底本作「宋」，萬本、庫本同。按本書下文：「宗州，唐武德四年置西宗州，貞觀十一年去西字。」新唐書地理志七：「宗州，本西宗州，武德七年置，貞觀十一年第名宗州。」此「宋」乃「宗」字之誤，據改。

〔二四〕督西寧豫西利南雲磨南籠七州　按云七州，實數六州，缺一州。本書下文：「盤州，唐武德七年開置西平州，貞觀八年改爲盤州。」此疑脱「西平」一州。

〔二五〕領户四千八十　「十」，庫本同，萬本作「百」，同舊唐書地理志四。

〔二六〕鼛州　「鼛」，庫本同，萬本作「𩭞」，舊唐書地理志四、新唐書地理志七同，當是。後同。參見本卷校勘記〔三〕。

〔二七〕西接匡州界　按舊唐書地理志、新唐書地理志皆無「界」字。

〔二八〕楊陂　「楊」，底本作「陽」，據萬本、中大本、庫本及新唐書地理志改。舊唐書地理志作「揚」。

〔二九〕强樂　庫本及舊唐書地理志同，萬本作「樂疆」，同新唐書地理志。

〔三〇〕唐武德四年置西微州貞觀十一年去西字　萬本、中大本、庫本皆作「唐武德四年置利州，貞觀十一年改爲微州」，同舊唐書地理志。新唐書地理志作「本西利州，武德七年置，貞觀十一年更名」。

〔三一〕蜀劉氏分永昌建寧爲雲南郡　舊唐書地理志四：「蜀劉氏分永昌爲建寧郡，又分永昌、建寧置雲南郡。」按華陽國志卷四南中志：蜀建興三年改益州爲建寧，「分建寧、越嶲置雲南郡。」三國志卷三三蜀書後主傳：建興三年「改益州郡爲建寧郡，分建寧、永昌郡爲雲南郡。」則蜀漢先改益州郡爲建寧郡，後分建寧、永昌、越嶲三郡置雲南郡，此「劉氏」下脱「改益州爲建寧郡」。舊唐志「分永昌爲建寧郡」爲「改益州爲建寧郡」之誤。

〔三二〕東至安寧監井二百五里　「監」，庫本同，萬本作「鹽」。「五」，庫本同，萬本、中大本皆作「五十」。

〔三三〕雲南越毦氈　萬本無「越」字，「毦氈」作「秏毽」，庫本作「氈毦」，當爲「毦氈」之倒文。

〔三四〕毦氉音豆分　萬本、庫本皆無此五字，傅校删，蓋非樂史原文。

〔三五〕葉楡　按晉書卷一四地理志上雲南郡領楪榆縣，宋書卷三八州郡志四：「楪榆長，前漢屬益州郡，後漢屬永昌，晉太康地志屬雲南。前漢『楪』作『葉』。」此「楡」蓋爲「榆」字之誤。

〔三六〕則雲南郡廢邑也　「則」，底本脱，據萬本、庫本及傅校補；中大本作「側」，爲「則」字之誤。

〔三七〕下流沐猴猶倒　萬本同，庫本作「下流淺狹，有似倒流」，同本書卷八〇嶲州弄棟縣，則庫本是。

〔三八〕在州西南二千四百八十里　「二」，萬本空缺，庫本無，中大本作「一」。

〔三九〕奏龍州至管縣三　「奏」，底本作「秦」，庫本同，據萬本及新唐書地理志七改。「州西二千六百九十五」，萬本、庫本皆作「州西南一千一百七」。「縣三」，萬本、庫本皆作「縣四」。

〔四〇〕景州　庫本同，萬本作「鏡州」，同新唐書地理志七，但新唐志鏡州管縣六，與此管縣七不同，未知孰的。

〔四一〕播狼州　「狼」，庫本同，萬本作「朗」，同新唐書地理志七、元豐九域志卷一〇。宋史卷八九地理志五作「浪」。

〔四二〕管縣二　「二」，萬本缺，傅校同，庫本作「四」。

〔四三〕管縣四　「四」，庫本同，萬本作「三」，同新唐書地理志七。

〔四四〕並是蠻無税輸係州縣　中大本、庫本同，萬本「蠻」下有「境」字，「係」作「供」。

〔四五〕在州西北七百三十三里　「七」，庫本同，萬本作「一」，恐非。

〔四六〕浪州　庫本同，萬本作「浪川州」，同新唐書地理志七、元豐九域志卷一〇、武經總要前集卷一九、宋史地理志五，此蓋脱「川」字。

〔四七〕南溪縣　「縣」，底本脱，據萬本、庫本及嘉慶重修一統志卷三九六敘州府引本書補。

〔四八〕牱違州　萬本作「柯連州」，庫本作「柯違州」，新唐書地理志七作「牱連州」，元豐九域志卷一〇、宋史地理志五作「牱違州」，武經總要前集卷一九作「柯連州」。

太平寰宇記卷之八十

劍南西道九

霸州　拓州　恭州　嶲州　保州　真州自拓州以下並廢

霸　州

霸州，靜戎郡。今理安信縣。唐天寶元年因招附生羌置靜戎郡，便以羌附酋董嘉俊爲刺史，領七部族把蕃卓，子孫相繩不絶。乾元元年改爲霸州。本屬隴右道，永徽以後割屬松州都督，入劍南道。皇朝乾德三年，西南夷首領兼霸州刺史上表内附。〔一〕

領縣四：安信，牙利，保寧，歸化。

四至：東北至東京。缺。東北至西京四千里。東北至長安二千三百里。北至繩橋有路，通駱駝撫山連桃溪谷至蕃州，〔二〕去州一百里。

户：唐開元户五百七十。皇朝户漢一百七十餘外，並蕃户。

風俗：部族男兒氈帽，青毛爲衫袴，緋毛爲襴，胡盧靴。婦人戴皂綾二尺如扇子，用竹作扇骨，衣青毛衫，單著青毛裙，不著袴。

人物：無。

土産：散麝香。

安信縣，去州二十里。二鄉。在鉢南村置。

牙利縣，去州五里。三鄉。在小聾山上村置。

保寧縣，去州三十里。三鄉。在質臺村置。

歸化縣，去州西北四百里。一鄉。在移村置。

已上四縣並與郡同置，各有部落主持，俱無徵科。

質家湫，在州北八十里。其水流下桃溪谷，至西川。

大聾山，又有小聾山，在州西北一十里，號苻堅城。

拓州〔三〕

拓州，蓬山郡。今理拓縣。唐永徽年置拓州，〔四〕以開拓爲稱。天寶元年改爲蓬山郡。乾元元年復爲拓州。本屬隴右道松州都督，後割屬劍南。

領縣二：拓縣，喬珠。

四至八到：東北至東京三千六百三十里。東北至西京三千二百一十里。東北至長安二千二百六十里。東至靜州三十里。南至維州三百里。西至郡内長碉鎮九十里。北至恭州柏嶺八十里。〔五〕東南至成都府七百里。東北至松州二百六十里。

户：唐開元户四百。

風俗：同當州。

土産：酥，黄連，麝香，當歸。

拓縣，二鄉。

喬珠縣。西五十里。一鄉。

以上二縣與郡同置。

恭州

恭州，恭化郡。今理和集縣。唐開元二十四年分靜州廣平縣置恭州，仍置博恭、烈山二縣。天寶元年改爲恭化郡。乾元元年復爲恭州。本屬隴右道，後割屬劍南道。

領縣三：和集，博恭，烈山。

四至八到：東北至東京三千五百七十里。東北至西京三千一百五十里。東北至長安二千二百九十里。東至拓州界三十五里。南至維州三百三十里。北至吐蕃白山鎮七十五里。又北至故洪州三百七十里。東南至茂州三百五十里。西南至平戎城一百一十里。西北至柏嶺鎮四十里。

户：唐開元户一千一百八十。

風俗：同拓州。

土産：同拓、静二州。

和集縣，二鄉。舊廣平縣，屬静州。唐開元二十四年於縣置恭州。天寶元年改爲和集。

博恭縣，東三十五里。二鄉。唐開元二十四年分廣平置。

烈山縣，東五十里。二鄉。唐開元二十四年分廣平置。

巂州

巂州，越巂郡。今理越巂縣。本益州西南外夷地，〔六〕秦時略通五尺道，漢始立爲邛都國，故史記曰：「自滇以北君長以十數，邛都最大」是也。至武帝始誅邛君，并殺筰侯，冉駹之戎等皆震讋，仍以邛都之地爲越巂郡，屬益州部以鎮之。按郡有越水、巂水，皆出生羌界，〔七〕南歷本郡焉，言越巂者，以彰威德也，故名越巂郡。後漢至晉、宋皆因之不朝貢，故十道志云：「魏、晉以還，蠻獠恃險抄竊，乍服乍叛」是也。至齊，彼夷長或來納款，因爲越巂獠郡以統之。後周武帝征越巂，又開其地，因立嚴州，取其嚴敬爲稱。隋開皇四年改嚴州爲西寧州，十一年又改爲巂州，〔八〕隋末又改爲越巂郡。唐武德元年改爲巂州，領越巂、邛部、可泉、蘇祁、臺登五縣；二年又置昆明縣；三年置總管府，管一州。貞觀二年割雅州陽山、漢源二縣來屬，八年又置和集縣。天寶元年改越巂郡，依舊都督府。乾元元年復爲巂州。至德後没入蕃，貞元十二年復之。〔九〕

領縣九：越巂，臺登，蘇祁，昆明，邛部，陽山，會川，蜻蛉，弄棟。〔一〇〕

四至八到：〔一一〕東北至東京。缺。東北至西京四千九十里。東北至長安三千二百三十里。東至于費生蠻二百三十里。南至姚州界五百六里。〔一二〕西南至磨迷生蠻六百六十里。〔一三〕

户：唐開元户四萬七百二十。

風俗：尚骨卜，刻木爲信，火葬而樂送，以鼓吹爲送終。木耳夷，死，積薪燒之，烟正則大殺牛羊，相賀以作樂，若遇風，烟旁散，乃大悲哭。濮夷，九州要記云：「在郡界千里，常居木上作屋，有尾長二寸，若損尾立死，若欲地上居，則預穿穴以安尾。」文夷，按九州要記云：「巂之西夷人，身青而有文如龍鱗，生於臂脛之間。將婚，會于路，歌謠相感，合以爲夫婦焉。又有穿鼻儋耳種。瘴氣有聲，著人，人死，著木，木折，號曰鬼巢焉。」

土產：絲，布，五味子，麩金，及牛。按博物志：「越巂郡有牛，稍割取肉，經日必復生如故。」玄中記云：「割而復生，名曰及牛。」木多松蘖，〔一四〕有斯難樹，生子大如瓜，味酸可生食。有龍目樹，似荔枝。有橦木，可以爲布。

越巂縣，六鄉。本漢邛都縣地，隋開皇六年分邛都置越巂縣，屬西寧州；十八年改爲巂州，縣仍屬焉，此地有越水、巂水爲名。〔一五〕

陷河。後漢書西南夷傳：「武帝初置邛都縣，無幾而地陷爲污澤，因名爲邛池，南人以爲邛河。」

三苑。後漢書安帝紀云「永初六年詔越巂置長利、高望、始昌苑」是也。

元馬河中有俱于銅船，〔一六〕以羊祀之，則可取也。

筰，自漢書以下至州郡圖籍，凡言「筰」者，即此土夷人於大水之上置藤爲橋，〔一七〕謂之「筰」，故曰邛、筰。

黑水。杜甫詩云「雲深黑水遥」是也。

漏天。春夏常雨，故曰漏天。

石室山。按九州要記云：「山在汶江之北。昔樵人王質入山，見二仙人圍棋，質乃坐斧而觀，二仙棋訖，質亦起，見斧柯已爛，方悟是二仙人。」

鸚鵡山。山多鸚鵡得名。

麻山。山有麻，能解彼瘴氣之毒，故曰麻山。

奴諸城。〔一八〕諸葛武侯征蠻，築以憩軍之所。

臺登縣，西北一百二十七里。五鄉。漢旄牛縣地，屬邛都國。〔一九〕按九州要記云：「臺登縣有奴諾川、鸚鵡山，黑水之間，若水出其下，即黃帝子昌意降居若水，即是此邑。」〔二〇〕又十道志云：「隋仁壽四年罷大渡鎮，置登州。大業二年廢登州，又立陽山鎮。」唐武德元年改置陽山縣，屬登州。貞觀二年割屬嶲州。開元初改爲臺登縣。

長河水，本名孫水，又名白沙水。〔二一〕史記曰：「司馬相如定西夷，橋孫水，以通邛、筰。」〔二二〕

繩水。漢書地理志云「繩水出徼外」，又云「若水南至大筰入繩」，即謂此水也。

沈黎故城。周武帝天和三年開越嶲，于此置黎州，尋廢。隋開皇三年又于此置沈黎鎮，十三年改爲縣。

武侯故城，在瀘河水東，即武侯所築，以安戎兵之所。

蘇祁縣，西北六十四里。六鄉。漢舊縣，屬越巂郡。後周武帝天和三年開越巂，後於巂舊城立蘇祁縣，以蘇祁之夷爲邑。〔二三〕

居池。按山海經云「越巂蘇祁有居池，今謂之曲池」是也。

昆明縣，西南三百里。三鄉。〔二四〕本漢定莋縣地，屬越巂郡。周武帝天和三年置定莋鎮。唐武德二年於鎮置昆明縣，蓋南接昆明之夷，因名。天寶中於此置昆明軍，以鎮撫之。

鐵石山。山有砮石，火燒之成鐵，爲劍戟，極剛利。

鹽井。今邑民取鹽，先積薪以火燒過，以水洗灰，即成黑鹽，煉之又白。此邑川陸有鹽鐵之利，尤爲邦邑之繁會，昔爲氐豪所據，蜀將張嶷殺其豪帥，遂擅鹽鐵之利也。

邛部縣，東北一百六十里。〔二五〕三鄉。本漢闌縣地，〔二六〕屬越巂郡。又按宋書州郡志有蘭縣，屬沈黎郡。周武帝天和三年又於縣置邛部郡，以縣屬焉。隋開皇三年罷郡，改爲邛部縣，屬巂州，〔二七〕仍帶邛部鎮。

陽山縣，西一百里。二鄉。本漢旄牛縣地，隋仁壽四年罷大渡鎮，置登州。大業二年廢登州，又立陽山鎮。唐武德元年改置陽山縣，屬南登州。貞觀三年割屬巂州。〔二八〕

沈黎縣，周武帝天和二年開越巂，於此置黎州。隋開皇三年又置沈黎鎮，十三年改爲縣。

會川縣，南一百七十里。〔二九〕三鄉。本漢邛都縣地，唐上元二年移邛都縣于會川鎮城内安置，以獠寇道路川原，並會于此川，故名縣。

瀘水。按十道記云：「水出蕃中，入黔府，歷郡界，出拓州，至此有瀘津關。關上有石岸，高三千丈，四時多瘴氣，三四月間發，人衝之死，〔三〇〕非此時中，人多悶吐，唯五月上伏即無害，故諸葛武侯征越巂，〔三一〕上疏云：『五月渡瀘，深入不毛之地。』」按地記云：「今昆明道渡所見，有武侯道在。」按十道記：「水峻急而多巉石，土人以牛皮爲船，方涉津溪。」

會無川，在瀘水之南。上有深巖，巖中多仙人葬，莫測其來，遠望如窗牖之間，其棺内多碧骨如珠，人取之，多不祥。

大冢。武侯軍此，士卒遭疫癘，以大冢葬之，在縣南。

興古郡。郡國志云：「有大蛇，長數丈，其尾有兩歧如鉤，在水中以尾鉤取岸上人馬食之。」

黄津江側有大蛇，名曰青葱，好食人。又有大蛇在樹上伺鹿之類，以尾繞之鹿死，乃吞之，吞了，蛇亦繞樹，其角亦鑽皮出，蛇亦殆死，瘡差即更吞鹿。〔三二〕

雲南有神祠石室，稱黄石公，祈之用紙一張，筆一雙，墨一丸，室内有啟，必知吉凶，而不見形。〔三三〕

蜻蛉縣。

禹穴，内有金馬、碧雞，其光倏忽，人皆見之。

弄棟縣。

廢葉榆縣，有弔鳥山，山上有鳥千百，羣飛啁哳，一歲必一度大集，云鳳凰死于此也。〔三四〕

迷水鎮，有滇池，方三百里，源深闊，下流淺狹，有似倒流，故名滇池。有神馬與今馬交，生駿駒。〔三五〕

保州

保州，雲山郡。今理定廉縣。本維州之定廉縣，南接吐蕃，爲夷落之極塞，唐開元二十八年，羌夷内附，因置奉州，以董晏立爲刺史，領定廉一縣。天寶元年改爲雲山郡，八載移治所于天保軍，乃改爲天保郡。乾元元年，西山子弟兵馬使嗣歸誠王董嘉俊以西山管内天保郡歸附，乃改爲保州，以嘉俊爲刺史。

領縣三：定廉，歸順，雲山。

四至八到：東北至東京四千一百一十里。東北至西京三千八百里。東北至長安取維州路二千八百里。東至維州風流鎮四十五里。東至吐蕃野城八十里。西至天保軍一百三十五里。北至莫博大嶺七百三里。〔三六〕

户：唐開元户一千二百四十。

土産：羌活。

定廉縣，三鄉。隋置定廉鎮，隋末陷羌。武德七年招白狗羌，置維州及定廉縣，以界水名。永徽元年廢鹽城併入。開元二十八年改屬奉州。天寶八載改屬天保郡。

歸順縣，一鄉。

雲山縣，一鄉。唐天寶八載分定廉置此二縣。

真州

真州，昭德郡。今理真符縣。唐天寶五載分臨翼郡之昭德、雞川兩縣置昭德郡。乾元元年改爲真州，取真符縣爲名。

領縣三：真符，雞川，昭德。

四至八到：東北至東京。缺。東北至西京三千八百五十里。東北至長安三千里。東至翼州七十里。西至維州界一百里。〔三七〕南至茂州通化縣界一百里。〔三八〕北至悉州界一百三十里。〔三九〕

户：唐開元户六百七十六。

土産：當歸，散麝香。

真符縣，一鄉。唐天寶五年分雞川、昭德二縣置真符縣，州所治也。

雞川縣，一鄉。唐先天二年割翼州翼水縣置。天寶五載改屬真州。

昭德縣，一鄉。舊志曰：「縣屬悉州，天寶元年改屬翼州，仍改名昭德縣，五載改屬真州。」

卷八十校勘記

〔一〕乾德三年西南夷首領兼霸州刺史上表内附　「西南夷」，底本作「西南南夷」，萬本、中大、庫本皆作「西南夷」。「刺史」，底本無，萬本同，庫本有。宋會要蕃夷五之一〇：「乾德四年七月，西面前軍都總管王全斌言西南夷首領兼霸州刺史董暠等上章内附。」續資治通鑑長編卷七：乾德四年七月戊辰，「王全斌言西南夷首領兼霸州刺史董景等内附。」此「三年」蓋爲「四年」之誤；衍

「南」字，據刪；脱「刺史」二字，據補。

〔二〕通駱駝撫山連桃溪谷至蕃州　「通」，底本脱，萬本同，據庫本補。

〔三〕拓州　萬本注：「按九域志、郡縣志及唐書地理志皆作『柘』，惟今記獨作『拓』，『以開拓爲稱』，不知何所據？」按通典卷一七六州郡六亦作「柘」；太平御覽卷一六六作「拓」，引圖經云：「唐顯慶三年於此置拓州，取其開拓封疆爲郡之名。」與本書同。

〔四〕永徽年置拓州　「永徽」，新唐書卷四二地理志六、太平御覽卷一六六引圖經作「顯慶三年」，元和郡縣圖志卷三二柘州皆作「儀鳳二年」。

〔五〕北至恭州柏嶺八十里　按拓州西界吐蕃，恭州在其西南，不在其北。又元和郡縣圖志柘州柘縣：「柏嶺，在縣北八十里。」不在恭州境内。此蓋誤。

〔六〕本益州西南外夷地　「夷」，庫本及太平御覽卷一六六引十道志同，萬本作「獠」。元和郡縣圖志卷三二嶲州總序：「本漢南外夷獠。」則作「夷」，或作「獠」，並是。

〔七〕郡有越水嶲水皆出生羌界　「生」，底本作「深」，據萬本、庫本及元和郡縣圖志嶲州改。按漢書卷二八地理志上越嶲郡注引應劭曰：「有嶲水，言越此水以章休盛也。」後漢書卷八六西南夷列傳注：「言其越嶲水以置郡，故名焉。」此「越水」二字疑衍。

〔八〕隋開皇四年改嚴州爲西寧州十一年又改爲嶲州　「四年」、「十一年」，隋書卷二九地理志上、元和郡縣圖志巂州作「六年」、「十八年」。

〔九〕貞元十二年復之 「十二年」，元和郡縣圖志巂州、新唐書卷四二地理志六皆作「十三年」。按舊唐書卷一四〇、新唐書卷一五八韋皋傳皆載貞元十三年收復巂州，此「二」蓋爲「三」字之誤。

〔一〇〕蜻蛉弄棟 萬本同，庫本無。按唐蜻蛉縣屬髳州，舊唐書卷四一地理志四、本書卷七九髳州（或作縈州）領青蛉縣，即此。弄棟縣，漢置，屬益州郡，晉屬雲南郡，南朝宋齊屬興寧郡，後廢，唐武德四年置姚州，舊唐書地理志四：「麟德元年移姚州治於弄棟川。」通典州郡六：「大唐麟德元年於昆明之弄棟川置姚州。」故唐無弄棟縣，本書巂州領蜻蛉、弄棟二縣，誤，庫本是也。

〔一一〕四至八到 萬本此前據元和郡縣圖志補「州境：東西九百八十里。南北一千二百里。」

〔一二〕南至姚州界五百六里 萬本作「東南至姚州三百五十里」，同元和郡縣圖志巂州。按新唐書地理志六巂州引劉希昂使南詔路程：「經沙野二百六十里至羌浪驛，又經陽蓬嶺百餘里至俄準添館，又經菁口、會川四百三十里至河子鎮城，又三十里渡瀘水，又五百四十里至姚州。」巂州至姚州共一千三百六十里之數，則萬本及元和志誤。

〔一三〕西南至磨迷生蠻六百六十里 「磨迷生蠻」，萬本、庫本皆作「磨遂生蠻」。萬本此後有「東北至雅州六百五十里，南至瀘水四百五十里，西至東瀘水二百里，北至成都府一千二百九十里」，同元和郡縣圖志巂州，蓋抄自該書。

〔一四〕木多松蘗　「蘗」，底本作「柏」，據萬本、中大本作「蘗」，庫本及傅校改。

〔一五〕此地有越水巂水爲名　「此」，萬本、庫本同，中大本作「以」，當是。「越水巂水」疑爲「越巂水」之誤，參見本卷校勘記〔七〕。

〔一六〕元馬河中有俱于銅船　萬本、庫本皆無「俱于」二字，蓋衍。

〔一七〕此土夷人於大水之上置藤爲橋　按元和郡縣圖志巂州：「夷人於大江水上置藤橋謂之筰。」此「大」下疑脱「江」字。

〔一八〕奴諧城　庫本同，萬本作「南詔城」，蓋誤。

〔一九〕漢旄牛縣地屬邛都國　原校：「按漢蜀郡，秦置，有旄牛縣，越巂郡，武帝置，有臺登縣，各異地。又按前漢西南夷傳武帝以邛都爲越巂郡，今記序臺登乃云漢旄牛縣地，屬邛都國，未知所本，恐亦舛誤。」按史記卷一一六西南夷列傳：「平南夷，開西夷，誅邛君，」「乃以邛都爲越巂郡。」水經若水注：「邛都縣，漢武帝開邛莋置之，」「元鼎六年，漢兵自越巂水伐之，以爲越巂郡，治邛都縣。」則越巂郡諸縣以開西夷置，非蜀郡旄牛地，原校是。

〔二〇〕黑水之間至即是此邑　「黑水之間，若水出其下」，底本錯舛爲「黑水若水間出其下」，脱「之」字。太平御覽卷一六六巂州引九州要記：「黑水之間，若水出其下，即黄帝子昌意降居若水，是此。」水經若水注引山海經曰：「黑水之間，有木名若木，若水出焉。」據以改補。「此」下「邑」字疑衍。

萬本據水經若水注改爲「黑、若水，水經注云：若水出旄牛徼外，山海經曰：南海之內，黑水之間，有木名曰若木，若水出焉。黃帝子昌意降居此水，娶蜀山氏女，生顓頊於若水之野，即此邑」。當非。

〔二一〕又名白沙水　底本脱「名」，「白」作「曰」，並據萬本補改。水經若水注：「孫水，一名白沙江。」華陽國志卷三蜀志：「孫水，一曰白沙江。」庫本作「又名沙水」，脱「白」字。

〔二二〕以通邛莋　「邛莋」，史記卷一一七司馬相如列傳作「邛都」，此從漢書卷五七司馬相如傳。

〔二三〕以蘇祁之夷爲邑　萬本、庫本皆作「以蘇祁之夷爲邑之名」，中大本作「以蘇祁之夷爲邑之長」。

〔二四〕三鄉　萬本、中大本、庫本皆作「四鄉」，此「三」蓋爲「四」字之誤。

〔二五〕東北一百六十里　按元和郡縣圖志巂州作「二百六十里」，此「一」疑爲「二」字之誤。

〔二六〕本漢闌縣地　「地」，底本脱，據萬本、庫本及元和郡縣圖志巂州補。

〔二七〕屬巂州　底本作「屬嚴道縣」，萬本同，中大本作「屬巂州」。按元和郡縣圖志卷三二雅州載隋大業三年改始陽縣爲嚴道縣，爲雅州治，與此無涉。同書卷巂州邛部縣：「周武帝於此邛部城置縣，仍以舊城爲名，屬邛部郡。隋開皇三年改屬巂州。」則隋開皇時邛部縣屬巂州，此「嚴道縣」爲「巂州」之誤，據改。

〔二八〕貞觀三年割屬巂州　「三年」，本書上文臺登縣序作「二年」。

〔二九〕南一百七十里　按元和郡縣圖志官本作「三百七十里」，該書云：「高宗上元二年於其地置會川縣，天寶初又於縣側立會同軍，在今（巂）州南三百七十里是也。」此「一」蓋爲「三」字之誤。

〔三〇〕人衝之死　按太平御覽卷六五瀘水引十道記作「人衝之立死」，此疑脱「立」字。

〔三一〕故諸葛武侯征越巂　底本無「諸葛」二字，據萬本、庫本及太平御覽卷六五瀘水引十道記補。

〔三二〕黄津江側有大蛇至即更吞鹿　庫本同，萬本無此文。按文已記於本書卷七九姚州姚城縣，此處係重出。

〔三三〕雲南有神祠石室至而不見形　庫本同，萬本無此文。按文已記於本書卷七九姚州姚城縣，此處係重出。據姚城縣所記，此「雲南」下疑脱「山」字。

〔三四〕廢葉榆縣弔鳥山至鳳凰死于此也　庫本同，萬本無此文。按文已記於本書卷七九姚州姚城縣，此處係重出。「葉檢」疑爲「葉榆」之誤，參見本書卷七九校勘記〔三五〕。

〔三五〕迷水鎮至生駿駒　庫本同，萬本無此文。按文已記於本書卷七九姚州姚城縣，此處係重出。

〔三六〕北至莫博大嶺七百三里　「七百三」，通典卷一七六州郡六作「七十」。

〔三七〕西至維州界一百里　按元和郡縣圖志卷三二真州無「界」，未知孰是。

〔三八〕南至茂州通化縣界一百里　按元和郡縣圖志作「西北至茂州通化縣一百里」。

〔三九〕北至悉州界一百三十里　「一百三十里」，元和郡縣圖志作「四十里」。

太平寰宇記卷之八十一

劍南西道十

松州　當州　悉州　静州已上四州並廢

松州

松州，交川郡。今理嘉誠縣。禹貢梁州之域，又爲雍州之境，爰劍諸羌居焉。後漢西羌傳云：「西羌之本，出自三苗，蓋姜姓之别。其國近南岳，及舜流四凶，徙之三危，今河關之西南羌地是也。濱于賜支，至于河首，緜地千里。賜支者，禹貢所謂析支者也。〔一〕王政修則臣伏，德教失則寇亂。本無君長，夏末及商、周之際，或從侯伯征伐有功，天子爵之，以爲蕃服。羌無弋爰劍者，秦厲公時爲秦所執，以爲奴隸。後得亡歸，將其種人南出賜支河，其後子孫各自爲種。或爲氂牛種，越嶲羌是也；或爲白馬種，廣漢羌是也；或爲參狼種，武都羌是也。至爰劍曾孫忍及弟舞獨留湟中，忍生子研，故羌中號其後爲研種。漢景帝時，研種留何求守隴西塞，於是徙留何等於狄道、安故。及武帝西逐諸羌，乃渡河、湟，〔二〕築令居塞，始置護羌校尉。從爰劍種五世至研，研最豪健，以研爲種號。十三世至燒當，復豪健，其子孫更以燒當爲種號。滇良者，燒當之玄孫，時王莽末，四夷内侵，及莽敗，衆羌還據西海。至建武九年，司徒掾班彪上言：『舊制涼州部置護羌校尉，持節領護，理其怨結，歲時巡行，問所疾苦，又數遣使驛通道動靜，使塞外羌夷爲吏耳目，州郡因此可得儆備焉。今宜如舊，以明威防。』光武從之，即以牛邯爲護羌校尉。自燒當至滇良，世居河北大允谷，種小人貧，而先零、卑湳並皆强富，數侵犯之。滇良父子積怨，從大榆中入，〔三〕掩擊先零、卑湳，大破之，掠取財畜，奪居其地大小榆中，由是始强。滇良子滇吾立，附落轉盛，常雄諸羌。」在晉内附，以其地屬汶山郡，宋、齊亦得之，後爲西魏所有。又按後魏書鄧至傳：「王像舒治者，並白水羌是也，常爲羌豪，自稱鄧至王，後至舒彭，遣使内附，拜龍驤將軍、益州刺史、甘松縣開國子、鄧至王，〔四〕請以封爵，授子彭奮，高祖許之，拜奮建忠將軍、〔五〕甘松縣開國子。」既爲小藩，朝貢相繼，關中亂乃絶。後魏末，平鄧至藩，始統有其地。後周保定五年于此置龍涸防，〔六〕天和元年改置扶州，領龍涸郡。隋初廢州郡，〔七〕以其地併入汶山、唐昌二郡。唐武德元年置松州。貞觀二年置都督府，〔八〕督松、岷、懿、嵯、闊、麟、雅、藂、可、遠、奉、巖、諾、蛾、彭、軌、盍、直、肆、位、玉、嶂、祐、橋、序等二十五羈縻州。〔九〕永徽之後，生羌相繼或降或叛，屢有廢置。儀鳳二年復加整比，督文、扶、當、柘、靜、翼六州，都督羈縻三十八州：研州、劍州、探那州、〔一〇〕忙州、毗州、河州、幹州、瓊州、犀州、拱州、龕州、陪州、如州、麻州、霸州、彌州、光州、至涼州、蠶州、曄州、梨州、邏州、思帝州、眺州、戍州、統州、縠州、邛州、樂容州、〔一一〕達違州、卑州、慈州。〔一二〕據天寶十二載簿，松州都督府督一百四州，其二十五州有額户口，但多羈縻逃散，〔一三〕餘七十九州皆生羌部落，或臣或否，無州縣户口，但羈縻統之。天寶元年改松州爲交川郡。乾元元年復爲松州。按貞觀初分十道，松、文、扶、當、悉、柘、靜等州屬隴右道。永徽之後，據梁州之境，割屬劍南道也。

領縣三：嘉誠，交川，平康。

四至八到：東至東京。缺。東至西京二千七百六十里。東北至長安一千九百里。東至扶州三百三十八里。南至翼州一百八十里。北至吐蕃界九十里，又至茂州三百三十里。〔一四〕東南至茂州三百里。西南至當州三百里。西北至吐蕃界五十五里。東北至扶州三百里。

户：唐開元户一千七十六。

風俗：同扶州。

土産：麝香，羌活。

嘉誠縣，十鄉。後魏時，白水羌像舒治自稱鄧至王，據此地，其子舒彭遣使朝貢，乃拜龍驤將軍，始置甘松縣。魏末大亂，又絶。後周復招慰之，於此置龍涸防；天和元年改置扶州，領龍涸郡。隋改甘松爲嘉誠縣，屬同昌郡。唐武德元年于縣置松州，取州界甘松嶺爲名。

甘松嶺。按山海經云：「甘松嶺亦謂之松葉嶺，即江水發源於此，土人謂之松子嶺。」

石門水、石門山，自龍州連亘，有水經郡界合江，故曰石門水。

交川縣，南二十里。十二鄉。後周天和中於此置縣，以領羌夷，屬龍涸郡，以其地通胡越，道路東西相交，以名縣焉。

雪山，出朴硝，其色如銀，在縣西南百里。外有鬣崖，路險，人罕得到。

平康縣，二鄉。唐垂拱元年割交川及當州通軌、翼斜三縣置平康縣，〔五〕屬當州。天寶元年改屬交川郡。

羊膊山。按江源縣記云：「平康縣羊膊山下有二神湫，乃大江所發之處。自羊膊嶺散漫，殆未濫觴，東南百餘里至白馬嶺，迴行二十餘里至石鏡水，障始于是也。」

汶水，出岷山西玉輪阪下，經郡邑界。

松州都督府督羈縻二十五州：舊督百餘州，無縣户口，惟二十五州有名額，皆招撫生羌置。

岷州，唐貞觀元年招慰党項置州處也。長安西南二千二百四十六里。

領縣二：與州同置。江源，洛稽。

户一百五十五。

懿州，唐貞觀五年置西吉州，八年改爲懿州，處党項。長安西南二千二百五十里。

領縣二：與州同置。吉當，唐位。闊源，落吴。〔一六〕

無户口。

麟州，唐貞觀五年置西麟州，處生羌歸附，八年去「西」字。至長安四千五百里。

領縣七：與州同置。硤川，和善，歛具，硤源，三交，〔一七〕利恭，東陵。

無户口。

雅州，貞觀五年處生羌置西雅州，八年去「西」字。在長安西南二千六百六十里。

領縣三：與州同置。新城，三泉，石隴。

無户口。

蘂州，貞觀三年，党項歸附置。長安西南一千八百里。

領縣三：與州同置。都流厥調湊般匐器邇率鍾。〔一八〕並諸羌部落，遥立，無縣。寧遠，臨泉，臨河。

無户口。

可州，貞觀四年處党項置西義州，八年改爲可州。長安西南二千四十里。〔一九〕

領縣三：與州同置。義誠，清化，靜方。

無户口。

遠州，貞觀四年，生羌歸附置。長安西南二千三百六十里。

領縣二：與州同置。羅水，小部川。

無户口。

奉州，貞觀三年處生羌置西仁州，八年改爲奉州。長安西南二千一百六里。

領縣三：與州同置。奉德，思安，永慈。

無户口。

巖州，貞觀五年置西金州，八年改爲巖州。長安西南二千一百里。

領縣三：金池，甘松，丹巖。

無户口。

諾州，貞觀五年處降羌置。長安西南二千六百四十三里。

領縣三：諾川，歸德，籬渭。

無户口。

蛾州，貞觀五年處党項羌置。至長安二千七百里。〔二〇〕

領縣二：與州同置。常平，那川。

無户口。

彭州，貞觀三年處降党項置洪州，〔二一〕七年改爲彭州。長安西南二千七百八十里。

領縣四：與州同置。洪川，歸遠，臨津，歸正。

無户口。

軌州都督府，貞觀二年處党項置。至長安西南二千三百九十里。

領縣四：與州同置。通川，玉城，金原，〔二二〕俄徹。

無户口。

盍州，貞觀四年置西唐州，八年改爲盍州，處降羌。長安西南二千六百三十里。

領縣四：與州同置。湘水，河唐，曲嶺，祐川。〔二三〕

領户二百二十。

直州，貞觀五年置西集州，八年改爲直州，處降羌。至長安二千五百里。

領縣二：與州同置。集川，新川。

户一百。

肆州，貞觀五年處降羌置。至長安二千六百里。〔二四〕

領縣四：與州同置。歸唐，芳蓁，鹽水，磨山。

無户口。

位州，貞觀四年降生羌置西鹽州，八年改爲位州。至長安二千四百一十里。

領縣二：與州同置。位豐，西使。

户一百，口無。

玉州，貞觀五年處降羌置。至長安二千八百七十八里。

領縣二：與州同置。玉山，帶河。

户二百一十五，口無。

嶂州，貞觀四年處降羌置。至長安二千九百里。

領縣四：與州同置。洛平，顯川，桂川，顯平。

户一百，口無。

祐州，貞觀四年處降羌置。至長安二千一百九十里。

領縣二：與州同置。 廓川，歸定。

無户口。

臺州，貞觀六年處党項置西滄州，八年改爲臺州。至長安二千三十五里。〔二五〕

無縣。

橋州，貞觀六年處降羌置。至長安二千四百里。

無縣。

序州，貞觀十年處党項置。至長安二千四百里。

無縣。

右二十五州，〔二六〕舊屬隴右道，隸松州都督府。唐貞觀中，招慰党項羌漸置。永徽以後，羌戎或臣或叛，制置不一，今並廢省，不欲去者，以備古跡而已。

當州

當州，江源郡。今理通軌縣。禹貢梁州之域。周爲雍州之境。二漢、晉、宋並爲蜀郡地，至後周天和元年，雁門郡公紇干略於此討渾胡，因置同昌郡，尋又改爲覃川郡。〔二七〕隋初廢郡爲扶州，仍于此置嘉誠縣，即爲扶州之屬邑也。〔二八〕唐武德元年於嘉誠縣立松州。貞觀二十一年大首領董和那蓬固守松府，以捍西羌，特勅於通軌縣置當州，以州土出當歸爲名，領通軌、左封二縣，以蓬爲刺史。顯慶元年蓬子屈寗襲父官，二年又析左封置悉州。儀鳳二年移治逢日橋。〔二九〕天寶元年改爲江源郡。乾元元年復爲當州。本屬劍南道，大曆五年移入山陰要便之地，以備吐蕃。

領縣三：〔三〇〕通軌，和利，〔三一〕谷利。〔三二〕

四至八到：東北至東京三千三百九十里。東北至西京二千九百七十里。東北至長安二千一百一十里。東至翼州翼水縣八十里。東南至悉州界四十里。〔三三〕西南至通軌縣故城二百里，以西即生羌界。西南至靜州、悉州兩郡接界，未詳里數。東北至松州三百里。

户：唐開元户二千一百。

風俗：地邊夷徼，人雜羌蠻。

土産：麝香，當歸，大黄，羌活。

通軌縣，二鄉。本屬松州，唐貞觀二十一年於縣置當州。顯慶元年又分置和利、谷利、平康三縣。

和利縣，東北三十里。一鄉。唐顯慶二年分通軌縣置。

谷利縣，西南六十里。一鄉。唐文明元年開生羌地置。

悉州

悉州，歸誠郡。今理左封縣。禹貢梁州之域。古西羌地。自兩漢至隋爲羌夷所居。唐顯慶三年割當州東三十里左封縣界内悉唐川，〔三四〕因立爲悉州，領悉唐、左封、識臼三縣，以羈縻羌人，其首領有董係比射任刺史，自後射卒，以左封縣令董俱悉凍任刺史，兼勑以父死子繼。咸亨元年移治左封。儀鳳二年，羌叛，又寄治當州城内，尋歸舊治。垂拱二年置歸誠縣。載初元年移治匪平川。天寶元年改爲歸誠郡，仍割識臼屬臨翼郡。乾元元年復爲悉州。舊屬隴右道松州都督，後屬劍南道。〔三五〕

領縣二：左封，歸誠。

四至八到：東北至東京。缺。東北至西京三千二百一十里。東北至長安二千三百五十里。東至翼州一百九十里。南至翼州二百五十里。西至靜州六十里。〔三六〕北至靜州八十二里。東南至棲雞川界一百里。又東南至成都府六百五十里。西南至翼州界一百九十里。西北至當州未審里數。東北至翼州一百五十里。

户：唐開元户八百一十。

風俗：羌夷同當州。

土產：顆麝香，氂牛尾，當歸，羌活，朴硝。

左封縣，二鄉。本屬翼州，在當州東南四十里。唐顯慶元年乃於縣置悉州，在悉唐川故也。

歸誠縣，東南八十里。〔三七〕一鄉。唐垂拱二年置。載初元年移州于東南五十里匪平川。

靜州

靜州，靜川郡。今理悉唐縣。本當州之悉唐縣也，唐顯慶元年於縣置悉州。咸亨元年於悉州置翼州都督府，移悉州理左封置。儀鳳二年罷都督府，〔三八〕翼州卻還治於翼斜縣，〔三九〕於悉唐縣置南和州。天授二年改爲靜州，以理夷落，開元時，理在清邊縣，在今郡南六十里清邊故城是也，後爲邊夷難制，又以去諸郡稍遠，數叛亂，移故州額于悉唐縣，即今郡也。比屬隴右道，隸松州都督，後割屬劍南道。

領縣二：悉唐，靜居。

四至八到：東北至東京。缺。東北至西京三千一百五十里。東北至長安二千二百九十里。東至悉州六十里。〔四〇〕南至赤和戍城三十五里。南至維州一百三十里。西至平戎城一百里。北至茄和山十里。北至當州界六十里。東南至翼州臨翼縣嶺蓁鎮一百三十里。〔四二〕西南至恭州界六十里。西北至拓州界三十五里。東北至當州六十里。

户：唐開元户五百七十七。

風俗：同當州。

土産：筒布，麝香，犛牛尾，酥，朴硝。

悉唐縣，二鄉。本當州悉唐縣置，在悉唐川。顯慶中來屬此。

静居縣。東二十里。一鄉。唐天授二年改南和州爲静州，仍於静州置静居縣。

卷八十一校勘記

〔一〕賜支者禹貢所謂析支者也　底本作「賜支析支也」，庫本同，據萬本及後漢書卷八七西羌傳、元和郡縣圖志卷三二松州總序補改。

〔二〕乃渡河湟　「湟」，底本作「隍」，據萬本、庫本及後漢書西羌傳改。

〔三〕大榆中　「榆」，底本作「渝」，萬本同，據庫本、傅校及後漢書西羌傳、通典卷一八九邊防五羌無代改。下同。

〔四〕王像舒治者至鄧至王　原校：「按後魏書鄧至傳：『至王像舒治者，並白水羌也，常爲羌豪，自稱鄧至王（以上雖採魏書傳，然與本文頗舛異），後至舒彭，遣使内附，拜龍驤將軍、益州刺史、甘松縣開國子、鄧至王，請以封爵，授子彭奮，高祖許之，拜奮建中將軍、甘松縣開國子。』按此則像舒彭乃像舒治之後，不知其世。又嘉誠縣總序云：『後魏時，白水羌像舒治自稱鄧至王，據此地，其子舒彭遣使朝貢。』按此則舒彭乃舒治之子。又鄧至羌總序云：『自舒治至十世孫舒彭，附于後魏孝文帝，封甘松縣子。』按此則舒彭又爲舒治十世孫，前後牴牾不一。今考後魏書帝紀，孝文太和十七年，『鄧至王像舒彭遣子舊詣闕朝貢，求以位授舊，詔許之。』又鄧至傳云：『其王像舒治遣使内附，高祖拜龍驤將軍。』孝文即高祖，而紀傳所載，曰『彭』，曰『治』，名各不同。又按元和郡縣志松州總序：『像舒治子孫舒彭内附，拜龍驤將軍、益州刺史、甘松縣開國子。』而通典乃云：『自舒治至十代孫舒彭，附於後魏孝文帝，封甘松子。』二書又復不合。今記所載，舒彭内附，拜龍驤將軍事，與元和志同；鄧至王請以封爵，授子彭奮，高祖許之，與後魏帝紀同；舒治十世孫舒彭，附於後魏孝文帝，與通典同。諸書既不一，疑各有所本，而今記隨事因之，遂不暇細考，惟以舒彭爲舒治之子，莫知其何所據？若以史爲正，則治與彭同時，疑『治』即『彭』而訛耳，然未有考正。』

〔五〕授子彭奮高祖許之拜奮建忠將軍　原校：「按後魏紀，像舒彭之子名舊，今曰彭奮，未知孰是，疑衍『彭』字。」

〔六〕後魏末至于此置龍涸防　原校：「按今記鄧至羌總序云：『西魏恭帝初，其主擔衎因亂來奔，周文帝遣兵送還，自後無聞。』此蓋通典之文，然今松州所載，既曰『後魏平鄧至，統有其地，後周於此置防戍矣』，而又曰『周文帝遣兵送還，自後無聞』，二說不合，未知孰是。按後周書鄧至傳作『桁』。」

〔七〕隋初廢州郡　按隋書卷二九地理志上：嘉誠，「後周置縣并龍涸郡及扶州總管府。開皇初府廢，三年郡廢，七年州廢。」此有誤。

〔八〕貞觀二年置都督府　「二年」，舊唐書卷四一地理志四同，元和郡縣圖志松州作「三年」。

〔九〕督松崌懿嵯闊麟雅藂可遠奉巖諾蛾彭軌盍直肆位玉嶂祐橋序等二十五羈縻州　按舊唐書地理志松州都督府督二十五羈縻州，無「松州」，「祐州」下有「臺州」，本書下文載松州都督府督羈縻二十五州同，當是。

〔一〇〕探那州　「那」，庫本同，萬本、中大本皆作「郍」，按舊唐書地理志四、新唐書卷四三地理志七亦作「那」。

〔一一〕樂容州　「容」，萬本同，庫本作「客」，同舊唐書地理志四。

〔一二〕羈縻三十八州至慈州　按實數爲三十二州，與其云「羈縻三十八州」不符，當有缺脱。舊唐書地理志四作「羈縻三十州」，無邏州、眺州，總數相合。

〔一三〕但多羈縻逃散　「但多」，底本作「多但」，萬本同，據庫本及舊唐書地理志四乙正。

〔一四〕又至茂州三百三十里　萬本同，庫本無此文。按通典卷一七六州郡六：交川郡（松州）：「北至吐蕃界九十里，東南到通化郡（茂州）三百里。」唐松州治嘉誠縣，即今四川松潘縣；茂州治汶山縣，即今茂縣，在松州東南，通典記載是，然本書下文已載「東南至茂州三百里」，此文衍誤，庫本是。

〔一五〕翼斜　舊唐書地理志四、新唐書卷四二地理志六皆作「翼針」。

〔一六〕吉當唐位闊源落吴　「吉當唐位」，底本脱，萬本同，據庫本及舊唐書地理志補。據舊唐書地理志載，懿州領吉當、唐位二縣，闊州領闊源、落吴二縣，此「吉當、唐位」後「闊源、落吴」前脱「無户口。闊州，唐貞觀五年置，處党項。領縣二，與州同置。長安西南二千五百一十里」，傅校補。

〔一七〕三交　「三」，底本作「王」，據庫本及舊唐書地理志、新唐書地理志、傅校改。

〔一八〕都流厥調凑般匐器邇率鍾　「般匐」，底本作「殷富」，據萬本及舊唐書地理志改。庫本缺。

〔一九〕長安西南二千四十里　「二」，庫本同，萬本作「一」，同舊唐書地理志，此「二」蓋爲「一」字之誤。

〔二〇〕貞觀五年處党項羌置至長安二千七百里　「党項羌」，萬本作「降羌」，同舊唐書地理志。中大本「長安」下有「西南」二字。

〔二一〕處降党項置洪州　「降」，底本脱，據萬本、庫本及舊唐書地理志補。

〔二二〕金原　「原」，底本作「源」，庫本同，據萬本及舊唐書地理志、新唐書地理志改。

〔二三〕祐川　「祐」，萬本同，庫本作「枯」，同舊唐書地理志。

〔二四〕至長安二千六百里　「至」，底本脱，據萬本、中大本、庫本及舊唐書地理志補。下玉州同。

〔二五〕至長安二千三十五里　按舊唐書地理志「二千」下有「一百」二字，此蓋脱。

〔二六〕右二十五州　按以上所載，實數二十三州，與松州總序云貞觀二年松州都督府督二十五羈縻州數相核，少嵯、闊二州。

〔二七〕尋又改爲覃川郡　「川」，底本作「州」。按隋書地理志上：通軌，「後周置縣及覃州，并覃川、榮鄉二郡。開皇初郡廢。」本書下文云：「隋初廢郡爲扶州。」所謂廢郡，廢覃川郡也，此「州」當爲「川」字之誤，據改。萬本「覃川郡」作「潭州」，庫本作「覃州」，皆誤。

〔二八〕即爲扶州之屬邑也　「州」，底本無，據萬本、中大本、庫本補。

〔二九〕逢日橋　「日」，舊唐書地理志四作「臼」。

〔三〇〕領縣三　萬本、庫本「領」上皆有「元」字。

〔三一〕和利　按通典州郡六、舊唐書地理志四同，元和郡縣圖志卷三二當州、新唐書地理志六作「利和」。下同。

〔三二〕谷利　按舊唐書地理志四同，通典州郡六、元和郡縣圖志當州、新唐書地理志六作「谷和」。下同。

〔三三〕東南至悉州界四十里　按元和郡縣圖志當州作「東南至悉州三十里」。

〔三四〕顯慶三年　「三年」，太平御覽卷一六六引圖經同，元和郡縣圖志卷三二、舊唐書地理志四、新唐書地理志六悉州皆作「元年」。

〔三五〕後屬劍南道　「後」，底本作「復」，萬本同，據庫本及舊唐書地理志四改。

〔三六〕西至静州六十里　「西」，元和郡縣圖志悉州作「西南」。

〔三七〕東南八十里　「八十」，萬本、庫本皆作「八十一」。

〔三八〕儀鳳二年罷都督府　「二年」，底本作「九年」，萬本、庫本同。按儀鳳只四年，無「九年」，據舊唐書地理志四改爲「二年」。

〔三九〕翼斜縣　舊唐書地理志四作「翼針縣」。

〔四〇〕東至悉州六十里　「東」，元和郡縣圖志卷三二悉州作「東北」。

〔四一〕東南至翼州臨翼縣嶺蓁鎮一百三十里　按唐無「臨翼縣」，翼州郡名臨翼郡，通典州郡六作「臨翼郡」，「嶺蓁鎮」作「嶺巖鎮」。